BURKHARD SCHRÖDER

DIE
KONREN

Rowohlt Taschenbuch Verlag

Originalausgabe
Veröffentlicht im Rowohlt Taschenbuch Verlag GmbH,
Reinbek bei Hamburg, April 2001
Copyright © 2001 by Rowohlt Taschenbuch Verlag GmbH,
Reinbek bei Hamburg
Alle deutschen Rechte vorbehalten
Umschlaggestaltung C. Günther/W. Hellmann
(Abbildung: «La Découverte de l'Amérique»/
Archiv für Kunst und Geschichte, Berlin)
Karten auf den Seiten 477 und 479
von Ditta Ahmadi und Peter Palm, Berlin
Satz aus der Bembo bei
Pinkuin Satz und Datentechnik, Berlin
Druck und Bindung Clausen & Bosse, Leck
Printed in Germany
ISBN 3 499 22754 1

Die Schreibweise entspricht den Regeln
der neuen Rechtschreibung.

DIE KONQUISTADOREN

TEIL 1

1. Kapitel	**Leben und Tod**	9
2. Kapitel	**Der Mann der Welser**	28
3. Kapitel	**Gelobtes Land**	51
4. Kapitel	**Brandzeichen**	84
5. Kapitel	**Hohermuth**	122

TEIL 2

1. Kapitel	**Am Rio Tocuyo**	145
2. Kapitel	**Im Tal der Frauen**	171
3. Kapitel	**Jagdfieber**	199
4. Kapitel	**Eduvigis**	220
5. Kapitel	**Der Fluch des Wassers**	248
6. Kapitel	**Die Meuterei**	284

TEIL 3

1. Kapitel	**Hunger**	311
2. Kapitel	**Die Stadt der Geister**	335
3. Kapitel	**Der Überfall**	359
4. Kapitel	**Somondoco**	378
5. Kapitel	**El Dorado**	407
6. Kapitel	**Die Macht der Liebe**	436

ANHANG

Personen	453
Glossar	461
Zeittafel	471
Danksagung	475
Karten	477/479

TEIL 1

Memoria delos nombres delos mineros
Alemanes que fueron en la primera
Armada

Ju° trompold vezino del valle de Joachim
Valentin Landgans vezino de Zugengals
Sigmundo Gebhart vezino de Vueilhaim
Jorge Ungeleb v° de Snuatz
Cristo Enderlin v° de Pottmas
Lope Dietfrig v° de Freybere
Martin Hofman v° de Aldenberg
Lope Gegg vezino de Kirghberg
Melchior Pais vezino dela sierra de sant Ana
Nicolas Faig vezino de Conbach
Cristoval Righter vezino de Neuen Statt
Mainicio Butzler vezino del Schneberg
Ju° Vuolner vezino de Kirghberg
Urbano Belem vezino dela sierra de sant Ana
Ju° Castel vezino dela sierra de sant Ana
Burcardo Unsorg vezino de Geyr   Burcardo Ansorg
Ju° Schick vezino de Siberty   vecino (Anwohner)
                                      de Geyr (Geyer)
Tonias Vogel vezino de
Ju° Schenckel vezino de
Fran.co Kuxsner vezino de
Joachim Vuulner vezino de
Baltasar Foglener
Cristoval Perex
Cristian Unsorg
Jorge Colex
Jarome Schmid
Ju° Vuerman vezino de Geyr

Liste der Sächsischen Bergknappen, die 1535 in die Neue Welt zogen; aus dem Archivo General de Indias, Sevilla

1. KAPITEL

Leben und Tod

Die Ratte schnupperte. Zitternd und widerwillig hob sie ihr Pfötchen, wie eine Katze, die durch Wasser laufen will. Dann trippelte sie eilig durch die schmierige Pfütze und verschwand in einer Ritze zwischen zwei Planken. Das Schiff legte sich träge auf die Seite. Die Unschlittlampe flackerte und schien zu verlöschen. Burckhardt Ansorg wälzte sich auf den Bauch, drehte den Kopf, würgte und erbrach grünen Schleim.

Seit Tagen hatte er nichts mehr gegessen. Seine Kehle war rau und schmerzte, als sei sie entzündet. «Wasser!», krächzte er leise und tastete nach dem Eimer. Gegenüber, im Dunkeln, bewegte sich etwas. Ein dumpfes Pochen ertönte, als stieße ein Kopf gegen eine Wand, und ein Schmerzensschrei folgte.

«Hundsfott, elender!», grummelte jemand. «Hier hast du Wasser!»

Ein Schwall übel riechender Brühe ergoss sich über den Boden und den Strohballen, auf dem Burckhardt lag, und löschte das Licht. Der Landsknecht warf den leeren Eimer gegen die Wand und ließ sich schwer in die Koje fallen. Er grunzte wie eine zufriedene Sau. Es war stockdunkel, aber niemand machte sich die Mühe, die Lampe wieder anzuzünden. Das Schnarchen vieler Männer grollte durch den stickigen Raum. Jetzt hörte Burckhardt Schritte, und eine Frau schrie unterdrückt, als träte jemand auf ihren Leib. Es krachte, und das Holz bebte, wie nach einem Axthieb, der wuchtig in einen Baum fährt.

Ein Mann sagte ruhig: «Muckst du noch einmal, hacke ich dich in kleine Stücke, verdammter Bastard.»

Der junge Ansorg erkannte die Stimme. Es war Johannes Kestlin, ein Bergknappe aus Annaberg im sächsischen Erzgebirge, mit Fäusten so groß und hart wie ein Amboss. Er war gefürchtet für seinen Jähzorn, und selbst hartgesottene Landsknechte zollten ihm Respekt. Burckhardt hörte, wie Kestlin seine Barte, die schwere Axt der Bergknappen, knirschend aus dem Gebälk zog und sich schwer atmend auf das Lager fallen ließ. Der Soldat, den Kestlin gemeint hatte, gab keinen Laut von sich.

Neben Burckhardt schlief die Mutter, Margarete Ansorg. Sie bewegte sich und stöhnte leise. Das Kind würde bald geboren werden, hatte sie gestern verkündet. Ihr Bauch war so dick, dass sie nur zu dritt in einer Koje schlafen konnten. Sie litt unter großen Schmerzen, wenn sich das Kind in ihr bewegte, und konnte sich nur selten erheben. Dicht an die Schiffswand gepresst, auf der anderen Seite der Mutter, lag Burckhardts kleiner Bruder Christian. Burckhardt hörte seinen rasselnden Atem. Christian kränkelte, seitdem sie in Sevilla in See gestochen waren. Er hustete den ganzen Tag, als litte er an der Bergkatz wie ein Knappe, der zu lange in einem feuchten Stollen gearbeitet hat.

Burckhardt hielt es nicht länger in dem engen Verlies. Er ließ sich aus der Koje fallen und tastete sich über die Leiber der Schlafenden zur Leiter. Oben leuchtete ein schwaches Licht, und das Gesicht seines Vaters erschien. Gunther Ansorg blickte besorgt die Luke hinab.

«Was ist dort unten los, Burckhardt?», fragte er und hielt die Lampe vorsichtig in das Dunkel. «Ist Mutter erwacht?»

«Nein, Vater. Es ist nichts. Mir ist nur übel. Ich kann kaum atmen.»

Burckhardt klammerte sich an die obersten Sprossen und sog gierig die kühle Luft ein. Dann schwang er sich auf die Planken und setzte sich neben seinen Vater, der neben der Luke gewacht hatte. Der alte Ansorg blies die Lampe aus und stellte sie vorsichtig neben sich, um den heißen Rindertalg nicht zu verschütten.

Der Mond hing schwer und prall über ihnen. Keine Wolke war am Himmel, und fahles Licht glitzerte über den Wellen. Aus der

Gischt hoben sich Schwärme fliegender Fische. Den Bergknappen war der Mund offen stehen geblieben, als sie diese seltsamen Tiere zum ersten Mal erblickt hatten. Fische, die fliegen konnten, als wären sie Fledermäuse!

Burckhardt sagte leise: «Vater, wie lange werden wir noch unterwegs sein zur Goldküste?»

Der alte Ansorg legte die Stirn in Falten und überlegte. Dann antwortete er zögernd: «Heute ist der zweite Tag im Jahr unseres Herrn 1535. Am achten Dezembris haben wir die Anker in Hispania gelichtet.»

Ansorg nahm die Finger seiner Hand und zählte.

«Drei Tage vor Silvester ließen wir die Insulas Canarias hinter uns. Wir werden noch zwanzig Tage segeln bis Porta Richa. Dort gibt es einen Hafen, sagen die Matrosen, der San German heißt. Dann fahren wir nur noch wenige Tage bis Coro. Das ist die Stadt der Welser in America, auf der Insel Venezuela, die wir die Goldküste nennen und die Spanier Tierra firme, festes Land.»

Der junge Ansorg seufzte. Der Alte legte den Arm um die Schulter seines Sohnes, sah ihn liebevoll an und sagte: «Die Goldküste! Wir werden ein neues Leben aufbauen! Dort gibt es keinen Winter, zwei Ernten im Jahr und Arbeit und Brot für uns alle. Das haben die Werber der Welser erzählt. Wir werden guten Lohn bekommen und uns ein großes Haus bauen. Und du wirst dir eine Frau nehmen und viele Kinder haben.»

Die «Santa Trinidad» rauschte mit vollen Segeln nach Westen und teilte die Wellen wie ein Pflug, den ein Stier über einen schweren Acker zieht. Das Schiff war eine schwer bewaffnete Galeone mit drei Masten, fünf Rahsegeln und einem Außenklüver am Vorschiff. An jeder Seite hatte sie sechzehn Kanonen und elf am hinteren Teil des vierstöckigen Kastells, in dem sich die Hauptleute und Offiziere aufhielten. Die Passagiere mussten im Bauch der Galeone schlafen, in der «Gruft» unter dem Kastell, wie die Matrosen die Unterkünfte nannten, dicht gedrängt in den wenigen Kojen, auf Stroh oder Segeltuch. Sogar zwischen den Kanonen hatten sich einige ihre Lagerstatt bereitet. Über zweihundert Menschen waren an Bord gegangen, Landsknechte aus aller Herren Länder und sechzig Bergknappen aus dem Erzgebirge und aus Böhmen, angeworben von den Handelsherren der Welser aus Augsburg. Dazu kamen Hühner und anderes Federvieh, Pferde, Schweine und ein paar Rinder. Für die Tiere hatte man provisorische Ställe auf Deck gebaut. Nur die Pferde und die zwei Dutzend Bluthunde waren unter Deck. Einige Meilen hinter ihnen segelte ein zweites Schiff, die «Nuestra Señora de Guadelupe». Auf ihr drängten sich noch mehr Menschen, darunter viele Passagiere von den Canarischen Inseln, die das Glück in der neuen Welt America suchten.

Burckhardt fühlte, wie sich sein Magen wieder umstülpte. Er kroch zur Reling und würgte. Ihm war hundeelend. Gunther Ansorg hockte sich neben ihn und hielt sich an den Hanfseilen der Brüstung fest.

«Ich werde Anna bitten, dass sie dir ein wenig Brei kocht», sagte er.

Burckhardt schüttelte den Kopf und spuckte aus. Anna Kestlin hatte schon genug zu tun, seitdem die Mutter kaum noch ihr Lager verließ. Die Frau des Johannes Kestlin versorgte sie mit Hirsebrei und Haferschleim und, wenn der Schiffskoch es erlaubte, mit dünner, aber heißer Kräutersuppe. Sonst gab es nichts, nur Eier, steinhartes Brot und Trockenfisch, der entsetzlich stank.

Hinten, wo sich die hölzerne Wand des Kastells düster gegen die Nacht abhob, waren die Luken in das Innere des Schiffes. Die Matrosen schliefen auf Deck, wenn es nicht regnete. Burckhardt hielt sich an der Reling fest und stemmte sich hoch. Er stöhnte. Sein Vater hakte ihn unter und schlug vor, er solle sich ein wenig bewegen, damit sein Gedärm sich nicht verschlinge. Mühsam kletterten sie über eine Leiter zum Aufbau des Vorschiffs. Hier wehte eine stetige, frische Brise. Hoch über ihnen war der mächtige Hauptmast, auf seiner Spitze das Krähennest mit dem Ausguck. Burckhardt versuchte, den wachhabenden Matrosen zu sehen, aber ihm wurde sofort wieder speiübel, wenn er dem schwankenden Mast mit seinen Blicken folgte.

Plötzlich hörte Burckhardt ein Geräusch, das aus einer offenen Luke kam. Auch Gunther Ansorg merkte auf. Jemand stöhnte, als hätte er einen Knebel im Mund, es polterte, und ein paar halblaute Flüche drangen zu ihnen hoch. Die beiden Ansorgs spähten durch die Luke und sahen drei Menschen miteinander ringen, zwei Männer und eine Frau. Einer lag auf der Frau und drückte ihr mit der Hand den Mund zu, er hatte schon seine Hosenbeine heruntergezogen. Der andere, ein vierschrötiger Blonder mit wildem Bart, versuchte der Frau unter das Kleid zu greifen. Sie wehrte sich heftig, versuchte zu beißen, kratzte und strampelte mit den Füßen. Der Blonde hatte blutige Striemen im Gesicht. Man konnte bis auf Deck riechen, dass er dem Wein mehr als genug zugesprochen hatte.

Jetzt erkannte Burckhardt die Frau: Es war Anna Kestlin. Der alte Ansorg sprang hinunter. Es klatschte, er verteilte ein paar kräftige Hiebe, und die sturzbetrunkenen Landsknechte wehrten sich kaum. Grummelnd kletterten sie die Leiter empor, stützten sich aufeinander und wankten zum Kastell. Anna stopfte ihre blonden Haare unter die Haube und ordnete ihr Kleid. Tränen rannen über ihr Gesicht, aber ihr war, außer ein paar blauen Flecken, kein Schaden entstanden. Sie wischte sich das Gesicht mit dem Ärmel, legte dem Alten die Hand auf den Arm und sagte: «Dank Euch für die Hilfe. Wenn Ihr nicht gekommen wäret, dann hätte es schlimm für mich ausgesehen.»

Dann schüttelte sie sich, raffte ihren Rock und eilte zur Luke, wo ihr Mann und die meisten der anderen Bergleute schliefen. Der Alte rieb sich die Hände. Er murmelte: «Verfluchtes Pack! Ich werde morgen dem Andreas Gundelfinger berichten, oder sogar dem Gobernator Hohermuth. Der wird sie Mores lehren!»

Burckhardt legte sich auf die Planken und starrte in den nachtschwarzen Himmel. Das stetige Rauschen der Wellen beruhigte ihn. Erst als er die Augen wieder aufschlug, merkte er, dass er eingeschlafen war. Ein grauer Schleier hatte sich vor den Mond geschoben, als gönnte der Himmel der schwankenden Nussschale auf dem Meer das wenige Licht nicht. Der Wind blies kühl. Am Horizont zeigte sich ein heller Streifen: Der Tag brach an. Aber im Westen, dort, wo nach vielen, vielen Tagen ihr Ziel auftauchen würde, war es jetzt tiefschwarz, und die Sterne verschwanden so schnell, als hätte Gott sie eigenhändig ausgelöscht.

Burckhardt richtete sich ächzend auf. Alle Knochen schmerzten ihm, und in seinen Gedärmen rumorte es. Der Bauch krampfte sich zusammen, aber ihm war nicht mehr übel. Unten auf Deck, dicht an der Reling, standen mehrere Soldaten und schlugen ihr Wasser ab. Eine große Frau mit derben Händen kletterte aus einer der Luken. Sie trug eine schwarze Kalotte auf dem Kopf, die die Haare verdeckte, und ein einfaches Kleid mit weiten Ärmeln, wie die Erzwäscherinnen im Erzgebirge. In hohem Bogen schüttete sie denPtot aus einem Eimer ins Meer.

Der junge Ansorg schaute an sich hinab. Er war achtzehn Jahre alt, kleiner als die meisten Männer seines Alters, aber sehnig und zäh, hatte flachsblonde Haare und ließ sich einen Bart stehen, den er, wenn er einen Barbier gefunden hätte, gern hätte modisch stutzen lassen. Sein grobes, braunes Hemd mit Kapuze starrte vor Schmutz und Schweiß, und seine knielangen Hosen waren voller Flecken, als wäre er drei Tage durch einen Stollen gekrochen. Nur seine Schuhe hatten die Strapaze der Reise gut überstanden. Er rieb sie mit Rindertalg ein, und das hielt sogar einen kräftigen Regenguss ab. Die meisten Bergknappen, die zusammen mit den Ansorgs ihre Heimat verlassen hatten, konnten sich lederne Beinkleider nicht leisten, sondern besaßen nur leinene Strumpfhosen.

Burckhardt war Häuer, er grub mit Schlegel und Eisen die Gänge unter der Erde und hämmerte das Erz aus dem Gestein. Sein Vater jedoch, Gunther Ansorg, war zum Obersteiger ernannt worden, ein Amt, das Respekt einforderte und der Familie einige Groschen mehr einbrachte. Ein Steiger kleidete sich wie alle anderen, wie Ganghäuer, Erzklopfer, Zimmerer, Schmiede, Haspelknechte, Huntstößer, trug aber als Zeichen seiner Würde eine Barte, in die seine Initialen eingeritzt waren. Und ein Schwert wie alle Bergknappen, um sich verteidigen zu können, wenn sie die Schätze aus den Stollen zum Bergherrn trugen. Die Arschleder, die jedermann brauchte, um sich gegen das scharfkantige Gestein zu schützen, verwahrten sie in den Kisten, die ihre wenigen Habseligkeiten bargen, eiserne Töpfe, irdene Flaschen, mit Holz umhüllt, einige Unschlittlampen, Tartschentaschen und anderes mehr.

Jetzt kamen noch mehr Leute an Deck. Erstaunt hörte Burckhardt eine blecherne Trompete, und eine Schiffspfeife schrillte. Die Landsknechte drängten sich umeinander und tuschelten. Auch mehrere Dutzend Bergknappen standen unten vor dem Kastell des Schiffes und warteten, was geschehen würde. Der junge Ansorg legte die Hände auf die Brüstung und betrachtete das bunte Gewimmel auf dem Deck unter ihm. Die Sonne schickte ihre ersten Strahlen und tauchte die Menschen in ein mildes Licht. Einige Matrosen kletterten auf das Vorschiff und blickten verwundert auf Burckhardt, störten sich aber nicht an ihm.

Die Tür im obersten Stockwerk des Kastells öffnete sich quietschend, und die Hauptleute traten gemessenen Schrittes an die Balustrade. An der Spitze Georg Hohermuth von Speyer, der frisch ernannte Gouverneur und Generalkapitän der kaiserlichen Provinz Venezuela und von den Welsern beauftragt, die Leute auf den Schiffen in der Neuen Welt anzuführen. Ihm hatten sie in Sevilla feierlich Treue schwören müssen. Der Gobernator war noch nicht einmal dreißig Jahre alt. Er trug seinen dunkelbraunen Vollbart eckig geschnitten, hatte weiche und freundliche Gesichtszüge, aber flinke und scharfe Augen. Die Welser mussten große Stücke auf ihn halten, dass sie ihn mit einem so verantwortungsvollen Amt betraut hatten, obwohl er noch nie an der Goldküste gewesen war. Er trug eine braune Kolbe mit weißer Feder, einen hirschledernen Koller, braune Beinkleider und Stiefel mit hohen

Schäften. Burckhardt hatte ihn bisher nur aus der Ferne gesehen. An seiner Seite baumelte ein langer Toledaner Degen, ein Zweihänder. In der linken Hand hielt er einen silbernen Streithammer als Zeichen seiner Würde als Kommandeur.

Neben Hohermuth stand Philipp von Hutten, ein fränkischer Edelmann und Ritter, der lange am Hof des Kaisers in Madrid gedient hatte und von dem man erzählte, er sei hoch gelehrt und habe sogar mit dem bekannten Astrologen Doctor Faustus disputiert. Hutten war nur wenig älter als der Gobernator und einer seiner Stellvertreter. Er redete mit Hauptmann Andreas Gundelfinger, einem Nürnberger, der, zusammen mit dem Ulmer Franz Lebzelter, Quartiermeister des Schiffes war und sich um alles kümmerte. Gundelfinger schob einen runden Bauch vor sich her. In Sevilla hatte er geprahlt, er könne zwei Dutzend Würste nacheinander verschlingen. Jetzt kamen auch die spanischen Hauptleute. Nur zwei der fünf Capitanes fuhren jedoch auf der «Santa Trinidad». Die anderen hatten sich mit der «Nuestra Señora de Guadelupe» eingeschifft.

Burckhardt blickte hinunter, wo einige Matrosen die beiden Landsknechte an Deck zerrten, die gestern in der Nacht versucht hatten, Anna Kestlin zu schänden. Man hatte ihnen die Hemden ausgezogen und eiserne Hals- und Fußfesseln angelegt. Die Matrosen banden sie mit Stricken an den Mastbaum. Der Kapitän der «Santa Trinidad», Francisco Sanchez, stand mit verschränkten Armen daneben und grinste verächtlich.

Eine Windbö ließ das Hauptsegel umschlagen und knattern. Der junge Ansorg blickte nach oben. Die Sonne war verschwunden, und dunkelgraue Wolken jagten über den Himmel ihnen entgegen. Im Westen dräute eine kohlrabenschwarze Wand. Der Kapitän runzelte die Stirn und wies einige Matrosen an, in die Wanten zu steigen. Schon klatschten dicke Regentropfen auf das Deck. Francisco Sanchez rief etwas, aber Burckhardt war der spanischen Sprache noch nicht so mächtig, als dass er es hätte verstehen können. Zwei Matrosen traten mit langen und schweren

Peitschen an den Mastbaum und schlugen auf die nackten Rücken der beiden Landsknechte ein. Die Haut platzte sofort auf, und dunkles Blut quoll aus den Wunden. Die Soldaten schrien gellend und bettelten um Gnade.

Jetzt prasselte der Regen hernieder, und die Menschenmenge suchte Schutz im Bauch des Schiffes. Auch die Hauptleute waren vor dem Guss geflüchtet. Nur der Kapitän stand immer noch wie eine Statue neben den Sündern und zählte die Zahl der Hiebe ab, zu denen sie verurteilt worden waren. Dann ließ er sie losbinden. Die Delinquenten fielen auf die Planken und blieben dort regungslos liegen. Unter ihren Leibern bildete sich eine Pfütze aus Blut, die aber sofort vom Regen fortgeschwemmt wurde.

Sanchez brüllte die Matrosen an, die Segel so schnell wie möglich zu reffen. Kurze, heftige Böen fegten über die Galeone. Sie kreuzten jetzt gegen den Wind. Die «Santa Trinidad» hob sich mühevoll und ließ sich dann mit schäumendem Bug in die Wellentäler fallen. Burckhardt kletterte die Leiter hinunter auf das Deck. Hier fühlte er sich sicherer. Ganz fern am Horizont, zwischen den jagenden Wogen, schimmerte ein heller Fleck – die «Nuestra Señora de Guadelupe». Dort würden sie auch bald alle Segel einholen. Obwohl die Schiffe bei einem Unglück einander nicht hätten helfen können, war es doch ein beruhigendes Gefühl, nicht allein auf dem Meer zu sein. Der halbe Himmel hatte sich verfinstert, im Westen wurde der Tag zur Nacht. Im Osten lugten noch ein paar vorwitzige Sonnenstrahlen zwischen den dunkel quellenden Wolken hervor, als wollten sie sich von den einsamen Schifflein verabschieden. Die drei Großsegel, die beiden kleineren und der Außenklüver waren jetzt eingeholt worden. Der Kapitän ließ das Tuch mit Seilen umwickeln und die Ställe, Wasserfässer und alles, was auf Deck nicht niet- und nagelfest war, festzurren.

Die «Santa Trinidad» schäumte tapfer durch die See, die sich dem Hindernis wütend entgegenwarf. Schaum sprühte auf Deck. Burckhardt klammerte sich mit einer Hand an die hölzerne Reling, mit der anderen an eine Strickleiter, die über ihm in Schwindel erregender Höhe verschwand. Das Unwetter schien noch stärker zu werden als die Stürme, die ihnen schon in Spanien für Wochen verwehrt hatten, das offene Meer zu gewinnen, und die bei den abergläubischen Landsknechten und Matrosen für Unmut sorgten, weil sie fürchteten, das Unternehmen stünde unter keinem guten Stern.

Einer der beiden Soldaten auf Deck war zu einer Luke gekrochen und ließ sich hinunterfallen, der andere rollte wie ein nasser Sack zwischen den Hühnerställen umher. Die Vögel flatterten aufgeregt hin und her. Burckhardt stieß einen Warnruf aus, doch der Wind heulte, und niemand hörte ihn. Jetzt taumelte der Landsknecht hoch und hielt sich an einem Wasserfass fest. Eine Bö riss ihn um, und mit ihm fiel das Fass und rollte polternd über seine Füße. Der Mann schrie und hielt sich das Knie. Burckhardt musste dem klobigen Fass ausweichen, das wie ein wütender Keiler über das Deck rumpelte.

Ein Brecher nach dem anderen stürzte über sie. Oben auf dem Vordeck standen zwei Matrosen am Steuer. Sie hatten ihre Leiber mit Tauen am Geländer und am Steuer festgezurrt und stemmten sich gegen den Orkan. Der Wind kam jetzt von der Seite, aber die Wellen schoben sich ihnen noch immer entgegen. Eine mächtige Kreuzsee türmte sich neben der «Santa Trinidad» auf, höher und höher, der gischtgekrönte Wellenkamm schob sie vor sich her wie ein Spielzeug, und das Schiff neigte sich gefährlich. Ein weiteres Fass rumpelte vor einen der Hühnerställe, krachte durch den Verschlag und zerquetschte die Tiere. Ein weißer Hahn flatterte hoch und wurde vom Wind über Bord geweht.

Burckhardt krallte sich mit beiden Händen an der Strickleiter fest. Jetzt war es zu spät, um in eine der Luken zu klettern. Unter sich hörte er die Pferde wiehern und mit den Hufen stampfen, als wollten sie die Planken zerschmettern. Der Wellenberg schwebte wie eine dunkelgrüne Wolke über ihm. Unendlich langsam fiel er in sich zusammen, die Wassermassen schlugen auf Deck, mit einem Krachen, als stürzte ein Kirchengewölbe über dem Schiff zusammen. Bersten und Splittern von Holz, ein Mensch rief gellend: Madre! Madre! Das Echo des Rufes hallte nach und verschwand. Burckhardt bekam so viel Wasser in den Mund, dass er nach Luft schnappen musste. Die See zerrte an ihm wie ein wütender Hund und ließ ihn endlich frei.

Hustend blickte er um sich. Die meisten Ställe waren verschwunden, die Woge hatte das Deck leer gefegt wie mit einem Reisigbesen. Auch der Landsknecht war nirgendwo zu sehen. Burckhardt entdeckte erleichtert, dass die triefend nassen Matrosen oben auf dem Vordeck immer noch am Steuerrad kurbelten. Die «Santa Trinidad» gab sich nicht auf, sie fuhr den Wasserbergen mutig entgegen, ließ sich emportragen und tanzte wie ein Korken auf den Wellen.

Der Regen fiel nicht von oben, sondern kam ihnen, vom Sturm getrieben, waagrecht entgegen. Hinter Burckhardt kämpfte sich Kapitän Sanchez aus einer Tür, sein weißes Hemd flatterte wie eine Fahne hinter ihm. Er hielt sich am Türrahmen fest, stemmte sich gegen den Wind und bekreuzigte sich.

Burckhardt ließ die Strickleiter los, die Galeone neigte sich, als wollte sie sich einmal um die eigene Achse drehen. Der Wind fegte ihn direkt vor die kleinen Türen der Luke. Beinahe wäre er gestürzt. Im letzten Augenblick krallte er sich an einer Sprosse der Leiter fest und kletterte dann vorsichtig abwärts. Über sich, in dem hellen Geviert der Luke, sah er graue Wolken, wie eine Herde Schafe, die von Wölfen gehetzt wird, aber der Orkan hatte seinen Höhepunkt überschritten.

Ein Schwall von Stimmen und Geschrei schlug ihm entgegen. Er trat auf menschliche Glieder, ein Fausthieb in die Seite nahm ihm die Luft, torkelnd arbeitete er sich dorthin vor, wo die Koje der Ansorgs war. Im Dämmerlicht sah er das bleiche und todernste Gesicht seines Vaters, der einen Arm schützend um die Schulter Christians gelegt hatte. Der kleine Bruder weinte und hielt sich mit beiden Händen an Gunther Ansorg fest. Um die Koje drängten sich die Bergknappen und streckten neugierig die Hälse nach vorn. Die Planken waren glitschig von Erbrochenem, Kot und Harn. Es stank wie in einem Schweinekoben. Vor der Lagerstatt kniete Anna Kestlin. Ihre langen, blonden Zöpfe hingen herab, und ihr Gesicht glänzte vor Schweiß. Sie hatte der Mutter von hinten unter die Arme gegriffen, die Hände vor der Brust Margaretes verschränkt und zog an ihr, als wollte sie einen Sack Getreide durch eine Scheune schleppen. Die Mutter stöhnte laut, schrie und bäumte sich immer wieder auf. Burckhardt stieß die Neugierigen beiseite. Anna sah ihn und schrie ihm mit hochrotem Kopf zu:

«Lauf und hol die Kererin, Anna heißt sie, die Frau vom Christoph Kerer! Die ist bei den anderen aus Annaberg! Sag ihr, die Wehen hätten eingesetzt! Und besorg mir einen Eimer Wasser! Und ihr, Faulpelze» – Anna Kestlin sah in die Runde, die Maulaffen feilhielt – «Ihr packt jetzt an und tragt Margarete nach oben an Deck! Hier unten wird sie sterben! Und bringt mir Tücher! Und gebt Obacht!»

Sie stieß einen der Männer vor die Brust, der sich grob ein Bein der Mutter gegriffen hatte und daran zerrte.

Burckhardt stürzte zur Leiter und kletterte wieder nach oben. Es regnete immer noch, und die Wellen trugen bösartige Kronen aus Gischt. Aber der Wind blies nicht mehr so stark, als hätte er sich damit abgefunden, das Schiff nicht unter Wasser drücken zu können. Das Deck war ein Tollhaus: Dutzende von Matrosen und Landsknechten drängten sich an einer hölzernen Rampe, die vom Deck unter das Vorderkastell führte. Dort waren die Pferde. Zitternd vor Angst und mit Schaumflocken vor dem Maul wurden sie an das Tageslicht gezogen, sie traten aus und bäumten sich auf. Die Soldaten schrien, mitten unter ihnen stand Andreas Gundelfinger, fuchtelte mit den Armen und gab Befehle, auf die niemand achtete. Ein Rappe riss sich los, glitt auf den schwankenden Planken aus, stürzte und begrub einen der Matrosen unter sich. Der Mann stieß einen erstickten Schrei aus und blieb regungslos liegen. Auch das Pferd hatte sich verletzt, es stemmte sich vorn hoch, knickte aber mit den Hinterbeinen immer wieder ein. Der Rappe wieherte kläglich.

Gundelfinger fluchte und zog seinen Dolch. Burckhardt schob sich eilig an ihm vorbei. Er wollte nicht mit ansehen, wie der Hauptmann dem Pferd den Gnadenstoß gab. Ein Spanier, der einen wild ausschlagenden Braunen am Zügel hielt, rempelte ihn an, sodass Burckhardt auf die Planken schlug. Der Landsknecht schimpfte und brüllte, er solle sich aus dem Staub machen. Burckhardt stolperte eine Treppe hinunter und suchte in dem Gewimmel der Menschen nach Anna Kerer. Endlich fand er sie. Die große blonde Frau lag neben einer Kanone und hielt ihr Felleisen umfasst, als fürchte sie, jemand würde sie berauben. Sie begriff schnell, worum es ging, und folgte Burckhardt eilig.

Die Matrosen zogen jetzt die verendeten und verletzten Tiere an Deck. Die Pferde waren während des Sturms in Panik geraten. Zu allem Überfluss hatten sie einen der Hundezwinger zertreten, und die Bluthunde hatten sich in die Beine der Rösser verbissen. Burckhardt sah überall Pfützen von Blut und zerfetztes Fleisch. Ein Tier, das nicht mehr laufen konnte, war nutzlos. Es wurde sofort getötet und über Bord geworfen. Auch zwei Hunde lagen mit zerstochenem Körper an der Seite. Niemand hatte sie bändigen können. Sie griffen die Matrosen und die Landsknechte an, und die verteidigten sich mit ihren Schwertern.

Margarete Ansorg lag hinter den festgezurrten Wasserfässern, geschützt vor den Blicken der Männer. Sie hielt sich mit den Händen an einem Tau fest, das von oben herabbaumelte, und schrie und keuchte. Anna Kestlin hatte sie von hinten umfasst, und die Kererin kniete vor ihr. Sie sah Burckhardt zornig an, der nicht wusste, ob er gehen oder sich bereithalten sollte, und rief, er möge dafür sorgen, dass die Männer sich von der Gebärenden fern hielten. Neben der Luke warteten scheu Gunther und Christian Ansorg.

Der Wind heulte immer noch, aber der Regen hatte nachgelassen. Nur noch wenige Tropfen erreichten das Schiff. Es war angenehm kühl, und im Süden wagten sich einzelne Sonnenstrahlen durch die Wolken.

«Dank sei unserem Herrn und Gott», sagte Gunther Ansorg, «dass er uns diesen Sturm hat überstehen lassen. Ich dachte, wir würden alle in den Abgrund gerissen. So etwas habe ich noch nie erlebt. Hoffentlich muss Mutter nicht zu sehr leiden.»

Burckhardt kratzte sich am Kopf. Eine Frau, die ein Kind gebar, war ihm unheimlich. Er konnte sich noch gut daran erinnern, dass die Mutter in den letzten Jahren vier Kinder in die Welt gesetzt hatte. Keines war älter als ein halbes Jahr geworden. Die Frauen in der Nachbarschaft tuschelten und warfen finstere Blicke. Im letzten Jahr, als bei den Ansorgs wieder ein Kind unterwegs gewesen war, ließ Margarete Ansorg nach einer alten Frau rufen, die in einer verfallenen Hütte mitten im Wald wohnte, hinter dem Berg, den man Uff'm Geyer nannte. Man sagte ihr nach, sie sei heilkundig und kenne viele Kräuter und Arzneien. Der Vater machte ein Geheimnis daraus und schärfte seinen Söhnen ein, nichts davon zu erzählen. Die Frau war spät in der Nacht gekommen. Die beiden Brüder hatten nur einen kurzen Blick auf ihre gebückte Gestalt werfen, ihr Gesicht aber nicht erkennen können. Tags darauf ließen die Eltern alle Knoten im Haus lösen, und die Mutter hängte sich ein Stück Pergament um den Hals, auf dem ein Vers aus dem Evangelium des Johannes geschrieben stand. Es hatte nichts geholfen. Das Neugeborene starb schon kurz nach der Geburt. Die Hebamme hatte das Kind getauft, als es noch halb im Leib der Mutter steckte. Margarete Ansorg litt heftig am Kindbettfieber. Sie fürchteten damals das Schlimmste. Wenn sie vor der Aussegnung gestorben wäre, hätte man sie nicht auf dem Kirchhof in Geyer, in geweihter Erde, beerdigen können, weil eine Wöchnerin unrein war. Wie durch ein Wunder hatte sich die Mutter wieder erholt, und einen Monat später stand sie schon wieder vor dem Holztrog, hielt das Sieb und wusch das Erz aus dem Gestein. Gunther Ansorg war nach Annaberg gefahren und hatte in der neuen Sankt-Katharinen-Kirche eine Dankesmesse lesen lassen.

«Vater», sagte Burckhardt, «ich habe Hunger.»

Der alte Ansorg nickte abwesend, griff in seine Tscherbertasche, holte ein Stück Brot hervor und drückte es seinem Sohn in die Hand. Er lauschte mit sorgenvoller Miene. Die Schreie der Mutter kamen stoßweise und schrill. Burckhardt hörte, wie sein Magen laut knurrte, und biss in das Brot. Es war hart wie Stein. Nur mit Mühe bekam er seine Zähne hinein. Dann schob er sich an der Reling entlang nach vorn, am Vordeck vorbei bis hin zum Bug.

Zwei Männer kamen ihm entgegen, der Hauptmann Andreas Gundelfinger und einer der Mönche, die den Indios der Goldküste das Wort des Herrn predigen wollten. Der Mönch trug eine weiße, gegürtete Tunika und einen schwarzen Mantel mit einer Kapuze, die sein Gesicht verhüllte. Gundelfinger fragte, warum die Frau einen solchen Lärm mache. Ob sie krank sei? Der junge Ansorg erklärte, dass seine Mutter ein Kind bekomme und dass sie sie an Deck geschafft hätten, weil sie fürchteten, sie müsse unten, in der stickigen Luft und der Enge, noch mehr leiden. Zwei Frauen stünden ihr zur Seite. Der Hauptmann nickte und sagte einige Worte auf spanisch. Der Mönch schlug ein Kreuz und murmelte etwas, dann gingen beide davon.

Burckhardt setzte sich an die Spitze der Galeone. Der Wind wehte um seine Nase. Die «Santa Trinidad» gewann wieder an Fahrt. Der Kapitän ließ soeben die Taue lösen und die Segel wieder setzen. Am Horizont blitzten die weißen Segel der «Nuestra Señora de Guadelupe». Auch dem anderen Schiff war offenbar nur wenig geschehen.

Am Bug, hoch über den schäumenden Wassern, lungerte ein halbes Dutzend der deutschen Landsknechte herum. Sie umringten neugierig einen kleinwüchsigen Mann, der wild gestikulierte und große Reden schwang. Es war Nicklas Crado aus Nürnberg, der Diener des Hauptmanns Gundelfinger. Crado hielt sich krumm, als hätte er einen Buckel, und zog ein Bein hinter sich her. Er war schon vor fünf Jahren, als Sechzehnjähriger, mit Ambrosius Dalfinger in die Neue Welt gezogen und im Kampf gegen kriegerische Indios schwer verwundet worden. Es ging die Rede, ein Streitkolben habe ihm das Knie zerschmettert. Deshalb konnte er sich nicht mehr als Landsknecht verdingen. Er war nach Sevilla zurückgekehrt und hatte sich dort in der Faktorei der Welser nützlich gemacht. Gundelfinger warb ihn als Diener an, weil er auf Crados Erfahrungen ungern verzichten wollte. Nicklas Crado trug als Einziger der Männer auf der «Santa Trinidad» keinen Bart. Er lehnte mit dem Rücken an der Reling. Zu seiner Rechten saß Josef Langer aus Schneeberg in Sachsen, der sich als Bergknappe hatte anwerben lassen, von dem Burckhardts Vater aber behauptete, er sei in Wahrheit hoch gelehrt und habe sogar einige Zeit die Lateinschule in Annaberg besucht und beim berühmten Rechenmeister Adam Ries gelernt. Die anderen Knappen nannten ihn den «Prediger». Langer kleidete sich wie ein Bergknappe und hatte, auch bei großer Hitze, fast immer die Kapuze über dem Kopf wie ein Mönch. Neben Langer kauerte Christoph Schutz, der Nachbar aus Geyer und, wie Langer, ein enger Freund Gunther Ansorgs. Schutz arbeitete als Bergschmied und war, obwohl von kleiner Statur, erstaunlich kräftig. Im letzten Jahr war seine Frau an Auszehrung gestorben, und Schutz fiel es daher leicht, dem Lockruf der Welser an die Goldküste zu folgen.

Nicklas Crado fühlte sich sichtlich wohl, den Soldaten und Bergknappen sein Wissen auszubreiten. Er flüsterte, als verrate er ein Geheimnis, und die Landsknechte beugten sich neugierig vor.

«Damals weilte unser Kaiser Karl in Brüssel», sagte Crado. «Und zwei Spanier erwarteten ihn mit ungeheuren Schätzen. Seine Majestät erhielt die Nachricht, dass der Hauptmann Fernandus Cortes die Insel Inkathann eingenommen hatte, die auf dem Weg nach Indien liegt. Cortes hat eine Stadt erobert, genannt Tenustitan, von der man sagt, in ihr gebe es sechzigtausend Feuerstellen und außen herum eine Ringmauer. Niemand kann in diese Stadt hineinkommen, außer auf dem Wasser, wie in Venedig.»

Josef Langer blickte ihn spöttisch an: «Nicklas, du erzählst, als wärest du dabei gewesen. Kaiser Karl war vor vierzehn Jahren in Flandern, ein Jahr nachdem Maximilian gestorben ist. Und du warst damals noch ein kleines Kind.»

Die Landsknechte lachten, doch Crado ließ sich nicht beirren und antwortete eifrig: «Ich weiß das, weil meine Herren, die Welser, Zeitung erhielten, die von der Neuen Welt berichtete. Der berühmte Maler Albrecht Dürer aus meiner Heimatstadt war auch in Brüssel. Der hat ausgerufen, er habe noch nie so etwas Wunderbares gesehen.»

«Was war es denn?», fragte Josef Langer.

«Die Schätze des Kaziken von Mexico, wie das Land heißt: eine Scheibe wie eine Sonne, aus purem Gold, so groß wie ein Wagenrad, mit vielen Figuren, und eine Scheibe aus Silber wie der Mond, einen Klafter breit. Und zwanzig goldene Enten und viele goldene Figuren wie die Tiere, die in diesem Land leben, Tiger, Löwen und Affen. Die Abgesandten des Cortes zeigten dem Kaiser Federbüsche in vielen leuchtenden Farben wie der Regenbogen. Meine Herren haben den Wert dieser wunderbaren Dinge auf mehr als hunderttausend Gulden geschätzt.»

Christoph Schutz strich sich über die Augen. Dann sagte er langsam und nachdenklich: «Wir fahren nicht in die Neue Welt, um den Indiern ihre Schätze zu rauben. Wir suchen die Erze in der Erde, und ich schmiede sie...»

Der Nürnberger fiel ihm ins Wort: «Aber das ist noch nicht alles! Der Florentiner Vespucci ist auch viele Male nach America gesegelt. Er hat vor dreißig Jahren eine Insel mit Riesen entdeckt, die Isla de los Gigantes, vor der Goldküste gelegen, die heute die Welser verwalten. Als er an Land ging, überschütteten ihn die Indier mit einem Hagel von Pfeilen. Dennoch brachte er eine Schiffsladung kostbares Holz nach Portugal. Vespucci schrieb viele Briefe an den König, und die Welser in Sevilla haben Abschriften davon erhalten.»

Der Erzähler machte eine kunstvolle Pause. Josef Langer schien immer noch nicht überzeugt zu sein, dass Crado die Wahrheit berichtete. Er fragte: «Sind die Indier auf den Inseln von Venezuela Christen wie wir, oder wissen sie nichts von Gott? Und führen sie oft Krieg?»

Crado schüttelte den Kopf: «Sie kennen Gott nicht und haben auch weder Herrn noch Könige, weder Recht noch Gericht. Sie sind wie die Kinder, sie gehen nackend und haben kein Haar, außer auf dem Haupt. Sie haben Pfeil und Bogen, aber kein Eisen oder anderes Metall. Sie machen Fischzähne an die Pfeile und schießen sehr gut. Wenn sie in den Krieg ziehen, führen sie ihre Weiber mit, die ihnen das, was sie brauchen, hinterhertragen. Die Weiber laden mehr auf den Rücken als ein Mann und übertreffen selbst die Christen darin. Und sie verzehren selten anderes als Menschenfleisch.»

Langer schüttelte sich. Und Christoph Schutz sagte: «Gott wird diese Teufel dafür strafen. Und unser Gobernator wird mit Feuer und Schwert über sie herfallen, wenn sie diesen heidnischen Sitten frönen.»

Nicklas Crado hob den Zeigefinger: «Aber hört genau zu! Die Veteranen, die mit Ambrosius Dalfinger in das Innere der Insel gezogen sind, haben von einem Volk gehört, das hoch in den Bergen wohnen soll, und von einem Kaziken, den sie El Dorado nennen, den vergoldeten Mann. Es gibt dort eine Stadt mit Häusern aus purem Gold, und die Straßen sind mit Silber gepflastert. Niemand hat die Stadt und den goldenen Mann bisher gesehen, aber seine Reichtümer sollen selbst die des Groß-Inkas von Peru übertreffen. Die Soldaten erzählten, dass sie ganz nahe am Ziel gewesen seien. Aber dann wurde der Gobernator Dalfinger von einem vergifteten Pfeil getroffen, und sie mussten alle umkehren.»

In diesem Augenblick stürzte Christian zum Bug. Sein Gesicht war weiß und verstört, er winkte und rief heftig nach seinem Bruder und eilte sofort wieder zurück. Burckhardt folgte ihm, so schnell er konnte. Dort, wo die Mutter gelegen hatte, hinter den Wasserfässern, war eine Traube von Menschen und mitten unter ihnen Gunther Ansorg mit hochrotem Kopf und Zornesfalten auf der Stirn. Vor ihm stand der Mönch, dessen Gesicht unter der Kapuze seiner Kutte versteckt war, und einige Matrosen sowie der Hauptmann Andreas Gundelfinger. Christian zog Burckhardt am Arm und sagte leise: «Das Kind war schon tot, als es geboren wurde. Es hat Mutter sehr wehgetan und sie hat viel Blut verloren. Wir dürfen sie nicht sehen. Sie ist unter Deck, und Anna Kestlin und die Kererin sind bei ihr. Der Mönch hat gesagt, der Teufel treibe auf dem Schiff sein Unwesen, weil wir alle Lutheraner seien. Er hat den Matrosen befohlen, sie sollten den heidnischen Balg über Bord werfen. Das haben sie getan, und Vater hat sie verprügelt.»

Burckhardt wollte seinem Vater beistehen, aber Gunther Ansorg warf ihm einen warnenden Blick zu. Jetzt erschien auch Philipp von Hutten. Der Ritter nahm Gundelfinger beiseite, dann bedeutete er dem alten Ansorg und dem Mönch, ihm zu folgen. Die Matrosen trollten sich. Spät am Abend, die Nacht war schon hereingebrochen, kam der Vater zurück. Er und seine beiden Söhne gesellten sich zu den Bergknappen, die bei den Kanonen an Backbord schliefen. Sie wollten die Mutter nicht stören, die im Kindbettfieber phantasierte. Sie wussten sie in guten Händen.

Gunther Ansorg sagte: «Gott der Herr hat es so gewollt. Auch dieses Kind ist tot. Anna Kestlin hat es getauft, noch bevor es den Leib der Mutter verlassen hat. Der Pater wusste davon nichts. Er wird seine Strafe bekommen. Der edle Herr Philipp von Hutten hat gesagt, er werde die Angelegenheit dem Bischof von Coro vortragen. Sorgt euch nicht. Wir werden dafür beten, dass Mutter wieder gesund wird.»

2. KAPITEL

Der Mann der Welser

Burckhardt lehnte sich weit über die Reling und legte die Hand schützend vor die Augen. Die Mittagssonne brannte und blendete ihn. Eine Piroge näherte sich dem Schiff und war schon in Sichtweite. Er konnte die dunkelhäutigen Ruderer erkennen, neun oder zehn auf jeder Seite. Sie saßen nicht auf Bänken, sondern knieten im Einbaum. Burckhardt hörte sie singen, gedehnte, eintönige Laute, aber in perfektem Einklang. Die langen Ruder klatschten in das Wasser. Mitten zwischen ihnen, in der Mitte des Bootes, war ein Mann mit einem großen Hut und Federbusch. Er winkte und rief irgendetwas. Ansorg verstand kein Wort, auch verschwand das Boot immer wieder in einem Wellental.

Es war der sechsundzwanzigste Januar 1535. Die «Santa Trinidad» lag seit drei Tagen vor Anker, in einer Bucht nahe des Dorfes San German an der Westküste Puerto Ricos. Die Neue Welt, die erste Insel der Goldküste war in Sicht! Die Hauptleute und einige der Soldaten setzten schon am ersten Tag über. Hohermuth hatte verkünden lassen, sie wollten so schnell wie möglich nach Coro aufbrechen. Der Gobernator verbot aber den Bergknappen, an Land zu gehen. Die Boote würden allesamt benötigt, um Wasser, Holz und Fleisch zu transportieren. Auch sollten neue Pferde gekauft werden als Ersatz für die, die während des Sturms verloren gegangen waren. Die von der Insel zurückkehrenden Pirogen hatten Hühner, aber auch gelbe, saftige Ananas, Yucca und Mais an Bord. Die Bergknappen waren zwar anfänglich misstrauisch gegenüber den fremden Dingen, doch als sie sahen, dass die Landsknechte und die Matrosen davon aßen, ohne zu sterben oder sich in Krämpfen zu winden, griffen auch sie zu.

Die Passagiere konnten die sanft geschwungenen Hügel der Insel sehen, das strotzende Grün der Palmen und den weißen Sandstreifen des Strandes, die Häuser des Dorfes, mit Palmwedeln gedeckt. Die Menschen, die sich dort bewegten, waren zu weit entfernt, als dass man etwas Genaues erkannt hätte. So hatte sich die Neugier der Siedler schnell wieder gelegt. Jetzt galt es, die Küste Venezuelas zu erreichen: Tierra firme, festes Land!

Die Rahsegel und der Außenklüver der «Santa Trinidad» waren gerefft worden, trotzdem stampfte das Schiff schwer in der Dünung. Der Wind blies warm und stetig von Osten und zerwehte die wenigen Wolken zu dünnen Schleiern. Die Möwen ließen sich bis zum Schiff treiben und umkreisten es.

Seit drei Tagen hatte Burckhardt, abwechselnd mit Vater und Christian, am Lager der Mutter gewacht und kaum das Tageslicht gesehen. Gunther Ansorg kniete nieder und betete, dass der Herrgott ihnen Hilfe schicke. Margarete Ansorg fieberte noch immer. Sie lag in einem Dämmerschlaf, aus dem sie nur selten erwachte, und stöhnte unentwegt leise vor sich hin. In dem engen Verlies war es heiß wie in einem Backofen. Anna Kestlin kochte Kräuter auf und versuchte, der Kranken den Sud einzuflößen. Aber deren Zustand besserte sich nicht: Sie magerte zusehends ab, hatte schwarze Ringe unter den Augen, eine totenbleiche Haut, und wenn sie etwas sagte, verstand sie niemand. Jetzt galt es, eine starke Arznei zu holen. Aber ob es so etwas in San German gab, wusste kein Mensch. Der Vater war grimmig entschlossen, trotz des Verbots jemanden an Land zu schicken. Einer der Soldaten, die mit einem Boot voll Proviant zurückkehrten, berichtete, es liege ein drittes Schiff vor Anker, eine kleine, aber schnelle Brigantine aus Santo Domingo, dem größten Hafen von Hispaniola. Sie gehöre einem reichen deutschen Kaufmann, Heinrich Remboldt, der im Auftrag der Welser nach dem Rechten sehe.

Remboldt! Der war einmal in Geyer gewesen, zusammen mit den Werbern der Welser, auf dem Weg von Kempnitz nach Annaberg. Der Vater war erregt aufgesprungen. Der musste sich an sie erinnern, er hatte doch mit ihnen gemeinsam an einem Tisch gesessen! Die halbe Stadt war zusammengelaufen, als der prächtig gekleidete Herr aus Augsburg auftauchte, begleitet von einigen anderen Reitern. Remboldt, dass wusste Burckhardt, war sogar mit den Kaufleuten der Welser verwandt, besaß deren Vertrauen und leitete die Geschäfte in Sevilla, zusammen mit seinem Bruder Jakob.

Hastig hatte Gunther Ansorg einige Groschen gesucht und sie dem Soldaten in die Hand gedrückt. Er solle versuchen, Remboldt eine Nachricht zu übermitteln. Margarete Ansorg aus Geyer, daran möge sich Remboldt erinnern. Sie sei todkrank und brauche Hilfe. Ob er nicht etwas tun könne! Der Landsknecht hatte gegrinst und versprochen, den Auftrag zu erfüllen.

Das Deck wimmelte von Menschen. Überall standen, saßen oder lagen die Bergknappen, einige der Frauen und die Landsknechte. Die Matrosen spannten einige Segeltücher, die den Passagieren ein wenig Schutz vor der sengenden Sonne boten. Die Stimmung war gereizt, vor allem seit dem Verbot, an Land zu gehen. Schon zwei Mal war es zu einer handfesten Schlägerei zwischen den Soldaten gekommen.

Das nahende Boot sorgte für allgemeine Aufregung. Die Passagiere drängten sich an der Leeseite, neugierig, welche Nachricht der Unbekannte wohl bringen würde. Burckhardt trat von einem Fuß auf den anderen. Vielleicht kam das Boot ihretwegen? Anna Kestlin und Gunther Ansorg waren ebenfalls an Deck gekommen. Die Frau aus Joachimsthal trug eine bäuerliche Bundhaube, die ihr Gesicht fast ganz verdeckte, als wenn sie nicht erkannt werden wollte. Der Vater trat an die Reling, beobachtete das Boot und schüttelte den Kopf.

«Das ist nicht Remboldt», sagte er langsam.

Jetzt war das Boot herangekommen. Der Mann bedeutete den Ruderern, längsseits zu drehen. Einer ergriff das Seil, das ihm ein Matrose der «Santa Trinidad» zuwarf. Der Mann mit dem Hut war ungefähr so alt wie Burckhardt, genauso strohblond und trug die

Haare sehr kurz zur Kolbe geschnitten, nach der neuesten Mode Spaniens. Sein Hemd war reich bestickt, ebenso das Brusttuch. An den Füßen hatte er breite Kuhmaulschuhe. Neben ihm auf dem hölzernen Sitz lag ein Landsknechtsschwert, ein Katzbalger, wie ihn die Soldaten nannten, mit Parierstange und verlängertem Griff, sodass man die Waffe auch als Zweihänder benutzen konnte.

Er rief den Passagieren zu, ohne sich von seinem Sitz zu erheben: «Ruft mir die Familie Ansorg aus Geyer in Sachsen! Ich habe eine Botschaft für sie!»

Burckhardt hörte sein Herz pochen. Das konnte bedeuten, dass sie an Land durften. Gunther Ansorg beugte sich hinunter und rief: «Wir sind die Ansorgs! Wer seid Ihr, Herr, und welche Nachricht bringt Ihr?»

Der junge Mann herrschte die Ruderer an, die das Boot hatten ein wenig abtreiben lassen. Dann hob er den Kopf und winkte ungeduldig. «Ich bin Ulrich Sailer. Heinrich Remboldt schickt mich. Ich führe Euch zu ihm.»

Die Passagiere redeten durcheinander. Ansorg klopfte Burckhardt auf die Schulter: «Ich habe es geahnt, mein Junge, er erinnert sich an uns. Unserem Herrgott sei es gedankt.» Dann, zu Sailer gewandt: «Meine Frau ist sehr krank, ich will sie nicht allein lassen. Mein Sohn wird gehen. Und die Frau neben ihm auch.»

Sailer antwortete nicht, sondern winkte nur, sie möchten die Strickleiter hinunterklettern.

Mauricio Butzler, ein Bergknappe aus Schneeberg, der in keiner Lebenslage um einen närrischen Spruch verlegen war, drängte sich nach vorn und stieß Burckhardt an.

«Hoho, der Gobernator wird dich bestimmt zum Hauptmann ernennen! Dann rufen wir dich Don Castillo und lüften den Hut, wenn du gegen den Wind brunzt!»

Anna war schon unten angelangt. Burckhardt kletterte ebenfalls über die Reling. Mauricio wandte sich zu den Umstehenden und deklamierte: «Besser in die weite Welt als in den engen Bauch, sagte Eulenspiegel, da ließ er einen fahren.»

Die, die Deutsch verstanden, lachten schallend.

«Vergiss nicht, dich bei Remboldt zu bedanken», rief der alte Ansorg Burckhardt nach.

Burckhardt setzte sich so neben Anna, dass er Sailer gegenübersaß. Der sah an Anna hinunter, als wäre es eine Zumutung, mit einer derartigen Person verkehren zu müssen. Er gab einen scharfen Befehl zu wenden. Das Boot nahm Kurs auf das Ufer.

Burckhardt blickte verstohlen zu den Ruderern. Schon in Sevilla hatte er einige der schwarzen Sklaven gesehen, war ihnen aber noch nie so nahe gekommen wie jetzt. Alle hatten ein verschorftes Brandzeichen auf dem nackten Rücken oder auf der Stirn und einen eisernen Ring um den Hals mit einer Öse, an der eine Kette befestigt werden konnte. Die meisten besaßen nur ein Lendentuch, das sie um ihre Hüfte geschlungen hatten, zwei trugen ein zerschlissenes Beinkleid. Alle bis auf einen hatten pechschwarze Haut und kahle Schädel, auf denen nur wenige krause Haarbüschel stehen geblieben waren, als hätte der Barbier plötzlich die Lust verloren, seiner Aufgabe nachzukommen. Der größte Schwarze, ein wahrer Hüne mit Armmuskeln so dick wie Burckhardts Oberschenkel, kniete am Bug und stieß sein Ruder rechts und links in das Wasser.

Ganz hinten im Boot saß ein dunkelhäutiger Mann, der Burckhardt sofort aufgefallen war, weil er keine Halskrause trug und auch kein Brandzeichen. Er führte das Steuer. Seine Haut war heller, seine Haare fielen glatt und schwarz auf den Rücken. Runzeln überzogen sein Gesicht, er wirkte jedoch nicht wie ein Greis, sondern sehnig und zäh. Er war fast nackt. Schmale und spitze Muscheln zierten seine durchbohrten Ohrläppchen. Eine Schnur, die er um seine Taille gewunden hatte, hielt vorn eine Art Kuhhorn, eine Kalebasse, die sein Gemächte bedeckte, aber die Hoden frei hängen ließ. Burckhardt traute sich nicht, Sailer anzusprechen und zu fragen, ob dies einer der Bewohner Indiens war.

Auf halber Strecke zum Ufer, die Palmen am Strand waren schon sehr nahe gerückt, tauchte das Boot in eine Quersee, die Gischt sprühte und überschüttete sie mit einem Schwall Wasser. Burckhardt musste lachen.

Sailer sah ihn zuerst ausdruckslos an, dann erschien ein schmales Lächeln auf seinem Gesicht.

«Wie heißt du, Ansorg?», fragte er.

«Burckhardt, Herr», erwiderte der, «und die Frau neben mir ist Anna Kestlin. Sie versteht etwas von Heilkräutern.»

Sailer musterte Anna scharf und sagte dann: «Eine Heilerin also? Ich hoffe, dass sie einen guten Leumund hat und keine Zauberei betreibt.»

Burckhard wollte gerade etwas erwidern, da dröhnte vom Ufer ein Kanonenschuss. Sie fuhren hoch, selbst die Ruderer hielten einen Augenblick inne und sahen zum Strand. Sie waren nur noch eine Viertelmeile entfernt. Auf der westlichen Seite des Dorfes erhob sich ein kleiner Hügel, der gerodet worden war und auf dem die Kolonisten einen Lehmwall aufgeschüttet hatten. Dahinter verbargen sich einige Kanonen. Jetzt kräuselte sich eine kleine Rauchwolke über der Erhebung, und Burckhardt hörte aufgeregte Rufe. Am Strand liefen Soldaten zusammen. Es war wohl ein Schuss gewesen, der Alarm auslösen sollte. Sailer blickte zum Strand, dann zum Meer. Burckhardts Blicke folgten den seinen. Und da sah er, was die Kanoniere veranlasst hatte, einen Schuss abzugeben: Fern am Horizont war ein Segel, nein, waren zwei Segel zu sehen, so groß, dass es nur Galeonen sein konnten, keine Küstensegler.

«Piraten!», sagte Sailer kurz und brüllte die Sklaven auf Spanisch an, aus Leibeskräften an Land zu rudern.

«Piraten?», fragte der junge Ansorg besorgt und fühlte, wie Annas Hand sich an seinen Arm klammerte.

«Französische Korsaren», antwortete Sailer, der sich nicht wieder gesetzt hatte, sondern breitbeinig und aufrecht im Boot stand und immer noch die fernen Segel beobachtete. «Vor sieben Jahren sind sie schon einmal gekommen, sie haben ganz San German zerstört. Kein Haus ist übrig geblieben. Sie haben damals einige Siedler verschleppt, vor allem die wenigen Frauen.»

«Aber woran seht Ihr, dass es Franzosen sind?», fragte Burckhardt erstaunt. «Sie sind noch so weit entfernt, dass man weder die Segel noch die Flaggen erkennen kann.»

Sailer blickte ihn an, als wäre er begriffsstutzig wie ein besonders dummer Lehrjunge.

«Sie kommen von Südosten. Dort liegen viele kleine Inseln. Die Riffe sind sehr gefährlich. Aber wer sich dort auskennt, kann sich selbst mit einem Dutzend Schiffen gut verstecken. Außerdem weiß ich», fuhr Sailer hochmütig fort, «dass weder aus Lissabon noch aus Sevilla Schiffe unterwegs sind.»

Nach kurzer Zeit erreichten sie das Ufer. Die Sklaven sprangen aus dem Boot in das hüfthohe Wasser und schoben das Schiff so weit an das Ufer, bis der Sand unter dem Kiel scheuerte. Burckhardt sprang ebenfalls hinab und hielt Anna seinen Arm hin. Die winkte ärgerlich ab, setzte sich auf den Rand des Bootes und schwang ihre Röcke hinüber. Burckhardt wankte wie ein Betrunkener und musste darüber lachen, wie ungeschickt er war. Ihn schwindelte ein wenig. Seit über einem Monat hatte er nicht mehr auf festem Grund gestanden, nur immer auf schwankendem Schiffboden.

«Schneller», rief Sailer, der schon das Trockene erreicht hatte und seinen Katzbalger in der Faust hielt, als gälte es, sich sofort in das Kampfgetümmel zu stürzen, «beeil dich!» Am Strand hatten sich schon mindestens fünfzig Soldaten versammelt, die meisten mit Sturmhaube und Koller. Aufgeregte Stimmen riefen die Fähnlein zusammen, die Arkebusiere überprüften ihre Musketen und legten die Flinten auf die Gabeln. Mitten in einer Menschentraube stand Philipp von Hutten und diskutierte erregt mit einem spanischen Hauptmann. Burckhardt erkannte Francisco de Velasco, einen der Stellvertreter Hohermuths. Bis fast zum Bauch im Wasser stand Francisco Sanchez, der Kapitän der «Santa Trinidad», und schaute angestrengt zum Horizont. Jetzt drehte er sich um und stapfte an Land.

«Sie drehen ab», rief er Hutten und Velasco zu. «Sie haben sich wohl ausgerechnet, dass sie gegen unsere beiden Schiffe schlechte Karten haben würden.»

Sanchez hatte die Hauptleute erreicht und zeigte zum Meer.

«Zwei Schiffe gegen zwei oder drei, und wir haben über vierhundert Mann unter Waffen. Eigentlich schade, dass die Feiglinge nicht näher herangekommen sind! Wir hätten sie zermalmt wie Kaiser Karl die heidnischen Piraten vor Tunis!»

Die Landsknechte lachten dröhnend und wandten sich gestikulierend wieder dem Dorf zu. Sie malten sich den entgangenen Kampf und ihren Sieg in allen Einzelheiten aus. Hutten erblickte Sailer, Ansorg und Anna und schritt auf sie zu.

«Wer hat Euch erlaubt, das Schiff verlassen?», fragte er streng.

Sailer, der soeben sein Schwert eingehängt hatte, hob beschwichtigend die Hand.

«Ich begleite sie zu Heinrich Remboldt. Er verlangte, mit den Ansorgs zu reden.»

Hutten stutzte. Dass ein so junger Mann so bestimmt gegenüber einem Adligen und Hauptmann wie ihm auftrat, schien ihn zu überraschen. Und wahrscheinlich kam es ihm merkwürdig vor, dass ein reicher Kaufmann wie Remboldt mit den armen Bergknappen persönlich verkehren wollte.

«Wer seid Ihr? Ich habe Euch noch nie gesehen. Gehört Ihr zu Remboldt?», fragte er unwirsch.

«Ulrich Sailer», antwortete der kurz. «Ihr habt bestimmt schon von meinem Vater Hieronymus Sailer gehört.»

Burckhardt sah zu seiner großen Überraschung, wie Philipp von Hutten erbleichte und sich dann knapp und ausgesucht höflich verbeugte.

«Ich erbitte Euch, Eurem Vater meine größte Ehrerbietung auszusprechen. Bitte tut Eure Pflicht! Ich werde alles tun, um Euch zu unterstützen.»

«Danke», antwortete Sailer kühl und winkte Burckhardt und Anna, ihm zu folgen. Burckhardt hatte von einem Hieronymus Sailer noch nie etwas gehört. Der musste einen großen Einfluss besitzen, wenn selbst die Führer der Landsknechte und die Stellvertreter des Gobernators ihm ihre Dienste anboten.

Das Dorf schmiegte sich in eine weite Bucht. Es waren an die zweihundert Häuser, bis auf eine kleine Kirche aus gebrannten Lehmziegeln am Nordrand der Plaza fast alle aus Holz oder Rohr, roh zusammengezimmert und notdürftig bedeckt. Gegenüber der Kirche war die Faktorei der Welser, ein lang gestrecktes steinernes Gebäude, das die ganze Breite des Platzes einnahm. Nur im Zentrum gab es so etwas wie den Ansatz eines sichtbaren Planes, Straßen rechtwinklig verlaufen zu lassen. Sonst führten Trampelpfade in das Gebüsch, niemand machte sich die Mühe, hier zu roden. Es war keine Menschenseele zu sehen, nur ein paar der Landsknechte, die ihr Wasser abschlugen und dann in den Häusern verschwanden.

Sie erreichten den Hauptplatz mit der Kirche und der Faktorei. Vor dem Eingang lungerten ein paar Soldaten herum, die sie aber nicht beachteten. Einer hob leicht die Hand, als wolle er Sailer wie einen Hauptmann grüßen. Der öffnete die Tür, ohne anzuklopfen, und trat ein. Burckhardt und Anna folgten ihm.

«Wartet hier!», befahl Sailer und deutete auf eine grob gezimmerte Bank an der Wand. Eine Art Ladentisch teilte den Raum in gleich große Hälften, man konnte einen Teil in die Höhe klappen, um in den hinteren Teil zu gelangen. Sonst war der Raum leer. Auf der anderen Seite stand eine Tür offen und Burckhardt hörte laute Stimmen. Sailer ging hinein, ließ die Tür aber geöffnet, sodass die beiden Wartenden jedes Wort verstehen konnten.

«Ihr solltet froh sein, Nikolaus Federmann», tönte es aus dem Nebenraum, «dass Ihr überhaupt nach Venezuela zurückkehren dürft. Stattdessen langweilt Ihr mich mit Euren Wünschen nach mehr Geld, mehr Pferden, mehr Waffen. Mehr, mehr, mehr. Soll ich mir die Pferde aus dem Leib schneiden?»

Der Mann musste schon alt sein, er sprach sehr langsam und mit tiefer Stimme, die nicht zu Widerspruch einlud.

Die energische Stimme eines jüngeren Mannes antwortete ihm: «Lieber Heinrich Remboldt, Ihr wisst, dass ich der erfahrenste Hauptmann bin, den Eure Herren, die Welser, haben. Ich weiß, wie viel ich benötige.»

«Ihr benötigt gar nichts. Hohermuth leitet jetzt die Geschicke der Inseln von Venezuela. Ihr fahrt mit mir nach Santo Domingo. Über die Pferde verhandeln wir dort. Und nun zu Euch, Hohermuth.»

Remboldt machte eine lange Pause, niemand sagte etwas. Dann erhob er seine Stimme: «Schreibt: Gegeben zu San German, im Jahre des Herrn ...»

Er hielt inne und fuhr dann fort: «... wobei wir offen lassen, ob es das Jahr unseres Herrn, des Heiligen Vaters Paul des Dritten, ist, den der Herrgott in seiner allumfassenden Güte im letzten Jahr zum Oberhaupt der Christenheit bestimmt hat. Oder das Jahr unseres verehrten Kaiser Karls des Fünften, der unseren Herren, den ehrbaren Kaufleuten der Welser, die Statthalterschaft über die Inseln von Venezuela übertragen hat.»

Es klatschte, als hätte jemand mit der flachen Hand auf einen Tisch geschlagen, und Remboldt sagte: «Dummkopf, schreibe das nicht! Wo war ich stehen geblieben? Ach ja, bei unserem Kaiser! Der sieht sich zur Zeit nicht in der Lage, die einhunderteinundvierzigtausend Dukaten zurückzuzahlen, die er gezwungen war, sich von unseren Herren zu leihen. Das wiederum, um mit ebendiesem Geld die Laune der Fürsten zu verbessern, die ihn zum Kaiser wählten. Und wir, die bescheidenen Bevollmächtigten der Welser in Spanien, sollen die wenigen Dukaten, die noch in unseren Schatzsäcklein sind, an Männer austeilen, wie Ihr es seid, Federmann und Hohermuth! Und was bietet Ihr mir an Sicherheit?»

Eine dritte Stimme, leise und sanft wie die einer Frau, antwortete: «Ihr wisst selbst, wie viel Gold Francisco Pizarro aus dem Schatz des Groß-Inkas Atahualpa ...»

Das war Georg von Hohermuth. Remboldt schnitt dem Gobernator das Wort ab: «Hokuspokus! Das ist mir alles bekannt. Ein Kaufmann muss wissen, worauf er sich einlässt. Gold! Ich höre immer nur Gold! Euer Auftrag ist es, den Weg zum Südmeer, zu den Gewürzinseln zu finden! Ist nicht Ambrosius Dalfinger vor vier Jahren schon mit einhundertdreißig Mann von Coro ausgezogen, um Gold zu finden? Und kamen nicht nach zwei Jahren fünfunddreißig Männer zurück, fieberkrank und ohne die geringste Ausbeute? Und mit der Nachricht, dass ihr Generalleutnant Dalfinger von einem vergifteten Pfeil getroffen worden und elend gestorben war? Und wer hat Dalfinger finanziert und mit dem Notwendigsten ausgerüstet? Ich, Heinrich Remboldt! Und Ihr, Federmann, wer hat Euch damals bezahlt? Und wie viel habt Ihr mitgebracht von Eurem Marsch nach El Dorado?»

«Lieber Remboldt, ich habe nur zehn von hundert Männern verloren …»

«Ja, ja, ich weiß», entgegnete Remboldt müde, «aber ebenfalls kein Gold gefunden. Gold, meine Herren, ist eine schöne Sache, wenn man es hat. Aber mühselig, wenn man es denen wegnehmen muss, die es besitzen. Besser sind Dinge, die unser Herrgott an Bäumen wachsen lässt oder im Boden. Das ist etwas Handfestes. Außerdem schießen Früchte und Erze nicht mit vergifteten Pfeilen. Ich hoffe, Eure Bergknappen finden Gold und Edelsteine, ohne Krieg führen zu müssen gegen die Indier. Zucker! Gewürze, Perlen! Indisches Holz, das wir Guajak nennen und dessen Elixier gegen den englischen Schweiß hilft! Und Salz! Ihr hört richtig: Salz! Haben wir nicht vom Kaiser das Salzmonopol der Neuen Welt übertragen bekommen? Und erfuhr nicht Ambrosius Dalfinger von den Indiern, dort, wo das Salz herkomme, sei auch das Gold zu finden? Also sucht mir das Salz! Über das Gold reden wir dann später. Aber kommen wir zur Sache.»

Burckhardt hörte wieder die Hand Remboldts zwei Mal leicht auf den Tisch schlagen.

«Schreibt: Zu vermerken, dass sich die ehrbaren Heinrich

Remboldt von wegen Herrn Bartholomäus Welser und anderen Mitverwandten an den ehrbaren Herren Georg Hohermuth von Speyer, Gobernator der Welser auf den Inseln von Venezuela und der Goldküste, miteinander verglichen und vereint haben.»

Remboldt machte eine Pause. Man hörte eine Feder über das Papier kratzen.

«Nämlich: dass Letztgenannter von uns eine Summe genannten Geldes erhält zu den üblichen Zinsen und so weiter und so fort, Waffen, Proviant, soweit noch nicht vorhanden, und uns dafür mit allen Kräften unterstützt, die uns auferlegten Pflichten wahrzunehmen: die Erschließung des Gebietes vom Cabo de la Vela bis Maracapana, den Bau dreier Festungen auf eigene Kosten, soweit noch nicht geschehen, die Gründung zweier Städte, diese mit jeweils mindestens dreihundert Einwohnern zu besiedeln, entsprechend dem Kontrakt, der in Sevilla besiegelt wurde und so weiter und so fort. Haben wir das, Schreiber? Wir verfahren also wie in dem Vertrag, den wir mit Ambrosius Dalfinger abgeschlossen haben. Dafür erhalten wir, Heinrich Remboldt, ein Drittel des Erlöses, den der genannte Georg Hohermuth von Speyer erzielt.»

Remboldt machte wieder eine Pause, als wartete er auf Widerspruch. Hohermuth antwortete, und seine Stimme bebte leicht vor Entrüstung: «Ehrbarer Remboldt, das ist zu viel. Ein Drittel ...»

«Unsinn, Hohermuth. Es heißt in der Bibel: Gebt dem Kaiser, was des Kaisers ist. Also auch den Welsern, was ihnen zusteht. Unsere Herren, die Welser, erhalten von Carolus dem Fünften pro Jahr fünfundsiebzigtausend Maravedis für die Besoldung der Truppen. Und den Titel eines ‹Adelantado›, für den ich mir in Augsburg noch nicht einmal einen Lebkuchen kaufen kann. Und wisst Ihr, wie viel Prozent vom Gesamtertrag des gesamten Unternehmens wir erhalten? Vier Prozent! Nur vier, Hohermuth! Und Ihr beklagt Euch, dass ich Euch ein Drittel des Erlöses aus Euren Unternehmungen abziehe. Die Welser haben mich angewiesen, Euch auszustatten, und wollen offenbar das Risiko eingehen, weiß der Himmel warum, dass Ihr die Ausrüstung ruiniert und das Gepäck in alle Winde zerstreut, wie mehrfach geschehen. Ganz zu schweigen von den Pferden, deren Hufe noch nicht einmal den Boden der Neuen Welt berührten, weil sie Euch schon vorher wegstarben. Meine Herren, wenn Euch meine Bedingungen nicht gefallen, schickt einen Boten nach Augsburg und führt Beschwerde gegen mich. Oder sucht Euch jemand anderen, der Euch hier oder in Hispaniola mit dem Nötigsten versorgt. Wir sehen uns heute Abend, um die Verträge zu unterzeichnen. Morgen kehre ich nach Santo Domingo zurück. Ich will Weihnachten in Augsburg sein.»

Burckhardt hörte, wie Schemel gerückt wurden. Hohermuth trat aus der Tür, mit hochrotem Gesicht, und verließ, ohne die beiden Wartenden auch nur anzusehen, das Haus. Ihm folgte Nikolaus Federmann. Neugierig musterte Burckhardt den Hauptmann, der nicht auf der «Santa Trinidad», sondern auf der «Nuestra Señora de Guadelupe» gereist war. Angeblich, das munkelte man, konnten sich Federmann und Hohermuth gegenseitig nicht ausstehen. Federmann hätte wohl gern das Kommando gehabt, aber aus irgendwelchen Gründen hatten die Welser Hohermuth ihm vorgezogen. Die Spanier nannten Federmann seines roten Bartes wegen «Capitán Barba Roja». Der knapp dreißig Jahre zählende Schwabe aus der Stadt Ulm war überall beliebt, die Landsknechte schwärmten von seiner Energie und seiner Entschlusskraft. Sein leuchtend rotes Haupthaar quoll unter der Sturmhaube hervor, die er soeben aufgesetzt hatte. Federmann sah Burckhardt und Anna Kestlin kurz an, strich dann nachdenklich seinen Bart und folgte Hohermuth. Dann kam Sailer, der den Wartenden wortlos einzutreten bedeutete und den Hauptleuten nacheilte.

Anna Kestlin nickte Burckhardt zu. Bevor sie die Tür erreichten, hörten sie schon Remboldts Stimme: «Tritt ein, Ansorg. Ich habe dich erwartet.»

Burckhardt betrat den halbdunklen Raum, Anna hielt sich dicht hinter ihm. Gegenüber der Tür stand ein einfacher Tisch aus hellem Holz, vor ihm vier ebensolche Schemel. Rechts, hinter einem kleineren Schreibpult, saß ein kleiner Mann mit einem Gänsekiel und einem Tintenfass. Das Gesicht des Schreibers glänzte vor Schweiß. Er sah ängstlich auf Heinrich Remboldt.

Remboldt war um die fünfzig Jahre alt, nicht sehr groß, aber breit und von untersetzter Gestalt und trug einen kurzen, sorgfältig gestutzten Bart. Er saß auf einem Stuhl mit breiten Lehnen hinter dem Tisch, hatte die Hände über dem Bauch gefaltet und sah die Eintretenden mit mildem Lächeln an. Er trug eine gestrickte Haube, die er auf den Hinterkopf zurückgeschoben hatte. Seine Haare fielen halblang bis auf den Kragen eines einfachen, braunen Wamses mit einem spitzen Ausschnitt, wie es Burckhardt bei reichen, aber sehr alten Leuten gesehen hatte.

«Sieh an», sagte Remboldt, «da haben wir ja ein jüngeres Ebenbild des ehrbaren Ansorg.»

Burckhardt verbeugte sich, wie er es bei den Hauptleuten gesehen hatte, wusste aber nicht, wie er sich weiter verhalten und was er sagen sollte. Remboldt lächelte immer noch, beugte seinen Kopf ein wenig zur Seite und sah Anna an, die hinter Burckhardt stand.

«Und wer ist die Frau? Ich wusste gar nicht, dass Gunther Ansorg seine Söhne so schnell verheiratet hat.»

Burckhardt antwortete: «Ehrbarer Herr, ich heiße Burckhardt Ansorg. Die Frau ist Anna Kestlin.»

Anna schob Burckhardt mit dem Arm zur Seite und sah Remboldt fest an: «Ich bin Erzwäscherin, Herr Remboldt. Ich komme aus Joachimsthal in Böhmen. Die Welser haben meinen Mann und mich angeworben für die Neue Welt. Gott der Herr hat es so gewollt, dass das Kind der Margarete Ansorg gestorben ist. Ich verstehe etwas von Arzneien und suche einige Kräuter, damit die Kranke sich wieder erholt.»

Remboldt antwortete Anna nicht, wiegte den Kopf und sagte

zu Burckhardt: «Das ist bedauerlich. Ich wünsche deiner Mutter baldige Genesung. Eine Heilerin, sagst du?»

Remboldt blickte belustigt zu Burckhardt.

«Wenn sie deiner Mutter geholfen hat, muß ich das ja glauben. Jedenfalls ist deine Heilerin eine sehr schöne Frau» – Remboldt deutete im Sitzen eine leichte Verbeugung an –, «die ich lieber an mein Krankenbett lassen würde als die elenden Quacksalber aus Sevilla. Und was führt euch zu mir?», sagte der Kaufmann und wandte sich dem Schreiber zu: «Geh nach draußen und warte dort!»

Der Schreiber legte die Feder auf das Pult und eilte in den Nebenraum, froh, Remboldt entkommen zu sein.

Burckhardt schilderte kurz ihre Lage und sagte, der Vater hoffe, Remboldt könne helfen, die Mutter zu kurieren. Der überlegte eine Weile, erhob sich von seinem Stuhl und wanderte, mit den Händen auf dem Rücken, langsam im Raum auf und ab.

«Es soll niemand sagen», sagte er bedächtig, «dass Heinrich Remboldt ein undankbarer Mensch sei und den Armen nicht helfe, wo es Not tut. Sagt nicht die Bibel: Was ihr einem meiner geringsten Brüder tut, das habt ihr mir getan? Außerdem hat sich dein Vater mir gegenüber als wahrer Christ gezeigt. Ich bin in seiner Schuld.»

Burckhardt sah Remboldt fragend an. Der winkte ab.

«Das war vor langer, langer Zeit. Du warst noch ein kleines Kind. Das tut hier nichts zur Sache.»

Remboldt stand mit dem Rücken zu ihnen und blickte eine Weile wortlos aus dem kleinen Fenster. Draußen war ein kleiner, strauchloser Hof, der einige Stallungen begrenzte. Remboldt wandte sich ihnen wieder zu und sank ächzend auf den Stuhl, als hätte er schwer geträumt.

«Was können wir da tun?», murmelte er. Dann fuhr er fort: «Ich werde euch etwas erklären, Ansorg. Und ich tue das nur, damit ihr, die Bergknappen aus Sachsen und Böhmen, nicht hinterher sagt, wir, die Geldgeber für eure Hauptleute, seien an der Misere schuld. Die Welser geben kein Land an die Siedler, die in Coro leben wollen. Sie legen keine Plantagen an wie hier in Puerto Rico oder auf Hispaniola. Sie betreiben keine Viehzucht außer ein paar Schafen, die der Bischof Bastidas in Coro weiden lässt. Sie betreiben kein Bergwerk, es gibt kein Gewerbe, es gibt keinen Handel. Alles muss aus Santo Domingo herbeigeschafft werden. Vor zwei Jahren beliefen sich die Schulden der Kolonisten auf fünfzigtausend Dukaten! Und ich lebe von der vagen Hoffnung, dass irgendjemand irgendwann diese Schulden zurückzahlen wird. Wer soll das tun? Etwa Georg Hohermuth von Speyer, dieser Buchhalter, der das Vertrauen meiner Herren genießt, weil er irgendwann ein wenig Theologie studiert hat, und der wahrscheinlich mit der Armbrust auf zehn Ellen Entfernung das Ulmer Münster nicht trifft?»

Remboldt schnaufte verächtlich und fuhr fort: «Oder Nikolaus Federmann? Der schon eher, der ist umsichtig und bedenkt gut, was er tut. Den muss man aber immer an der Leine halten und beobachten. Der schert sich nicht um Verträge und Befehle. Federmann wird das Eldorado finden, falls es das gibt, aber er wird sich dabei das Genick brechen. Oder die Welser oder der Kaiser werden ihn ins Gefängnis stecken, wenn nicht gar an den Galgen bringen.»

Remboldt zeigte mit dem Finger auf Burckhardt.

«Und wer hat dich hierher gelockt? Habe ich deinem Vater nicht gesagt: Hispaniola? Dort wird solide gewirtschaftet, dort gibt es Zuckermühlen, dort wird nach Gold gegraben. Aber nein, alle wollen auf die Insel Venezuela, dorthin, wo klüftenreiche Gebirge und Sümpfe den Weg zum Meer versperren und kriegerische Indier mit vergifteten Pfeilen schießen. Und hast du die Verträge gelesen, die Hieronymus Sailer mit euch abgeschlossen hat?»

Burckhardt antwortete verwirrt: «Herr, Vater hat mit den ehrbaren Welsern einen Vertrag geschlossen, aber nicht mit einem Hieronymus Sailer.»

Remboldt lachte lautlos und behäbig.

«Der Name der Welser steht auf der Fahne, die Hieronymus Sailer trägt und deren Stoff er gewebt hat. Die Welser interessiert, wie sie zu Geld kommen, welche Rendite ihr Kapital bringt, ob der Kaiser seine Schulden zurückzahlt, wie sie die Einfuhrzölle der spanischen Häfen vermeiden und wie sie die Intriganten und das Monopol der Casa de la Contratacion, der Handelskammer in Sevilla, umgehen können. Die Welser interessiert nicht, ob und wie ein paar dumme Bergknappen aus Böhmen und Sachsen irgendwo jämmerlich verrecken. Für Hieronymus Sailer seid ihr eine Investition wie die Nürnberger Äxte und Buschmesser oder die Glasperlen, die er in die Neue Welt verschickt, um sie einzutauschen gegen Gold und Edelsteine der Indier. Eine Investition in die Zukunft, die vielleicht gar nicht existiert.»

Es gab eine lange Pause. Burckhardt war verwirrt über das, was der Kaufmann über ihre Zukunft in der Neuen Welt gesagt hatte. Darüber hatte er mit Vater nicht geredet. Es werde alles besser werden, hatte es geheißen. Strenge Winter, Hunger und Elend? Dort gebe es keine Winter, nur eitel Sonnenschein und mehrere Ernten im Jahr. Und Gold und Edelsteine müssten nicht in mühsamer und gefährlicher Arbeit abgebaut werden, sondern seien in Hülle und Fülle vorhanden. Und die Indier, die dort wohnten, seien friedliche Leute, wie die Kinder, die das Gold so wenig achteten wie Glasperlen. Und dort, so hatte der Vater gemeint, gebe es keine Herren, die unbotmäßigen Bergknappen die Arbeit verwehrten. Aber das, was er aus dem Munde Remboldts gehört hatte, klang ganz anders.

Der Kaufmann beugte sich vor und flüsterte, als verrate er ihnen ein Geheimnis: «Und nun fragst du dich, was das alles zu tun hat mit der Krankheit deiner Mutter? Tritt näher, Ansorg! Ich sage es dir. Es gibt hier auf der Insel, so erzählen sich die Kolonisten, eine Heilerin der Indier. Sie wohnt oben auf dem Berg in einer Höhle. Einige der Siedler haben sich von ihr kurieren lassen, aber andere munkeln, dass sie es lieber hätten, wenn die Hexe verbrannt würde. Das rate ich Euch, gute Frau: Heilt, in Gottes Namen, wenn Ihr es vermögt, aber verratet niemandem etwas von Eurer Kunst! Ich werde euch zu einem Hauptmann der Indier schicken, dem Kaziken, mit meiner Empfehlung. Der kann euch weiterhelfen. Aber seht zu, dass ihr wieder am Hafen seid, bevor die Sonne untergeht. Dann kehrt Ulrich Sailer mit Hohermuth zur ‹Santa Trinidad› zurück.»

Remboldt erhob sich, ging hinaus und rief einen der Soldaten herein, die draußen warteten. Der Landsknecht hatte rote Haare wie Federmann und einen ebensolchen Bart und stand achtungsvoll in der Tür, die Hand am Katzbalger. Remboldt flüsterte ihm einige Worte ins Ohr, gab ihm etwas in die Hand und winkte dann Burckhardt und Anna zu sich.

«Geht mit ihm, er hat mein volles Vertrauen und weiß, was zu tun ist. Grüß deinen Vater von mir und richte ihm aus, ich wünsche mir, dass ich ihn lebend wieder sehe, so Gott will. Und nun sputet euch!»

Remboldt drehte sich um, winkte dem Schreiber, der still auf der Bank des Vorraums ausgeharrt hatte, und verschwand in seinem Arbeitszimmer. Jetzt erst fiel Burckhardt ein, dass er vergessen hatte, sich zu bedanken.

Der Landsknecht zeigte mit dem Kinn nach draußen und stapfte voran. Sie folgten ihm auf dem Fuße. An Land war der Wind kaum zu spüren, und die Mittagshitze lähmte sie.

Anna Kestlin drückte ihr Felleisen vor die Brust und sagte halblaut: «Ein merkwürdiger Mensch, dieser Remboldt. Die Hauptleute putzt er herunter wie dumme Jungen, und zu uns ist er freundlich und hilfsbereit.»

Der Soldat führte sie zu einer kleinen Hütte am Rand des Dorfes. Sie mussten sich bücken, um eintreten zu können. Die Hütte war leer, nur ein Mann und eine Frau saßen mit gekreuzten Beinen auf dem festgestampften Lehmboden. Der Mann war der Steuermann des Bootes, auf dem Burckhardt von der «Santa Trinidad» an Land gefahren war. Er schien nicht überrascht zu sein und blickte wortlos auf die Eintretenden. Die Frau war sehr jung, vierzehn oder fünfzehn Jahre alt, hatte nur ein rotes Tuch aus Baumwolle um ihre Hüften gewickelt und trug eine Kette aus den Samen von Früchten über ihren nackten Brüsten. Sie sah Burckhardt neugierig an. Sie strich mit beiden Händen über ihre langen blau schimmernden Haare, zeigte dann auf seinen blonden Schopf und lachte über das ganze Gesicht.

Burckhardt wusste nicht, was er sagen sollte und in welcher Sprache. Diese Frau war ganz anders als die, die er bisher gesehen hatte. Er wunderte sich, dass sie sich nicht schämte, ihre Brüste unbedeckt zu lassen. Er spürte, wie Anna sich unterhakte, und sah zur Seite, aber sie blickte ihn nicht an. Der Landsknecht zog etwas aus seinem Wams hervor. Es war eine handgroße Figur aus Holz. Sie hockte mit gekreuzten Beinen, hatte einen übergroßen Kopf und besaß keine Arme. Sie war über und über mit eingeritzten Linien bedeckt. Zwischen den Beinen sah Burckhardt ein auffallendes schwarzes Viereck, wie die Scham einer Frau. Der Soldat drehte die Figur in der Hand, als ob er nicht wisse, was damit anzufangen sei, und gab sie dann dem Mädchen. Dann zeigte er auf Anna und Burckhardt. Die Indianerin schaute die Figur nur flüchtig an und gab sie dem Landsknecht zurück, nickte, erhob sich und winkte den beiden, ihr zu folgen. Sie gingen hinaus, ohne den Mann in der Hütte zu beachten.

Der Soldat sagte: «Folgt der Frau! Sie wird euch zu eurem Ziel bringen. Ich kehre um.»

Ein Trampelpfad führte von der Rückseite der Hütte durch das Gebüsch aus Pflanzen mit bunten Blüten, wie Burckhardt noch keine gesehen hatte. Die Indianerin ging barfuß und mit wiegenden Hüften voran, Anna Kestlin folgte ihr auf dem Fuße, der junge Ansorg bildete den Schluss. Er kam sich unnütz vor, denn von den Arzneien oder Kräutern, die Anna von der Heilerin vielleicht bekommen würde, verstand er nichts. Anna hatte ihren Kittel gerafft, weil er sich immer wieder in den Stacheln der kleinen Kakteen am Wegesrand verfing. Käfer umschwirrten sie, und winzige Fliegen versuchten, sich in ihrer Haut zu verbeißen. Burckhardt war froh, dass er lange Ärmel trug, und wunderte sich, dass die Indianerin nicht ständig nach den Plagegeistern schlug. Die Stiche schienen sie nicht zu stören.

Sie mussten eine gute Stunde marschieren. Der Schweiß troff Burckhardt von der Stirn. Er wünschte sich sehnlichst, an einem Bach vorbeizukommen, um seinen Durst zu stillen. Anna schien Mühe zu haben, der Frau zu folgen. Sie hatte ihre Bundhaube zurückgeschoben, die Hitze machte auch ihr schwer zu schaffen.

Der Weg wurde steiler und beschwerlicher. Sie sahen das Dorf unter sich, die türkisblaue Weite des Meeres und den flimmernden Horizont, in der Bucht die Brigantine Remboldts, einige Pirogen, so groß wie Nußschalen, weiter draußen die beiden Galeonen und die winzigen Menschen, die sich auf Deck aufhielten. Alles erschien Burckhardt unwirklich, wie ein merkwürdiger Traum, der bald zu Ende gehen würde. Er dachte an die vielen Tage auf Planwagen, an holperige und verschlammte Wege, in die der endlose Regen tiefe Furchen gewaschen hatte, an die Dörfer und Städte, die sie durchquert hatten und die er bisher nur vom Hörensagen gekannt hatte: Leipzig, Magdeburg, Braunschweig, Hamburg, Antwerpen, endlich der Hafen von Sevilla. Dann die vergeblichen Versuche, das offene Meer zu gewinnen, die endlos erscheinenden Tage der Überfahrt.

Und jetzt war er in der Neuen Welt, nahe der Goldküste der Insel Venezuela, und er war auf dem Weg zu einer indianischen Zauberin. Wenn ich das zu Hause erzählen würde!, dachte Burckhardt. Plötzlich verspürte er ein beklemmendes Gefühl im Hals. Ihm fiel niemand ein, dem er in Geyer hätte etwas berichten können.

Sie waren in eine kleine Schlucht gelangt. Der Saumpfad schlängelte sich hoch über einem kleinen Bach. Von den Seiten flossen klare Rinnsale zu Tal, und Anna und Burckhardt schöpften das Wasser mit der Hand, um ihren brennenden Durst zu löschen. Die Indianerin wartete ungeduldig auf sie. Dann hatten sie ihr Ziel erreicht. Eine Hütte, ganz aus Rohr und mit Palmwedeln gedeckt, schmiegte sich am Ende des Wegs an den Hang. Aus einer Öffnung des Daches kräuselte sich Rauch. Den Eingang bedeckte eine Schilfmatte, Fenster gab es keine. Die Indianerin rief etwas, aber niemand antwortete. Sie zeigte auf den Eingang und winkte Anna herbei, die zögerte. Das Mädchen nickte heftig und zeigte wieder auf die Hütte. Anna blickte Burckhardt fragend an, der aber zuckte nur mit den Achseln. Die Indianerin nahm Anna bei den Schultern und schob sie sanft, an der Schilfmatte vorbei, in das Innere. Sie setzte sich auf einen gestürzten Baumstamm neben der Hütte, der offenbar schon vielen Besuchern als Sitz gedient hatte, denn die Rinde war entfernt worden und die Oberfläche glatt und glänzend. Die Indianerin lächelte Burckhardt an und bedeutete ihm, sich neben sie zu setzen.

Lange Zeit rührte sich nichts. Kein Laut drang aus der Hütte. Er fragte sich, was dort geschah und wie sich Anna und die Heilerin wohl verständigten. Das Mädchen tippte ihm mit einem Finger auf die Schulter. Er sah sie an, ihre schräg stehenden dunklen Augen, die schmalen Streifen aus roter Farbe, die von der Nasenwurzel über die vorstehenden Wangenknochen liefen.

«Pita», sagte sie und legte den Zeigefinger auf ihre Brust. Dann wies sie auf Burckhardts Wams.

«Burcardo», antwortete der.

Sie schüttelte den Kopf, wiederholte aber das Wort genau und zeigte dann auf seine Haare. Burckhardt verstand nicht, was sie wollte. Das Mädchen erhob sich, stellte sich vor ihn und griff mit beiden Händen vorsichtig in seinen Schopf. Er ließ es mit sich geschehen, legte beide Hände auf den Baumstamm und rührte sich nicht vom Fleck. Sie kicherte leise, während sie seine Haare kraulte und Strähne für Strähne durch ihre Finger gleiten ließ. Ihre kleinen braunen Brüste schwebten dicht vor seinen Augen. Er roch ihren Körper und hörte das Schreien der bunten Vögel, hörte die großen Blätter der Palmen leise im Wind rauschen und fern den Bach. Er wusste nicht, wie lange er ihre Finger spürte, aber er wünschte, es würde nie enden.

Die Indianerin nahm ihre Hände von seinem Kopf, griff die seinen, beugte ihren schwarzen Schopf ein wenig nach vorn und legte seine Hände auf ihr Haar. Sie sah ihn verschmitzt durch die schwarzen Strähnen an. Burckhardt strich mit beiden Händen an ihrem Haar hinab, bis über ihre Schultern. Sie bewegte sich nicht. Er fuhr mit der Spitze des kleinen Fingers die Linien nach, die über ihre Brüste und ihren Bauch gemalt waren: Jeweils schräg von den Schultern bis zum Bauchnabel, wie rote und gelbe Schlangen, die sich umeinander ringelten. Burckhardt nahm seinen ganzen Mut zusammen und umschloss mit der linken Hand langsam und sanft ihre Brust. Er spürte die harte Brustwarze in seiner Handfläche. Das Mädchen sah ihm in die Augen, ein wenig überrascht und ängstlich. Burckhardt lächelte sie verlegen an und spürte, dass er errötete. Sie kicherte wieder, griff nach seiner anderen Hand, legte sie auf ihre Brüste und schloss die Augen.

Da hörte er ein Geräusch, als hätte jemand mit einem Reisigbesen auf den Fußboden geschlagen. Er fuhr hoch. Anna Kestlin lugte um die Ecke des Hauses und rief ihn mit heiserer Stimme. Bedauernd blickte er das Mädchen an. Er wusste nicht, wie er sich verabschieden sollte.

«Pass auf dich auf, Pita!», stammelte er.

Sie verstand ihn nicht, sondern lächelte nur und umfasste seinen Arm. Langsam und stockend antwortete sie: «Vaya bien, Burcardo.»

Burckhardt ging zu Anna Kestlin und fragte, nur um etwas zu sagen: «Hast du die Arznei bekommen?»

Anna sah mit gerunzelter Stirn zu der Indianerin, die sich schon wieder auf den Weg gemacht hatte und, ohne sich umzusehen, den Pfad hinuntereilte. Die beiden folgten dem Mädchen.

«Ja», antwortete Anna, «ich hoffe, dass es die richtige ist. Da sitzt eine sehr alte Frau, die nicht geredet hat. Sie ist am ganzen Körper bemalt und hat verfilzte Haare. Ich habe mit den Händen einen dicken Bauch gezeigt und wie ein Kind herauskommt. Und dann habe ich so getan, als ob ich weinte. Die Heilerin hat nicht geantwortet. Ich habe versucht, ihr zu erklären, dass Margarete mit Fieber darniederliegt, schwach ist und Ringe unter den Augen hat. Irgendwann hat sie genickt und einen der vielen Beutel geöffnet, die dort an einem Balken hängen. Sie hat mir bedeutet, dass ich die kochen und dann ziehen lassen sollte. Sie hat vier Finger gehoben und nach der Sonne gezeigt. Vielleicht meint sie vier Stunden?»

«Ich weiß nicht», antwortete Burckhardt.

Anna ließ nicht nach.

«Was bedeutete wohl die Figur, die Remboldt dem Landsknecht gegeben hat? Ob die ein Erkennungszeichen war?»

«So etwas in der Art», antwortete Burckhardt. «Wahrscheinlich garantiert ihr Remboldt, dass sie nicht behelligt wird, und im Gegenzug nimmt er ihre Dienste in Anspruch.»

«Aber er ist doch nur selten hier auf dieser Insel!», sagte Anna.

«Ich glaube, der Mann der Welser hat hier einen großen Einfluss. Ohne sein Geld gelangt niemand nach Venezuela. Alle hier werden seinen Befehlen gehorchen.»

Burckhardt war der Unterhaltung mit Anna überdrüssig. Er sah das indianische Mädchen vor sich, ihre glänzenden schwarzen Haare, ihre dunklen Augen und dachte daran, wie er ihre Brüste gestreichelt hatte.

«Woran denkst du?», fragte ihn Anna, die hinter ihm den Weg hinabkeuchte.

«An Mutter», log Burckhardt. «Hoffentlich helfen die Kräuter.»

3. KAPITEL

Gelobtes Land

Land! Tierra firme! Es gab niemanden, den es im Bauch der «Trinidad» gehalten hätte, obwohl die Sonne gerade erst aufgegangen war und Dunst den Horizont bedeckte. Alle drängten sich am Bug, schrien durcheinander, stießen sich zur Seite, um einen Blick nach vorn erhaschen zu können. Einige kletterten in die Seile, obwohl die Matrosen und sogar Kapitän Sanchez brüllten und fluchten, sie würden sie den Fischen zum Fraß vorwerfen. Nur die wenigen Veteranen, die schon einmal in der Neuen Welt gewesen waren, gaben sich betont uninteressiert und versicherten, dort sei nichts Aufregendes zu sehen.

Die «Trinidad» hob und senkte sich und schäumte gegen die Brandung. Ein brauner Streifen Erde gebot dem Meer Einhalt, gestützt von einer Kette blaugrauer Berge, die in der flirrenden Luft wie ein fernes Trugbild wirkten, das sich in ein Nichts auflösen würde, wenn man sich ihm näherte. Die zwei Schiffe liefen in eine breite Bucht, deren Wasser schaumgekrönt gegen den Strand anbrandete: ein idealer Hafen, geschützt gegen widrige Winde, groß genug auch für die schwer zu manövrierenden Galeonen, tief genug, dass der Kiel nicht aufsetzte, aber mit flach auslaufendem Sandstrand, der das Ausladen der kleineren Boote und Pirogen erleichterte. Segel fielen dumpf in sich zusammen, Ketten rasselten, die Anker klatschten in das tiefblaue Wasser.

Burckhardts Mutter schlief seit mehreren Stunden. Alle waren froh, dass der Kräutersud offenbar wirkte und ihr Fieber gesenkt hatte. Nur Gunther Ansorg wachte an ihrem Krankenbett. Die beiden Brüder warteten nebeneinander inmitten der lärmenden Menge, um sie herum die anderen Bergknappen und Landsknechte, die aufgeregt gestikulierten und sich gegenseitig beschrieben, was sie erblickten. Auch Anna Kestlin war an Deck gekommen. Sie stand vor Burckhardt, an die Reling geklammert. Die Menge stieß ihn immer wieder gegen sie, so dass er ihre Schultern mit beiden Händen umfassen musste, um sie nicht an das Holz zu pressen und ihr wehzutun.

Jetzt konnten sie Einzelheiten am Ufer erkennen. Zwei Pirogen dümpelten am Strand. Keine Hütte war zu sehen, nur einige kleine braune und splitternackte Gestalten, wohl Kinder, die davonrannten und in dem niedrigen schmutzig braunen Gesträuch verschwanden. Im Westen erhoben sich gelbe, fast weiße Hügel hinter den Bäumen, sie mussten aus reinem Sand bestehen. Kein Grashalm wuchs auf ihnen. Eine leichte Brise milderte die Hitze, die vom Land auf die Schiffe waberte und sie umfing wie mit einem Würgegriff. Die ersten wütenden Rufe wurden laut.

«Das soll unser Gelobtes Land sein, ein Paradies?», rief einer der Bergknappen. «In diesem wüsten Landstrich sollten wir zwei Ernten im Jahr einfahren? Wo ist das Holz, aus dem wir unsere Häuser bauen? Wo ist Wasser?»

Einer der Veteranen rief ihm höhnisch zu: «Du kneifst ein bisschen früh den Arsch zusammen! Wasser kriegst du noch so viel, dass dir Hören und Sehen vergeht! Es ist Februar, und dann ist hier die heiße Zeit. Die Flüsse vertrocknen und die Pflanzen auch. Aber in zwei Monaten schüttet es jeden Tag wie aus Eimern.» Der Landsknecht wandte sich kopfschüttelnd ab. Die anderen sahen ihm ungläubig nach.

«Und wo ist die Stadt? Wo ist Coro?», wollten alle wissen.

«Macht Platz!», rief eine kräftige Stimme. «Platz für den Gobernator!»

Hohermuth war in voller Rüstung und mit allen seinen Waffen auf die Balustrade der «Trinidad» getreten und schritt nun gemächlich nach unten auf das Deck, dicht gefolgt von Philipp von Hutten, dem Nürnberger Andreas Gundelfinger und den spanischen Hauptleuten Juan de Villegas und Sancho de Murga. Die

Menge verstummte. Plötzlich war jedem bewusst, dass ein erhebender Augenblick bevorstand. Gundelfinger trug eine Fahnenstange mit dem rotweißen Banner der Welser. Dicht hinter Hohermuth hielt sich Hutten mit der Fahne des Kaisers – rot, weiß und blau mit dem Kreuz Burgunds in der Mitte. Man hatte eilfertig ein Boot hinabgelassen, und die Passagiere reckten die Hälse, um jede Einzelheit erblicken zu können.

Hohermuth kletterte die Strickleiter hinab, danach die anderen Edelleute. Zwei Matrosen ergriffen die Ruder und legten sich kräftig ins Zeug. In nur kurzer Zeit war das Boot bis an den Strand gelangt. Vom Schiff aus konnte man sehen, dass Hohermuth ins Wasser sprang, mit der Rechten seinen Degen zog und mit der Linken die Fahnenstange in den Sand rammte. Er schwang die Waffe und rief etwas, was man aber an Deck nicht verstehen konnte. Trotzdem begriff jeder, worum es ging: Der Gobernator ergriff noch einmal symbolisch Besitz von Amerika, von Tierra firme, im Namen des Kaisers und der Welser. Vom Schiff erdröhnten Hochrufe. «Vivat Hohermuth», riefen die Deutschen; die Spanier begnügten sich mit «Santiago!» oder schlicht «Viva!», wer auch immer gemeint war.

Es dauerte noch einige Stunden, bis alle Passagiere die beiden Schiffe verlassen konnten. Margarete Ansorg erwachte und blickte verständnislos um sich. Erst gegen Mittag war das Gepäck ausgeladen, unzählige eisenbeschlagene Kisten, Ballen von Tuch, Fässer voller Äxte, Hacken, Werkzeuge, das gesamte Waffenarsenal – alles stapelte sich am Strand. Die Landsknechte nahmen schnell die Handwaffen an sich, als fühlten sie sich ohne ihre Wehr nackt. Ständig kam es zu Streit, ja zu Handgreiflichkeiten, weil die Soldaten den Bergknappen nicht den Vortritt lassen wollten. Und die beschwerten sich darüber, dass man ihre Habseligkeiten und Kisten so rau behandelte, dass vieles zerbrach. Die Pferde, die die Überfahrt überlebt hatten, wurden einfach von Deck ins Wasser getrieben. Sie schwammen ans Ufer, froh, dem engen Gefängnis entkommen zu sein.

Von den Bewohnern Coros war noch nichts zu sehen. Die Landsknechte sammelten sich in Gruppen um ihre Anführer oder suchten unter den spärlichen Büschen Schutz vor der Sonne, die unerträglich brannte. Wasser gab es nicht, und die Ersten begannen, die Umgebung abzusuchen. Doch dann hörte man Rufe und Pferdegetrappel. Zwei Reiter tauchten zwischen den niedrigen Bäumen auf und näherten sich den Hauptleuten, die sich neben die aufgepflanzten Fahnen gestellt hatten. Es staubte, und Burckhardt, der in der Nähe wartete, musste kräftig husten. Die Reiter trugen sich wie spanische Landsknechte, samt Koller und Helm, hatten aber beide einen wild wuchernden Bart. Ihre Kleidung machte einen arg zerschlissenen und ärmlichen Eindruck. Der Größere der beiden war mit Waffen gespickt: ein langer Zweihänder, zwei Dolche, einer im Gehänge, der andere unter einen Gürtel gesteckt, drei an den Sattel geschnallte Piken und eine Tartsche, ein kleiner Rundschild. Er ritt einen Rappen.

Der zweite Reiter war klein gewachsen und sehr mager. Er hatte eisgraue Strähnen im Bart und einen Koller. Seine Brustwehr war offenbar nicht aus Eisen – der Koller sah aus, als sei er mit irgendetwas ausgestopft. Er saß verkrümmt auf seinem dürren Braunen, wie wenn ihn seine Glieder schmerzten, Burckhardt wich unwillkürlich zurück, als ihn ein durchdringender Blick traf. Er spürte, dass dieser Mann Befehle geben konnte, die jeder befolgen würde, ohne dass dazu ein lautes Wort oder ein Fluch nötig gewesen wäre. Auch der Eisgraue trug nicht nur Schwert und Dolch, sondern war mit mehreren Piken ausgerüstet, die griffbereit im Sattel steckten. Die Waffen sahen gepflegter aus als ihre Besitzer. Man hätte ein halbes Dutzend Landsknechte mit ihnen ausrüsten können.

Der Größere ließ den Araber eine Volte schlagen, wandte den wartenden Hauptleuten die Seite zu und rief in spanischer Sprache: «Die Einwohner Coros ziehen euch entgegen, auch die Mönche! Sie werden auf halbem Weg eine Messe lesen! Sie erwarten euch!»

Dann machte er kehrt und ließ sein Pferd wieder langsam in die Richtung traben, aus der er gekommen war. Der andere sagte kein Wort, sondern blickte sich nur interessiert und forschend um. Die Leute lärmten und drängten sich um den Eisgrauen. Große Aufregung entstand. Was mit ihren Kisten und den Habseligkeiten geschehe?, fragten sie. Die Leute aus Coro brächten genug Sklaven, gab der Reiter Auskunft. Er sprach mit leiser Stimme, aber Burckhardt konnte jedes Wort verstehen. Die würden das Gepäck bis in die Stadt tragen.

Gundelfinger und Villegas teilten einige Soldaten ein, die den Strand bewachen sollten. Hohermuth ließ sofort aufsatteln, schwang sich auf seinen Rappen und ritt, die Fahne der Welser in der Hand, voraus, neben ihm die Reiter aus Coro, die den Weg wiesen. Stimmen gaben halblaut Kommandos, und der Heerwurm setzte sich langsam in Bewegung, fast einhundert Mann zu Pferde und vierhundert zu Fuß.

Nach den Reitern marschierten die Landsknechte, in drei Fähnlein geordnet, Arkebusiere, Musketiere, Pikeniere und Schildträger, Bogenschützen, die Hundeführer. Danach schlossen sich die sechs Mönche des Ordens der Dominikaner an. Die Trommeln wirbelten, untermalt von den Glöckchen am Zaumzeug der Pferde, und die Flöten- und Schalmeienspieler fielen ein. Am Schluss formierten sich die Handwerker: Schneider, Zimmerer, Bauleute, Goldschmiede, der Profos und die Stockknechte sowie die Diener der Hauptleute. Ein großes Durcheinander entstand.

Nur um die Bergknappen kümmerte sich niemand. Jeder nahm an, die gehörten zum Tross und hätten vorn ohnehin nichts zu suchen. Gunther Ansorg verkündete laut, er würde bei seiner kranken Frau bleiben und so lange warten, bis man sie irgendwie tragen könnte. Seine Söhne gesellten sich zu ihm, ebenso einige der anderen. Josef Langer meinte halblaut, auf die Messe eines altkatholischen Mönchs könne er gern verzichten. Die Umstehenden machten ängstliche Mienen wegen seiner aufrührerischen

Worte. Nur Mauricio Butzler gewann allem wieder einen Spaß ab. Er rief: «Lecken magst du mich wohl, sagte der Bauer zum Ochsen, aber mit deinen Hörnern musst du mir aus dem Hintern bleiben.»

Nur wenige lachten. Der größte Teil des Zuges war schon zwischen den Büschen verschwunden. Staub schwebte wie eine Gewitterwolke über Reitern und Soldaten, die mühsam durch den feinen Sand stapften. Der alte Ansorg bettete seine Frau unter einen Busch und legte seine Jacke über die Zweige, um sie vor der sengenden Sonne zu schützen. Die beiden Brüder entkleideten sich und sprangen ins Meer, um sich endlich, nach vielen Wochen, ausgiebig zu waschen. Die meisten der Zurückgebliebenen taten es ihnen gleich.

Nach einigen Stunden, die Sonne hatte ihren Zenit schon weit überschritten, näherte sich ihnen eine andere Staubwolke. Die Bergknappen liefen zusammen, als drohte ihnen eine unbekannte Gefahr. An der Spitze des Zuges ritten wieder die beiden Reiter, die sie empfangen und benachrichtigt hatten. Der Größere zügelte sein Pferd und sah finster auf die zwei Dutzend Bergknappen, die ihn erwartungsvoll anstarrten.

«Ich bin Pedro de Limpias», sagte er mit starkem spanischem Akzent. «Ihr kommt mit mir nach Coro. Es sind nur knapp zwei Stunden Fußmarsch. Die Indier werden das Gepäck tragen. Vorwärts!»

«Herr!», rief Gunther Ansorg. «Meine Frau kann nicht laufen. Was sollen wir tun?»

Doch Limpias hatte sich schon abgewandt. Der Eisgraue ließ sein Pferd antraben, sah kurz zu Burckhardt und blickte sich dann um. Hinter ihm tauchten mehrere Soldaten auf, hager, hohlwangig und verschmutzt. Ihre Kleidung sah ähnlich abgenutzt aus wie die ihres Anführers, aber alle waren bis an die Zähne bewaffnet und machten einen zähen und entschlossenen Eindruck. Zwischen ihnen liefen Dutzende von nackten und gefesselten Indios, in zwei Reihen, Männer und Frauen. Ihre Hände waren frei, sie trugen aber eiserne Halskrausen und waren mit je einer Kette an den Vorder- und Hintermann gebunden. Viele hatten eiternde Striemen auf dem Rücken, die offensichtlich von nicht verheilten Peitschenhieben stammten. Die Gefangenen gaben keinen Laut von sich und starrten teilnahmslos vor sich hin. Ihr Haar war verfilzt und starrte vor Schmutz.

«Und diese unglücklichen Geschöpfe werden unsere Kisten tragen?», fragte Burckhardt seinen Vater.

«So wird es wohl sein», antwortete der etwas ratlos.

Der Eisgraue winkte Burckhardt zu sich heran.

«Ich bin Estéban Martín», sagte er kühl und ausgesucht höflich, und zu Burckhardts großer Überraschung deutete er eine Verbeugung im Sattel an. «Macht euch um die Kranke keine Sorgen.»

Martín winkte einem Soldaten und rief einigen der Indios gebieterisch etwas zu. Diese Sprache hatte Burckhardt noch nie gehört. Der Soldat löste die Kette zwischen zweien der Sklaven, gab ihnen einen langen und kräftigen Stock und etwas in die Hände, das aussah wie ein Bündel Schnüre. Dann zeigte er auf Margarete Ansorg, die immer noch apathisch unter dem Busch lag. Gleichzeitig zog er den Katzbalger blank, als müsse er seinen Gesten mehr Gewicht verleihen. Die beiden Sklaven griffen an je ein Ende des Bündels, zogen es auseinander, befestigten die Schlaufen am Stock und legten es über ihre Schultern. Das war eine der Hängematten, von denen die Veteranen erzählten, sie seien bei großer Hitze bequemer als das beste Bett aus Daunenfedern.

Gunther Ansorg beobachtete das Geschehen misstrauisch. Doch als Burckhardt und Christian ihre Mutter vorsichtig in das Bündel gestraffter Schnüre gelegt hatten und die Indos mit ihrer Last langsam, aber sehr sicher voranschritten, hellte sich seine Miene auf. Trotzdem wich er nicht von der Seite seiner Frau. Seinen Söhnen befahl er, den Transport ihrer zwei Kisten und der Kleider zu beaufsichtigen. Auch deren nahmen sich die Sklaven an.

Es dauerte noch eine Weile, bis die Habseligkeiten der Bergknappen an der Reihe waren. Immer mehr Indios kamen, alle angekettet und erbärmlich zugerichtet. Die Soldaten hatten auch einige Packpferde und Maultiere mitgebracht, die so beladen wurden, dass man hätte meinen können, es sei ihnen unmöglich, die Last fortzubewegen. Burckhardt beobachtete, wie ein Maultier einknickte und sich nicht mehr aufrichten konnte. Einer der Landsknechte schichtete ein paar trockene Äste und Zweige unter dem Kopf des Tieres auf und zündete das Reisig an. Aus Angst vor dem Feuer quälte sich das Maultier hoch und schwankte mit seiner Last auf den Pfad nach Coro.

Burckhardt drängte sich zwischen die Soldaten, die die letzten der Indios unter Flüchen und mit Fausthieben antrieben. Er hörte, dass sie untereinander deutsch sprachen. Er zog einen von ihnen, einen großen Blonden, der keinen Helm trug, am Ärmel und fragte, nur um etwas zu sagen:

«Herr, sagt mir: Warum wurden diese Menschen versklavt?»

Der Landsknecht zog die Brauen hoch und sah Burckhardt an wie einen Fieberkranken. Dann begann er heiser zu lachen und rief den anderen Soldaten zu: «Der drei Mal Geschwänzte soll mich holen! Hier haben wir schon wieder einen von den armen Würmern, die in der Erde herumkriechen! Wo kommen die nur alle her? Züchten die Welser die in großen Fässern in Augsburg?»

Die anderen Landsknechte stimmten grölend in das Lachen ein. Der Blonde schüttelte Burckhardt ab wie eine lästige Fliege, spuckte aus und trottete den Sklaven und den Soldaten hinterher. Burckhardt sah sich zu den anderen Bergknappen um, aber die hatten entweder nichts gehört oder wollten nichts gehört haben. Niemand schaute ihn an oder beschwerte sich über die Beleidigung. Er fürchtete sich davor, dem Landsknecht etwas zuzurufen, denn der war schwer bewaffnet und offenbar nicht zimperlich. Wer hätte ihn gegen die Soldaten in Schutz genommen? Hohermuth und die anderen Hauptleute waren nicht zu sehen, und wer Pedro de Limpias war, der Anführer der Landsknechte aus Coro, und wer dieser merkwürdige Estéban Martín, wusste niemand. Burckhardt zuckte mit den Achseln, schwor sich aber, die Begebenheit nicht so schnell zu vergessen. Er hörte seinen Vater ungeduldig rufen: «Schau, dass du in die Stadt kommst und uns ein gutes Quartier sichern kannst, bevor die Soldaten alles mit Beschlag belegt haben!»

Das ließ er sich nicht zwei Mal sagen. Ohne Zögern eilte er den Bergknappen voraus, ließ die lange Reihe der schwer beladenen Indios und die Landsknechte hinter sich, bis er Pedro de Limpias erreichte, der mit gesenktem Kopf, wie in Gedanken verloren, langsam an der Spitze des Zuges ritt. Verstohlen blickte er ihn von der Seite an. Limpias musste schon alt sein, so alt wie der Eisgraue und älter als alle Soldaten, älter auch als Hohermuth, Federmann, Hutten und die anderen Hauptleute. Als hätte er gespürt, dass sich ihm jemand von hinten näherte, wandte er seinen Kopf und sah Burckhardt streng an.

«Was wollt Ihr?», knurrte er.

«Verzeiht, Herr», antwortete Burckhardt und verbeugte sich, «ich wollte Euch nicht belästigen. Ich soll für meinen Vater und meine kranke Mutter ein Quartier in Coro suchen.»

Limpias zog eine Braue hoch, als zweifelte er, richtig verstanden zu haben.

«Quartier, meint Ihr? Für die Mineros?», antwortete er höhnisch. «Das schlagt Euch aus dem Kopf.»

Er gab seinem Pferd die Sporen. Burckhardt sah ihm nach und begann sich zu sorgen, was sie in Coro erwartete. Die Stimmung schien nicht allzu gut zu sein, und wenn alle Alteingesessenen so liebenswürdig waren wie Limpias und seine Landsknechte, dann drohte ihnen wahrscheinlich allerlei Ungemach.

Burckhardt bemerkte, wie der andere Reiter aus Coro, Estéban Martín, ihn etwas belustigt von der Seite anblickte. Er zügelte sein Pferd, um Burckhardt die Gelegenheit zu geben, mit ihm Schritt zu halten. Der junge Ansorg wagte nicht, den Reiter anzusprechen, weil er nicht wieder eine unwirsche Antwort bekommen wollte. Martín machte eine Bewegung mit der Hand und sagte in deutscher Sprache: «Limpias mag die Deutschen nicht. So wie er denken viele hier. Seid auf der Hut. Es wird hier nicht so sein, wie Ihr Euch das vorgestellt habt. Ihr Bergknappen wäret besser dort geblieben, wo ihr hergekommen seid.»

Burckhardt sah ihn erstaunt an. Martín fragte: «Wie heißt Ihr und woher kommt Ihr?»

«Ich heiße Burckhardt Ansorg und komme aus Geyer in Sachsen.»

Martín schüttelte nur den Kopf. Er spornte sein Pferd an und galoppierte, ohne noch etwas zu sagen, an die Spitze des Zuges.

Das sind ja schöne Aussichten, dachte Burckhardt. Er beschloss, seinem Vater und dem Bruder davon nichts zu erzählen. Sie würden sich nur noch mehr Sorgen machen. Er lief zu ihren zwei Kisten, schloss sie auf und holte seine Bergbarte. Mit der Axt auf der Schulter fühlte er sich den Landsknechten ebenbürtig. Er wartete, bis die Reihen der Sklaven vorbeigezogen waren und die ersten der Bergknappen auftauchten: Josef Langer und Christoph Schutz, dann kam Hans Hugelt aus Salzungen, der nur wenig älter war als Burckhardt, aber seit frühester Jugend Bergknappe und Huntstößer. Schutz war nicht besonders klug, aber ein verlässlicher Geselle. Die drei gingen nebeneinander und hielten sich dicht hinter den indianischen Trägern, weil sie ihre Habseligkeiten nicht aus den Augen lassen wollten.

Josef Langer hatte Zornesfalten auf der Stirn und die Fäuste geballt.

«Warum behandelt man die Indier so grausam?», fragte er. «Wenn es Gefangene sind, die sich gegen die Obrigkeit empört haben, sollen sie die Folgen tragen. Aber warum peitschen die Soldaten sie aus, nur weil sie die Lasten kaum tragen können? Seht doch: Sie sind viel kleiner und schmächtiger als wir! Darf das ein guter Christenmensch dulden?»

«Dann beschwer dich doch beim Gobernator», knurrte Christoph Schutz. «Haben die Veteranen nicht erzählt, dass die Indier

Menschenfleisch fressen? Dass sie von einem Gott nichts wissen noch überhaupt eine Obrigkeit anerkennen wollen?»

Langer stapfte mit gesenktem Kopf den Pfad entlang und entgegnete, ohne die Stimme zu erheben: «Das glaube ich erst, wenn ich es sehe. Und ist das ein Grund, Menschen ein Zeichen auf die Stirn zu brennen, mit einem glühenden Eisen, wie die Bauern es beim Vieh tun?»

Christoph Schutz war dafür bekannt, dass er Streitigkeiten aus dem Weg ging. Er schwieg lieber und ließ die anderen reden. Aber wenn eine Entscheidung zu fällen war, hatte er sich eine feste Meinung gebildet, von der er fast nie abzubringen war. Die Hitze machte ihm schwer zu schaffen, auch war er einige Jahre älter als alle anderen Bergknappen. Er keuchte: «Wir haben es so gewollt. Wir sind in die Neue Welt gezogen, um ein neues Leben aufzubauen. Wenn es uns hier nicht gefällt, müssen wir uns einen anderen Ort suchen.»

Hans Hugelt blickte Schutz ungläubig an: «Einen anderen Ort? Und wo soll der sein? Wieder zurück nach Sachsen oder Böhmen? Wieder unter der Knute der hohen Herren schuften? Da kriegen mich keine zehn Pferde hin. Und hier werden wir wohl kaum in einem anderen Ort leben können als in Coro. Haben wir nicht alle einen Vertrag unterschrieben, ein Jahr umsonst zu arbeiten, um unsere Geschicklichkeit unter Beweis zu stellen?»

Schutz winkte ab.

«Die Herren brechen die Verträge auch, wie es ihnen passt.» Er brummte noch etwas vor sich hin, schien aber nicht weiter streiten zu wollen. Schutz war nur in die Neue Welt gezogen, um nach einem Jahr mit reichem Lohn wieder zurückzukehren. Langer hingegen war Witwer, er konnte sich niederlassen, wo er wollte. Hans Hugelt hatte zwar vor einigen Jahren geheiratet, aber jeder wusste, dass er keinen großen Wert darauf legte, seine zänkische Ehefrau und seinen Heimatort Salzungen so bald wieder zu sehen.

Die vier Männer marschierten schweigend hinter der langen Kette versklavter Indios. Auch die anderen Bergknappen, die sich ihnen angeschlossen hatten, schwiegen oder fluchten leise, wenn sie in der unerträglichen Hitze auch noch über loses Strauchwerk stolperten. Im Westen zogen sich Sanddünen bis zum Horizont. Große Vögel, schwarz wie Raben, kreisten träge über ihnen, und wenn die Reiter an der Spitze sich den niedrigen Bäumen näherten, flogen Schwärme von winzigen Sperlingen auf, deren Gefieder aber nicht grau war wie in der Heimat, sondern gelb und blau.

Schon drei Stunden waren vergangen. Ein zartes Rosa färbte den Horizont, und die Schatten wuchsen in der Abendsonne. Der Durst wurde unerträglich, und aus den Reihen der Bergknappen ertönte lautes Murren. Endlich tauchte ein Gebäude in der Ferne auf, ein gedrungener Turm aus Lehmziegeln, umringt von Hütten, aus denen der Qualm der Feuerstätten zum Himmel stieg. Je näher sie Coro kamen, umso deutlicher erkannten sie, dass man von einem Dorf oder gar von einer Stadt kaum reden konnte. Der größte Stützpunkt des Handelshauses der Welser in der Neuen Welt bestand aus gut hundert mit Palmwedeln gedeckten Hütten, die zum Schutz vor Bränden weit auseinander standen.

Staunend betrachteten sie die Gebäude am Ortsrand: Sie waren aus Rohr erbaut, kreisrund und ohne Fenster, und hatten ein hohes, spitz zulaufendes Dach aus dicht gefügten Palmblättern, fast so hoch wie der Kirchturm. Burckhardt ließ die anderen mit den Trägern zum Hauptplatz laufen und blickte neugierig durch den Eingang der ersten Hütte: Es gab keine Tür, sondern nur eine geflochtene Matte, die zur Seite geschoben worden war. Drinnen war es schattig und kühl. Ein halbes Dutzend Hängematten spannte sich von Balken zu Balken quer durch den Raum. An den Seiten standen mehrere riesige Krüge aus Ton. Dort kauerten drei Frauen, die aber aufsprangen, als Burckhardt sich bückte, um die Hütte zu betreten. Es waren zwei Mädchen und eine Ältere, offenbar die Mutter, denn die drei sahen sich sehr ähnlich. Sie trugen gewickelte, einfache Tücher um die Hüften und Ketten aus Muscheln über den nackten Brüsten. Ihre pechschwarzen Haare fielen bis zur Taille. Sie hatten runde, offene und freundliche Gesichter, die mit roten und schwarzen Strichen und einem kleinen Kreuz auf jeder Wange bemalt waren. Auf dem Fußboden krabbelten mehrere winzige rotbraune nackte Kinder.

Die Frauen schauten ihn fragend an, sagten aber kein Wort. Burckhardt hörte von draußen seinen Vater rufen. Er sah sich um und erblickte die beiden indianischen Träger, die keuchend die Hängematte mit der Kranken schleppten. Neben ihnen liefen Gunther Ansorg mit hochrotem, verschwitztem Kopf und Christian, der taumelte, als sei er fieberkrank. Sie sahen völlig ausgedörrt aus. Burckhardt blickte die drei Frauen an und führte seine hohle, geöffnete Hand zum Mund. Sie verstanden sofort und nickten heftig. Die Mutter bedeutete ihren Töchtern mit wenigen Worten in einer fremden Sprache, Wasser aus den Krügen zu schöpfen. Burckhardt gab seinem Vater und den beiden Sklaven ein Zeichen. Der alte Ansorg blickte erschöpft, aber glücklich auf seinen Sohn, nachdem er gierig aus der Schale getrunken hatte, die die Frauen ihm reichten. Er zeigte auf seine Frau, die die beiden Träger vorsichtig auf den Boden vor der Hütte gelegt hatten. Die Mädchen kamen mit gefüllten Schalen, knieten sich neben Margarete Ansorg und flößten auch ihr Wasser ein. Die beiden Sklaven warteten noch vor dem Eingang. Gunther Ansorg reichte auch ihnen eine Schale mit Wasser, die sie mit einem erstaunten Blick annahmen.

Die ältere Indianerin forderte sie mit einer einladenden Handbewegung auf, die Mutter in die Kühle der Hütte zu tragen.

«Hamaca», sagte sie, und als die Deutschen sie ratlos anstarrten, wiederholte sie: «Hamaca!», und zeigte auf die Hängematten. Burckhardt war erstaunt, dass die indianischen Frauen keine Angst vor ihnen hatten, sah man doch draußen, wie streng, ja wie grausam diese Menschen von den Soldaten behandelt wurden. Er winkte den beiden Sklaven, zu tun, was die Indianerin geraten hatte. Gunther Ansorg und sein jüngerer Sohn ließen sich schnaufend auf den Boden sinken.

Auf der anderen Seite der Hütte gab es einen weiteren Ausgang. Burckhardt sah eine offene Feuerstelle, von der sich noch der Rauch unter das Dach der Hütte kräuselte. Es dunkelte schon. Die Sonne hing rot am Horizont. Draußen bellten einige Hunde. Der Vater schien völlig erschöpft zu sein, er hatte die Augen geschlossen. Burckhardt winkte Christian, irgendjemand solle sich um ihre Habseligkeiten kümmern. Die mussten irgendwo im Zentrum Coros angelangt sein, dort, wo der Tross wahrscheinlich lagerte. Er sah die Frauen fragend an. Die Ältere zeigte auf die drei Männer und die Mutter und dann auf den Boden, als wollte sie die Deutschen einladen zu bleiben. Burckhardt nickte wortlos und ging hinaus, dicht hinter ihm folgte Christian.

Zur Plaza, wie die Spanier den Platz nannten, war es nicht weit. Einige Fackeln erleuchteten den Wirrwarr. An einer Seite erhob sich die kleine, eintürmige Kirche, die noch von einem Gerüst umgeben war. Überall lagerten Menschen, Soldaten, indianische Sklaven, die Einwohner Coros, die sich neugierig versammelt hatten, fast ausschließlich spanische Siedler. Man konnte sie leicht erkennen: Sie trugen Sandalen aus Hanf und grob gewebte Baumwollkleider. Nur wenige besaßen farbenfrohe Wämser, Hemden oder geschlitzte Kniehosen. Auch ein Barett oder eine Kalotte waren nicht zu sehen, die meisten trugen Strohhüte oder gingen gar barhäuptig.

Das Gepäck war ebenfalls weit verstreut, und die beiden Brüder mussten lange suchen, bevor sie die beiden Kisten und den Sack fanden, der ihr Eigentum enthielt. Christoph Schutz, Mauricio Butzler, Josef Langer, ein paar andere Bergknappen und die Familie Kestlin saßen am Rande, umgeben von Kisten und Kleiderbündeln. Butzler rief ihnen etwas zu, aber Burckhardt hatte das Gefühl, er dürfe nicht verraten, dass sie einen Unterschlupf gefunden hatten. Er fürchtete, dass die Soldaten ihnen ihre gastfreundliche Herberge streitig machen würden. Er verspürte auch wenig Lust, in der Nähe der Kestlins die Nacht zu verbringen, und schon gar nicht, wieder einen Streit mit anzuhören oder selbst darin verwickelt zu werden. Mühsam schleppten sie ihre Habseligkeiten zu ihren Gastgebern. Die Sonne war sehr schnell untergegangen, und tiefschwarze Nacht umfing sie. Als sie das letzte Bündel in die Hütte geschleppt hatten, merkten sie, dass in den Hängematten schon Menschen lagen, Männer, Frauen und Kinder. Sie waren zu müde, um genau nachzusehen, und warfen sich auf den nackten Boden.

Mit knurrendem Magen wachte Burckhardt auf. Einige Ameisen waren in seine Kleidung gekrabbelt, und ärgerlich schüttelte er die Plagegeister von sich. Er sah, dass der Vater und Christian schon auf den Beinen waren und mit den Frauen an der Feuerstelle saßen. Sie kauten an Maiskolben und winkten ihm fröhlich zu. Auch die Mutter hatte die Augen geöffnet, bewegte sich aber nicht. Sie sah ihn stumm an. Er erhob sich, ging zu ihr, kniete vor der Hängematte und ergriff ihre Hand. Sie lächelte und flüsterte seinen Namen.

«Wie fühlst du dich, Mutter?», fragte Burckhardt.

«Passt du auch gut auf das Kleine auf?», antwortete sie leise. «Es ist so heiß. Es muss viel trinken.» Margarete Ansorg hob den Kopf ein wenig, als wolle sie nachsehen, wer hinter Burckhardt stand. Er strich mit der Hand über ihre verschwitzte Stirn. Gunther Ansorg hatte sich erhoben, ergriff die andere Hand seiner Frau und flüsterte traurig:

«Geh nur und sieh dich um! Und wenn du Anna siehst, bitte sie, uns noch ein wenig von den Heilkräutern zu seihen. Mutter hat sehr unruhig geschlafen. Ich werde hier auf sie aufpassen. Christian kann mir zur Hand gehen, und die Frauen werden uns etwas zu essen und zu trinken geben.»

Draußen vor der Hütte ertönten Rufe. Ein Soldat kam gebückt durch den Eingang. Die Indianerinnen sprangen erschreckt auf. Es war ein hagerer spanischer Landsknecht, den Burckhardt auf der «Trinidad» gesehen hatte. Als er die Bergknappen erblickte, begann er schallend zu lachen und rief etwas nach draußen. Jemand schob ihn beiseite, und herein kam Estéban Martín. Er sah sich um, ohne eine Miene zu verziehen, und winkte dann Burckhardt nach draußen.

«Ihr habt es Euch ja schon bequem gemacht», sagte er und sah den jungen Ansorg belustigt an. «Mir scheint, Ihr kommt hier ganz gut zurecht? Sprecht Ihr die Sprache der Indier?»

Burckhardt schüttelte den Kopf. Sie waren von etwa einem Dutzend Soldaten umringt, alle mit Schwertern bewaffnet; niemand trug eine Kopfbedeckung außer Martín, dessen Barett aber arg mitgenommen aussah. Ohne Pferd wirkte er noch kleiner und älter. Seine Beine waren krumm, als hätte er sein ganzes Leben im Sattel gesessen. Der Hauptmann erklärte, dass sie auf der Suche nach Quartieren für die Neuankömmlinge seien. Wenn sie zufrieden seien mit ihrer Unterkunft, wolle er sie nicht vertreiben. Burckhardt hörte, dass einige der Soldaten murrten, doch Martín beachtete sie nicht. Offenbar hatten noch nicht alle Landsknechte einen Unterschlupf gefunden, und sie gönnten den Bergknappen die Hütte nicht. Der Hauptmann winkte Burckhardt näher heran:

«Alemán, ich spreche ein wenig Eure Sprache. Aber wie ihr Bergknappen redet, verstehe ich gar nicht. Also kommt mit mir. Es soll nicht zu Eurem Schaden sein!»

Burckhardt war entsetzlich hungrig, wagte aber nicht, Martín zu widersprechen. Er war froh, dass Christian aus der Hütte schaute und ihm einen Maiskolben zuwarf.

Die Stadt schwirrte wie ein Bienenkorb. Gruppen von Menschen standen vor jeder Hütte, es gab Geschrei und Zank, weil man sich nicht darüber einigen konnte, wer sich wo einquartieren sollte. Der Trupp unter der Führung des Hauptmanns musste fortwährend schlichtend eingreifen. Das ging manchmal nur unter Flüchen und Drohungen vor sich. Einige der Soldaten hatten indianische Familien aus ihren Hütten vertrieben. Martín bestand darauf, dass das Unrecht sei. Er wolle nicht, dass es gleich zu Spannungen unter den Bewohnern Coros und den neuen Siedlern komme. Außerdem seien schon Trupps ausgeschickt, um Holz zu schlagen, und die ersten Schreiner dabei, neue Hütten am Ortsrand zu bauen.

Einen Steinwurf von der Plaza und dem Galgen entfernt stand ein einfaches Holzkreuz. Martín erklärte, das sei das Cruz de San Clemente, das Kreuz des Juan de Ampies, des ersten spanischen Gobernators, der Coro gegründet und sich an diesem Ort mit dem Kaziken Manaure getroffen habe. Dort, wo heute das Kreuz aufragte, sei die erste Messe gelesen worden. Und das Kreuz sei aus dem Baum gefertigt, der damals dort gestanden habe. Burckhardt wollte wissen, wo der Kazike heute sei. Martín erklärte, die meisten Indios, die früher in Coro gelebt hätten, seien in die Berge geflüchtet, weil die Spanier vor einem Menschenalter die Pocken eingeschleppt hätten. Viele seien gestorben. Die Caquetios seien jedoch Freunde und treue Untertanen des Kaisers und der Heiligen Kirche. Ihre Sprache nenne man Arawak. Er habe sie gelernt, als er mit Ambrosius Dalfinger zum ersten Mal ausgezogen sei, um nach Gold zu suchen. Die Caquetios sammelten große Muscheln, die sie an die Indios im Innern des Landes verkauften. Die Muscheln seien dem Geld ebenbürtig, auch die Bewohner Coros bezahlten mit ihnen wie mit den deutschen Talern oder Groschen.

Der Trupp mit Martín und Burckhardt an der Spitze gelangte an das südliche Ende von Coro, dorthin, wo viele Männer sägten und hämmerten. Überall sah man neue Hütten. Die luftigen Palmen wurden von den emsigen Handwerkern in Windeseile gefällt und lagen in langen Reihen am Boden. Einer rief in der weichen sächsischen Mundart:

«Das verfluchte Holz ist so hart, dass ich meine Säge ruiniere! Und wenn man endlich ein paar armselige Hölzer zurechtgeschnitten hat, kriegt man keine Nägel hinein. Da lobe ich mir eine anständige deutsche Eiche!»

Estéban Martín hatte verstanden, was der Mann gesagt hatte. Er drehte sich zu den Soldaten um und zeigte auf die fast schwarzen Stämme der gefällten Bäume: «Die Indier nennen das den Lebensbaum, die Chonta-Palme. Aus dem Holz machen sie ihre Speere, mit denen sie die Fische fangen und Krieg führen. Die Speere sind so hart, dass sie manchmal sogar eine ordentliche Tartsche durchdringen. Und das schwere Holz dort nennen sie Macana. Sie brauchen es für ihre Keulen. Gefährliche Waffen! Ihr werdet sie noch kennen lernen!»

Die Landsknechte lachten höhnisch. Martín zog nur eine Braue hoch und blickte sie abschätzig an. Burckhardt nahm seinen Mut zusammen und fragte den Hauptmann auf Spanisch: «Herr, wir haben fast den ganzen Ort gesehen. Aber wo sollen wir Bergknappen arbeiten? Wo gibt es ein Bergwerk? Wo sollen wir nach Gold und edlen Steinen suchen?»

Die Landsknechte brachen in dröhnendes Gelächter aus, zeigten mit dem Finger auf ihn und schlugen sich gegenseitig auf die Schultern.

«Bergwerke!», brüllte einer. «Habt ihr das gehört? Lasst uns hier ein tiefes Loch graben und den Deutschen hineinstopfen! So viele schöne Würmer hat er noch nie gesehen! Vielleicht sagen die ihm, wo sie die edlen Steine versteckt haben!»

Martín nahm Burckhardt beiseite.

«Joven», sagte er, «junger Mann, ich habe vergessen, wie Ihr Euch nennt. Aber ich kann Euren Namen ohnehin nicht aussprechen. Habt Ihr noch nicht bemerkt, dass es hier keine Bergwerke gibt? Ihr seid von unseren Herren, den Welsern, nur angeworben worden für den Fall, dass hier zufällig Gold in der Erde gefunden wird. Aber das ist in den acht Jahren, die ich in der Neuen Welt bin, noch nicht geschehen. Auch der Hauptmann …» Martín stockte und fuhr dann fort: «Diese deutschen Namen brechen mir die Zunge! Micer Ambrosio haben wir ihn genannt. Er kam vor sechs Jahren und hatte drei Dutzend Sajones bei sich. Das waren auch Mineros, Bergknappen. Die sind alle wieder fort. Sie wurden sehr schnell krank und hatten auch kein Geld, um etwas zu kaufen. Schon nach einem halben Jahr bestiegen sie ein Schiff, das sie wieder in ihre Heimat brachte.»

Burckhardt brachte kein Wort heraus. Wenn es hier keine Arbeit für sie gab: Was sollten sie tun? Wovon sollten sie leben? Die paar Taler, die sein Vater und er gespart hatten, würden nicht lange reichen. Er fürchtete sich bei dem Gedanken an das, was sein Vater und die anderen Bergknappen sagen würden, wenn er ihnen das berichtete, was Martín ihm eröffnet hatte. Er dachte an Heinrich Remboldt: Der hätte wissen müssen, was sie erwartete. Aber er hatte sie doch gewarnt: Die Welser interessierte nicht, erinnerte sich Burckhardt an dessen Worte, ob sie jämmerlich verrecken würden. Jetzt verstand er auch, dass Remboldt das bitter ernst gemeint hatte. Er ärgerte sich darüber, dass er die Warnung des Kaufmanns nicht weitererzählt hatte – weil er insgeheim befürchtet hatte, der Vater würde beschließen, auf einer der Inseln zu bleiben und nicht nach Coro, an die Küste des Goldlandes, zu ziehen. Jetzt war es zu spät. Sie saßen in der Falle. Oder malte der Hauptmann die Lage schwärzer, als sie war? Burckhardt beschloss, die Augen offen zu halten und nach einer Lösung zu suchen. Hohermuth!, fiel ihm ein. Der Gobernator war für sie alle verantwortlich. Ihm hatten sie in Sevilla Treue geschworen. Der musste wissen, was mit ihnen geschehen sollte. Burckhardt sah Martín an, der ihn skeptisch musterte: «Herr, was sollen wir denn essen? Wir haben nur wenig Geld. Und meine Mutter ist sehr krank. Vater muss auf sie Acht geben und kann nicht arbeiten.»

Der Hauptmann legte ihm die Hand auf die Schulter.

«Seid unbesorgt», sagte er ruhig. «Wenn Ihr mir gute Dienste leistet, werde ich Euch auch entlohnen. Die Indier geben uns zu essen. Und wenn es hier nicht reicht, werden die Soldaten in anderen Dörfern etwas holen.»

Das beruhigte Burckhardt nicht. Martín legte ihm beide Hände auf die Schultern, als wolle er ihn beruhigen. Dann wandte er sich wortlos ab und stapfte mit zerfurchter Stirn zum Hauptplatz. Burckhardt lief zur Hütte, wo ihn Gunther Ansorg schon ungeduldig erwartete. Er erzählte seinem Vater, was vorgefallen war, und berichtete auch, dass der Spanier behauptet hatte, es gebe für die Bergknappen kein Auskommen. Der alte Ansorg hörte mit sorgenvoller Miene zu. Als Burckhardt geendet hatte, senkte er den Kopf und schwieg eine Weile. Dann sah er seinen Sohn an und sagte leise: «Das habe ich geahnt. Bleib du hier und achte auf Mutter. Sie muss viel trinken, sie spürt aber nicht, wenn sie durstig ist. Ich werde mit den anderen besprechen, was wir tun sollen. Ich will auch wissen, was Josef denkt und Christoph Schutz und Hans Hugelt. Christian geht mit mir. Er ist neidisch auf dich, weil du schon alles sehen durftest und der Spanier dich mitgenommen hat.»

Der alte Ansorg lächelte schwach und strich seinem jüngeren Sohn über das Haar. Dann stand er auf und ging hinaus. Burckhardt sah die drei Indianerinnen an der Feuerstelle kauern. Er ging zu ihnen und bat um etwas Wasser. Die beiden Jüngeren plapperte fröhlich, er verstand kein Wort. Ihre Mutter hielt ein Messer in der Hand, es gehörte Gunther Ansorg. Sie zeigte darauf, dann auf sich, lachte und nickte heftig. Offenbar hatte der Vater es den Frauen geschenkt dafür, dass sie sie mit Früchten und Patatas versorgten und sie in der Hütte bleiben durften. Burckhardt nickte ihnen zu und setzte sich auf den Boden, neben die Hängematte, in der Margarete Ansorg lag.

Die Mutter hatte die Augen geöffnet und sah ihn mit großen Augen an.

«Mein Sohn», flüsterte sie. «Vater macht sich große Sorgen. Was hast du gesehen? Was sagen die Leute hier?»

Burckhardt blickte erstaunt zu ihr auf. Es schien ihr besser zu gehen. Es hörte sich an, als verstehe sie jetzt, was um sie herum vorging. Erfreut antwortete er, es sei alles in Ordnung. Sie brauche sich keine Gedanken machen. Er reichte ihr einen kleinen Tonkrug mit Wasser. Sie lächelte, ergriff ihn und schlürfte langsam das kühle Nass. Dann gab sie ihm das Gefäß zurück und sagte stockend: «Burckhardt, wenn ich sterbe, musst du dich um Christian kümmern. Versprichst du mir das?»

Burckhardt antwortete hastig: «Was redest du da, Mutter? Du

wirst nicht sterben. Du wirst ganz gesund werden und zusammen mit uns ein neues Leben aufbauen. Hier in Coro, hier in der Neuen Welt. Hier gibt es zwei Ernten im Jahr, sagt man, hier gibt es keinen Winter, keinen Hunger. Du wirst sehen: Schon bald wird alles gut werden. Und Vater ist ja auch noch da.»

«Ich bin sehr schwach», sagte sie und versuchte, ihren Arm zu heben, um ihm über die Haare zu streichen. Er nahm ihre Hand und legte sie auf seinen Kopf. Sie lächelte, die Hand rutschte kraftlos wieder ab. Schweißperlen standen auf ihrer Stirn; Burckhardt wischte sie mit seiner Hand ab.

Die Hitze waberte durch den Eingang. Burckhardt hatte das Gefühl, sich nicht bewegen zu dürfen. Die Kleider klebten ihm am Körper. Besorgt fragte er sich, wie seine Mutter das ertragen konnte, da sie doch jeden Abend fieberte. Eine der Indianerinnen kam und brachte ihm einen kleinen Kuchen und einen gebratenen Fisch.

Wenig später kam ein Indio herein. Er trug über der nackten Brust eine abgewetzte und vielfach zerrissene Schaube, deren Farbe man kaum noch erkennen konnte, aber kein Beinkleid, sondern nur eine Kalebasse vor dem Gemächte, die mit Schnüren an einer Art Stoffgürtel befestigt war. Seine Ohren waren durchbohrt, aber ohne Schmuck. Um den Hals hatte er viele Ketten aus winzigen bunten Kugeln und eine aus großen, wie Trompeten geformten Muscheln. Ein Fetzen Tuch war um seinen Arm gewickelt, darauf saß ein großer, grellbunter Vogel mit einem gefährlich krummen Schnabel und mächtigen Krallen. Der Mann hob lässig die Hand und sagte in flüssigem Spanisch: «Man nennt mich Cara Vanicero. Das ist mein Haus. Sei willkommen! Meine Frauen haben mir gesagt, dass die neuen Bärtigen die Sprache der Christen verstehen?»

Burckhardt musste lachen.

«Ich bin auch ein Christ», antwortete er, «ich bin nur aus einem anderen Land als die Spanier, aus Sachsen. Die Leute dort sprechen Deutsch, alemán.»

«Das ist das, was sich anhört, als habe man eine Krankheit in der Kehle? So wie Micer Ambrosio sprach?»

«Ja, wahrscheinlich», antwortete Burckhardt und musste noch mehr lachen.

Cara zeigte auf die Mutter: «Sie ist krank. Sie muss viel trinken, damit die bösen Säfte aus ihrem Körper fliehen. Und Tobacco rauchen.»

Burckhardt schüttelte heftig den Kopf.

«Lieber nicht. Davon wird sie nur noch mehr krank. Es geht ihr schon besser. Sie hat mit mir gesprochen.»

Cara nickte.

«Die Hitze ist nicht gut. Schlafen ist gut.» Er hob den Arm und setzte den Vogel auf eine Stange, die zwischen zwei Querhölzern an der Wand befestigt war. Der Vogel flatterte heftig, sperrte den Schnabel auf und krächzte: «Cabron! Cabron!»

Burckhardt erschrak. Er hatte noch nie einen sprechenden Vogel gesehen. Doch Cara lachte nur und warf dem Vogel ein paar Worte in seiner Sprache hin. Dann sagte er: «Wir nennen den Vogel Arara. Wir lachen viel über ihn, und die Kinder ärgern ihn oft. Pass auf seinen Schnabel auf, er beißt! Wir haben ihm die langen Federn am Schwanz ausgerissen, damit er nicht davonfliegen kann. Und wie ist dein Name, Mann mit dem gelben Haar?»

Burckhardt nannte seinen Namen, schaute aber immer noch zu dem Vogel, als ob er noch andere Überraschungen von ihm erwartete.

Cara wiederholte: «Burcardo. Ich verstehe nicht, was das bedeutet. Aber heute Abend gibt es ein großes Fest in einem anderen Dorf. Willst du mitkommen? Ich will meinen Freunden zeigen, dass mein Gast Haare wie der Mais auf den Feldern hat.»

Burckhardt stimmte erfreut zu.

«Woher kannst du so gut Spanisch?», fragte er. «Und sind die Mädchen deine Frauen?»

«Ich übersetze», antwortete Cara, «schon für Micer Ambrosio, für Capitán Limpias und für Capitán Martín. Die Frauen sind alle meine Frauen, zwei Schwestern und die Frau ihres Onkels, der gestorben ist im Krieg gegen die Xidehara.»

«Gegen die Xidehara?»

«Ein böses Volk drüben in den Bergen. Sehr tapfer, sehr kriegerisch. Die Spanier fangen und verkaufen sie an andere Christen. Die Spanier schützen uns vor den Xidehara. Als die Bärtigen kamen, wurden wir alle sehr krank, überall Beulen» – er rieb an seinen Armen, als hätte er die Pocken –, «viele starben. Aber die Bärtigen kämpfen für uns gegen unsere Feinde. Und ich übersetze für sie. Die Tochter meines Vaters ist bei den Xidehara.»

Cara nickte heftig, um zu zeigen, dass er etwas sehr Wichtiges gesagt hatte.

«Die Tochter deines Vaters?», fragte Burckhardt ungläubig. «Das ist doch deine Schwester?»

Cara nickte wieder mit Nachdruck.

«Meine Schwester, ja. Aber eine Schwester von einer anderen Mutter. Und von einem anderen Vater. Ihre Mutter war Xidehara. Der Bruder meines ersten Vaters hat sie im Krieg gewonnen, bevor die Bärtigen kamen und wir alle Christen wurden.»

«Du bist Christ?» Ansorg kam aus dem Staunen nicht heraus. Und die Geschichte mit den vielen verschiedenen Vätern, Müttern, Schwestern und Brüdern verstand er auch nicht.

Cara antwortete: «Muy securo, sicher, ich glaube an den Gott der Spanier. Er ist sehr mächtig. Und an seine Mutter, die Maria heißt. Kyrie eleison. Und in nomine patri und fili.»

Cara faltete die Hände und blickte mit verdrehten Augen nach oben. Burckhardt sah den Indio zweifelnd an.

«Und die Patres erlauben dir, drei Frauen zu haben?»

Cara schüttelte heftig den Kopf und blickte plötzlich sehr traurig.

«Ich darf nur mit einer Frau zur Messe gehen. Die anderen müssen hier bleiben.» Sein Gesicht hellte sich auf, als hätte er eine gute Idee gehabt. «Aber das nächste Mal nehme ich die andere mit und dann die dritte.»

Burckhardt grinste. Cara ging zur Feuerstelle und holte zwei gebratene Fische und Kuchen aus Casabe. Er zeigte darauf und sagte: «Manioca. Das Mehl von Mais.»

Burckhardt fragte Cara: «Bist du auch Fischer?»

Der schüttelte wieder den Kopf.

«Meine Verwandten gehen fischen. Aber nicht mit Speeren. Sie schütten etwas in den Fluss.»

«Was machen sie?» Burckhardt verstand kein Wort.

Cara antwortete geduldig:

«Wir nehmen die Wurzel eines Baumes. Darin ist ein Saft, wenn man sie kocht. Und der Saft macht, dass die Fische schlafen. Und dann fangen wir sie.»

Burckhardt schüttelte verblüfft den Kopf. Vielleicht kannten die Caquetios auch ein Heilmittel für die Mutter, ein stärkeres als das, das die Heilerin in San German Anna Kestlin gegeben hatte? Er beschloss, danach zu fragen, wenn sich die Gelegenheit bot.

Margarete Ansorg hatte die Augen geschlossen und atmete ruhig. Eine der jungen Frauen war unbemerkt hinter die Hängematte getreten und schaukelte sie sanft. Cara saß still vor ihm auf dem Boden, rollte Blätter zusammen, winkte seiner Frau, ihm einen glimmenden Span vom Feuer zu geben, und zündete den Tabak an. Kleine Rauchwolken stiegen nach oben.

Burckhardt fühlte sich zum ersten Mal wohl. Die stärkste Mittagshitze war vorbei, und draußen hörte man entferntes Stimmengemurmel und Hundegebell. Lange Zeit saßen sie stumm voreinander. Als Cara seinen Tabak geraucht hatte, blinzelte er Burckhardt zu, erhob sich und legte sich in eine Hängematte, die nahe am hinteren Ausgang befestigt war und in der eine seiner Frauen geschlafen hatte. Die Hängematte begann bald zu schaukeln, und Burckhardt begriff, was die beiden dort taten. Als Junge hatte er auch oft mit angehört, wie seine Eltern auf dem Strohlager stöhnten, wenn sie sich liebten. Aber das war im Dunkeln gewesen. Den Indios schien es nicht viel zu bedeuten, wenn ihre Gäste am helllichten Tage zusahen. Er warf noch einen Blick auf die schlafende Mutter und ging hinaus, um nicht zu stören.

Die Sonne hatte schon ihre Kraft verloren. Eine dünne, aber dunkle Wolkendecke lag über dem nördlichen Horizont. Das Licht ließ ihre Ränder wie Feuer erstrahlen, ein grauer Regenschleier ergoss sich fern auf das Meer. Ein Vogelschwarm zog über die Hüttendächer, aus deren Spitze der Rauch der Feuerstellen quoll. Ringsum gackerten Hühner, kollerten Truthähne und schnatterten Enten. Es war wie an einem heißen Tag in seiner Heimat, am Sonntag, wenn alle aus der Kirche gekommen waren und eine friedvolle Stille sich über das Dorf gelegt hatte.

Am Ende des Weges sah Burckhardt den Vater und Christian kommen. Anna Kestlin ging in ihrer Mitte. Sie hatte die Bundhaube zurückgeschoben und ihr Felleisen vor der Brust. Er war nicht sicher, ob er sich darüber freuen sollte, Anna schon wieder zu sehen. Was wollte sie von ihm? Er traf sie häufiger als alle anderen, die mit ihnen auf der «Santa Trinidad» gewesen waren. Suchte sie nur jemanden, mit dem sie reden konnte? Der nicht jeden Abend versuchte, sich möglichst schnell einen Rausch anzutrinken? Der zuhörte, wenn sie ihr Leid klagte? Oder was bedeutete ihre Freundschaft? Er erinnerte sich, wie sie ihn gestern auf dem Schiff an sich gezogen hatte, als Hohermuth sich an Land rudern ließ und alle nur auf den Gobernator achteten. Das war unschicklich gewesen.

Anna war sehr hübsch, das merkte Burckhardt immer wieder. In Geyer hatte er ein Auge auf sie geworfen und sich in seiner Phantasie ausgemalt, Annas Ehemann zu sein. Aber sein Vater hatte darauf bestanden, dass er die junge Susanna heiratete. Deren Familie sei anständig und strebsam und ihr Vater einer seiner Freunde aus alten Tagen. Burckhardt hatte nichts gegen das Mädchen einzuwenden gehabt. Und sie auch nichts gegen ihn, ja, sie strahlte jedes Mal, wenn sie ihn sah. Aber Susanna war erst sechzehn Jahre alt, und Burckhardt war, wenn er sich das selbst gegenüber zugab, froh darüber, dass ihre Eltern sich entschlossen hatten, nicht in die Neue Welt zu ziehen. Der Abschied war ihm leicht gefallen.

Und Anna? Sie war verheiratet, und ihr Mann schaute jeden scheel an, der sich seiner schönen Frau auch nur näherte. Aber hatte nicht Josef Langer immer gegen ehebrecherische Gedanken gewettert? Waren sie nicht Christen, die auf die Gebote mehr achteten als die heuchlerischen Pfaffen und der Papst in Rom? So hatte ihm das der Vater erklärt, und so redeten die Bergknappen untereinander.

Anna lächelte ihn an. Burckhardt erklärte seinem Vater und Christian, wer Cara war und dass sie ihn als den Hausherrn begrüßen sollten. Die beiden gingen hinein. Anna legte Burckhardt ihre Hand auf den Arm.

«Ich habe deiner Mutter wieder einen Kräutersud gekocht», sagte sie, «er wird ihr gut tun.»

«Mutter geht es schon viel besser», antwortete er unwirsch. Anna sah ihn fragend an, als könne sie sich nicht erklären, warum er plötzlich so abweisend geworden war.

«Heute Abend gibt es ein Fest», sagte er, «Cara hat mir davon erzählt. Die Indier kennen auch viele Kräuter. Ich werde sie fragen, welche sie benutzen, um Kranke zu heilen.»

«Ein Fest?» Anna drückte ihr Felleisen freudig zusammen. «Nimmst du mich mit?»

«Und was wird dein Mann sagen?»

«Johannes kann heute noch nicht aufstehen. Ich werde sagen, dass ich andere Kranke heilen muss. Bitte! Ich kann nicht allein zu einem Fest der Indier gehen. Ich fürchte mich!»

Burckhardt nickte, obwohl ihm nicht wohl dabei war. Cara hatte nur ihn eingeladen. Aber wahrscheinlich war der Indio glücklich, dass eine weiße Frau mit ebenso blonden Haaren wie Burckhardts ihm die Ehre gab, ihn zu begleiten. Anna strich ihm über seine Schulter, schenkte ihm einen warmen Blick und betrat die Hütte.

Gunther Ansorg kam wieder nach draußen und sagte, dass Cara

und seine Frauen nicht mehr da seien. Burckhardt bemerkte, dass sein Vater prüfende Blicke auf Anna warf, wie sie da stand und sich an seinen Sohn lehnte. Noch einmal fiel ihm ein, was er am Morgen erfahren hatte.

«Vater», sagte er etwas nachdrücklicher als beim letzten Mal, «wir können hier in Coro nicht arbeiten. Es gibt kein Bergwerk, keine Erze, keine edlen Steine.»

«Ich glaube es einfach nicht. Die Welser werden doch einen Grund gehabt haben, uns anzuwerben! Sie hatten doch auch Kosten. Warum sollten sie uns in die Fremde schicken, wenn es dort nichts zu holen gibt? Und wenn hier noch keine Bergwerke sind, dann werden wir eben die Stollen graben. Es sollte mich wundern, wenn es dort» – der alte Ansorg zeigte nach Süden, wo sich ferne Berge im sanften Abendlicht türmten – «keine Erze gäbe! Du fragst zu viel, Burckhardt! Immer bist du misstrauisch. Du wirst schon sehen: In ein paar Wochen werden wir Probieröfen gebaut haben, wir werden Erze schmelzen, Kupfer, Blei, Zinn, alles, was du dir denken kannst, und Gold und Silber sieben. Und wenn das noch Zeit erfordert, werden wir eben Salz gewinnen. Das ist hier bitter nötig. Die Indier verdampfen das Wasser, das habe ich eben beobachtet. Aber sie brauchen sehr lange Zeit dafür, sie wissen nicht, wie man ein Wehr baut, sie haben keine guten Pfannen, und ihre Sudhütten fallen zusammen. Das können wir besser.»

Der alte Ansorg nickte und wischte sich den Schweiß von der Stirn. So eifrig hatte Burckhardt seinen Vater lange nicht mehr reden hören. Es hörte sich an, als spreche er sich selbst Mut zu.

Anna blickte erstaunt von einem zum anderen. Sie legte Gunther Ansorg eine Hand auf den Arm und sagte in respektvollem Ton: «Ansorg, wenn man nur auf deinen Rat hören würde! Du weißt immer, was zu tun ist. Das sagen alle, Langer, Hugelt, Butzler und Schutz. Und auch Johannes spricht gut von dir.»

Gunther Ansorg lächelte sie erfreut an und nickte. Burckhardt wollte seinem Vater nicht widersprechen. Wenn er Recht hatte, waren seine Sorgen unbegründet. Aber er konnte sich nicht vorstellen, dass der kleine Ort Coro mit seinen ärmlichen Siedlern dazu ausersehen war, ein blühendes Gemeinwesen mit Äckern und Wiesen und viel Vieh zu werden. Remboldt hatte gesagt, den Siedlern sei es verboten worden, etwas anzubauen, und sie seien verschuldet. Was blieb ihnen also übrig? Würde sich jetzt, nach der Ankunft von mehr als vierhundert Soldaten, etwas ändern?

Und was planten die Hauptleute, Hohermuth, Hutten, Gundelfinger, Federmann? Und was beabsichtigten die Spanier, wenn ihre Pläne nicht mit denen der Deutschen übereinstimmten? Burckhardt beschloss, möglichst bald diesen und jenen zu fragen, alle, deren Stimme bei den Soldaten und den Einwohnern Coros Gewicht hatten. Auf die wenigen Bergknappen würde ohnehin niemand hören. Wenn sein Vater meinte, ihre Wünsche, ein friedliches und rechtschaffenes Leben zu führen, würden erfüllt werden, dann konnten alle zufrieden sein. Aber wenn er sich an die Landsknechte auf der «Santa Trinidad» erinnerte, an ihre gierigen Augen, wenn jemand vom Goldenen Mann, von El Dorado erzählte, wenn er an das dachte, was er in der Faktorei der Welser in San German gehört hatte über die Pläne Hohermuths und Federmanns, dann sah es nicht so aus, als könnten die Sachsen und Böhmen auf ein Leben hoffen, wie sie es aus ihrer Heimat kannten.

Er sah, dass sein Vater sich angeregt mit Anna unterhielt. Er hatte sich untergehakt und ging mit ihr in die Hütte, um nach der Mutter zu sehen. Anna schaute sich kurz nach Burckhardt um. Aber der drehte sich abrupt von ihr weg und machte sich auf den Weg in Richtung Plaza. Er wollte etwas anderes sehen als die Menschen, die er schon kannte und deren Gedanken immer um dieselben Dinge kreisten. Er traf auf Mauricio Butzler, der zum Hauptplatz strebte, zusammen mit einigen spanischen Landsknechten. Mauricio klopfte ihm leutselig auf die Schulter und nickte den Spaniern zu: «Amigo, sehr guter Amigo!» Und zu Burckhardt gewandt: «Du siehst aus, als dächtest du über schwere und gewichtige Dinge nach. Wir alle fragen uns, was jetzt aus uns wird. Die Leute aus Coro haben keine gute Meinung von den Deutschen. Außer vom Capitán Barba Roja, wie sie den Federmann nennen. Das versuchten mir meine spanischen Kameraden hier wohl zu erklären.»

«Ich weiß auch nicht, was wird, Mauricio», antwortete Burckhardt, «das versuche ich gerade herauszufinden.»

Butzler lachte und meinte: «Ich bin gespannt, was dabei herauskommt, sagte der Bäcker, da hatte er was in den Teig geschissen.»

Die Soldaten schütteten sich aus vor Lachen, als Burckhardt das übersetzte, und schlugen Butzler auf die Schultern. Die Plaza wimmelte von Menschen. Die Abendmesse war gerade vorüber. Die kleine Kirche hatte die Gläubigen nicht fassen können. Burckhardt hatte ein schlechtes Gewissen, weil er immer noch nicht zur Messe gegangen war. Mitten zwischen den Leuten sah er Cara mit einer seiner Frauen, wohl der jüngsten. Er erblickte Burckhardt, winkte und eilte auf ihn zu.

«Alemán», rief er, «wir gehen jetzt zu dem Fest. Komm mit uns!»

Das ließ sich Burckhardt nicht zwei Mal sagen. Cara lief voran, dann der Deutsche, zum Schluss die Indianerin, die sich immer hinter ihrem Mann hielt, auch wenn der Weg breit genug für ein halbes Dutzend Menschen gewesen wäre. Schon bald ließen sie die letzten Hütten hinter sich. Der Boden wurde sandig, das stachelige Gebüsch versperrte ihnen immer wieder den Weg. Die Luft war kühler geworden, eine Brise strich vom Meer über die Mimosenwäldchen mit ihren weiß leuchtenden schmalen Stämmen und die breit gefächerten Kronen der Cuji-Bäume. Sie mussten über eine Stunde marschieren. Inzwischen war es schon stockdunkel, aber Cara schritt voran, als könnte er den Weg im Schlaf finden. In der Ferne hörte Burckhardt den Lärm vieler Füße, die auf den Boden stampften. Flammenschein erleuchtete die Nacht.

Sie erreichten ein Dorf. Dessen Hütten schienen genauso geräumig und rund zu sein wie die in Coro. Der große Platz in der

Mitte war prall gefüllt mit Hunderten von Indios, große Feuer loderten an den Ecken. Die Menschen tanzten zum Klang mehrerer Trommeln in einem großen Kreis, viele von ihnen waren nackt und nur mit Ketten und Bändern an den Armen geschmückt. An den Rändern saßen Gruppen zusammen, die aus großen Tonkrügen und Schalen tranken.

Cara ging zielstrebig auf einige Männer und Frauen zu, die ihn lebhaft begrüßten. Er zeigte auf Burckhardt, der sich scheu im Hintergrund hielt. Die Eindrücke stürmten auf ihn ein, er fühlte sich wie in einem merkwürdigen Traum. Cara zog ihn an der Hand zu seinen Freunden und redete in kehligen Lauten auf sie ein. Alle schauten Burckhardt an. Die Kinder blickten ängstlich, die Männer strichen ihr Kinn, um zu zeigen, dass sie seinen Bart seltsam fanden. Die Frauen versuchten, eine Strähne seines Kopfes zu erhaschen. Jemand hielt ihm einen Krug mit einer dunklen Flüssigkeit hin. Dankbar nahm er ihn, setzte sich auf den Boden und trank in vollen Zügen. Es schmeckte wie der Saft der Kürbisse, den er schon kannte, aber mit einem nicht unangenehmen Beigeschmack wie von sauren Kirschen. Der Lärm betäubte ihn, er fürchtete sich aber nicht, denn alle, die ihn umringten, schienen guter Laune zu sein.

Cara drängte an seine Seite und schrie in sein Ohr: «Sie feiern schon zwei Tage. Gestern waren sie noch sehr traurig, aber heute müssen sie fröhlich werden.»

«Warum waren sie traurig?»

Cara zeigte auf eine uralte Frau, die in einer Hängematte lag. Sie trug ein einfaches Tuch um die Hüfte, ihre schlaffen Brüste fielen bis auf ihre Oberschenkel. Ihr Gesicht war mit Runzeln bedeckt, und ihre Augen waren geschlossen. Auch sie hielt eine Kalebasse mit dem Getränk zwischen ihren faltigen Händen.

Cara erklärte: «Ihr Mann ist gestorben. Er war sehr weise und sehr mächtig, hatte aber nur eine Frau. Sie liegt in der Hamaca, seitdem er tot ist.»

Burckhardt sah ihn ungläubig an.

«Und ihr feiert ein Fest, wenn jemand gestorben ist?»

«Ja. Zuerst zünden die Verwandten ein großes Feuer an. Die jungen Männer und Frauen tanzen zwei Tage lang und schlagen sich mit Schnüren auf den Rücken. Zuletzt begraben wir den Toten unter seinem Haus. Dann trinken wir zu seinen Ehren», antwortete Cara und zeigte auf das leere Gefäß zu Burckhardts Füßen.

«Was ist das?», fragte Ansorg.

Cara schüttelte den Kopf und sagte:

«Paiwa. Die alten Frauen machen das aus Casaba. Du darfst nicht zu viel davon trinken, dann läufst du im Kreis oder fällst immer wieder hin.»

Burckhardt lachte und sagte, dass es in seiner Heimat auch ein Getränk gebe, das diese Wirkung habe. Cara blieb ernst und zeigte noch einmal auf die Kalebasse: «Die Asche ist darin. Das ist eine große Ehre, davon zu trinken.»

Burckhardt verstand nicht.

«Welche Asche?»

«Die Asche des Toten. Wir verbrennen und trinken seinen Körper. Damit zeigen wir, dass er bei uns und in uns bleibt.»

Burckhardt sprang auf und rannte, bis das dornige Gestrüpp ihm ins Gesicht schlug. Er kauerte sich auf den Boden, würgte heftig und übergab sich. Die Indier tranken die Asche der Toten, und er hatte das auch getan! Er spuckte Schleim auf den Boden und wischte sich den Mund ab. Jemand legte ihm sanft die Hand auf die Schultern. Er sah sich erschrocken um und erblickte Anna.

«Woher kommst du denn so plötzlich?», fragte er erstaunt.

«Eine der Frauen Caras hat mich mitgenommen», antwortete sie und kniete sich neben ihn. «Du warst verschwunden, und Gunther machte sich Sorgen. Auf der Plaza sagten die Leute, ihr wäret schon zu dem Fest gegangen.»

Burckhardt stöhnte nur und spuckte aus. Die Lust am Feiern war ihm gründlich vergangen. Anna legte ihm beide Hände auf die Schultern.

«Die Frauen haben mir vorher gesagt, dass in dem dunklen Getränk die Totenasche ist. Ich sah dich nicht, sonst hätte ich dich gewarnt. Sie meinen das nicht böse: Nur jemand, den sie sehr mögen und respektieren, darf aus den Krügen trinken wie sie.»

Sie streichelte seine Wange. Burckhardt umfasste ihre beiden Handgelenke, wusste aber nicht, ob er sie von sich stoßen oder dankbar sein sollte, dass sie sich so um ihn kümmerte. Die Nacht ringsum schützte sie wie eine unsichtbare Wand. Hinten tanzten und lärmten die Indios. Man hörte die Feuer prasseln. Aber niemand sah nach ihnen. Anna kam ganz nahe, sah ihm in die Augen und hauchte einen sanften Kuss auf seine Wange. Er hielt immer noch ihre beiden Hände.

«Niemand sieht uns», flüsterte sie, «ich will dir zeigen, wie sehr ich dich mag, Burckhardt.»

«Aber ...» Burckhardt fielen keine passenden Worte ein. «Dein Mann wird mich umbringen.»

«Er wird es nie erfahren», sagte sie nur, machte sich los und drückte seine Schultern leicht, aber mit Nachdruck nach hinten. Burckhardt legte sich auf den Rücken und ließ alles mit sich geschehen. Anna schob sich über ihn, hob ihre Röcke und griff zwischen seine Beine und half ihm, in sie einzudringen. Dann stützte sie sich mit den Händen auf seine Brust, lächelte und schloss die Augen. Sie bewegte sich so sanft, wie sie sprach, langsam und gleichmäßig. Burckhardt krallte seine Hände in ihre Hüften. Er fühlte, wie die Hitze in ihm aufstieg. Anna hatte den Kopf gesenkt, ihre langen Haare waren aus der Haube gerutscht und fielen auf seine Schultern und sein Gesicht. Sie stöhnte leise. Durch die blonden Strähnen sah er die Sterne leuchten. Über ihnen strahlte das Kreuz des Südens. Sternschnuppen glühten vor der Schwärze des Himmels. Dicht neben ihnen zirpten die Grillen, und ringsum quakten die Frösche um die Wette.

Er bewegte seine Hüften und begann sich so schnell zu bewegen wie sie. Jetzt keuchte Anna und bäumte sich auf. Dann schlang sie die Arme um seinen Hals und legte ihren Kopf an sein verschwitztes Haar. Burckhardt drückte wenige Male die Hüften nach oben und ließ seine Erregung verströmen. Keiner der beiden sagte etwas. Anna blieb auf ihm liegen. Sie sah ihn an, ihr Gesicht schwamm in Tränen.

Burckhardt schloss die Augen. Ein Gedanke fuhr ihm durch den Kopf, ein Wort, das der Prediger Langer oft benutzt hatte, wenn er über die Neue Welt und ihre Pläne und Hoffnungen gesprochen hatte. «Gelobtes Land», hatte der gesagt, «das Volk Israel hat das Gelobte Land gefunden, mit Gottes Hilfe und Beistand.» Das Gelobte Land. Als er die Augen wieder öffnete, blickte er in das verschmitzte Gesicht Caras, der sich über sie beugte. Anna hatte ihn auch gehört und schreckte auf. Sie raffte ihre Röcke und hockte sich neben Burckhardt, die Augen ängstlich auf Cara gerichtet. Der grinste, legte die Finger auf die Lippen und sagte: «Das Fest ist vorbei.» Verschmitzt fügte er hinzu: «Que lastima – wie schade! Wir gehen. Ihr müsst mit uns gehen.»

4. KAPITEL

Brandzeichen

Der junge Ansorg erzählte niemandem davon, was während des Festes geschehen war. Anna verschwand schnell in ihrer Hütte, und Burckhardt ging mit Cara zu dessen Behausung. Er hatte dem Indio noch zugeflüstert, er möge nicht verraten, was er gesehen hatte. Cara zwinkerte ihm nur verschwörerisch zu und grinste. Burckhardt zweifelte, ob der Indio verstanden hatte, was er meinte. Cara war betrunken gewesen, schwankte stark und musste sich auf den Arm einer seiner Frauen stützen. Doch als der Deutsche sich schon in eine der Hängematten gelegt hatte, war Cara noch einmal zu ihm gekommen.

«Höre, mein Freund», sagte er, «du hast nichts Unrechtes getan. Liebe machen ist gut. Die Frau ist gut. Und du hast keine Asche getrunken, verstehst du? Keine Asche!»

Burckhardt hob seinen Kopf und sah Cara verständnislos an.

«Aber ich habe doch ...»

«Du hast nicht. Das musst du sagen. Die Spanier sagen: Wir, die Caquetios, äßen die Toten. Das ist nicht wahr. Die Xidehara essen das Fleisch ihrer Feinde, und die Cariben. Wie die Christen, die den Leib des Gottes essen. Wir trinken nur die Asche der Toten. Aber die Mönche dürfen das nicht wissen. Sie verstehen nichts.»

Burckhardt seufzte erleichtert. Cara würde schweigen, wie er schwieg über die schreckliche Sitte, die die Caquetios bei einem Fest zu Ehren eines Toten pflegten. Ein heimliches Band war zwischen ihnen entstanden. Er schlug Cara leicht auf die Schulter und nickte.

Der Indio grinste breit und entfernte sich wortlos.

An den nächsten Tagen sah er Anna nicht. Gunther Ansorg hatte sich am Ortsrand umgesehen und gleich begonnen, beim Bau neuer Hütten kräftig anzupacken. Auch die beiden Brüder machten sich an die Arbeit. Sie brauchten nur zwei Tage, um ein kleines rechteckiges Haus aus Holz und Rohr zu zimmern. Es wurde mit Palmzweigen gedeckt.

Estebán Martín ließ Burckhardt mehrere Male rufen, damit er übersetzte oder zwischen den heißblütigen spanischen Landsknechten und den starrköpfigen Bergknappen vermittelte. Der Hauptmann war sehr zufrieden mit seinen Diensten und steckte ihm ein paar Canutos zu, Schnüre mit Muscheln, die jedermann wie Gold oder Reales achtete.

Burckhardt bedankte sich überschwänglich und rannte sofort zu Cara. Er freute sich diebisch, seine Familie überraschen zu können. Gunther Ansorg hatte Margarete in das neue Haus getragen und sie auf Stroh gebettet. Burckhardt kaufte Cara vier Hängematten ab und behielt noch einige Reales über. Der Vater und Christian waren bass erstaunt, als er mit dem geschnürten Bündel ihre Hütte betrat. Auch die Mutter lächelte und flüsterte, sie könne in den indianischen Betten besser schlafen als auf dem Fußboden, wo es von Ungeziefer wimmelte, auch wenn Christian mit einem Reisigbesen mehrere Male am Tag fegte.

Von den Hauptleuten war nichts zu sehen. Es hieß, dass Hohermuth Pläne schmiedete, nach Nordwesten zu ziehen, auf dem Weg des Ambrosius Dalfinger. Andere wetteten darauf, der Gobernator warte nur auf Nikolaus Federmann, der, zusammen mit Heinrich Remboldt, auf Hispaniola Pferde kaufen und sie nach Coro transportieren lassen würde, um dann zu verraten, was er vorhabe. Einige der Veteranen behaupteten, sie würden bald ins Vorgebirge ziehen, um die kriegerischen Xideharas zu überfallen und Sklaven zu erbeuten. Maloca nannten sie das oder: Conquista de Almas, die Eroberung von Seelen.

Die Deutschen waren ratlos, doch es gab kaum Zeit, um über die Lage nachzudenken. Martín verlangte von ihnen harte Arbeit wie von gelernten Zimmerleuten. Sie mussten beim Bau der Kirche helfen, das Gemeindehaus erneuern, einen kleinen Krämerladen aus Lehmziegeln errichten und die Tiere versorgen. Die Landsknechte weigerten sich, einfache Handlangerdienste zu tun. Sie seien Kriegsleute und keine Handwerker. Erst als der Hauptmann ein Machtwort sprach, bequemten sie sich, zu den Äxten und Hämmern zu greifen. Der allgegenwärtige Martín und Andreas Gundelfinger befahlen, dass Schiffe gebaut wurden, kleine und wendige Küstensegler, die zur Not auch gerudert werden konnten. Die Veteranen erzählten, dass Dalfingers Leute im Westen über einen großen See gekommen waren. Dort gebe es Indios, die in Häusern auf Pfählen mitten im Wasser lebten.

Aber niemand wusste, was genau geschehen würde und was der Gobernator plante. Es fehlte an Lebensmitteln. Die wenigen Vorräte der Bewohner Coros waren schnell aufgebraucht, und die Indios hatten kaum genug, um sich selbst zu ernähren. Sie lebten von Mais und Fisch. Alle hofften, dass die trockene, heiße Zeit bald vorüberginge. Dann würde es auch wieder Wildbret geben.

Am Sonntag nahmen fast alle Deutschen, wenn auch mit finsteren Mienen, an der Abendmesse teil, die der Pater Frutos de Tudela hielt. Burckhardt suchte Anna. Die stand dicht neben Johannes Kestlin und hatte die Bundhaube so über die Stirn gezogen, dass von ihrem Gesicht fast nichts zu sehen war. Sie wich seinem Blick aus, und Burckhardt wagte nicht, sie in Gegenwart ihres Mannes anzusprechen. Cara winkte ihm wie immer fröhlich zu. An diesem Tag hatte er seine jüngste Frau dabei, die sich schüchtern hinter ihm verbarg.

Man kam überein, dass ein Trupp von Soldaten in der Umgebung nach Nahrung suchen sollte. Andreas Gundelfinger, der die Welser in Coro vertrat, ordnete an, dass der spanische Hauptmann Antonio Ceballos die Führung übernehmen sollte. Gundelfinger hatte sich offenbar vorher mit dem Gobernator abgesprochen, denn der hätte es nicht erlaubt, dass die Hauptleute ohne seine Zustimmung Coro verließen, auch wenn das einem guten Zweck diente.

Am nächsten Tag trafen sich die ausgewählten Landsknechte, ein Dutzend an der Zahl, vor der Kirche. Hinter ihnen warteten noch einmal so viele indianische Sklaven. Die Sonne war noch nicht aufgegangen. Nur ein schmaler roter Streifen im Osten zeigte, dass der Tag nahte. Burckhardt hatte sich neugierig zu den Zuschauern gesellt, die die Hälse reckten, um das Geschehen verfolgen zu können. Hauptmann Martín saß krummbeinig im Sattel und sah missmutig auf die Landsknechte herab. Alle waren zu Fuß. Sie wollten mit den Schiffen zu einem Ort an der Küste fahren, von dem einige der Indios aus Coro erzählt hatten. Er sei mit einem großen Boot in wenigen Stunden zu erreichen.

Dann kam Antonio Ceballos auf einem schwarzen Araber geritten. Das Pferd tänzelte hin und her, die Glöckchen am Zaumzeug klangen aufgeregt. Burckhardt hatte ihn nur flüchtig auf der «Trinidad» erblickt. Man sagte, Ceballos verstehe kein Deutsch und weigere sich, wie fast alle Spanier, auch nur ein Wort zu lernen. Er trug sich nach Landsknechtsart: eine geschlitzte Bundhose mit auffallend roter Schamkapsel und einen eisernen Koller und Helm, den er noch nicht aufgesetzt hatte. Er hielt einen Rundschild in der Linken. Einige Piken waren an der Seite des Pferdes festgeschnallt.

Burckhardt hörte, wie Estéban Martín Hauptmann Ceballos in spanischer Sprache fragte, ob er sich wie ein Ei braten lassen wolle. Der eiserne Koller sei viel zu heiß. Doch Ceballos lachte nur und meinte, in Spanien brenne die Sonne auch nicht anders als in der Neuen Welt. Martín schüttelte den Kopf und brummte etwas vor sich hin. Dann erblickte er Burckhardt. Seine Miene hellte sich auf, als hätte er eine Idee. Er winkte den jungen Ansorg zu sich und sagte: «Gut, Euch hier zu finden. Ihr begleitet den Zug. Der Hauptmann versteht die deutschen Soldaten nicht. Habt Ihr eine Waffe?»

Burckhardt schüttelte den Kopf. Seine Axt war für die Arbeit und nicht als Waffe gedacht. Und der Vater besaß ein Schwert, weil er als Steiger das Recht dazu hatte. Martín rief einen der

Landsknechte herbei, den er unter den Zuschauern sah, und befahl ihm, aus der Waffenkammer hinter dem Gemeindehaus einen Katzbalger samt Gehänge zu holen. Nach wenigen Minuten war der Mann zurück und drückte das Schwert Burckhardt in die Hand. Martín blickte den Deutschen prüfend an und fragte, ob er sich zutraue, damit umzugehen. Der versicherte, er sei nicht völlig unerfahren. Und sie zögen nicht in den Krieg, sondern nur aus, um Nahrung zu suchen.

Martín warf die Stirn in Falten, als habe er eine andere Meinung dazu, erwiderte aber nichts. Er wies Burckhardt an, sich in den kleinen Zug einzureihen, und gab Ceballos ein Zeichen, sich an die Spitze zu setzen. Plötzlich ertönte eine helle, harte Stimme, die Burckhardt bekannt vorkam. Er blickte sich um und sah Ulrich Sailer im Galopp um die Ecke des Platzes reiten. Er zügelte sein Pferd nur wenige Ellen vor Ceballos, der ihn erstaunt ansah. Eine Staubwolke senkte sich über die Soldaten, und Sailer rief: «Wer hat das Kommando? Ich werde mitreiten, im Auftrag unserer Herren, der Welser!»

Der Landsknecht neben Burckhardt, ein Schwabe mit einer Augenklappe und narbigem Gesicht, grummelte: «Und im Auftrag des Kaisers, der Kurfürsten, des Heiligen Vaters, der Jungfrau Maria und aller Heiligen.»

Die anderen in der Reihe lachten halblaut, sodass weder Ceballos noch Sailer es hören konnten.

Ceballos antwortete knapp, er sei der Anführer. Verstärkung von einem so hohen Herrn sei ihm willkommen, falls das Pferd des edlen Sailer das Wasser und eine Bootsfahrt nicht scheue. Sailer blickte ihn an, als sei er sich nicht sicher, ob ihn da jemand auf den Arm nehmen wolle. Dann runzelte er die Stirn und nickte gnädig. Er trieb seinen Apfelschimmel neben den Araber Ceballos' und hob die Hand, als fordere er alle auf, ihm zu folgen. Langsam setzte sich der Zug in Bewegung.

Die ersten Strahlen der Sonne leuchteten über die Cuji, die ihre Äste und Blätter über die Hütten Coros ausbreiteten, und über die Chonta-Palmen, die sich schlank in der leichten Brise wiegten. Sie durchquerten auf einem breit getrampelten Pfad das Gesträuch aus Fackeldisteln, das den Ort umgab wie eine Ringmauer. Es ging wieder zur Bucht, an der sie vor einer Woche gelandet waren. Dieses Mal brauchten sie weniger Zeit, denn sie trugen nur ihre Waffen und waren ausgeruht. Die Indios schleppten Schläuche mit Wasser und Fässer mit Äxten und Schaufeln.

In Vela de Coro, wie der Hafen genannt wurde, lungerten einige Landsknechte herum, die sich langweilten und froh waren, dass etwas geschah. Sie bewachten die langen Einbäume, von denen mehrere Dutzend mit dem Heck im türkisblauen Wasser schaukelten und die die Indier Canoas nannten. Die Galeonen «Santa Trinidad» und «La Nuestra Señora de Guadelupe» waren schon lange wieder nach Hispaniola aufgebrochen, um Nachschub zu holen. Sie würden in wenigen Wochen zurückkehren, zusammen mit Nikolaus Federmann und vielen Pferden, Hühnern, Schweinen und Rindern.

In der Mitte der Bucht ankerte eine Brigantine, ein schnelles und wendiges Segelschiff mit nur zwei kleinen Masten. Es war erst vor wenigen Tagen fertiggestellt worden. Die Soldaten stießen die Sklaven in die Boote und setzten sich in die Mitte der Canoas. Die Pirogen waren größer und breiter als die, die die Indios zum Fischen benutzten, es gab sogar Bänke, auf denen man sitzen konnte. Die Pferde jedoch konnten sie nicht mitnehmen, obwohl das ursprünglich geplant worden war. Das Schiff war einfach zu klein. Ceballos und Sailer ließen ihre Pferde in der Obhut der Landsknechte, denen sie einschärften, sie nicht aus den Augen zu lassen. Dann kletterten auch sie in die Boote, die sie zur Brigantine brachten. Ceballos ließ das Segel setzen. Einer der Landsknechte stellte sich als Diego de Montes vor; es war ein Spanier, der auf vielen Schiffen als Navigator gedient hatte und mehr von der Schifffahrt und vom Segelwerk verstand als alle anderen zusammen.

Sie kamen schnell voran. Der Wind blies schwach, aber stetig von Osten. Der Himmel war so strahlend blau wie seit ihrer Ankunft an der Goldküste. Burckhardt saß vorn am Bug und ließ sich die salzige Brise um die Nase streichen. Hinter ihnen lagen die Bucht und die braunblauen Berge im Dunst. So schön das Land war, es hatte nichts gemein mit den nebligen, herbstlich bunten Wäldern seiner Heimat, mit der klaren Luft und dem scharfen, herben Geruch von Laub, mit den Tannen im Winter, deren Zweige sich unter der Last des Schnees zum Boden senkten. Er betrachtete die Landsknechte neben sich. Sie schwitzten und hatten ihre eisernen Brustharnische beiseite gelegt. Nur wenige trugen Helme, die meisten gingen barhäuptig. Furchen durchzogen ihre gegerbten und dunkelbraunen Gesichter. Sie ließen ihre Bärte wild wuchern wie die Einheimischen, die Haare hingen ihnen bis auf die Schultern. Der dicke Christoph Schutz hatte sich als Barbier beliebt gemacht, doch er kam mit der Arbeit nicht nach.

Sie segelten nach Norden. An der Spitze der Halbinsel, die die Sicht in das Landesinnere, nach Coro, versperrte, mussten sie ein Kap umfahren, eine Reihe schmutzig brauner Hügel mit dichtem Gehölz und einigen Palmenhainen. Dann schob sie der Wind an, und sie hielten sich strikt nach Südwesten. Ceballos ließ die Brigantine in Sichtweite des Landes segeln, alle hielten Ausschau nach dem Dorf der Indios. Endlich, es war schon hohe Mittagszeit, erblickten sie Rauchsäulen, ein untrügliches Zeichen. Ceballos befahl, sofort Anker zu werfen und eine Büchse abzufeuern.

Der Knall echote über die Palmen, und in wenigen Augenblicken waren braune Gestalten am Ufer zu sehen, die aufgeregt hin und her rannten. Sie schienen bemerkt zu haben, dass ihnen von der Brigantine keine unmittelbare Gefahr drohte, denn das kleine Schiff sah nicht wie eine Karavelle oder Galeone von Sklavenjägern aus. Die Indios schoben Canoas zu Wasser und ruderten auf den Segler zu. Sie begrüßten die Christen freundlich. Ceballos ließ seine Piken und die Tartsche im Schiff und nahm allein sein Schwert. Nur die Schützen wollten sich nicht von den Musketen trennen.

In Coro sagte man, die Einwohner der wenigen Dörfer längs der Küste im Westen seien allesamt Freunde der Spanier und treue Untertanen des Kaisers. Die Indios hatten die Bärtigen kennen gelernt, zogen es aber vor, mit ihnen nicht allzu viel Kontakt zu haben. Einige wenige sprachen gebrochen Spanisch, und Ceballos bedeutete ihnen, dass sie in friedlicher Absicht gekommen seien und nur ihr Dorf aufsuchten, weil sie Hunger hätten. Alle, auch die Sklaven, setzten sich in die schwankenden Pirogen und wurden an den Strand gerudert.

Sie stapften durch einen kleinen Wald aus Tamarindenbäumen. Burckhardt hielt sich dicht hinter Hauptmann Ceballos. Nach wenigen Minuten erreichten sie das Dorf: Es bestand aus nur drei Dutzend Häusern, die aber nicht, wie in Coro, rund gebaut waren, sondern rechteckig, mehr lang als breit, mit Zwischenwänden und mehreren Zimmern. Sie standen auf Pfählen, die sie fast in Mannshöhe über dem Boden schweben ließen. Alle Indios schauten neugierig aus den Hütten, wagten sich aber nicht ins Freie, als wollten sie abwarten, was geschehe.

Ceballos ließ die Soldaten die Häuser durchsuchen. Sie fanden ein Vorratshaus, in dem Mais, Yucca und Trockenfisch lagerten. Der Hauptmann befahl den indianischen Trägern, so viel in Säcke zu packen, wie sie tragen konnten. Während ein großer Teil der Vorräte beschlagnahmt wurde, schauten die Indios von weitem zu, ohne sich zu beschweren. Nur ein paar Kinder liefen zwischen den Häusern umher. Ceballos ließ den Kaziken holen, einen kleinen Mann, der wie ein Großvater von Cara aussah. Er blickte eingeschüchtert zu Ceballos empor. Der Hauptmann zeigte gut gelaunt auf die Äxte und Schaufeln und bedeutete dem Indio, die seien für sie bestimmt, im Tausch für die Lebensmittel. Der Kazike sah erleichtert aus, legte die Hand auf sein Herz und verneigte sich höflich.

Plötzlich hörten sie ein großes Geschrei. Ceballos knurrte ärgerlich, zog sofort seine Klinge blank und winkte Burckhardt, ihn zu begleiten. Sie liefen zu einem Haus am Ortsrand, das versteckt hinter Palmen und undurchdringlichem Kakteendickicht lag. Vor dem Gebäude hatten sich einige der Landsknechte versammelt. Sie grölten und schrien, wichen aber vor dem Hauptmann zur Seite. Oben auf der Leiter, die zum Eingang des Hauses führte, stand Ulrich Sailer und hielt mit jeder Hand den Arm einer Indianerin. Die Frauen sträubten sich und weinten. Sailer lachte über das ganze Gesicht, und Burckhardt sah auch, warum: Die jungen Frauen des Dorfes hatten in dem Haus Zuflucht gesucht und offenbar gehofft, die Soldaten würden sie nicht finden. Sailer rief: «Seht, welche Beute wir gemacht haben! Eine hübscher als die andere! Sie werden nichts dagegen haben, mit uns zu fahren! Unsere Soldaten haben ein wenig Abwechslung verdient!»

Die Landsknechte stimmten ihm begeistert zu. Zwei von ihnen stürmten die Leiter empor, in das Gebäude und trieben die anderen Frauen grob nach draußen. Die drängten sich ängstlich aneinander. Sie trugen nur Tücher um die Hüften und Schmuck aus Muscheln und kleinen Früchten um den Hals.

Ceballos grinste und rief: «Nehmt nur eine Frau für jeden, sonst wird uns noch das Dorf rebellisch. Wir sind nicht hier, um Krieg zu führen.»

Sailer sah ihn kurz an, als sei er nicht einverstanden, doch Ceballos hatte sich eine der Indianerinnen gegriffen und eilte energisch mit der sich sträubenden Frau zum Strand. Wahrscheinlich wollte er einen Streit mit Sailer vermeiden. Der Spanier gab den anderen Landsknechten Zeichen, es ihm gleichzutun. Die Sklaven standen schon abmarschbereit am Ortsausgang. Die Soldaten nahmen sie in die Mitte, legten den Frauen jedoch keine Halsfesseln an, weil sie nicht den Eindruck machten, als würden sie Widerstand leisten. Sie weinten nicht mehr, sondern blickten nur ängstlich um sich.

Burckhardt wunderte sich, dass die Indios nicht protestierten. Offenbar waren sie durch die Waffen, die die Landsknechte zeigten, so eingeschüchtert, dass sie sich in ihr Schicksal ergaben. Als Einziger hatte er sich keine der Frauen ausgesucht, er war aber auch nicht dazu aufgefordert worden. Wahrscheinlich nahmen ihn die Landsknechte nicht ernst oder meinten, ein armer Bergknappe sei nicht Manns genug, sich das zu nehmen, was ihm nach Kriegsbrauch zustand. Burckhardt war froh, dass ihm die Entscheidung erspart blieb. Er wäre ungern Anna Kestlin unter die Augen getreten als jemand, der sich öffentlich eine Indianerfrau als Hure genommen hatte wie ein gewöhnlicher Landsknecht.

Er erreichte als Erster die Boote am Strand. Die Einwohner des Dorfes waren aus ihren Häusern gekommen, als sie das Geschrei der Frauen hörten, und waren den Soldaten in sicherem Abstand gefolgt. Je zwei Soldaten mit den erbeuteten Frauen und zwei Sklaven stiegen in ein Boot, dazu vier indianische Ruderer. Weniger hätten es kaum geschafft, die Pirogen gegen die Brandung zur Brigantine zu rudern, da die Säcke mit Mais und Yucca und dem Fisch zahlreich und schwer waren.

Burckhardt fuhr in der ersten Piroge. Er blickte zurück zum Strand. Die Dorfbewohner standen dort, niemand rührte sich. Jetzt kamen viele Männer unter den Palmen hervor, einige von ihnen, das konnte man erkennen, trugen lange, mannshohe Bögen. Am Strand lagen noch mehrere Dutzend Einbäume, aber niemand machte Anstalten, sie zu besteigen.

Burckhardt suchte den spanischen Hauptmann. Der saß im zweiten Boot, hatte den Arm um die Schultern seiner Indianerin gelegt und betastete ihre Brüste. Die Frau wehrte sich nicht. Burckhardt rief: «Hauptmann, seht zum Strand!»

Ceballos ließ die Frau los, erhob sich schwankend und sah ebenfalls zurück. Plötzlich erhielt Burckhardt einen harten Schlag auf die Schulter. Er stürzte quer durch das Boot, direkt auf eine der beiden Indianerinnen. Er hörte ein klatschendes Geräusch. Als er sich aufrichtete, sah er, dass die Ruderer ins Wasser gesprungen waren und zum Ufer schwammen. Die Ruderer der anderen

Boote taten es ihnen gleich. Ceballos war ebenfalls ins Wasser gefallen. Er rang mit einem der Indios. Offenbar wollte er das Ruder retten, das der weggeworfen hatte. Der Hauptmann hielt sich kaum über Wasser, weil seine eiserne Rüstung viel zu schwer war, als dass er hätte schwimmen können, ohne sich an der Piroge festzuklammern. Ceballos schrie den Soldaten seines Bootes zu, ihm zu helfen, doch der Indio war schneller und tauchte davon. Der Spanier hielt das gerettete Ruder in der Hand und stemmte sich tropfnass wieder in die Piroge. Er hatte auch seinen Helm gerettet, den er sich jetzt auf den Kopf stülpte.

Burckhardt sah, dass die Indios am Ufer allesamt in die Canoas gesprungen waren und sie verfolgten. Jetzt wurde es Ernst. Von den sechs Booten, in denen Landsknechte saßen, hatten nur noch vier ein Ruder. Die Soldaten paddelten aus Leibeskräften mit den Händen, um ihren Verfolgern zu entkommen. Die jedoch waren erheblich schneller, die Einbäume schnitten mit schäumender Bugwelle durch das Wasser. Sie hörten das Geheul der Caquetios und sahen, wie die Bogenschützen die ersten Pfeile auflegten. Die erbeuteten Frauen lagen flach auf den Boden der Canoas gepresst. Ceballos brüllte Befehle über das Wasser, die Soldaten sollten die Frauen als Schutzschild benutzen und die Sklaven zum Rudern anhalten. Das geschah, doch die rettende Brigantine schien nicht näher zu kommen. Unendlich langsam entfernten sie sich vom Strand. Sie feuerten sich gegenseitig an: Adelante! Vorwärts!

Ulrich Sailer saß in dem Boot, das als Letztes das Ufer verlassen hatte. Dort war kein einziges Ruder, und Sailer hielt in beiden Armen je eine Indianerin an sich gepresst, um sich vor den Pfeilen zu schützen. Noch wagten die Caquetios nicht zu schießen. Der zweite Landsknecht in Sailers Boot hatte sein Schwert gezogen und prügelte mit der freien Faust auf die beiden indianischen Sklaven ein, damit die schneller ruderten. Doch das nützte nicht viel. Einem der Soldaten gelang es endlich, seine Büchse feuerbereit zu machen und abzuschießen, aber er traf niemanden. Fieberhaft stopfte er Pulver nach. Zwei Landsknechte hatten ihre Armbrüste gespannt, doch sie entschieden sich, die Hände lieber zum Rudern zum benutzen. Gegen die Menge der Indios hätten sie nur wenig ausgerichtet.

Urplötzlich verstummte das Geheul. Burckhardts Canoa hatte die Brigantine erreicht. Er sah, wie im vordersten Boot der Indianer ein junger Mann mit wildem Gesicht den anderen etwas zurief. Die antworteten mit triumphierendem Geschrei. Dann prasselte eine Wolke von Pfeilen auf die Flüchtenden ein. Diese Art von Waffen hatte Burckhardt noch nie gesehen: Die Geschosse waren mehr als zwei Klafter lang und zischten an ihm vorbei wie die Bolzen einer Armbrust. Die Indios waren noch eine Viertelmeile von der Brigantine entfernt, trafen aber beinahe so genau, als schössen sie mit einem englischen Langbogen. Der junge Ansorg zog den Kopf ein und sprang zur Ankerwinde. Fieberhaft dreht er die Kurbel, und viel zu langsam tauchte der Anker aus dem Wasser.

Nun schabte auch das Canoa mit Antonio Ceballos am Rumpf der Brigantine. In Windeseile schwang der Hauptmann sich über die Reling, riß eine der Frauen am Arm mit sich und schleuderte sie auf den Boden. Er rief Burckhardt zu, er solle die Segel lösen, griff nach seiner Armbrust, legte einen Pfeil auf, zielte kurz und schoss sofort. Das Geschoss traf den jungen Indio, offenbar der Anführer der Verfolger, in den Hals. Doch die Feinde ließen sich dadurch nicht beirren.

Die ersten Boote hatten den Einbaum mit Ulrich Sailer erreicht. Die beiden Frauen waren getroffen und bluteten aus vielen Wunden. Sailer hielt sie noch immer umklammert. Jetzt ließ er sie los und zog sein Schwert. Doch die Boote umringten das seine wie ein hungriges Rudel Wölfe einen verwundeten Bären.

Durch die Reling der Brigantine geschützt, hatten sie bessere Chancen, dem Pfeilhagel der Caquetios zu entkommen. Burckhardt sah mit Entsetzen, dass zwei der Soldaten getroffen worden waren, kurz bevor sie die Brigantine erreicht hatten. Einem war das Geschoss direkt in das linke Auge gedrungen. Mit einem erstickten Schrei bäumte er sich auf, drehte sich um seine Achse und klatschte auf das Wasser. Ulrich Sailer focht wie der Teufel. Sein Schwert drang den Angreifern durch die Leiber, er hieb einem die Hand ab, einem zweiten stach er durch den Hals, einem dritten spaltete er mit einem fürchterlichen Schlag den Schädel. Das Wasser rund um das schaukelnde Boot färbte sich rot von Blut. Sailer schrie, Burckhardt verstand nicht, was, aber es klang schrill und hoch wie in Todesangst. Die Indios heulten immer noch, es war ein infernalischer Lärm.

Jetzt war der Anker gelichtet. Burckhardt stürzte zum Mastbaum und löste die Taue. Die Segel fielen frei herunter, die Brigantine dreht sich träge in den Wind. Die sanfte Brise füllte langsam das Tuch. Antonio Ceballos stand ruhig neben Burckhardt, legte einen Pfeil nach dem anderen auf, zielte kurz, aber sorgfältig und traf mit jedem Schuss. Mehrere der langen Pfeile trafen ihn, prallten aber von seiner Rüstung ab. Die Schläge waren so hart, dass er bei jedem Treffer ein paar Schritte zurücktaumelte. Burckhardt duckte sich im hinteren Teil des Schiffes und legte Hand an das Ruder.

Ein halbes Dutzend Soldaten war mittlerweile über die Reling geklettert. Die Landsknechte verteidigten die Brigantine gegen die andrängenden Indios mit verbissener Entschlossenheit. Sie waren vollends von den Canoas umringt. Von allen Seiten flogen Pfeile und jetzt auch lange Lanzen auf das Schiff. Burckhardt sah, wie Ulrich Sailer tödlich getroffen zusammenbrach, gespickt von Pfeilen wie ein Igel. Die meisten der Pirogen trieben kieloben im Wasser.

Ceballos rief ihm zu: «Sieh zu, dass das verdammte Schiff in Fahrt kommt! Unsere Männer sind tot!»

Das Segel blähte sich, langsam ließen sie die Verfolger hinter sich. Das Geschrei verebbte hinter ihnen. Endlich erreichten sie die hohe See. Die Brigantine hob und senkte sich in der Dünung und kreuzte nach Nordosten. Einige der Landsknechte waren schwer verwundet, sie lagen auf den Planken, stöhnten laut oder wimmerten vor sich hin. Zwei indianische Frauen waren auf dem Schiff, diejenige, die Ceballos sich gegriffen, und eine zweite, die ein Soldat aus dem Wasser gezerrt hatte. Die Indianerinnen verkrochen sich in den hintersten Winkel und klammerten sich mit angsterfüllten Gesichtern aneinander. Ceballos nahm den Helm und die Rüstung ab und sah sich die Wunden seiner Soldaten an. Auch Diego de Montes hatte sich gerettet. Er nickte Burckhardt anerkennend zu, griff nach einem abgebrochenen Pfeil, der noch in seinem Oberschenkel steckte, zog einmal kräftig, stöhnte auf, aber das Geschoss war draußen. Blut floss ihm über das Bein.

De Montes kniff die Lippen zusammen, hob die Pfeilspitze gegen das Licht und knurrte: «Die verdammten Heiden haben Haken an der Spitze ihrer Pfeile, hart wie Eisen.» Er sah Burckhardt an und grinste mit schmerzverzerrtem Gesicht. «Wenn man die Pfeile herauszieht, gibt es große Wunden. Aber das hat den Vorteil, dass nichts im Fleisch stecken bleibt und vereitert. Der Gobernator wird heute Abend viel Wein springen lassen müssen. Wir werden das Fleisch mit glühenden Messern ausbrennen. Und ich denke» – der Spanier zeigte mit dem Kinn in Richtung Küste –, «wir werden uns nicht zum letzten Mal gesehen haben. Du hast dich gut gehalten, Alemán! Wenn du nicht sofort das Segel gesetzt hättest, lägen wir wahrscheinlich alle im Meer oder würden von den Heiden aufgefressen.»

Diego de Montes spuckte verächtlich aus. Auch Hauptmann Ceballos kam und schlug Ansorg auf die Schulter.

«Gracias», sagte er, «nicht schlecht für deinen ersten Kampf. Du machst dir nicht in die Hose wie die anderen Mineros. Schade, dass du keine Frau mitgenommen hast. Du hättest sie dir redlich verdient.»

Burckhardt konnte nicht recht erkennen, worin sein Verdienst bestand. Nur aus Zufall war er derjenige gewesen, der die rettende Brigantine zuerst erreichte. Und sehr heldenhaft fühlte er sich nicht. Ganz im Gegenteil: Höllische Angst hatte er verspürt. Die saß ihm noch in den Knochen. Er setzte sich auf die Schiffsplanken und merkte, dass seine Knie zitterten. Sie hatten großes Glück gehabt.

Die Sonne stand hoch im Zenit. Sie hatten sechs tote Soldaten zu beklagen und Ulrich Sailer. Das würde großes Aufsehen erregen, bis nach Hispaniola. Burckhardt war froh, dass nicht er dem Gobernator und Andreas Gundelfinger die schlechte Nachricht bringen musste, sondern der spanische Hauptmann.

Gegen vier Uhr umsegelten sie bei böigem Wind das Kap, und als es dunkelte, erreichten sie Vela de Coro. Die Wachmannschaft des Hafens hatte mehrere Feuer angezündet, sodass sie ohne Gefahr an Land gehen konnten. Die beiden Indianerinnen wurden in Ketten gelegt. Antonio Ceballos gebot Diego de Montes, das Pferd Sailers zu nehmen und mit ihm vorauszureiten. Die überlebenden Soldaten und Sklaven und Burckhardt Ansorg schleppten sich nach Coro. Einige der Verwundeten mussten am Hafen bleiben, weil sie nicht mehr gehen konnten. Spät in der Nacht erreichte Burckhardt die Hütte. Er warf sein Schwert achtlos unter die Hängematte und schlief sofort ein.

Noch vor Sonnenaufgang wurde er geweckt. Gunther Ansorg rüttelte ihn an der Schulter und fragte besorgt, wie er zu einer Waffe komme und woher die Blutflecken auf dem Hemd seines Sohnes stammten. Burckhardt erzählte, was geschehen war. Sein Vater schüttelte nur den Kopf.

«Danken wir Gott, dass dir nichts geschehen ist. Wenn alle Unternehmungen unter einem so schlechten Stern stehen, dann werden wir noch unser blaues Wunder erleben.»

Burckhardt war hungrig wie ein Wolf. Es gab nur Brote aus Casaba und ein wenig Mais. Draußen herrschte hektische Betriebsamkeit, laute Rufe erschollen, Leute hasteten vorbei, Pferde trappelten. Christian stürzte in die Hütte und berichtete, dass Hohermuth außer sich vor Wut gewesen sei. Er habe sofort vierzig Reiter, ebenso viele Fußsoldaten und zwei Mönche losgeschickt, die das Dorf der Caquetios auf dem Landweg erreichen sollten.

Estéban Martín, der spanische Hauptmann Juan de Villegas, der schon lange in Coro lebte, und Antonio Ceballos führten sie an.

«Die armen Indier», meinte Burckhardt, «von denen kommt keiner davon.»

Gunther Ansorg antwortete mit ernster Miene: «Warum mussten die Soldaten auch die Frauen rauben? Das gibt böses Blut. Wir sind nicht im Krieg, deshalb gelten auch die Bräuche des Krieges nicht.»

Burckhardt wusste nicht, was er antworten sollte. Der Vater hatte Recht. Doch wann scherten sich Landsknechte je darum, ob Krieg herrschte oder nicht? Es waren außer den Indianerinnen, Margarete Ansorg, Anna Kestlin, der Kererin und der Frau vom Sixt Enderlein keine Frauen in Coro. Die meisten der Einheimischen und Veteranen hatten sich christliche Caquetios zu Ehefrauen genommen. Und Burckhardt waren in den Straßen Coros schon viele kleine Kinder begegnet, deren Vater unzweifelhaft ein Spanier oder Deutscher und deren Mutter eine Indianerin war. Frauen waren rar. Und niemand würde es wagen, den Landsknechten hier Vorschriften zu machen, selbst der allseits respektierte Estéban Martín nicht.

Er erhob sich und ging zur Hängematte der Mutter. Margarete Ansorg hatte rote Wangen und lächelte ihn an. Sie schien sich zu erholen, und der alte Ansorg berichtete stolz, sie habe gestern zwei Mal etwas gegessen. Nur das Fieber beunruhige ihn. Anna Kestlin habe gestern eine Caza gekocht, eine Suppe aus Mais, in die sie die Kräuter der Heilerin aus San German geschnitten habe. Anna besitze aber wohl nicht mehr viel von den Kräutern, und sie wisse nicht, wo die hier in Coro und in der Umgebung zu finden seien.

Burckhardt erinnerte sich daran, dass er Cara fragen wollte, ob er nicht jemanden kenne, der mit Heilkräutern umzugehen wisse. Gunther Ansorg war dazu eingeteilt worden, beim Neubau des Gemeindehauses zu arbeiten, und deshalb musste Christian bei der Mutter wachen. Burckhardt wollte gerade die Hütte Caras aufsuchen, da trat ihm ein deutscher Landsknecht in den Weg. Er forderte ihn auf, sofort zum Gobernator in die Faktorei der Welser an der Plaza zu kommen.

Georg von Hohermuth stand vor der Tür des einfachen Gebäudes und plauderte angeregt mit Andreas Gundelfinger. Beide trugen weder Barett noch Kalotte. Allmählich begannen sich die Neuankömmlinge an die Sitten und Gebräuche der Einheimischen anzupassen. Die ständige Hitze tat ihr Übriges: Außer einigen sehr jungen spanischen Hauptleuten, die sich wie Antonio Ceballos weder von Waffen noch Rüstung trennen mochten, trugen die Leute so wenig Kleider wie irgend möglich. Als der Gobernator Burckhardt erblickte, winkte er ihn an seine Seite und bat ihn, genau zu berichten, was im Dorf der Caquetios geschehen war.

Als Burckhardt geendet hatte, legte Hohermuth die Stirn in Falten.

Andreas Gundelfinger pustete die Wangen auf und ließ die Luft hörbar entweichen. Dann sagte er: «Das war sträflicher Leichtsinn von Antonio Ceballos. Die Caquetios sind zwar friedliche Leute, leichtgläubig und ebenso leicht zu beeinflussen. Aber wer ihnen die Frauen wegnimmt, treibt sie zum Äußersten. Sie haben Angst vor uns und noch mehr vor den Hunden und den Pferden. Wer indes zu Fuß kommt, mit wenigen Soldaten und sich ihren Canoas anvertraut, zu zweit, der muß mit allem rechnen.» Gundelfinger wandte sich an Hohermuth: «Gobernator, Ihr werdet, wenn Ihr nach Spanien zurückkehrt, zu erklären haben, wieso Ihr einen Hauptmann mit wenigen Soldaten ohne genaue Instruktionen habt in ein Dorf marschieren lassen.»

Hohermuth blickte den Faktor der Welser mit rotem Kopf an.

«Ohne genaue Instruktionen! Was redet Ihr da! Er hatte den Befehl, Lebensmittel aufzutreiben! Es war weder davon die Rede, Frauen zu erbeuten, noch davon, Sklaven zu fangen. Das ist die Schuld Ulrich Sailers. Ceballos hätte nicht gewagt, einem nahen Verwandten der Welser, Eures Hauses, etwas zu verbieten. Dann hättet Ihr ebenso Beschwerde bei mir geführt. Ich habe mir nichts vorzuwerfen.»

Gundelfinger blickte zuerst den Gobernator zweifelnd an, dann Burckhardt Ansorg, als wolle er prüfen, auf welcher Seite die Zeugen des Gesprächs waren. In diesem Augenblick trat Philipp von Hutten aus der Tür der Faktorei, Cara, den Dolmetscher der Caquetios, im Gefolge. Cara sah Burckhardt fröhlich an. Heute trug er keine Schaube, sondern ein altes und durchlöchertes Hemd lose um die Schultern geworfen. Wahrscheinlich hatte er das Stück Leinen von einem Soldaten geschenkt bekommen, der es nicht mehr als Putzlappen verwenden mochte.

Hutten hob leicht die Hand zum Gruß und sagte dann: «Gundelfinger, wir müssen noch einmal die Liste der Waffen überprüfen. Angeblich habt Ihr zwanzig Arkebusen hier im Vorratslager, aber in Euren Büchern stehen mehr als doppelt so viele. Bitte kommt mit mir.»

Er verschwand wieder im Innern der Faktorei. Gundelfinger folgte ihm auf dem Fuße, Hohermuth ebenso. Der Gobernator blickte erleichtert, als sei er froh, sich mit dem Bevollmächtigten seines Auftraggebers nicht mehr streiten zu müssen. Cara griff Burckhardt unter den Arm und zog ihn mit sich fort.

«Was hast du dort gemacht?», fragte Ansorg ihn.

«Der edle Herr von Urre wollte unsere Sprache ein wenig lernen. Er schreibt viel auf etwas, was die Spanier Papier nennen. Er hat viele Blätter davon, sie sind zusammengeklebt, und er kann viele davon auf einmal mit sich tragen.»

Burckhardt musste lachen. Der Indier hatte wahrscheinlich noch nie ein Buch gesehen und beurteilte dessen Wert danach, ob es leicht zu transportieren war. Cara blickte ihn an, als wollte er sich vergewissern, dass der Deutsche sich nicht über ihn lustig machte, dann hellte sich seine Miene auf.

«Ihr Bärtigen besitzt viele Dinge, die man nicht braucht, und lasst vieles in Kisten schleppen. Das tun wir Caquetios nicht.»

Cara griff in einen kleinen Beutel aus Baumwolle, den er an

einem Band um den Hals trug, und nahm ein paar Blätter heraus. Er rollte sie zu einer Kugel zusammen, griff abermals in den Beutel, nahm mit zwei Fingern weißes Pulver, das aussah wie Asche, streute es über den Tabak, steckte die Kugel in den Mund und schob sie in die linke Backentasche, dass sich eine sichtbare Beule bildete.

«Wir gehen zu meinem Haus», sagte er, hielt sich aber in eine ganz andere Richtung. Sie gelangten zu einer Hütte, die nur halb so groß war wie die, in der sie die erste Nacht verbracht hatten. Sie war fast leer. Es gab einen Hintereingang, aber keine Feuerstelle. Nur eine Hängematte war in ihr angebracht und eine Matte, um den Eingang zu verhängen. Cara sagte stolz, das sei sein Haus. Burckhardt verstand ihn nicht. Besaß der Indio mehrere Häuser?

Cara schüttelte den Kopf: «Das andere Haus ist für die Frauen. Das ist mein Haus.»

«Du wohnst nicht bei den Frauen?»

Cara blickte Burckhardt verwundert an.

«Ein Mann ist gut und mächtig, wenn er viele Frauen und Häuser hat. Aber er wohnt in seiner eigenen Hütte. Oft bin ich nicht hier. Die Hütte steht leer, aber niemand geht hinein. Alle wissen, dass sie mir gehört. Ich bin gern bei meinen Frauen.»

Cara grinste und zeigte auf sein Gemächte. Dann tippte er Burckhardt gegen die Brust und sagte in verschwörerischem Ton: «Du bist ein starker Mann. Du brauchst auch eine Frau. Du darfst die Frau mit den Maishaaren in mein Haus nehmen.»

Burckhardt kratzte sich am Kopf. Es brauchte nur jemand zu sehen, wie Anna und er die Hütte betraten, und das Gespött der ganzen Stadt wäre ihnen gewiss. Johannes Kestlin würde ihn öffentlich des Ehebruchs beschuldigen, ja, jede Gelegenheit benutzen, Burckhardt aufzulauern und ihn zu verprügeln. Und Anna würde er auch wieder schlagen. Burckhardt schüttelte den Kopf.

«Die blonde Frau hat schon einen Mann …»

Cara schüttelte ebenso den Kopf, griff Burckhardt an beide Schultern und sah ihn fest an.

«Der Mann ist nicht gut. Er trinkt viel und fällt dann hin und kriecht auf dem Boden. Er kann nicht stark sein bei einer Frau.»

Cara hob den Zeigefinger, krümmte ihn und lachte: «Wenn du viel trinkst, ist die Frau nicht zufrieden. Dann nimmt sie heimlich einen anderen.»

Burckhardt grinste und antwortete: «Du bist ein Schlitzohr, Cara.»

«Ein geschlitztes Ohr? Was meinst du?»

«Un Zorro, sagen die Spanier. Listig. Wie ein Fuchs.»

Burckhardt fiel ein, dass es in der Neuen Welt wahrscheinlich keine Füchse gab. Er überlegte, welches Tier wohl dem Fuchs nahe käme, aber Cara hatte begriffen, was er meinte: «Zorro. Wie der Cuguar.» Cara duckte sich, machte einen Buckel, fuhr die Finger wie Krallen aus und knurrte.

«Die Spanier sagen Tigre, wir sagen Cuguar.»

«Ja, listig wie der Tiger. Das ist eine große Katze, sagen die Leute hier. Hast du schon mal einen Tiger gesehen?»

Cara nickte heftig und zeigte nach Süden.

«Dort, in den Bergen lebt er. Aber er kommt nur, wenn der Regen nicht mehr fällt.»

Burckhardt begriff nicht, was Cara damit meinte, aber er ließ es auf sich beruhen. Cara winkte ihm, er solle in der Hütte auf ihn warten.

«Ich bringe dir etwas. Das gefällt dir.»

Der Indio verschwand im Laufschritt hinter den nächsten Hütten. Burckhardt setzte sich vor den Eingang und wartete. Er sah, wie ein paar pausbäckige Kinder um die Ecke lugten, aber sie verschwanden wieder. Wahrscheinlich hatten sie Angst vor ihm. Es blieb alles ruhig. Die Rauchsäulen der Feuerstellen stiegen senkrecht in die Höhe, nur das Gackern der Hühner, ein tiefes Kollern von einem Truthahn, schnatternde Enten und ab und zu ein Hund waren zu hören.

Die meisten Tiere stammten von den Kolonisten. Die Indios kannten vor der Ankunft der Spanier weder Kühe noch Hühner.

Die Leute arbeiteten auf den Feldern, nur die Alten blieben tagsüber in Coro. Burckhardt schüttelte den Kopf. Was hatte er nicht in den letzten Wochen erlebt! Mehr, als in seiner Heimatstadt Geyer das ganze Jahr über geschah. Dort gab es nur die tägliche Arbeit im Bergwerk und die wenigen Feiertage, an denen man sich abends traf, um zu trinken und zu tanzen.

Plötzlich sah er Cara um die Ecke biegen, und hinter ihm kam mit schnellen Schritten Anna Kestlin. Ihre Haare waren unter der Haube verborgen, und trotz der Hitze trug sie ihre dunkelbraune Schaube über dem Rock, als wollte sie nicht erkannt werden. Burckhardt wusste nicht, ob er sich freuen oder ärgern sollte. Der Indio hatte über seinen Kopf hinweg entschieden, was geschehen sollte. Er blickte Burckhardt spitzbübisch an, nahm Annas Hand und legte sie in die seine.

«Geht hinein», sagte er, «ihr müsst jetzt zusammen sein.»

Er schob die beiden in die Hütte. Dann zog er die Matte hinunter und ließ sie allein. Anna hielt die Augen niedergeschlagen und die Hände ineinander gelegt wie ein kleines Mädchen. Eine Weile sagte keiner von beiden ein Wort. Dann hob Anna den Kopf und sah Burckhardt in die Augen. Sie lächelte und sagte nur leise seinen Namen. Burckhardt wollte sich an der Hose kratzen, denn seit der Abreise aus Sachsen war er die Flöhe noch nicht losgeworden. Doch er wagte nicht, sich zu bewegen. Seine Arme schoben sich wie von selbst auf den Rücken. Er stand da, stumm wie ein Fisch, und rührte sich nicht vom Fleck.

Langsam griff Anna nach den Rändern ihrer Schaube, zog sie über ihre Schultern und ließ sie auf den Boden fallen. Ihr geschnürtes Kleid aus schwarzem Leinen hatte ein einfaches braunes Brusttuch. Sie strich mit einer Hand langsam über seine Taille und seine Hüften. Fast unmerklich zog sie ihn immer näher an sich heran. Mit der anderen Hand zupfte sie ihn am Bart, bis sein Mund den ihren berührte. Plötzlich bissen ihre Zähne nach seiner Unterlippe und hielten sie fest. Der Schmerz ließ ihn die Augen schließen. Ihre Lippen saugten wie ein Kind an der Brust seiner

Mutter. Ihre andere Hand griff zwischen seine Beine und blieb dort liegen.

Burckhardt fühlte, wie Hitze in ihm aufstieg. Er umfasste Annas Schultern und wollte sie sanft von sich schieben, aber sie umschlang seinen Hals und küsste ihn wild auf den Mund. Ihre Haube hatte sich gelöst, die langen blonden Haarsträhnen fielen herab und streichelten seine Hände. Ihm wurde schwindelig, seine Knie zitterten wie immer, wenn er stark erregt war. Anna nestelte an den Schnüren seiner Hose. Burckhardt hatte die Augen halb geschlossen. Seine Lippe tat immer noch weh. Anna drehte sich langsam um, drückte sich an ihn, legte ihren Kopf in seine Halsbeuge und sah ihn über die Schulter an. Ihre blauen Augen leuchteten im schattigen Dunkel der Hütte. Sie zog ihren Rock langsam hoch bis über ihren Gürtel. Burckhardt spürte ihr nacktes Fleisch. Er griff nach ihr, alles geschah wie von selbst. Anna bückte sich ein wenig, legte ihre Hände wieder auf seine Hüften und bewegte sich leise keuchend, dicht an ihn gepresst. Burckhardt verlor das Gefühl dafür, wie lange sie sich liebten. Er gab keinen Laut von sich und erwartete jeden Augenblick, dass jemand die Hütte betrat.

Anna stützte jetzt die Hände auf ihre Knie. Ihr Kopf hing nach vorn, und ihre Haare streiften den Boden. Burckhardt zitterte, seine Finger krallten sich um ihre Taille. Dann ließ er von ihr ab, sank heftig atmend zu Boden und streckte sich aus. Anna stand noch immer vornübergebeugt und drehte ihr hochrotes Gesicht ihm zu. Dann glitt sie neben ihn, küsste ihn auf den Mund und sagte leise:

«Sei mir nicht böse. Johannes und ich, wir machen schon seit Jahren keine Liebe mehr. Niemand kennt unser Geheimnis, außer dir.»

Sie lächelte, nahm seine Hand und legte sie auf ihre Brust. Unter dem groben Leinen fühlte er, dass sie noch immer erregt war. Sie schlang ein Bein um seine Hüften, legte sich auf ihn und küsste ihn heftig. Sie blieben zusammen, bis die Sonne ihren höchsten Stand erreichte und die Hitze unerträglich wurde. Als Burckhardt Hunde bellen hörte, schreckte er auf.

«Wo ist dein Mann jetzt? Was ist, wenn er dich sucht?»

Anna kicherte.

«Er hat sich freiwillig als Soldat gemeldet. Er wollte dabei sein, wenn die Indier bestraft werden dafür, dass sie Ulrich Sailer und die anderen Soldaten umgebracht haben. Vor heute Abend werden die nicht zurück sein.»

Burckhardt begriff. Der listige Cara wusste natürlich über alles Bescheid und hatte die Sache geschickt eingefädelt. Er hat sein Ziel erreicht, dachte Burckhardt belustigt, wenn er die Gewissheit haben will, dass ich die Sitten und Gebräuche der Caquetios während eines Leichenschmauses nicht ausposaune.

«Ich habe schrecklichen Durst», sagte Burckhardt. «Lass uns gehen, aber getrennt. Wann sehen wir uns wieder?»

Er wusste nicht, warum er das fragte. Jeder Mann im Dorf wäre froh gewesen, wenn er eine Frau wie Anna Kestlin bekommen hätte. Aber Burckhardt war unsicher. Irgendetwas beunruhigte ihn. Es war nicht daran zu denken, dass Anna ihren Mann verlassen würde. Die Mönche würden das nicht gestatten und sie wegen des Ehebruchs öffentlich züchtigen. Und alle Einwohner Coros würden sich das Maul zerreißen.

Anna umarmte ihn und flüsterte ihm ins Ohr: «Wann immer du willst, Liebster! Cara steht auf unserer Seite. Schick ihn zu mir. Er soll sagen, man brauche mich, um einen Kranken zu heilen. Dann kann ich fort, ohne dass Johannes Verdacht schöpft.»

Burckhardt machte sich los, nickte und zog seine Hosen hoch. Er ging mit Anna zum Hinterausgang und spähte nach draußen. Kein Mensch war zu sehen. Sie huschten hinaus, jeder nach einer anderen Seite. Burckhardt ging gemächlich den Weg hinunter, als wäre er ohne besonderen Anlass spazieren gegangen. In ihrer Hütte erwarteten ihn der Vater und sein Bruder schon ungeduldig. Sie fragten ihn, wo er gewesen sei. Er antwortete, der Gobernator habe nach seinen Diensten verlangt, nahm einen Krug mit Wasser und trank in vollen Zügen. Sie hatten nur steinhartes Brot aus Casaba übrig, das so dünn und breit wie ein Pfannkuchen war. Er aß ein wenig, dann zog er sich aus und wusch sich den Schweiß vom Körper. Christian hatte ihre Kleider im Fluss gewaschen, da die Mutter dazu immer noch zu schwach war. Als er sich gerade ein Hemd seines Vaters überzog, hörte er draußen großen Lärm. Er wolle nachsehen, was los sei, sagte er, froh, einen Anlass gefunden zu haben, nicht mit seiner Familie reden zu müssen.

Auf der Plaza versammelten sich schon die Einwohner Coros und die zurückgebliebenen Soldaten. Auch der Gobernator, Philipp von Hutten und einige der Mönche hatten sich eingefunden. Die Menschen standen in dichten Trauben und redeten wild durcheinander. Eine gespannte Erwartung lag in der Luft. Burckhardt sah Josef Langer, zusammen mit anderen Bergknappen. Er ging auf ihn zu und fragte, was der Anlass der Versammlung sei. Langer antwortete: «Nikolaus Federmann ist an der Küste gelandet. Er kommt aus Hispaniola mit neuen Nachrichten. Er soll Lebensmittel mit sich führen, Federvieh und Rinder und mehr als zweihundert Pferde. Wir erwarten ihn jeden Augenblick.»

Federmann! Federmann ließ niemanden unberührt, er hatte nur geifernde Feinde oder glühende Verehrer. Er war es, der schon einmal das Land im Süden erforscht, der dem goldenen Mann nahe gekommen war. Und er würde seinen Marsch wiederholen, um jeden Preis, ob das den Welsern oder den Spaniern oder sonst wem gefiel oder nicht. Dabei galt er dennoch als umsichtig. Federmann achtete darauf, dass seine Leute nicht blindlings ins Verderben rannten.

Burckhardt gesellte sich zu einer Gruppe von deutschen Landsknechten, die sich direkt unter dem Galgen versammelt hatte. Die meisten von ihnen waren Veteranen, die schon mit Ambrosius Dalfinger losgezogen waren und die keine Gelegenheit ausließen, um sich über die Neuankömmlinge lustig zu machen. Es gab sogar einige, die hatten sowohl an beiden Entradas Dalfingers als auch an dem Zug Federmanns teilgenommen. Burckhardt betrachtete sie mit Respekt, es waren raue Gesellen, und mit ihnen war nicht zu spaßen. Nicht wenige hatten schwere Wunden davongetragen und zeigten stolz ihre Narben.

Auch der Hauptmann Pedro de Limpias saß unter den Soldaten, Burckhardt bemerkte ihn erst, als er sich in die Nähe der Gruppe gesetzt hatte. Limpias schwieg, musterte ihn kurz und verächtlich und wandte sich dann wieder ab. Einer der Deutschen führte das große Wort und erzählte gerade einem Spanier von Dalfingers zweitem Zug, von dem der deutsche Hauptmann nicht zurückgekehrt war. Die Soldaten redeten untereinander entweder deutsch oder spanisch oder einen Mischmasch aus beiden Sprachen, und es gab genug, die weder die eine noch die andere Sprache genügend verstanden.

Der Landsknecht war ein kleiner, zäh aussehender Kerl mit mehreren Narben im Gesicht, die sein gestutzter Bart kaum verbarg, pechschwarzen Haaren und tief liegenden, lebhaften Augen. Er bekreuzigte sich und sagte: «Capitán Iñigo de Vascuña. Den Namen schon einmal gehört? Nein? Der diente unter Micer Ambrosio, den die Deutschen Dalfinger nennen. Hör zu, Romero!»

Der Angesprochene mit dem Namen Romero Diego war erst mit der «Santa Trinidad» in die Neue Welt gekommen und begierig auf jede Einzelheit, die die Veteranen über ihre Heldentaten von sich gaben. Er beeilte sich, heftig zu nicken als Zeichen dafür, dass er ganz Ohr war.

Der Deutsche spuckte aus und fuhr fort: «Es war in den Bergen voller Schnee, im Südwesten von Santa Marta, drüben, jenseits von Maracaibo, das Dalfinger gegründet hat. Sie hatten viel Gold erbeutet damals im Tal des Magdalenenflusses. Die Indier nennen ihn Yuma. Und Dalfinger befahl, das Gold an die Küste zu bringen, nach Coro. Hauptmann Iñigo de Vascuña bekam den Befehl, den Voraustrupp anzuführen. Mit ihm gingen achtundzwanzig Mann, die besten und erfahrensten Kämpfer. Auch Kasimir Nürnberger, der Stellvertreter Dalfingers, den viele gern als seinen Nachfolger gesehen hätten und den wir Juan de Caisimires nannten. Ich habe mich damals nicht für das Kommando beworben, sondern blieb bei Dalfinger. Sonst säße ich heute nicht auf diesem verdammten Platz und in dieser verfluchten Stadt. Beelzebub soll mich holen, wenn ich lüge! Das Gold war mehr als dreißigtausend Dukaten wert. Das schwöre ich beim Arsch der geilsten Hure von Sevilla.»

Die anderen murmelten zustimmend.

«Ich habe es mit meinen eigenen Augen gesehen, tausend goldene Ohrringe und Spangen. Armbänder und Schmuckstücke für die Hälse der feinen Damen, aus massivem Gold, ein Dutzend Adlerfiguren, goldene Männerstatuen und goldene Weiber, eine goldene Sonne mit einem Kranz in der Mitte aus Smaragden.»

Der Spanier bekam große Augen. Der Deutsche lachte:

«Da glotzt du! Hier, mein Kamerad neben mir, er war auch dabei. Nicht wahr, Kaspar?»

Sein Nachbar nickte. Der Narbige kratzte sich an der Scham und sagte: «Sie brachen also auf, im Jahr des Herrn 1532, von einer Siedlung, die die Indios Pauxoto nannten. Sie überquerten einen Fluss, dann kamen hohe und steile Berge und die Kälte. Nach zwei Wochen waren acht Christen und einhundertzwanzig Indier gestorben. Auch der Neger, der immer dabei war, um die Indier zu erschrecken. Dann schossen die Indier mit vergifteten Pfeilen. Alle hatten Fieber. In der nächsten Woche krepierten die restlichen Indier und noch einmal vierzehn Christen, darunter der gute Kasimir Nürnberger. Nur sechs erreichten den Pass hinunter in die Ebene.»

Der Landsknecht machte eine Pause, um seine Geschichte bei den Zuhörern wirken zu lassen. Burckhardt bemerkte, dass sich jetzt einige Leute um die Gruppe versammelt hatten, darunter auch Bergleute, Mauricio Butzler, der ausnahmsweise keine Späße machte, sondern gespannt lauschte, Hans Hugelt und der dicke Christoph Schutz. Jetzt bequemte sich der Narbige, seine Geschichte zu Ende zu bringen.

«Als die sechs die Ebene bei Maracaibo erreicht hatten, beschlossen sie, das Gold unter einem Kapokbaum zu vergraben. Sie waren zu erschöpft und krank, um es tragen zu können. Dann gerieten sie in einen Hinterhalt der Cuiaber, die sonst nie so weit nach Norden ziehen. Hauptmann Iñigo de Vascuña starb durch einen vergifteten Pfeil, genau wie Micer Ambrosio Dalfinger. Aber vorher erstach er ein Dutzend Indier. Der Letzte war Francisco Martín, der Bruder unseres Hauptmanns Estéban Martín. Das haben viele von euch mit eigenen Augen gesehen: Vor knapp zwei Jahren taumelte der hier über die Plaza, abgemagert wie ein Skelett, dass die Indios und die Kinder schreiend vor Angst davonliefen. Man konnte jeden einzelnen Knochen zählen. Nur wenige Wochen später starb er. Gott sei seiner armen Seele gnädig.»

Der Soldat schlug wieder ein Kreuz, die Umstehenden murmelten ein Amen. Das Publikum zerstreute sich und redete lebhaft über das Gehörte. Auch Burckhardt hatte atemlos gelauscht. Das war eine ganz andere Geschichte als die, die von den Landsknechten auf der «Trinidad» erzählt worden war, vom Goldenen Mann und seinen unermesslichen Schätzen, die nur darauf warteten, dass sie jemand vom Boden aufhob.

Er kam jedoch nicht dazu, über das Gehörte nachzudenken. Überall wurden jetzt Rufe laut, ein vielstimmiges «Vivat Federmann!» erscholl. Pferdegetrappel näherte sich von fern. Da tauchte der rote Bart des Hauptmanns auf. Er saß auf einem Schimmel, rechts und links neben ihm ritten Estéban Martín und Juan de Villegas, hinter ihnen, als sei er nicht ebenbürtig, Antonio de Ceballos. Federmanns Trupp und die Schar des Spaniers waren sich offenbar auf dem Weg von Vela de Coro in die Stadt begegnet.

Hinter den ersten Reitern erhob sich eine riesige Fahne aus Staub, emporgewirbelt von Hunderten von Pferden. Niemand auf dem Platz blieb sitzen, auch Burckhardt straffte sich unwillkürlich, als sei da jemand gekommen, den man mit Respekt begrüßen müsste. Aber Nikolaus Federmann war der, dem mehr Ehre gebührte als den anderen Hauptleuten, der einzige überlebende Anführer einer Entrada.

Die drei Hauptleute ritten einmal um den Platz durch das Spalier der Einwohner, Landsknechte und Bergleute. Ihnen folgten ein paar Dutzend Reiter, die jeweils drei oder vier Pferde mit langen Seilen an ihren Sattel gebunden hatten. Es waren nicht so viele Tiere, wie angekündigt und erhofft worden war, weniger als hundert. Zum Schluss kamen die Fußsoldaten, die das feindliche Dorf der Caquetios hatten einnehmen wollen. Eine lange Reihe indianischer Gefangener, Männer und Frauen in eisernen Halskrausen, trottete am Schluss. Ihre Körper waren übersät von frischen Wunden. Sie liefen völlig nackt. Die Soldaten trieben sie vor der Faktorei der Welser zusammen.

Es dunkelte schon, überall hatte man Fackeln aus Pech oder Kienspänen angebracht. Jetzt trugen die Männer vor der Kathedrale trockenes Holz zusammen, Reisig zumeist, und große, harte Stücke der Chonta-Palmen, die erst brannten, wenn das Feuer hoch aufloderte. Federmann, Martín und die anderen Hauptleute waren abgestiegen und gaben ihre Pferde in die Obhut der Knechte und ihrer Diener.

Der Gobernator und Philipp von Hutten begrüßten Federmann ernst und förmlich. Das Publikum drängte sich um die Gruppe der Anführer und lauschte begierig auf die Neuigkeiten. Federmann erstattete halblaut Hohermuth Bericht, der blass wurde. Hutten legte ihm besänftigend die Hand auf die Schulter. Dann wandte sich Hohermuth an das Volk. Er sprach langsam und mit fester Stimme. Burckhardt reckte seinen Hals, sah aber kaum etwas.

«Liebe Landsleute», erscholl es über den Platz, «tapfere spanische Soldaten, Einwohner aus Coro! Nikolaus Federmann bringt nicht nur gute Nachrichten. Er ist vor Hispaniola in einen schweren Sturm geraten, der an Stärke dem nicht nachstand, den wir bei der Abfahrt von Sevilla erleben mussten. Gott dem Herrn hat es gefallen, dass die Hälfte der Pferde umkam und ins Meer geworfen werden musste. Dennoch» – Hohermuth erhob die Stimme, weil ein Raunen durch die Menge ging –, «dennoch haben wir jetzt genug Reittiere, um aufsässige Indier jagen und um das Land mit starker Bedeckung erkunden zu können. Niemand wird uns etwas anhaben können. Ich danke dem Hauptmann Federmann. Er bringt uns viele Tiere, Rinder, Schweine, Federvieh, Esel und Maultiere, Kleidung, an der es uns besonders gebricht – und viele Säcke voller Korn. Und Waffen, die wir ebenso brauchen werden. Ihr werdet Hauptmann Nikolaus Federmann zukünftig so gehorchen wie den anderen Hauptleuten.»

Hohermuth wandte sich Estéban Martín zu, der halb verdeckt hinter ihm wartete, und sagte einige kurze Worte. Martín trat hervor und sprach ebenso zu der Menge, aber nicht in deutscher Sprache wie der Gobernator, sondern spanisch. Burckhardt hörte hinter sich jemanden tuscheln, drehte sich um und sah die unzertrennlichen Hugelt, Schutz, Langer und Butzler. Josef Langer flüsterte ihm zu, er möge das übersetzen, was Martín redete.

«Ich bringe euch gute Nachrichten. Wir haben das Dorf der Caquetios schnell erreicht. Die aufsässigen Indier leisteten Gegenwehr, aber unsere Reiter ritten sie über den Haufen. Wer eine Waffe gegen uns richtete, wurde auf der Stelle bestraft und gerichtet. Wir haben die Lebensmittel an uns genommen, die Hütten abgebrannt und die Überlebenden mit uns geführt. So ergehe es allen, die sich gegen die Herrschaft des Kaisers und gegen die Heilige Kirche empören und sich weigern, die Gebote der von Gott eingesetzten Obrigkeit zu befolgen. Wir werden nicht alle Indier nach Hispaniola verkaufen, sondern sie hier in Coro zur Arbeit heranziehen. Der Gobernator lässt erklären, dass alle für die Sklaverei bestimmt sind und dass ein bestimmter Teil unter die Einwohner und Soldaten aufgeteilt wird, dass ihr alle euren Vorteil und Nutzen davon habt.»

Die Stimmung der Menge, die anfangs geschwankt hatte zwischen Enttäuschung, Zorn und Ratlosigkeit, war nach der Rede Martíns sofort umgeschlagen. Alle jubelten ihm zu, ließen Hohermuth hochleben, Estéban Martín, Juan de Villegas, Nikolaus Federmann, Antonio de Ceballos und alle wichtigen Personen, die ihnen einfielen. Einige Männer traten nun an das aufgeschichtete Holz und entfachten ein Feuer, dessen Flammen schnell mannshoch schlugen. Dann kam der Profos, ein dürrer, schweigsamer Spanier, dessen Namen Burckhardt nicht kannte und den er noch nie hatte ein Wort sagen hören. Der Spanier winkte seinen Stockknechten. Die hatten heute keine Peitschen oder Ruten in ihren Händen, sondern eiserne Stangen mit einem abgeplatteten Ende. Das war das Brandzeichen. Sie hielten die Stangen in das Feuer, um sie so lange zu erhitzen, bis sie rot glühend wurden. Derweilen trieben die Soldaten die zusammengeketteten Indios vor die Faktorei und stießen sie unsanft zu Boden. Die Gefangenen ahnten wohl, was mit ihnen geschehen würde, und schrien und weinten jämmerlich. Die Landsknechte hieben auf die Lautesten mit der Faust ein, bis sie verstummten.

Das Publikum johlte und feuerte die Soldaten an. Die meisten empfanden Abscheu und Hass gegenüber den künftigen Sklaven. Jetzt ergriffen zwei Stockknechte je einen der Indios, ein dritter zog ein Brandeisen aus dem Feuer und drückte es dem Indio auf die Stirn, es zischte, qualmte und stank abscheulich nach verbranntem Fleisch. Zwei andere Knechte griffen sich eine der Frauen, die sehr schön anzusehen war, drückten sie mit der Brust auf den Boden und brandmarkten sie auf dem Rücken. Die Indianerin blieb bewusstlos liegen. Die Gefangenen, denen die Tortur noch bevorstand, heulten vor Entsetzen, und den Soldaten gelang es kaum, sie zum Schweigen zu bringen. Einer nach dem anderen erhielt das Brandzeichen. Diejenigen, die es überstanden hatten, wälzten sich vor Schmerzen am Boden. Es war ein entsetzlicher Lärm.

Burckhardt hielt sich die Ohren zu, weil er es nicht mehr ertrug, das Geheul der Gepeinigten anhören zu müssen. Auch die Volksmenge war leiser geworden. Die Bergleute hinter ihm hatten sich abgewendet. Josef Langer schlug die Hände vors Gesicht.

Hans Hugelt biss die Zähne zusammen und murmelte: «Gott sei den Armen gnädig. Was war denn ihr Verbrechen? Wer mir die Frau wegnähme, den würde ich niederschlagen.»

Burckhardt fühlte sich unwohl. Er hatte an dem Raub der Frauen teilgenommen, der zum Angriff der Indier, zum Tod Sailers und der Soldaten und dazu geführt hatte, dass die Indier so schrecklich bestraft wurden. Doch wie hätte er sich anders verhalten können? Niemand konnte von ihm verlangen, sich gegen die Hauptleute zu stellen. Das hätte ohnehin nichts genutzt. Er war ratlos. Als er jedoch versuchte, den anderen zu erklären, was er dachte, hatten die sich schon abgewandt. Die Bergleute drängten sich durch die Menge und strebten eilig ihren Hütten zu.

Es dauerte weit über eine Stunde, bis alle Indios gezeichnet waren. Das schreckliche Geschrei ging in leises Wimmern über. Allmählich leerte sich der Platz. Auch die Hauptleute begaben sich zur Ruhe.

Burckhardt erblickte Cara, der vor der Tür der Kathedrale saß und den Kopf hängen ließ. Er ging zu ihm und rief ihn an. Cara blickte auf. Seine Augen funkelten. Er hob abwehrend die Hand und rief: «Das war nicht recht! Das ist nicht gut!»

Bevor Burckhardt antworten konnte, sprang Cara auf und verließ mit schnellen Schritten den Platz, ohne sich auch nur einmal umzusehen. Plötzlich zog ihn jemand am Arm. Es war sein Bruder Christian.

«Komm schnell», flüsterte der, «Mutter geht es sehr schlecht.»

Burckhardt eilte seinem Bruder nach. Es war stockfinster, aber er war den Weg von der Plaza zu ihrer Hütte in den letzten Wochen schon so oft gegangen, dass er ihn mit verbundenen Augen hätte finden können. Die Mutter hatte die Augen geschlossen und bewegte sich nicht. Gunther Ansorg kniete vor der Hängematte, hatte die Hände seiner Frau in die seinen genommen und weinte wie ein Kind.

«Was ist mit Mutter?», fragte Christian.

«Sie ist tot», stammelte der Vater. Burckhardt blieb wie gelähmt mitten im Raum stehen, während Christian zu schluchzen begann und sich neben den Vater kniete. Er brachte keinen Ton heraus. Hatte nicht die Mutter gestern noch gesagt, sie fühle sich besser? Sie hoffte doch, bald wieder ihren Pflichten nachkommen und sich um sie kümmern zu können! Was sollten sie jetzt tun? Wie konnten sie ohne die Mutter hier in der Fremde leben?

Gunther Ansorg sah seinen ältesten Sohn an und sagte mit tränenerstickter Stimme:

«Geh und sag den anderen Bescheid.»

Burckhardt war erleichtert, dass er etwas zu tun bekam. Er stürzte hinaus. Die Einwohner Coros, die Landsknechte und die Bergknappen standen vor ihren Hütten und besprachen die Geschehnisse des Tages. Gleich nebenan begegnete er Christoph Schutz, ihrem Nachbarn aus Geyer, dem Prediger Josef Langer, Hans Hugelt und Mauricio Butzler, der ihn sogleich ansprach:

«Burckhardt, du siehst ja aus, als hättest du dir den Daumen im Hintern verhakt! Was ist geschehen?»

Die Tränen liefen Burckhardt übers Gesicht, und er stammelte etwas Unverständliches. Josef Langer begriff sofort: «Margarete ist gestorben. Lauf, Butzler, hole Anna Kestlin und alle anderen herbei.»

Er legte den Arm um Burckhardt und drückte ihn an sich. Die anderen standen betreten um die beiden herum.

«Der Herrgott sei ihrer Seele gnädig», murmelte Hans Hugelt.

«Lasst uns hineingehen», sagte Langer.

Nach und nach füllte sich der Raum. Gunther Ansorg hatte seine tote Frau aus der Hängematte gehoben und sie auf den Fußboden gebettet. Ihr Gesicht sah friedvoll aus, als schliefe sie nur. Christian klammerte sich an seinen Vater und schluchzte immer noch. Jeder im Raum spürte, wie sehr es den alten Ansorg tröstete, dass ihn alle in seiner Trauer begleiteten. Als kaum noch jemand Platz finden konnte, erhob sich Ansorg.

«Sieh jemand nach, ob draußen wer steht, der nicht zu uns gehört!»

Die an der Tür Stehenden antworteten, es sei kein ungebetener Lauscher da.

Gunther Ansorg nickte Josef Langer zu. Der faltete die Hände und sank auf die Knie. Alle anderen taten es ihm gleich. Langer begann das Vaterunser zu beten, aber so leise, dass ihn niemand draußen hätte verstehen können. Als das Amen erklungen war, betete Langer: «Allmächtiger ewiger Gott! Du bist ein Gott der Lebenden und nicht der Toten, gib uns den rechten Glauben, zu erkennen die Herrlichkeit, die du bereitest hast nach diesem vergänglichen Leben, und nimm von uns die Furcht vor dem Tod. Nimm unser Erschrecken und unsere Trauer auf in deinen Frieden! Lehre uns bedenken, dass wir sterben müssen, und lass uns dankbar sein in der Hoffnung, die nicht zuschanden wird. Schaffe, dass uns die Welt mit ihrer Üppigkeit ein Gräuel werde und wir mit fröhlichem Herzen und sicherem Gewissen der Stunde warten, da wir allem Übel entnommen und zu deinem ewigen Lob angenommen werden. Durch Jesus Christus.»

Langer erhob sich und sah sich um. Viele weinten leise. Gunther Ansorg wischte die Tränen ab, drückte Josef Langer die Hand und dankte ihm. Der winkte den anderen, sich zu setzen. Der alte Ansorg nahm seinen jüngeren Sohn in den Arm und suchte mit den Augen nach Burckhardt. Der stand mit hängendem Kopf neben Anna Kestlin, die eine Hand in seinen Nacken gelegt hatte und mit der anderen über seine Wangen strich.

Als sich alle auf dem Boden niedergelassen hatten, sagte Josef Langer, der als Einziger immer noch aufrecht stand:

«Liebe Freunde und Nachbarn, angesichts des Todes sollten wir uns bedenken und eine Entscheidung treffen. Ich weiß, dass ihr alle in den letzten Tagen darüber nachgedacht habt, ob es nicht besser sei, in die Heimat zurückzukehren.»

Alle murmelten zustimmend.

«Mit dem Schiff Federmanns habe ich eine Nachricht bekommen von Valentin Landthans, Bergmann wie ihr, aus Joachimsthal im Böhmischen.»

Langer zog einen Brief aus seinem Wams, zeigte ihn allen und fuhr fort: «Landthans ist damals mit Ambrosius Dalfinger nach Venezuela gezogen, aber schon nach einem Jahr, zusammen mit den meisten anderen, nach Böhmen zurückgekehrt. Er hat eine Klage angestrengt gegen den Bergherrn von Joachimsthal beim Rat der Stadt Leipzig wie auch beim Herzog Georg von Sachsen. Sie beschuldigen die Welser, insbesondere deren Faktor in Leipzig, Hieronymus Walter, sie unter Vorspiegelung falscher Tatsachen zur Auswanderung verlockt zu haben. Man habe mit gelehrten und hoch geschmückten Worten die Gesundheit und Herrlichkeit des neuen Landes gerühmt, ihnen auch einen Gewinn von tausend Gulden in Aussicht gestellt.»

Einer der Anwesenden – Burckhardt konnte nicht erkennen, wer es war – rief: «Uns hat man noch mehr versprochen!»

Jetzt redeten alle durcheinander.

Langer versuchte, sie zu beruhigen: «Liebe Leute, bedenkt, dass eine Tote im Raum ist. Beruhigt euch! Damals waren die Bergknappen misstrauisch, als sie hörten, dass schon mancher durch ungewisse Versprechungen in die neue Welt gelockt und dann im Elend verdorben sei. Deshalb haben sie und wir alle» – Langer wies im Kreis auf die Zuhörer – «in Sevilla mit Hieronymus Sailer einen Vertrag geschlossen. Sie haben, wie wir, Werkzeuge empfangen und versprachen, diese und sonstige Ausgaben durch ihrer Hände Arbeit wieder abzuverdienen. Von dem Gewinn der anzulegenden Bergwerke wurde ihnen der sechste Teil zugesichert.»

Wieder murmelten alle zustimmend.

«Mit geziemender Zehrung sollten sie, wie es im Land Brauch ist, unterhalten werden. Sie sollten drei Monate, bis ihre Geschicklichkeit erprobt sei, unentgeltlich arbeiten, dann aber mit dem Faktor der Welser sich des Soldes wegen verständigen.»

Mauricio Butzler rief: «Arbeiten, ja! Aber was? Gibt es hier etwa Bergwerke? Das ist doch alles Betrug. Ich glaube, hier bleibe ich ein wenig, sagte der Fuchs, da saß er in der Falle!»

Niemand lachte. Anna Kestlin hatte sich bei Burckhardt untergehakt und blieb regungslos neben ihm sitzen. Langer fuhr fort: «Ferner wurde ihnen freie Rückfahrt, nicht vor Ablauf eines Jahres, nach Spanien oder Portugal zugesichert. In dem Brief steht weiter, die Bergknappen in Venezuela hätten bald gemerkt, dass man unredlich mit ihnen gehandelt habe. Das Land sei ungesund und voll böser Luft.» Langer entfaltete den Brief, sah hinein und redete dann weiter: «Wegen der ungewohnten Nahrung und der schweren Arbeit bei großer Hitze seien die meisten unter ihnen so geschwind krank geworden, dass sie hätten weder gehen noch stehen, weder essen noch trinken können.»

«Sie können froh sein», rief Hans Hugelt, «dass sie nicht alle gestorben sind wie die arme Margarete. Nichts für ungut, Ansorg.»

Langer nickte.

«Valentin Landthans schreibt, man habe sogar ihre Kisten erbrochen, die Kleider und Werkzeuge geraubt und sie selbst wegen ihrer Hilflosigkeit verhöhnt. Und während die Leichen unbeerdigt umherlagen, habe der Pöbel ihren Nachlass geplündert.»

Burckhardt sah, wie sein Vater die Augen geschlossen hatte und die Fäuste ballte. Neben Anna saß Dietrich Lope aus Freiberg, ein großer und starker, aber sehr schweigsamer Mann mit einem wuchernden schwarzen Bart, der bisher wortlos zugehört hatte. Jetzt sprang er auf, fuchtelte mit den Fäusten und rief: «Das sollen sie versuchen, diese Hundsfötter! Ich werde sie mit diesen meinen Fäusten zerquetschen! Elende Schurken!»

Gunther Ansorg stand auf, er war totenbleich.

«Freunde, ich danke euch, dass ich auf euch zählen kann. Meine Frau …»

Ansorg musste schlucken und konnte nicht weitersprechen. Alle schwiegen betreten. Dann fuhr er fort:

«Margarete hat mir gestern das Versprechen abgenommen, zusammen mit meinen Söhnen das Glück hier, in der Neuen Welt, zu suchen. Nach all dem, was wir erlebt haben seit einem halben Menschenalter, können wir nicht wieder zurück. Ich habe mich dazu entschlossen, dem Gobernator Georg Hohermuth vorzuschlagen, dass wir ihn begleiten auf seinem Zug ans Südmeer.»

Jetzt waren alle in heller Aufregung. Viele sprangen auf und redeten aufeinander ein. Burckhardt spürte, dass Anna Kestlin sich auf seinen Arm stützte. Sie sagte leise: «Das wird Hans nicht zulassen. Er wird hier in Coro bleiben wollen, und ich muss dort sein, wo er will.»

Burckhardt sah sie erstaunt an. Anna blickte zu ihm auf und flüsterte: «Hans ist ein Feigling. Er wird irgendeine Entschuldigung haben, irgendeinen Grund, dass er nicht mitzieht, nur weil er Angst hat.»

Sie nahm eine Hand vor das Gesicht und schluchzte.

Burckhardt war ebenso überrascht wie die anderen, sowohl, dass sein Vater mit ihm nicht darüber geredet hatte, welches Versprechen er der Mutter hatte geben müssen, als auch darüber, dass jetzt seine kühnsten Träume wahr werden sollten. Nach El Dorado! Dort, wo Gold und Schätze warteten auf den, der nur kühn und entschlossen genug war, danach zu greifen! Burckhardt sah Christian sich an den Ärmel des Vaters klammern. Er machte sich von Anna Kestlin los, schob sich durch die aufgeregt diskutierende Menge und nahm den kleinen Bruder in den Arm. Der wollte nicht aufhören zu schluchzen und legte beide Arme um den Hals des Älteren. Gunther Ansorg stand neben den beiden und sagte mit erstickter Stimme: «Kinder, wir werden der Mutter beweisen, dass wir unser Versprechen halten. Wir werden unser Glück finden!»

Jetzt übertönte die Stimme Josef Langers den Lärm. Er beruhigte die Anwesenden, bat sie, sich wieder zu setzen. Dann rief er: «Gunther Ansorg hat recht gesprochen! Was bleibt uns anderes übrig? Wollen wir wieder in den Bergwerken der Herren von Annaberg, Schneeberg, Geyer, Freiberg, Joachimsthal und aus welchem Ort auch immer wir kommen, schuften und nichts davon übrig behalten? Wollen wir uns wieder aussperren lassen, wenn wir um mehr Brot und Lohn betteln? Nein, Freunde, ich gehe mit Hohermuth, ich suche den Goldenen Mann und seine Reichtümer. Vivat Hohermuth!»

Viele schrien «Vivat!», aber Burckhardt bemerkte, dass sich einige still abwandten und zur Tür strebten.

Da ertönte ein lauten Krachen. Es rumpelte wie bei einem starken Gewitter, aber nicht weit in der Höhe, sondern ganz nah. Dann folgte ein fürchterlicher Schlag, als stürzte ein riesiger Baum aus großer Höhe auf die Erde. Ringsum knirschte und polterte es.

«Ein Erdbeben!», schrie Josef Langer zu Tode erschrocken. «Rette sich, wer kann!»

Jetzt gab es kein Halten mehr. Alle stürzten zum Ausgang der Hütte, fielen übereinander. Das Gebälk krachte, und Burckhardt sah angstvoll nach oben. Da fielen schon die ersten Hölzer der Dachverstrebung nach unten.

«Schnell, Vater, Christian, nur hinaus!»

Er warf sich gegen die Seitenwand, die nur aus Rohr aufgerichtet worden war, und brach durch nach draußen. Mit ihm stürzte die gesamte Seitenfront ein. Er sah den Vater und Christian neben sich, der Bruder blutete im Gesicht. Staub hüllte sie ein. Ringsum gellten Schreie. Das Glöckchen der Kirche bimmelte unentwegt. Überall sah man Schatten umherlaufen, die Menschen flohen aus der Reichweite der Gebäude. Ganz in der Nähe sahen sie Feuerschein. In weiser Voraussicht waren Häuser und Hütten in weiten Abständen voneinander gebaut, um bei einem Brand dem Feuer nicht allzu viel Nahrung zu geben. Man hörte Pferde angstvoll wiehern. Die Ansorgs hatten sich erschöpft im Freien niedergelassen, und Burckhardt dachte an Hohermuth. Was würde der sagen, wenn den Pferden jetzt schon wieder etwas geschähe und zum zweiten Mal einige von ihnen umkämen?

Plötzlich schrie Gunther Ansorg: «Margarete!», und stürzte zu der Hütte, die nur noch ein rauchender Trümmerhaufen war. Burckhardt hielt ihn zurück.

«Nein, Vater, du kannst nichts tun!», rief er. Der alte Ansorg kauerte sich auf dem Boden zusammen, hielt die Hände vor die Augen und betete laut. Burckhardt kümmerte sich um Christian, dessen Verletzung aber nicht so schlimm war, wie sie aussah. Er hatte sich nur die Haut geschürft.

Es donnerte in kurzen Abständen, ein Erdstoß jagte den anderen. Fern am Horizont zuckten Blitze nieder. Am nächsten Morgen, als es dämmerte, fiel ein warmer Regen und erlöste sie vom Staub, der alles einhüllte. Der Schaden war beträchtlich: Die Häuser aus Stein samt der kleinen Kirche hatten große Risse, und viele der Hütten waren zusammengefallen oder abgebrannt. So war es auch den Ansorgs ergangen. Die Glut der Feuerstelle hatte die Palmwedel des Dachs in Brand gesetzt, und alles war in Flammen aufgegangen. Sie konnten zwar einige ihrer Habseligkeiten retten, aber Gunther Ansorg stand fassungslos vor der verkohlten Leiche seiner Frau. Sie hüllten sie in ein Tuch und begruben sie auf dem kleinen Friedhof außerhalb Coros.

5. KAPITEL

Hohermuth

Am späten Nachmittag stand das Wasser knöchelhoch in den Straßen Coros. Seit drei Tagen prasselte der Regen herunter. Die Zweige der Palmen hingen tropfnass bis fast auf den Boden, und schlammige Bäche bahnten sich ihren Weg durch das mannshohe Gestrüpp der Fackeldisteln bis hinunter an den Strand. Der Wind von der See drängte die schweren Wolken ins Land zurück. Gunther und Burckhardt Ansorg standen vor der Hütte ihres Landsmannes Christoph Schutz, der sie gastlich aufgenommen hatte, nachdem ihr Haus zusammengestürzt und ein Raub der Flammen geworden war. Der alte Ansorg drückte sein Barett auf den Kopf und nickte.

«Es gilt», sagte er, «nun gibt es kein Zurück mehr.»

In den zwei Wochen seit dem Tod der Mutter und dem Erdbeben hatten sich die meisten Bergknappen darauf geeinigt, Ansorg als ihren Vertreter zu Hohermuth zu schicken und diesen zu bitten, er möge sie auf dem Weg zum Südmeer und nach El Dorado als Soldaten oder Handwerker mitziehen lassen. Das war dem Gobernator zu Ohren gekommen. Er stehe der Idee nicht ablehnend gegenüber, munkelte man. Nur wenige, unter ihnen Hans und Anna Kestlin, wollten in Coro bleiben.

Offenbar war das Gerücht von der bevorstehenden Entrada sogar bis Santo Domingo gedrungen: Vor drei Tagen hatte eine Brigantine in der Bucht die Anker ausgeworfen. An Bord war Bischof Rodrigo Bastidas aus Santo Domingo, das offizielle geistliche Oberhaupt von Venezuela, und ein geheimnisvoller Mönch, über den wirre Geschichten im Umlauf waren. Er hieß Anton de Montesinos. Angeblich war der Bischof nur gekommen, um nach seinen Schäfchen zu sehen, in Wahrheit aber, so vermuteten die Einwohner Coros, um durchzusetzen, dass die Bergknappen entweder in Coro blieben oder in ihre Heimat geschickt würden. Die Vertreter des Klerus hätten am liebsten ein Inquisitionstribunal eingerichtet, um die Frage zu klären, ob die Deutschen dem rechten Glauben anhingen oder nicht. Bastidas war nach dem Tod Dalfingers kurzzeitig Gouverneur gewesen, bis er durch einen Vertreter der Welser ersetzt wurde; er kannte sich somit bestens aus. Nach seiner Ankunft in Coro hatte er eine Messe in der kleinen Kirche gelesen und mit vielen Leuten Gespräche geführt. Angeblich hielt er sich schon den ganzen Vormittag bei Hohermuth und Hutten auf. Der Gobernator ließ Ansorg ausrichten, er möge sofort zu ihm kommen.

Gunther Ansorg schüttelte den Kopf, als wolle er schwere Gedanken verscheuchen, drehte sich zu Burckhardt um und sagte: «Ich traue dem Bastidas nicht. Wenn er dich etwas fragt, überlasse mir das Antworten.»

Der Alte stapfte durch die Pfützen zur Plaza. Der junge Ansorg blinzelte gegen den Himmel, wo sich die Wolkenfetzen vor der untergehenden Sonne jagten, und folgte ihm. In der Luft hing schwer der Geruch von Aas. Die Einheimischen behaupteten, er stamme von totem Gewürm, das im Boden verrotte, und von Gasen, die der starke Regen der letzten Wochen aus dem Boden gelockt habe.

Die beiden Ansorgs hatten das Haus des Gobernators erreicht. Der einstöckige steinerne Bau gegenüber der Kirche hatte während des Bebens nur kleine Risse abbekommen. Er war einer der wenigen, den die Kolonisten weiß getüncht hatten. Papier verdeckte die Fenster, um die tropische Glut ein wenig abzuhalten. Nur das Gotteshaus und der Sitz des Bischofs protzten mit diesem Luxus. Bastidas, der das Wohnhaus des Gobernators vor einigen Jahren für sich selbst hatte erbauen lassen, bevor er während seiner Aufenthalte in Coro ein noch größeres Gebäude bezog, transportierte die Papierbahnen in seinem Privatgepäck von Santo Domingo, um die Garantie zu haben, dass die Kostbarkeit nicht einem unachtsamen Matrosen oder Sklaven beim Verladen ins Meer fiele.

Der alte Ansorg nahm die Mütze in die Hand und klopfte. Ein spanischer Landsknecht öffnete. Er hatte seinen Koller abgelegt, hielt aber das Rapier in der Hand.

«Beeilt euch», knurrte er, «ihr habt die Herren warten lassen.» Er spuckte Ansorg vor die Füße. Sie betraten wortlos den Vorraum, in dem mehrere Soldaten auf dem Boden saßen und würfelten. Francisco de Velasco war der wachhabende Offizier. Er hatte sich in voller Rüstung, das Rapier eingehängt, aber ohne Helm, vor dem Eingang zu den hinteren Räumen postiert, die Arme vor der Brust gekreuzt und sah die beiden an, ohne eine Miene zu verziehen.

«Da kommen die Conquistadores», meinte er trocken, «aus dem Land der Hermunduren.» Die Landsknechte lachten dröhnend, froh über die Abwechslung.

«Conquistadores!», rief einer, der eine Augenklappe trug und eine rot schimmernde Narbe quer über dem Gesicht. «Vor euch Mineros hat der Goldene Mann mehr Angst als vor uns!» Die Soldaten wieherten.

«Hermunduren?», fragte ein anderer, der offenbar Deutscher war, denn er sprach mit starkem bayerischem Einschlag. «Sind das nicht die Kopflosen, die am Ende der Welt wohnen?» Der Deutsche zog seinen Kopf in den Nacken, die Schultern hoch und hüpfte auf und ab. «Und fehlte ihnen nicht noch etwas viel Wichtigeres?» Er fasste sich mit der Hand zwischen die Beine und rieb an seiner Schamkapsel. Die Landsknechte schlugen sich auf die Schenkel. Der Einäugige rief:

«Misericordia! Die Hermunduren dürfen nicht mitziehen! Sonst läuft uns der Goldene Mann davon!»

«Doch, sie müssen mitkommen!», brüllte ein Dritter, der noch die Würfel in der Hand hielt. «Dann sparen wir ein paar Helme ein!»

Francisco de Velasco bewegte sich nicht von der Stelle, drehte sich halb zu seinem Soldaten und blickte ihn verächtlich an.

«Schweig, Burro!», sagte er. «Was weißt du von den Hermunduren! Studiere du nur erst die Schriften der gelehrten Lateiner! Die glaubten nicht an kopflose Fabelwesen so wie ihr.»

In diesem Augenblick öffnete sich die Tür zum rückwärtigen Teil des Hauses.

«Was ist das hier für ein Geschrei?», fragte eine Stimme in ruhigem Ton. Die Soldaten nahmen Haltung an.

«Ich bitte um Vergebung, mein Herr», sagte Francisco de Velasco und verbeugte sich knapp in Richtung Tür, «wir führten soeben einen gelehrten Disput über die Hermunduren.»

«Über die Hermunduren?» Aus dem hinteren Raum trat Philipp von Hutten. «Seid Ihr betrunken?» Er sah zu den beiden Deutschen herüber.

«Ihr seid die Abgesandten der Bergknappen, nehme ich an. Kommt herein!»

Drinnen war es kühl. Es gab keine Fenster. Ein paar Armbrüste waren achtlos auf den Boden gelegt worden, Köcher mit Pfeilen hingen an Haken an der Wand, ein Dutzend Piken lehnten an der Mauer neben einigen Tartschen. Hutten ging schnurstracks auf eine grob gezimmerte Doppeltür zu, deren Flügel halb offen standen. Die beiden Bergknappen folgten ihm in respektvollem Abstand.

Hohermuth saß mitten im Raum, auf einem Stuhl mit geschnitzten Lehnen, hatte die Kalotte neben sich gelegt und den Kopf auf die Hände gestützt. Die Ellbogen ruhten auf einem wuchtigen Tisch. Er starrte auf eine Karte, die vor ihm ausgebreitet lag und die an den Rändern schon vielfach eingerissen schien. Auf der anderen Seite des Tisches lehnte Bischof Bastidas auf einem bequemen Stuhl, der dem des Gobernators aufs Haar glich. Er trug eine schlichte violette Kutte, das Zingulum, weiße Handschuhe und den Bischofsring, aber keine Waffen. Bastidas, so sagten die Einwohner Coros, bleibe bei seinen Auftritten stets undurchschaubar. Auch jetzt lächelte er. Er streckte den Ansorgs huldvoll die Hand mit dem Bischofsring entgegen.

Hinter ihm, schon im Halbdunkel, standen Philipp von Hutten, der das Gesprochene halblaut in die spanische Sprache übersetzte, und Anton de Montesinos, der Frater der Dominikaner, der eine weiße Tunika mit Gürtel trug und darüber ein ebenso schneeweißes Oberkleid ohne Ärmel und eine Kapuze. Auch seine Haare waren schlohweiß, er musste mehr als sechzig Jahre alt sein. Tiefe Falten durchzogen sein bartloses Gesicht. Er hatte die Hände hinter dem Rücken zusammengelegt und schwieg.

Die Einwohner Coros wagten nicht, über den Mönch laut zu reden, sie tuschelten nur hinter vorgehaltener Hand. Burckhardt hatte zufällig mit angehört, was einer der Bergknappen berichtet hatte, der schon mit Ambrosius Dalfinger nach Santo Domingo und jetzt mit Federmann nach Coro gelangt war. Vor einem Vierteljahrhundert, als junger Mann, hatte Montesinos in einer Dorfkirche auf Hispaniola für großes Aufsehen gesorgt. Jedermann auf der Insel kannte die Geschichte. An einem Sonntag nach Trinitatis, predigte er von der Kanzel, die grausame Knechtschaft, in der die Indios unter den Spaniern lebten, widerspreche Gottes Gesetz, und jeder, der Menschen in seiner Gewalt habe und unterdrücke, lebe im Stand der Sünde. «Wer hat euch erlaubt», donnerte er, «einen solchen Vernichtungskrieg gegen diese Friedlichen und Wehrlosen zu führen? Sind sie nicht auch Menschen? Haben sie denn keine unsterbliche und vernunftbegabte Seele?»

Der Aufruhr in der Gemeinde war so groß, dass sich die anderen Dominikaner tagelang nicht unter die Leute trauten. Am nächsten Sonntag, so erklärten sie dann, würde der Frater widerrufen. Es gab niemanden in der ganzen Stadt, der sich nicht in der Kirche eingefunden hätte. Und Anton de Montesinos sei wieder auf die Kanzel gestiegen, erzählte man, und habe aus dem Buch Hiob zitiert: «Ich will von Anfang an wiederholen, was ich weiß, und will beweisen, dass meine Reden ohne Falsch sind.» Und dann predigte er genau das noch einmal, was er schon am Sonntag zuvor gesagt hatte.

Danach habe er sich ins Kloster zurückgezogen, während die Gemeinde empört in der Kirche debattierte. Der Aufruhr und die Entrüstung waren so groß, dass sich die spanischen Siedler an den Gouverneur der Insel gewandt hatten, der damals der Sohn des berühmten Kolumbus war. Der Gouverneur und die Spanier arbeiteten ein gemeinsames Memorandum aus, eine Beschwerde an den spanischen König mit dem Inhalt, der Frater habe Brandreden gegen die weltliche Herrschaft und gesetzliche Ordnung gehalten und dem König das Recht abgesprochen, mit den Indiern nach Belieben zu verfahren. Man munkelte, der Provinzial des Ordens habe den Frater angewiesen, sich nach Coro zu begeben, damit sich die Kolonisten auf Hispaniola beruhigten und ihr Zorn auf die Dominikaner verrauchte.

Der junge Ansorg musterte den hageren Mönch verstohlen. Es musste eine Menge Mut dazu gehören, sich gegen die einhellige Meinung der Kolonisten zu stellen und sich auch noch die Vorwürfe der anderen Mönche anzuhören, die die Angelegenheit nicht so streng sahen. De Montesinos galt auch in Coro nicht als Parteigänger Bastidas'. Burckhardt war neugierig, welche Meinung der Dominikaner zu ihrem Vorhaben vertrat.

Am Fenster stand Hauptmann Juan de Villegas mit Rapier und einem breiten, zweischneidigen Messer am Gürtel. Burckhardt starrte bewundernd auf die seltene Waffe. Es war eine italienische Cinquedea, die die deutschen Landsknechte wegen ihrer Form «Ochsenzunge» nannten. Die Parierstange zeigte winzige Ornamente, die eingeätzt worden waren, ebenso die Scheide. Er hatte Villegas noch nie ohne Waffen und ohne seinen eisernen Koller gesehen. Der Spanier war höchstens Mitte zwanzig und dennoch bei den Landsknechten, auch den älteren, als Hauptmann des Fußvolks überaus respektiert und beliebt. Er blickte ihn hochmütig an.

Hohermuth blickte auf. «Bringt Ihr mir eine gute Nachricht, Ansorg?», fragte er nachdenklich.

Gunther Ansorg räusperte sich.

«Edler Herr», begann er, «wir haben uns beraten und sind zu einem einstimmigen Urteil gekommen ...»

Bastidas unterbrach ihn und fragte in spanischer Sprache: «Ich hoffe doch, ehrbarer Señor Ansorg, dass ihr euch vorab im Gebet versammelt habt, um Gottes Segen zu erbitten für einen Entschluss, der der Gnade des Herrn besonders bedarf?»

Ansorg nickte, erwiderte aber nichts, sondern sprach in feierlichem Ton weiter: «Wir Bergknappen, aus vielen Orten des Herzogtums Sachsen und aus dem Königreich Böhmen, haben uns entschlossen, mit Euch, Georg Hohermuth von Speyer, in das Land des Goldenen Mannes zu ziehen. Wir anerkennen Euch, durch seine Römische Kaiserliche Majestät Karls des Fünften Gnade Gobernator der Goldküste, als unseren Anführer. So Gott will, und durch seine unermessliche Güte hoffen wir, das Land zu erreichen, in dem wir unser Glück finden und das Meer im Süden.»

Der alte Ansorg atmete tief ein und sah Hohermuth unsicher an. Der Gobernator lehnte sich zurück und lächelte freundlich. Bischof Rodrigo de Bastidas wartete, bis Philipp von Hutten ihm alles übersetzt hatte, und schmunzelte dann: «Eine feine Rede habt Ihr da gehalten, guter Ansorg. Man sollte meinen, dass Ihr das Predigen gelernt hättet. Ist dem so? Ich wusste nicht, dass einfache Bergknappen aus dem Land der Sachsen so wortgewandt sind. Sagt, was ist die Taufe, Minero?»

Gunther Ansorg antwortete: «Die Taufe ist nicht allein schlicht Wasser, sondern sie ist das Wasser in Gottes Gebot gefasst und mit Gottes Wort verbunden.»

Hohermuth setzte sich bei diesen Worten abrupt auf, stützte sich mit beiden Fäusten auf den Tisch und runzelte unwillig die Stirn. Philipp von Hutten hob die Hand, als wolle er das Gesagte ungeschehen machen, und fragte noch einmal: «Ansorg, der ehrwürdige Bischof wollte von dir wissen, was du unter der heiligen Taufe verstehst!»

Gunther Ansorg blickte ihn verwirrt an, dann Burckhardt. Plötzlich begriff er: Er hatte den Katechismus Luthers zitiert, und Bastidas hatte genau das hören wollen. Das war Philipp von Hutten gar nicht recht, denn dann hätte der Bischof einen Beweis in der Hand gehalten, dass er es hier mit Lutheranern zu tun hatte. Schnell verbesserte der Bergknappe sich: «Wir glauben, was die Kirche sagt.»

Ein unmerkliches Lächeln huschte über das Gesicht Huttens. Er übersetzte dem Bischof nur diesen einen Satz. Dann trat er an den Tisch, legte Ansorg die Hand auf die Schulter, sah zu Bastidas und meinte: «Ob gelehrt oder nicht, ehrwürdiger Bischof, was nun zählt, ist der Wille, Hunger, Durst, Krankheit, ja den Tod der Liebsten in Kauf zu nehmen, um das hohe Ziel zu erreichen, das wir uns gesteckt haben. Ihr wisst, dass Ansorg vor kurzem seine Frau verloren hat. Nehmt Rücksicht auf seine Trauer! Ich vertraue Euch und Euren Genossen, Ansorg.»

«Ich vertraue den Mineros auch», ließ sich Juan de Villegas vernehmen, «wenn es darum geht, Gold, Silber und Erze aus der Erde zu holen. Doch soll ich etwa einem Bergknappen ein Schwert anvertrauen? Und mich im Kampfgetümmel darauf verlassen?»

Gunther Ansorg wandte sich Villegas zu: «Edler Herr», sagte er, «wer mit Werkzeugen umgehen kann wie wir Bergknappen, der sollte auch das Talent haben, ein Schwert zu führen, wenn er die Gelegenheit bekommt und ein wenig Übung hat.»

Villegas schnaubte verächtlich, erwiderte aber nichts.

Hohermuth machte eine Handbewegung, die wohl bedeuten sollte, dass er nicht willens war, über diese Dinge zu disputieren. Er erhob sich und begann, hinter dem Tisch langsam auf und ab zu gehen. Dabei verschränkte er die Arme und strich sich mit der einen Hand fortwährend den Bart.

«Ansorg», sagte er mit leiser und nachdenklicher Stimme, «traut Ihr Euch auch zu, Gold zu suchen, das noch im Erdreich steckt? Woran wollt Ihr erkennen, wo edle Metalle zu finden sind?»

Burckhardt sah, dass sein Vater erleichtert war. Nun ging es endlich um Dinge, von denen sie etwas verstanden. Die Miene des alten Ansorg hellte sich auf, er drehte sein Barett in den Händen und antwortete: «Edler Herr, viele Leute meinen, der Bergbau sei etwas, wozu man nur körperliche Kraft braucht.»

Er räusperte sich verlegen, als wenn er es nicht gewohnt sei, so viel Publikum zu haben.

«Der Bergknappe jedoch muss wissen, ob in einem Berg oder Tal oder auf einem offenen Feld eine Stelle beschürft werden kann. Ein erfahrener Bergknappe gräbt keinen allein stehenden Berg an, auch nicht sehr große und sehr kleine, sondern die mittelgroßen. Er schlägt nicht an steilen Hängen an, nicht in Talkesseln, wenn nicht ein Erzgang aus dem Gebirg hinab ins Tal reicht. Wir Bergknappen suchen nach heilsamer Erde und Kreide, die sich oft in Hügeln finden und die ein Zeichen für Erz sind. Erze und Mineralien finden wir meist in Orten mit einem gesunden Klima, die sehr hoch liegen, wo es windig ist. In unbewaldeter Gegend baut der Bergknappe nur, wenn ein Fluss in der Nähe ist. Auf dem kann man Holz flößen. Das braucht man für die Stollen. Nur dort, wo Gold vermutet wird oder Edelsteine, graben wir auch in unwirtlichen Gegenden.»

«Unwirtliche Gegenden?», fragte Hauptmann Villegas aus dem Halbdunkel. Die kurze Dämmerung war hereingebrochen. «Wenn Ihr meint, Minero, ein Landstrich voller kriegerischer Heiden sei unwirtlich und man könne deshalb dort nicht nach Gold suchen, dann werden wir sehr schnell Abhilfe schaffen» – er schlug mit der flachen Hand an die Scheide des Rapiers –, «dass die Bewohner willige und dienstbare Untertanen des Kaisers werden und gläubige Christen, die den Heiligen Vater als den Stellvertreter Christi anerkennen.»

Der alte Ansorg ließ sich nicht beirren, sondern fuhr fort: «In unserer Heimat Sachsen, in Kempnitz, lebt ein hochberühmter Doctor, Georg Agricola genannt. Der hat viele Bergknappen befragt, auch meinen Sohn Burckhardt und mich und andere aus Geyer, Schneeberg, Annaberg und Joachimsthal in

Böhmen. Dieser Gelehrte sagt: Der Bergknappe solle sich sorgfältig über den Herrscher oder Eigentümer des Landstrichs erkundigen, ob er ein gerechter und wohlgesinnter Mann oder ein Tyrann ist. Denn ein Tyrann zwingt die Menschen unter seine Gewalt und reißt ihre Habe und ihr Gut an sich. Ein gerechter Eigentümer aber herrscht gesetzmäßig und sorgt für das allgemeine Wohl. In einer Landschaft, die unter Tyrannenherrschaft steht, legt der Bergknappe keine Baue an. All das, edler Herr, will der Georg Agricola in ein Buch schreiben. In dem soll jedermann lesen können, was man über das Berg- und Hüttenwesen wissen muss.»

Bastidas unterbrach ihn ungeduldig: «Señor Ansorg, wir wollen nicht wissen, wer Eure Verwandten sind und ob man einen Stollen bauen kann, wenn der Fürst des Landes ein Tyrann ist, wie Ihr das nennt. Aber eines interessiert mich doch: Einige von euch Deutschen haben in der letzten Woche Sklaven gekauft und auch verkauft, wie ich hörte, Xideharas zumeist, aber auch die friedliebenden Caquetios. Euch ist aber gewiss bekannt, dass Isabella, die Mutter unseres Kaisers Karl, Königin von Kastilien und Leon, schon vor dreißig Jahren eine Verfügung erlassen hat: Der Gobernator des Landes» – Bastidas nickte mit dem Kopf in Richtung Hohermuth – «solle die Indier nötigen, mit den Christen Umgang zu pflegen, in ihren Häusern zu arbeiten, Gold und Metalle zu schürfen und Landarbeit zu leisten, und dass er jedem Tagelohn und Unterhalt gebe.»

Bastidas hob die Stimme und zitierte die Verfügung, auf die er anspielte, auswendig und offenbar wörtlich: «Die genannten Verpflichtungen sollen sie als freie Personen leisten, die sie ja sind, nicht als Sklaven. Ihr dürft ihnen weder Leid noch Schaden zufügen, bei meiner Ungnade und bei Geldstrafe von zehntausend Maravedis im Fall der Zuwiderhandlung.»

Der Bischof sah Ansorg kalt an: «Meint Ihr, Caballero Ansorg, der Handel mit Sklaven entspräche dem, was der kaiserliche Befehl bestimmt, und den guten Sitten der Christenheit?»

Gunther Ansorg blickte verwirrt auf Hohermuth. Der Gobernator war bei den letzten Worten Bastidas' stehen geblieben, hatte sich ihm zugewandt und sah ihn nachdenklich an. Auch Burckhardt verstand nicht, warum der Bischof offenbar einen Streit vom Zaune brechen wollte und gegen wen sich sein Vorwurf richtete: gegen die Bergknappen oder gegen die spanischen Hauptleute wie Villegas, die einen schwunghaften Handel mit gefangenen Indios betrieben, oder gegen die Welser, die davon profitierten? Die Bergknappen hatten sich bisher um Bestimmungen herzlich wenig gekümmert, die vom Indienrat in Sevilla oder gar vom Kaiser erlassen wurden. Sie verließen sich darauf, dass die Welser und ihre Beauftragten wussten, wie die Gesetze lauteten. Und Hohermuth war der eingesetzte Gobernator und bestimmte, was in Coro geschehen durfte. Er hatte bisher keinen Widerspruch erhoben gegen den Handel mit Indios.

Jetzt war die tiefe Stimme Fraters Anton de Montesinos zu hören, der wie eine Statue hinter dem Bischof gestanden hatte: «Jesus Sirach sagt in der Heiligen Schrift: Der Arme hat nichts denn ein wenig Brot; wer ihn darum bringt, ist ein Mörder. Wer einem seine Nahrung nimmt, der tötet seinen Nächsten, wer den Arbeitern nicht seinen Lohn gibt, der ist ein Bluthund.»

Der alte Ansorg brachte keinen Ton heraus. Burckhardt wurde mulmig zumute. Sein Vater hatte ihm oft erzählt, wie er als junger Mann zu Füßen der Prediger Friedrich Myconius und Hartmann Ibach gesessen hatte, von denen er immer noch voller Ehrfurcht sprach. Hartmann Ibach hatte den Satz aus der Bibel von Jesus Sirach gegen die Bergherren geschleudert, die den Bergknappen kein gerechtes Entgelt geben wollten. Aber so war das doch nicht gemeint gewesen? Hier waren es doch nicht Arbeiter wie sie, sondern Indier, die sich häufig genug weigerten, überhaupt Christen zu werden. Warum sollten sie denen Lohn geben? Und warum und wem Rechenschaft darüber ablegen? Die hohen Herren wie der Gobernator oder auch die spanischen Hauptleute besaßen auch Sklaven, ja, auch Philipp von Hutten organisierte Beutezüge ins Inland, um für Nachschub zu sorgen. Und warum beschwerten sich Bischof Bastidas und der Frater erst jetzt darüber?

«Ihr irrt!», ließ sich jetzt Georg von Hohermuth vernehmen. «Kaiser Karl der Fünfte hat etwas ganz anderes angeordnet.»

Der Gobernator vermutet wohl, dachte Burckhardt, dass der Vorstoß des Bischofs ihm gilt und den Welsern, nicht den Bergknappen. Offenbar hatte er abgewartet, bis sich Frater de Montesinos zu Wort meldete. Dem konnte er widersprechen, ohne Bastidas als höchsten Vertreter der Kirche in Venezuela direkt angreifen zu müssen.

Hohermuth fuhr fort: «Ihr werdet doch nicht behaupten wollen, dass der Kaiser Befehle gibt, die den Geboten Gottes widersprechen und dem, was der Heilige Vater in Rom in seiner Weisheit für richtig hält, der Christenheit an Lehren und Geboten teilhaftig werden zu lassen!»

Bastidas neigte zustimmend den Kopf. Er hatte sich zurückgelehnt und lächelte spöttisch. Hohermuth stand hinter seinem Tisch, die Hände auf die Karte gestützt und blickte nicht Bastidas, sondern Anton de Montesinos an: «Ehrwürdiger Frater, meine Herren, die Kaufleute Bartholomäus Welser und Gesellschaft haben mit dem Kaiser einen Vertrag geschlossen, Anno Domini 1528, wie Euch sicher bekannt ist. Dieser Vertrag gibt mir als Vertreter der Welser das Recht, die Indier als Sklaven zu verkaufen, für den Fall, dass sie gegen die eingesetzte Ordnung rebellierten. Und wie viel mehr gilt das, wenn aufrührerische Indier sogar Christen überfallen und töten, wie jüngst geschehen! Und nur deshalb und nur dann brandmarken und verkaufen wir sie an die Kolonisten oder verschicken wir sie nach Hispaniola.»

Jetzt mischte sich Philipp von Hutten ein. Auch er wandte sich an den Frater: «Hat nicht auch der Gouverneur von Hispaniola so gehandelt? Hat er nicht jedem Spanier die Einheimischen zugeteilt, Männer, Frauen und Kinder gleichermaßen, und ist nicht dieses Verfahren Recht und Gesetz in den Besitzungen seiner Majestät, und bekommt nicht auch der Kaiser seinen Anteil an diesem Repartimento? Und warum, ehrwürdiger Bischof Bastidas, hat die Kirche nicht schon vor einem halben Menschenalter dagegen Einspruch erhoben?»

Das war ein kluger Schachzug. Burckhard sah, dass sein Vater davon abließ, unentwegt das Barett zwischen den Händen zu drehen. Bessere Verbündete als den Gobernator und seinen Stellvertreter konnte er sich nicht wünschen. Hutten spielte den Bischof und den Frater gegeneinander aus: Wenn die Gerüchte stimmten, hatte de Montesinos ja dagegen protestiert, dass einige der Spanier die Eingeborenen schlimmer als die Tiere behandelten. Dagegen war nichts einzuwenden. Doch Bastidas konnte ihn kaum öffentlich unterstützen, wenn selbst der Prinzipal der Dominikaner und der Kaiser ihren Unwillen geäußert und Anton de Montesinos ihre Zustimmung verweigert hatten.

Bischof Bastidas erhob sich und ging gemessenen Schrittes auf Philipp von Hutten zu. Er lächelte immer noch.

«Edler Felipe de Urre», sagte er sanft, «die spanische Krone, auf die sich der Gobernator beruft, hat ihre Meinung mehrfach geändert, nicht aber die Kirche. Ich darf Euch daran erinnern, dass anno 1495 der Bischof von Badajoz in seiner Eigenschaft als Beauftragter der kaiserlichen Regierung für Kolonialfragen dem Kaiser zwar empfahl, er solle die Indier verkaufen, die der Admiral Cristobal Colon ihm geschickt hatte, aber dem Kaiser gleichzeitig riet, die Käufer vorerst nicht zu bezahlen, bis ein Gutachten bei gelehrten Theologen und Kanonisten eingeholt werde, ob man die Indier mit gutem Gewissen verkaufen könne. Und was besagte dieses Gutachten?»

Bastidas drehte sich bei dieser Frage zu Anton de Montesinos, der immer noch hinter dem Stuhl des Bischofs verharrte.

«Es besagt», fuhr Bastidas fort, «dass sich, wenn man die Encomienda der Indier als gegeben hinnimmt, allerdings kaum gerechtere und frommere Gesetze denken ließen als die bestehenden, um der schlechten Behandlung und der geringen geistlichen Förderung jener Völker abzuhelfen. Natürlich, ehrwürdiger Frater, gibt es immer wieder einzelne Sünder, die zu ermahnen unsere Aufgabe ist. Unsere vornehmste Absicht ist aber immer gewesen, dass die Indier in den Dingen unseres heiligen katholischen Glaubens unterwiesen und belehrt werden.»

Bastidas machte eine Pause, offenbar damit zufrieden, dass er sich nicht dazu hatte hinreißen lassen, zwischen ihm, dem Bischof, und dem Dominikaner Zwietracht aufkommen zu lassen. Er blickte Hohermuth an:

«Mir scheint aber, dass der Gobernator vorrangig andere Interessen hat, wenn er im Auftrag der Welser den Süden des Landes erkundet und den Zugang zum Meer sucht. Jedenfalls nicht die, welche die heilige Mutter Kirche billigen kann.»

Bastidas blickte Gunther Ansorg zweifelnd an.

«Ihr seid als ehrlicher Mann bekannt, Ansorg, wie mir berichtet wurde. Ich hoffe, Ihr beherzigt das Gebot, kein falsches Zeugnis abzulegen.»

Der alte Ansorg sah dem Bischof fest in die Augen. Er wusste, dass Hohermuth und Hutten ihn unterstützen würden, und nickte nur.

Bastidas lächelte huldvoll und wandte sich zur Tür. Montesinos folgte ihm. Bastidas wandte sich noch einmal um: «Ihr Herren, mich ruft die Arbeit im Weinberg des Herrn und bei meinen Schafen. Wir wollen Gott bitten, dass er uns in seiner Güte Weisheit schenkt, um unser Vorhaben zu einem guten und dem Herrn wohlgefälligen Ende zu bringen. Wir werden Euch in unsere Gebete einschließen.»

Alle verneigten sich tief, auch die beiden Ansorgs. Als die beiden den Raum verlassen hatten, sagte Hohermuth: «Auch Ihr, Gunther Ansorg, könnt gehen. Wir werden Euch und Eure Kameraden gern als Mitstreiter sehen. Wir haben beschlossen, in wenigen Tagen eine Vorhut von hundert Mann an den Rand der Berge vorzuschicken, wo die Xidehara leben, auf der Route, die Nikolaus Federmann damals gewählt hat. Hauptmann Lope Montalvo de Lugo und Estéban Martín werden sie anführen. Sie werden ein Lager errichten und Proviant auskundschaften. Wir werden heute in einer Woche mit der Hauptstreitmacht aufbrechen, so Gott will. Ich erwarte, dass Ihr Euch in die bestehenden Fähnlein eingliedert. Philipp von Hutten wird Euch zu den anderen Hauptleuten bringen und die Einzelheiten besprechen.»

Hutten verbeugte sich knapp und winkte Gunther Ansorg, er möge ihm folgen. Burckhardt wollte sich ihnen anschließen. Doch Hohermuth befahl: «Halt, Burckhardt! Mit dir habe ich etwas anderes vor. Ihr gestattet, Ansorg, dass ich Euch Euren Sohn eine Weile vorenthalte!»

Gunther Ansorg blickte auf Burckhardt, dem man die Neugier auf das, was Hohermuth für ihn vorgesehen hatte, an der Nasenspitze ansah. Der alte Ansorg lächelte und nickte.

«Du weißt ja, wo du uns findest.» Dann ging er Hutten nach und schloss die Tür hinter sich.

«Tritt näher», sagte Hohermuth und zeigte auf den Tisch. «Schau auf diese Karte. Hast du so etwas schon einmal gesehen?»

Burckhardt schüttelte den Kopf und beugte sich vorsichtig über das gelbbraune Pergament.

«Kannst du lesen?», fragte Hohermuth.

«Ja», antwortete Burckhardt, «ein wenig, aber es reicht. Vater hat uns viel gelehrt, auch das Schreiben.»

Der Gobernator lehnte sich an den Tisch und zeigte mit dem Finger auf die Karte: «Hier ist das Heilige Römische Reich Deutscher Nation, darunter der Kirchenstaat des Heiligen Vaters und das Königreich Neapel. Im Westen Frankreich, Spanien und Portugal, im Norden die Inseln der Königreiche England und Schottland. Schau weiter nach Westen! Was siehst du dort?»

Burckhardt antwortete: «Mundus novus. Die Inseln der neuen Welt America und die Goldküste.»

«Lies!», befahl Hohermuth.

Mühselig entzifferte Burckhardt die Schrift. Im Osten sah er den Schriftzug «El Brasil», an der Küste unzählige winzige Namen der Flüsse, die in den letzten Jahren erforscht worden waren.

Im Nordwesten, es musste das Gebiet der Welser sein, stand geschrieben: Castilla del Oro. Er las laut, aber langsam vor: «Esta es la gobernacion de la gran casa y noble compania de los Belzares hasta el estrecho de tierra de ...»

Er stockte.

«Lies weiter!», ermunterte ihn der Gobernator.

«... de tierra de Magellanes.»

«Kannst du das übersetzen?», fragte Hohermuth.

Burckhardt antwortete:

«Dies ist die Provinz des großen Geschlechts und der edlen Compagnie der Welser bis zur Magellan-Straße.»

Der Gobernator nickte erfreut.

«Sehr gut, Ansorg. Ich sehe, du hast mehr Wissen als andere deines Alters. Setz dich!»

Burckhardt schaute sich um, aber außer dem Stuhl, auf dem Bischof Bastidas gesessen hatte, und dem Hohermuths erblickte er keine Sitzgelegenheit. Hohermuth bedeutete ihm mit einem Nicken, dass er Bastidas' Platz einnehmen dürfe. Vorsichtig ließ er sich nieder. Der Gobernator begann, im Raum auf und ab zu gehen.

«Die Landsknechte können weder lesen noch schreiben, und deine Landsleute aus Sachsen und Böhmen ebenso wenig. Selbst unter meinen Hauptleuten sind nur wenige, die die Schrift und die Karte deuten könnten. Hauptmann Martín war der Chronist Dalfingers, Velasco studierte eine Weile Theologia und Justitia in Salamanca. Und unser Edelmann Hutten stand im Dienst am Hof Kaiser Karls und hatte einen gelehrten Onkel, Ulrich von Hutten, vom dem erzählt wird, dass er vom katholischen Klerus keine allzu hohe Meinung hatte.»

Hohermuth blickt Burckhardt aufmerksam an, als erwarte er eine Reaktion. Burckhardt schwieg. Sein Vater und auch Josef Langer, der das Gebet am Todeslager der Mutter gesprochen hatte, konnten sehr wohl schreiben und lesen.

«Die Karte, Ansorg», sagte der Gobernator, «ist sehr kostbar. Sie stammt aus dem Büro der Welser in Sevilla. Es gibt nur zwei Exemplare, ein Original, das nach Augsburg geschafft worden ist, und eine Kopie, die ein Mönch in Sevilla angefertigt hat und die ich bekommen habe. Das Original stammt vom berühmten Kartenmaler Diogo Ribeiro aus Portugal, der seit langem in spanischen Diensten steht und auch in denen meines Hauses, der Welser. Er hat sie vor fünf Jahren gezeichnet. Damals hatte Pizarro das Reich des Groß-Inka Atahualpa noch nicht erobert. Deswegen fehlt das Land Peru auf der Karte. Aber was ist südlich davon?»

Burckhardt saß stumm da. Es hörte sich an, als führe der Gobernator ein Selbstgespräch. Hohermuth fuhr fort: «Irgendwo da ist das Südmeer, das Mar del Sur, wie die Spanier es nennen. Weißt du, wer Magellan war?»

Burckhardt schüttelte den Kopf.

«Anno Domini 1519 fuhr Fernando de Magellan um die Südspitze Americas nach Indien. Deswegen heißt die Passage ‹Straße des Magellan›. Aber diese Reise, die zu den Gewürzinseln Indiens führt, ist sehr lang und beschwerlich, und heftige Stürme warten auf die Seefahrer. Und deshalb lassen unser Kaiser und die Kaufleute der Welser einen besseren und bequemeren Weg suchen. Aber das ist nur mein offizieller Auftrag.»

Hohermuth machte eine bedeutungsvolle Pause.

«Ansorg, ich brauche jemanden, dem ich vertrauen kann. Es gibt hier einige Leute, die unser Vorhaben, die Entrada ins Landesinnere, hintertreiben und es am liebsten sähen, wenn wir alle jämmerlich umkämen. Und du musst wissen, wer welche Interessen vertritt. Ich werde es dir erklären: Unsere Herren, die Welser, haben niemanden angewiesen, nach Gold zu suchen oder fremde Königreiche zu unterjochen. Wir sollen zwar den Weg nach Süden, zu den Gewürzinseln, suchen, aber eine Entrada, die als einziges Ziel hat, Sklaven und Gold zu erbeuten, würde sowohl in Sevilla als auch in Augsburg auf Missfallen stoßen. Vor allem deswegen, weil in den Verträgen zwischen den Welsern und dem Kaiser davon gar nicht die Rede ist.

Und Remboldt? Remboldt weiß genau, wie die Lage hier ist. Wer ist denn für den Kauf und Verkauf von schwarzen und indianischen Sklaven zuständig? Wer organisiert den Transport von Venezuela nach Hispaniola, wer lässt Sklaven aus Africa über Sevilla nach America verschiffen und verdient kräftig daran? Unser Heinrich Remboldt! Den hohen Herren in der Augsburger Faktorei ist es ganz gleich, wie ihre Amtleute die Geldsäckel füllen, solange sie keinen Ärger mit dem Kaiser bekommen. Und der wird sich ruhig verhalten, denn ohne die Dukaten der Fugger und Welser hätte er gar nicht erst den Thron bestiegen.

Und die Kirche, fragst du? Die Kirche will seit Kolumbus' Zeiten das Wort des Herrn in alle Winkel unserer Welt tragen und den Heiden die Herrlichkeit Gottes verkünden. Du musst wissen, dass Bischof Bastidas, den du soeben kennen gelernt hast, heimlich Briefe an den kaiserlichen Hof schreibt, in denen er uns verleumdet, wir würden Lutheraner an die Goldküste schmuggeln. Jeder weiß, dass das eine infame Lüge ist.»

Hohermuth blinzelte Burckhardt verschwörerisch an und fuhr fort: «Aber der Bischof wird von einer einflussreichen Fraktion in Madrid unterstützt, der auch der Kaiser sein Ohr leiht: Den Spaniern passt es überhaupt nicht, dass die Verwaltung nicht in ihren Händen liegt. Nur unter Protest haben die Einwohner von Coro damals, vor sieben Jahren, einen deutschen Gouverneur akzeptiert. Und die Casa de Contratacion, die Handelskammer Sevillas, wartet nur darauf, dass irgendeine Beschwerde über die Amtsführung unseres Hauses laut wird, um uns Knüppel zwischen die Beine zu werfen.

Das ist auch der Grund, warum ich der Statthalter bin und nicht Federmann, der sich um Vorschriften nicht schert und dem es ganz gleich ist, welche Wirkung seine Unternehmungen in Sevilla, Madrid oder Augsburg erzielen. Heinrich Remboldt steht auf unserer Seite, aber nur solange wir das Risiko tragen und nicht er. Er finanziert das, wofür die Welser offiziell keinen Heller hergeben würden. Aber wenn wir scheitern, wird er sich damit rechtfertigen, dass er uns nicht den Auftrag gegeben hätte, nach Sklaven, Gold und Edelsteinen zu suchen und uns in kriegerische Händel zu verstricken, sondern dass wir nur den Weg zu den Gewürzinseln erkunden sollten und im Übrigen die Aufgaben erfüllen, die den Welsern vom Kaiser aufgetragen wurden: Städte zu gründen, sie zu besiedeln und zu befestigen.

Ich bin überzeugt, dass einige der spanischen Hauptleute Bastidas und seine Mittelsmänner mit Informationen versorgen. Ich weiß nicht, wer und warum. Aber ihr, die deutschen Bergknappen, ihr seid auf Gedeih und Verderb darauf angewiesen, dass wir ein Land finden, wie Cortez in Mexico und Pizarro in Peru, in dem es Gold und Edelsteine in Hülle und Fülle gibt und in dem uns allen eine Zukunft winkt. Scheitert die Entrada, scheitert auch ihr. Hier in Coro habt ihr nichts verloren. Die Spanier werden euch schneller wieder hinauswerfen, als ihr hereingekommen seid.

Ich habe gehört, dass du beliebt bist unter den Leuten und als einer der wenigen Deutsch und leidlich Spanisch sprichst. Ansorg, du wirst mir in Zukunft berichten, was die Landsknechte untereinander bereden. Es soll nicht zu deinem Nachteil sein.»

Hohermuth sah Burckhardt erwartungsvoll an. Dem schwirrte der Kopf. Ihm schmeichelte, dass der Gobernator ihn, einen einfachen Bergknappen, in sein Vertrauen zog.

Hohermuth trat auf Burckhardt zu, der sich sofort erhob. Er legte ihm beide Hände auf die Schultern, sah ihm freundlich in die Augen und sagte: «Wir sind uns also einig, Ansorg. Und nun lass mich allein, ich muß mich noch um viele Dinge kümmern.»

Burckhardt ging durch den Hof in den Vorraum, wo die Soldaten noch immer gelangweilt auf dem Boden saßen. Einer, der mit der Narbe im Gesicht, lehnte mit dem Rücken an der Wand, der Kopf war ihm auf die Brust gesunken. Er schnarchte laut. Hauptmann Francisco de Velasco war nicht zu sehen. Die Landsknechte sahen ihn neugierig und sogar ein wenig respektvoll an. Jetzt war er nicht mehr der arme Schlucker und Bergknappe, den sie auf den Arm nehmen konnten. Nein, jetzt war er jemand, dem der Gobernator lange Zeit sein Gehör geschenkt hatte, und das sicher nicht zum letzten Mal.

Draußen funkelten die Sterne. Der kühle Wind, der vom Meer über das Dorf strich, erfrischte ihn. Kurz musste er an seine Mutter denken.

Links und rechts des Weges leuchteten die Feuerstellen in den Hütten. Ein paar Hunde bellten. Die Leute beredeten den baldigen Aufbruch. Die Stimmung hatte sich merklich gehoben, seitdem sich herumgesprochen hatte, dass sie bald nach El Dorado ziehen würden. Burckhardt blickte in die Nacht. Auch oben am Himmel sah alles anders aus als in der Heimat. Hell über ihm strahlte das Kreuz des Südens wie ein Wegzeichen, das Gott geschaffen hatte, um sie in das Land ihrer Hoffnung zu führen.

TEIL 2

1. KAPITEL

Am Rio Tocuyo

«Gottverdammter Dreck! Verfluchter Schweineschiss! Das riecht hier wie die Kacke Beelzebubs!»

Mauricio Butzler ächzte und schwankte, griff mit der linken Hand nach Burckhardts Schulter und stützte sich schwer auf ihn.

«Leihe mir deinen Arm, Kamerad! Ich muss furzen. Dann treibt mich der Wind voran.»

Ansorg lachte, obwohl ihm genauso wenig danach zumute war wie dem Schneeberger Spaßvogel. Sie steckten bis zum Gürtel in zähem und grün schillerndem Schlamm. Jede Bewegung wurde zur Qual. Die Schuhe hatten sie ausgezogen, zusammengebunden und um den Hals gehängt. Die Füße sanken bis zu den Knöcheln, ja, bis zu den Knien ein. Nur mühsam kamen sie voran, Schritt für Schritt. Und immer wieder rutschten sie aus, fielen sie in die faulige Brühe und kamen fluchend wieder hoch.

Myriaden von bösartig summenden Mosquitos umschwärmten sie, kleine, kaum sichtbare Quälgeister, die jeden ungeschützten Flecken der Haut aufspürten, um ihre unsichtbaren Saugrüssel darein zu versenken. Träge Stechfliegen schwebten über ihnen, so groß wie die Bienen der Heimat. Ihr Stich ließ Arme, Beine und Gesicht schmerzhaft anschwellen. Der Sumpf von Paraguachoa – nur eine Viertelmeile, aber welche Mühe, sie hinter sich zu bringen! Die Veteranen, die mit Federmann gezogen waren, hatten bedenklich den Kopf geschüttelt, wenn sie von diesem Stück Wegs erzählten. Dort, am Rand der Berge, gebe es zu wenig Wasser, um mit Flößen vorwärts zu kommen, und zu viel, um zu Fuß zu marschieren.

Vorwärts! Hauptmann Juan Villegas führte den Voraustrupp an, zwanzig Reiter und vierzig Fußsoldaten, ein indianischer Führer – Cara aus Coro – und George Ebonfie, der Hundeführer mit einem englischen Bluthund. Sie hatten den Befehl bekommen, bis zum Tocuyo-Fluss vorzustoßen, um dessen Überquerung vorzubereiten. Der Tocuyo war das erste größere Gewässer auf dem Weg nach Süden, das sich ihnen entgegenstellen würde. Auch Federmann gelang es damals nur mit Mühe, mit seiner Schar überzusetzen.

Villegas' kräftiger Rappe stand bis zum Bauch im Schlamm und wedelte nervös mit den Ohren und mit dem Schwanz. Der Spanier hatte die Hand am Zügel und die andere auf die Kruppe des Pferdes gestützt und wartete, bis die Fußsoldaten an ihm vorbeimarschiert waren. Villegas eilte der Ruf voraus, einer der tapfersten Soldaten, aber auch rücksichtslos gegen sich und andere zu sein. Der Spanier trug einen Waffenrock aus Sackleinwand, drei Finger dick mit Baumwolle gefüllt und mit Salz getränkt. Der war nicht so heiß wie ein Harnisch aus Eisen, hielt aber genauso gut einen Pfeil ab. Von seinem Helm wollte Villegas nicht lassen, obwohl die glutheiße Sonne seit einer Woche brannte wie das Feuer in einem Ofen.

Hauptmann Villegas hatte darauf bestanden, sich die Soldaten des Voraustrupps selbst auszusuchen. Nur Burckhardt Ansorg und Mauricio Butzler hatte der Gobernator persönlich dem Haufen zugeordnet. Villegas war so beliebt wie Federmann und so energisch, aber, das unterschied ihn vom Capitán Barba Roja, jähzornig und gewalttätig. Butzler hingegen galt als jemand, der am besten mit der Barte und mit dem langen Haumesser umgehen konnte, und war auf Empfehlung Estéban Martíns eingeteilt worden.

Die Landsknechte galten als die Erfahrensten unter den Veteranen. Unter ihnen waren nur zwei Deutsche: der Kleine mit dem Narbengesicht, der damals von dem Zug Dalfingers erzählt hatte und den die Spanier «El Cuchillito», das Messerchen, nannten, und sein Kamerad, der von allen nur Kaspar gerufen wurde und der dem Narbengesicht das Reden überließ. Die Spanier hatten schon in ganz Europa gekämpft. Sie waren Tercios, die besten Kämpfer des Heiligen Römischen Reiches, ausgestattet mit Spießen, Tartschen, Armbrüsten und den berühmten Toledaner Rapieren, deren Stoßklinge drei oder gar vier Kanten besaß und fürchterliche Wunden riss. Man musste, was die Landsknechte genüsslich schilderten, der Waffe noch die «spanische Drehung» geben, wenn sie im Fleisch des Gegners steckte. Mehrere Soldaten waren vor drei Jahren in Ungarn gegen die Türken zu Feld gezogen; zwei von ihnen marschierten unter dem Befehl Kaiser Karls plündernd durch Rom, während der Heilige Vater Clemens sich in den Kellergewölben der Engelsburg versteckte und so in die Hosen machte, dass er ganz steif war, als sie ihn fanden. Die zwei Deutschen hatten in der Schlacht von Pavia gekämpft, vor fast zehn Jahren. Sie kannten noch den berühmten Landsknechtsführer Georg von Frundsberg. Und alle waren schon entweder mit Dalfinger oder mit Federmann im Inneren der Insel Venezuela gewesen. Unter diesen Männern fühlte Burckhardt sich sicher, obwohl die anderen ihn nicht als gleichwertig erachteten.

Burckhardt dachte an Anna. Nur zwei Tage bevor der Gobernator Coro verlassen wollte, hatte sich Johannes Kestlin entschlossen, doch mitzuziehen und El Dorado zu suchen. Seine Frau und die Indianerin mussten ihm mit Hab und Gut folgen. Sie hatten sich nicht mehr getroffen, aber Anna warf ihm Blicke zu, die zeigten, dass sie froh war, ihn nicht verloren zu haben.

Rund ein Dutzend Frauen marschierten im Tross: Anna, ihre indianische Sklavin und einige Indianerinnen, die sich die Siedler aus Coro zur Frau genommen hatten. Dann die Ehefrau des Sixt Enderlein aus Pottmas in Sachsen, ein stilles, verhärmtes Weib, das nie ein Wort sagte, und Anna Kerer, die Frau des Christoph Kerer aus Annaberg, die auf der «Santa Trinidad» bei der Geburt tatkräftig angepackt hatte und die bei den Soldaten sehr beliebt war, weil sie selbst aus Gras, wie die Landsknechte behaupteten, noch eine anständige Suppe kochen konnte. Und auch Cara hatte zwei seiner Frauen mitgenommen.

Cara ging Burckhardt aus dem Weg. Seitdem die rebellischen Dorfbewohner versklavt worden waren, schien er wie verwandelt. Er sah verschlossen und missmutig aus und verkehrte nur noch mit Caquetios. Burckhardt hatte sich deswegen auch nicht mehr getraut, seine Hütte für die heimlichen Treffen mit Anna zu benutzen.

Sie waren am dreizehnten Mai in Coro aufgebrochen, anno Domini 1535. Vor genau einem Jahr hatten die Ansorgs ihre Heimat Geyer hinter sich gelassen und sich auf den Weg in die Neue Welt, zur Goldküste, gemacht. Jetzt war die Mutter tot, und sie bauten sich kein neues Leben auf, sondern waren auf dem Weg in ein unbekanntes, geheimnisvolles Land, auf der Suche nach Reichtümern und goldenen Städten. Hohermuth hielt auf der Plaza von Coro eine Rede, die Burckhardt sehr beeindruckte. So hatte er den Gobernator noch nicht erlebt. Auch die Soldaten, die eher auf der Seite Nikolaus Federmanns standen, ließen sich von der Begeisterung Hohermuths mitreißen. Ungeheure Gefahren warteten auf sie, rief der Gobernator, Felsengebirge, reißende Flüsse, Ebenen, von der Sonne durchglüht, Durst und Hunger, feindliche Indios. Wer sich nicht stark genug fühle, solle nicht mitziehen in die Stadt des Goldenen Mannes. Wer aber mutig sei, tapfer und gottesfürchtig und ihm Treue schwöre, den werde er in ein Land führen, das noch nie eines Christen Fuß betreten habe. Alle Not werde ein Ende haben. «Tapfere Deutsche, kühne und edle Spanier!», hatte der Gobernator ausgerufen, und ein ungeheurer Jubel war unter den Kolonisten und Landsknechten ausgebrochen. Nur Federmann stand abseits und verzog verächtlich den Mund. Er sollte nach Norden ziehen, wie Hohermuth angekündigt hatte, nicht nach El Dorado. Auch Pedro de Limpias gesellte sich lieber zu Federmann sowie einige der älteren Veteranen, die den Capitán Barba Roja schon auf seinem ersten Zug begleitet hatten.

Eine Woche marschierten sie schon. Zuerst war es die Küste entlanggegangen, nach Osten. Die Caquetios, allen voran Cara, führten sie von einem Dorf zum anderen. Dann bogen sie ab, im rechten Winkel nach Süden, durch das Tal eines Flusses, in eine Landschaft sanft gewellter Hügel, die allmählich steiler und zerklüfteter wurden. Die Palmen wuchsen spärlicher, dafür tauchten immer mehr Farne und Bäume mit bunten Blüten auf; Schlingpflanzen hingen von ihren Ästen, und Moose überwucherten die Wurzeln. Bald würden sie den Fluss Tocuyo erreichen, meinte Hauptmann Villegas. Nur noch der Sumpf, dann komme ein Dorf der Xidehara, Hittova genannt. Und dann hinunter in eine Schlucht. Danach beträten sie feindliches Gebiet, das der Cuyoner.

Aber nun steckten sie fest. Der Sumpf war nicht sehr breit, wie die Plaza von Coro, aber an beiden Seiten von undurchdringlichem Wald umgeben. Wahrscheinlich war der Sumpf eigentlich ein Flussbett, doch das Wasser stand. Der Himmel hatte sich schon seit dem frühen Morgen mit Wolken bedeckt, die grau und schwer am Himmel hingen und so aussahen, als suchten sie nur eine passende Gelegenheit, ihre Wassermassen auf die Erde zu schütten. Trotzdem war es drückend heiß. Vorn kämpften die Macheteros mit einem großen und abgestorbenen Baum, der mehr als fünf Klafter lang war. Er trug keine Blätter; sein mehr als mannsdicker Stamm war in der Mitte geborsten, als habe der Blitz eingeschlagen. Der Baum hing quer über ihnen und stützte sich auf der anderen Seite der Furt auf die Astgabelung eines anderen Baumriesen. Die Reiter kamen nicht hindurch. Drei Soldaten hackten mit den Haumessern und Äxten aus Leibeskräften auf das Wurzelwerk ein, aber das Holz war hart wie Stein. Die Tercios hatten ihre Waffen an den Leib gebunden, und die Reiter hängten die Armbrüste an den Sattel, sonst wären sie gar nicht vorwärts gekommen. Ebonfies Hund musste die ganze Strecke durch den Sumpf schwimmen. Ihm machte der Schlamm noch am wenigsten aus.

Jetzt begann es zu regnen. Schwere Tropfen klatschten, und in wenigen Augenblicken ging ein Wolkenbruch über sie hernieder, so stark, wie es Burckhardt noch nie erlebt hatte. Die Reiter saßen auf ihren Pferden wie nasse Katzen.

Hauptmann Villegas kämpfte sich mit seinem Rappen bis zu den Macheteros vor und brüllte: «Seht zu, dass ihr endlich den verfluchten Baum zu Fall bringt! Wir wollen aus dem Drecklochhinaus!»

Mauricio Butzler stand neben Villegas, bis zur Brust im Wasser, und hielt sich mit einer Hand an einer Wurzel fest. Er sah den Baumstamm abschätzend an und kratzte sich am Kopf. Dann schrie er, um das Prasseln des Regens zu übertönen: «So wird das nicht gehen! Das Holz ist zu hart. Ihr zerbrecht nur die Messer. Wenn ihr echte Nürnberger Ware hättet, aber dieser spanische Kram … Und die Barten brechen mir unter der Hand weg. Hier fehlt ein ordentliches Göpelwerk.»

Hanns Wilder und Hans Yleis, die das gehört hatten, lachten schallend, aber die Spanier verstanden nicht, was Butzler damit meinte. Deshalb sagte Mauricio: «Ich brauche Seile und Reiter, Capitán.»

Die Miene Villegas' hellte sich auf. Er nickte und schrie einem der Reiter zu:

«Ein Seil, schnell!»

Butzler kletterte auf die Baumruine und befestigte die Seile an zwei starken Ästen an dessen aufliegender Spitze. Dann balancierte er mit den losen Seilenden abwärts auf die andere Seite des Stammes, wo das Wurzelwerk halb aus dem Wasser ragte, und blickte prüfend nach oben. Er winkte Burckhardt, er möge ihm helfen. Butzler warf die Seilenden hoch über die Astgabel eines kleinen Baumes, sodass sie auf der anderen Seite herunterhingen. Die losen Enden mussten die zwei Reiter an das Geschirr der Pferde knoten. Nun hatten sie eine Art Flaschenzug: Die Reiter mussten nur noch kräftig ziehen, und der Baum würde sich wieder aufrichten. Die Soldaten pfiffen anerkennend, als sie begriffen, was Butzlers Idee gewesen war. Der sagte nur, ohne eine Miene zu verziehen: «Man muss alles brauchen, wozu es gut ist, sagte der Pfaffe, da zog er sich einen Wurm aus dem Hintern und band sich den Schuh damit zu.»

Alle lachten. Es regnete immer noch in Strömen, aber die Hoffnung, endlich aus dem Sumpf zu kommen, beflügelte sie. Die beiden Reiter waren abgestiegen und trieben die Pferde an. Die Seile strafften sich. Alle blickten erwartungsvoll auf den riesigen toten Stamm. Es knirschte und knackte, und der Baum, über den die Seile liefen, bog sich bedrohlich. Die Soldaten schrien aus Leibeskräften und feuerten die Pferde an. Jetzt, endlich, hob sich die Spitze des Baumes wie ein riesiger Schlagbaum in die Höhe, weiter und weiter, bis er fast senkrecht stand, als wolle er dort wieder Wurzeln schlagen, wo er gewachsen war.

Villegas trieb sie an, und der Zug setzte sich in Bewegung. Zuerst die Reiter, dann die Fußsoldaten. Butzler kletterte auf den kleineren Baum und schlang ein Seil um beide Stämme, damit die Reiter, die das Hindernis in die Höhe gezogen hatten, es nicht mehr sichern mussten. Auch sie gaben ihren Pferden die Sporen, um sich den anderen anzuschließen. Der letzte wollte gerade die Stelle passieren, an der das Hindernis ihnen den Durchmarsch verwehrt hatte, da ertönte ein Schrei. Butzler war ausgerutscht, als er hinabklettern wollte, und hing mit beiden Händen an einem Ast, der sich gefährlich nach unten bog und schaukelte.

Burckhardt schrie: «Lass los, Mauricio, lass dich fallen!»

Butzler schaute ängstlich nach unten. Jetzt riefen alle, spanisch und deutsch durcheinander. Villegas sagte ärgerlich: «Komm herunter, alemán, oder ich schieße dir einen Pfeil in den Hintern!»

Die Landsknechte grölten und spotteten. Butzler schrie und ließ los. Mit einem lauten Klatschen fiel er in das trübe Wasser. Fluchend tauchte er wieder auf, den Kopf voller Schlingwerk. Plötzlich krachte es, laut und drohend. Der zweite Baum, der als Hebel für den Flaschenzug gedient hatte, konnte das Gewicht des größeren nicht mehr halten. Sein Stamm barst, und unendlich langsam kippten beide Bäume um. Alle brüllten durcheinander. Der Hauptmann schrie dem letzten Reiter eine Warnung zu. Der begriff, dass ihm Gefahr drohte, und gab dem Pferd die Sporen. Doch diese war mit den Hinterbeinen tief in den Schlamm eingesunken, scheute und bäumte sich auf. Mit einem dumpfen Knall fielen beide Baumstämme auf Ross und Reiter, begruben sie unter sich und drückten sie unter das Wasser. Burckhardt und mit ihm alle anderen stürzten hinzu. Villegas gab seinem Pferd so heftig die Sporen, dass es vor Schmerz laut wieherte. Alle versuchten, die Stämme zu bewegen, aber sie lagen so fest wie ein Fels. Der Kopf des Pferdes schaute noch aus dem Wasser. Es hatte in Todesangst die Augen verdreht, strampelte mit den Vorderbeinen und schrie. Unter ihm bewegte sich der Reiter. Er war offenbar eingeklemmt und konnte sich nicht befreien. Burckhardt bekam einen Arm zu fassen und zog, was er konnte. Doch es half nichts. Der Arm bewegte sich schwächer und schwächer und entglitt ihm endlich. Das Wasser färbte sich blutrot. Villegas glitt aus dem Sattel, zog seinen italienischen Dolch und stach dem eingeklemmten Pferd in den Hals. Es zuckte noch und war tot.

Niemand sagte etwas. Butzler rannen die Tränen über die Wangen. Der spanische Hauptmann sah ihn an, stieg wieder auf und hob die Hand: «Soldaten! Gott hat es so gewollt. Niemanden trifft eine Schuld. Wir können dem armen Teufel nicht mehr helfen. Gott sei seiner Seele gnädig.»

«In Ewigkeit. Amen», echote es.

Villegas rief: «Dios y la Virgen! Vorwärts!»

Der Trupp setzte sich in Bewegung. Butzler und Burckhardt bildeten den Schluss. Der Schneefelder hatte sich bei dem Sturz vom Baum an der Schulter verletzt, er blutete und verzog das Gesicht. Burckhardt sah ihn fragend an, doch Butzler winkte ab.

«Wenn wir auf dem Trockenen sind, binde ich ein Tuch darum», sagte er, «jetzt kann mir niemand helfen.»

Der Regen war schwächer geworden. Es tröpfelte nur noch. Die Wolkendecke brach auf, und die Strahlen der Sonne erwärmten sie. Endlich bekamen sie festen Boden unter die Füße. Es ging bergan, und der Sumpf lag bald hinter ihnen. Cara marschierte an der Spitze, dann Ebonfie mit dem Hund, danach die Macheteros, dann kamen Villegas und die Reiter, zuletzt die Fußsoldaten. Zu aller Überraschung entdeckten sie hinter dem Sumpf einen schmalen Pfad, der in die Höhe führte. Offenbar diente er den Indios als Handelsweg an die Küste. Ohne ihren Führer hätten sie den Weg zwar kaum gefunden, aber sie mussten nicht mehr jede Elle mit der Machete vom Strauchwerk befreien.

Hinter ihnen versank die Ebene. Je höher sie kamen, umso weniger der lästigen Plagegeister umschwirrten sie. Das Land lag braun und trocken da, gesprenkelt von dunkelgrünen Flecken. Der ausgetrocknete Boden saugte das Wasser auf wie ein Schwamm. Nur am Fuß der Berge, dort, wo die Bäche versickerten, hielten sich stehende Gewässer oder feuchte, verschlammte Stellen.

Sie konnten die Küste nicht mehr sehen. Burckhardt legte die Hand über die Augen. Coro bedeutete ihm nicht viel. Es war nicht zu seiner neuen Heimat geworden. Dennoch: Ihn beschlich ein Gefühl, als verlasse er wieder etwas Vertrautes, wie damals in Geyer, als setze er sich dem Unbekannten aus, einer Gefahr, von der er nicht wusste, woher sie kommen würde. Fern am Horizont ergoss sich ein grauer Strom Wassers senkrecht aus den Wolken, und die Strahlen der Sonne fielen durch das rote Abendlicht. Burckhardt schüttelte den Kopf, als müsse er finstere Gedanken verscheuchen. Dann folgte er dem Trupp der Soldaten, die sich den Abhang hinaufschleppten.

Nur das Keuchen der Landsknechte, das leise Schnauben der Pferde und Knirschen des Zaumzeugs und manchmal das Scheppern von Metall durchbrachen die Stille. Schmetterlinge taumelten von Blüte zu Blüte, und Käfer brummten umher. Vögel waren selten zu hören, die Grillen zirpten wie immer unermüdlich. Der Hund bellte einmal kurz und knurrte laut. Aber es war wohl nur ein Tier, das er im Gesträuch gewittert hatte.

Die Spitze des Zuges hatte die Anhöhe erreicht. Die Fußsoldaten schlossen zu den Reitern auf. Schwer atmend lehnten sie sich aneinander. Zum ersten Mal sahen sie die andere, südliche Seite des Gebirges. Die Berge standen schroff und steil gegen den Himmel, und unter ihnen rollten sanft gerundete Hügel wie die Wellen des Meeres. Dichtes und mannshohes Buschwerk bedeckte das Land. Vereinzelt hoben sich Palmenhaine gegen das Dickicht ab. Die Täler standen in sattem Grün und Gelb.

Unter ihnen lag Hittova im Abendlicht, das erste Dorf der Xidehara. Die Siedlung am Fuße des Hanges war offenbar größer als Coro. Dutzende von Hütten, alle mit Palmzweigen bedeckt, standen ohne erkennbare Ordnung beieinander. Überall zogen die Rauchsäulen der Feuerstellen in die Luft. Niemand hatte sie bisher bemerkt.

Juan de Villegas sah in die Runde. Die Soldaten blickten ihn mit schweißglänzenden Gesichtern erwartungsvoll an. Das Dorf war noch zu weit entfernt, um einzelne Menschen erkennen zu können. Sie hätten wohl noch eine Viertelstunde marschieren müssen. Der Hauptmann befahl, einen Schuss mit der Arkebuse abzufeuern. Seelenruhig stopfte der Soldat das Pulver in das Rohr, legte die Büchse auf die Gabel und feuerte aufs Geratewohl. Der Knall rollte wie Donner über die Dächer. In wenigen Augenblicken gab es in der Ferne ein aufgeregtes Geschrei. Braune Gestalten liefen zwischen den Hütten umher.

Keine Hindernisse stellten sich den Pferden entgegen, nur hohes Gras und Buschwerk. Burckhardt verstand, was Villegas beabsichtigte. Er wollte die Reiter im Handstreich das Dorf einnehmen lassen, um den Indios einen gehörigen Schrecken einzujagen. Auf sein Zeichen hin zogen sie los, erst im Trab, die schweren Lanzen in der Hand, dann in rasendem Galopp. Der Boden dröhnte unter den Hufen, Staub wirbelte hoch auf. Niemand sah, was geschah. Nur die Rufe der Soldaten drangen bis zu den Fußtruppen.

Die Fußsoldaten, Cara, der Dolmetscher, Ebonfie und Burckhardt marschierten mit den Packpferden zum Dorf. Dort war schon alles vorbei. Niemand hatte gewagt, sich den Pferden entgegenzustellen. Hauptmann Villegas wartete hoch aufgerichtet im Sattel, umgeben von einem Dutzend Reitern, die ihre Piken und Schwerter noch drohend in den Händen hielten. Die anderen ritten zwischen den Hütten umher und trieben die Indios zusammen, Männer, Frauen, Kinder. In der Mitte des Dorfes lagerten die Vorräte in einem Schuppen, dem Buhio, genau so, wie es Federmann geschildert hatte, Gefäße mit Maniok, Salz und Cassave. Die Indios hatten sogar Dörrfleisch zum Trocknen aufgehängt, aber keinen Fisch.

Die Xidehara waren klein von Statur und sahen stark und zäh aus. Sie liefen fast völlig nackt, wie die Caquetios an der Küste. Frauen wie Männer trugen Ketten aus Fruchtkernen um Hals und Arme, ließen aber die Haare unbeschnitten. Die Kinder greinten, und die Frauen und Alten wichen, zitternd vor Angst, vor dem Hund zurück. Ebonfie ließ ihn an der Leine und paradierte vor der Menschenmenge auf und ab. Der Hund knurrte und bellte unentwegt, und Geifer troff ihm aus dem Maul. Burckhardt stellte sich zwischen die Packpferde, um alles genau beobachten zu können, aber ohne selbst gesehen zu werden. Doch Juan de Villegas winkte ihn herbei, sprang vom Pferd, bedeutete auch Cara, ihm zu folgen, und ging schnellen Schrittes in die größte Hütte, die sie im Ort erblickt hatten, offenbar das Gemeindehaus, direkt neben dem Bach, der mitten durch das Dorf plätscherte. Die Hütte war rund wie die in Coro, es gab Hängematten, irdene Krüge mit Wasser und Salz und geflochtene Trichter zum Herrichten des Manioks.

Drinnen warteten einige Landsknechte, die den Kaziken des Ortes zwischen sich genommen hatten. Der Indio weinte und zappelte und wollte sich losreißen, aber die Soldaten packten ihn mit grimmigem Vergnügen an den Armen und ließen ihn strampeln wie ein kleines Kind. Der Kazike war ein älterer, dürrer Mann mit gelben und roten Streifen im Gesicht und einem blauschwarzen Haarzopf, der ihm bis auf den Hintern fiel.

Villegas sah ihn kühl an und befahl Cara zu übersetzen: «Höre,

Indier, wir werden diese Nacht in Hittova verbringen. Ihr werdet uns ein Mahl bereiten. Wenn es uns hier gefällt, werden wir euch reich beschenken mit Dingen, die ihr noch nie gesehen habt.»

Der Kazike sah erleichtert aus. Er nickte heftig. Der Hauptmann erklärte ihm, dass die, die nach ihm kämen, noch mehr und noch streitbarer seien. Alle Einwohner von Hittova seien jetzt die Untertanen Kaiser Karls des Fünften, des mächtigsten Herrschers der Welt. Der Kazike nickte wieder. Villegas versprach, dass die Indios bald der Segnungen der allein selig machenden katholischen Kirche teilhaftig würden. Der Heilige Vater in Rom gedächte ihrer im Gebet.

Als Cara übersetzt hatte, meinte Villegas: «Die Mönche werden sie schon traktieren. Das ist nicht unsere Aufgabe. Stellt vier Wachen auf, Doppelposten, rings um das Dorf. Ich traue dem Burschen nicht. Er ist nur aus Angst so willig. Sprich, Indier!»

Der Hauptmann stellte sich vor den Kaziken und fasste ihn mit beiden Händen hart an den Schultern.

«Wir suchen den Weg zum Goldenen Kaziken, den El Dorado. Wir suchen Gold! Zeigt mir eures!»

Der Indio zuckte fragend mit den Achseln und redete dann mit Händen und Füßen auf Cara ein. In Villegas' Augen erschien ein gefährliches Glitzern, er herrschte Cara ungeduldig an.

«Was sagt er?»

Cara antwortete: «Er sagt, sie sind arm. Sie haben kein Gold. Sie haben noch nicht einmal Salz. Das bekommen sie von der Küste, von den Caquetios, und geben dafür Baumwolle. Aber da, wo die Sonne am Mittag steht, da gibt es Gold.»

Villegas schaute den Kaziken nachdenklich an. Der wand sich unbehaglich unter dem Blick des Spaniers und wollte sich erheben, aber die Soldaten drückten ihn lachend zu Boden.

«Im Süden, sagst du? Und ihr habt kein Gold? Woher wisst ihr denn, dass es dort Gold gibt?»

Der alte Mann nickte wieder, als habe er diese Frage erwartet. Er redete wieder auf Cara ein. Der übersetzte: «Auf der anderen

Seite des großen Flusses, der Tocuyo heißt, leben ihre Feinde, die Ayamanes. Die sind klein von Gestalt, aber sehr kriegerisch. Und deren Feinde sind die Cuyoner. Mit denen liegen sie ununterbrochen in Fehde. Die Cuyoner kommen sogar bis in das Gebiet der Xidehara, um die Frauen zu rauben. Aber sie konnten sie bisher immer zurückschlagen. Die Cuyoner treiben Handel mit einem Volk, das in den Bergen lebt. Sie tauschen Gold und Salz gegen Muscheln und Gift.»

Villegas sah ihn fragend an. Cara fragte kurz nach und erklärte dann, die Völker im Landesinneren wüssten, wie man Gift herstellt, mit dem man die Spitzen der Pfeile tränke. Sie, die Xidehara, hätten vor vielen Jahren einen Obersten der Cuyoner gefangen. Der habe Gold bei sich geführt.

Die Soldaten sahen sich an. Der Hauptmann fragte schnell: «Wo ist das Gold dieses Obersten jetzt?»

Der Kazike zeigte mit der Hand unbestimmt nach draußen. Villegas befahl den Soldaten, ihn zu begleiten. Wenige Augenblicke danach kam er zurück und drückte dem Hauptmann etwas in die Hand. Alle drängten sich um Villegas, der das Stück zwischen zwei Fingern hielt und es von allen Seiten betrachtete. Es sah aus wie eine Münze, etwas größer als ein spanischer Real, war aber nicht rund, sondern unregelmäßig geformt, wie ein winziger Pfannkuchen. Es war aus purem Gold. Villegas prüfte es mit den Zähnen und nickte. Auf der Oberfläche war etwas geprägt, so klein, dass man es mit bloßem Auge kaum erkennen konnte: wie ein platt gedrückter Käfer. Drei Kreise, kaum größer als Punkte, formten seinen Körper, die hinteren Gliedmaßen krümmten sich, als säße der Käfer in der Hocke oder auf den Hinterbeinen wie ein Kaninchen auf dem Feld.

Juan de Villegas wog das Stück in der Hand und steckte es dann unter sein Hemd. Wo das gemacht worden sei, gebe es noch mehr, sagte er. Dann hieß er den Indio gehen und befahl den Reitern, draußen abzusitzen. Sie stapelten das Gepäck in der großen Hütte. Die, die nicht zur Wache eingeteilt worden waren, ließen sich in den Hängematten nieder, tranken das Getränk aus Mais, das wie Bier schmeckte, und aßen von den Vorräten, die ihnen die Frauen des Dorfes vor die Füße stellten, Mais, süße Patatas, Erdnüsse, Yucca und Hirschfleisch, das eingelegt worden war und leicht säuerlich, aber gut schmeckte.

Einige junge Mädchen aus dem Dorf wuschen ihre verdreckten Kleider, unter den Augen der Soldaten, die darauf achteten, dass niemand etwas entwendete. Burckhardt musste erst zur letzten Wache antreten. Er legte sich völlig nackt in eine Hängematte und schlief sofort ein. Er wurde erst wieder wach, als ihn jemand unsanft an der Schulter rüttelte.

«Steht auf!», befahl ihm ein spanischer Landsknecht. Es war noch stockfinster. Burckhardt merkte, dass seine Hängematte feucht war und streng roch. Er hatte Durchfall bekommen und es im Schlaf nicht bemerkt. Ihm war hundeelend, und in seinem Bauch rumorte es. Ärgerlich ging er zum Bach, wusch sich und zog seine noch feuchten Kleider an. Obwohl es immer noch wärmer war als in Sachsen zur Sommerszeit, fror er. Kein Laut war zu hören. Der Spanier hatte ungeduldig gewartet und zeigte ihm die Stelle, wo er zu wachen hatte. Mauricio Butzler kam hinter einer Hütte hervor und grinste. Er war ebenfalls zur letzten Wache befohlen worden. Butzler zeigte auf das Tuch, das um seine Schulter gebunden war.

«Das hat eine der Indierinnen gemacht, die Wunde ist verschorft», sagte er. «Ein dralles Mädel. Ein wenig klein geraten, aber alles dran. Und ohne die lästigen Röcke und all den Plunder.»

Der Schneeberger schnalzte genießerisch mit der Zunge.

«Wir waren allein, und ich habe mir die Gelegenheit nicht entgehen lassen.»

«Und das Mädchen hatte nichts dagegen?»

Butzler schüttelte den Kopf.

«Sie hatte noch nie einen Mann mit Bart gesehen und schreckliche Angst. Ich habe auf mein Schwert gezeigt, auf das eiserne, und ein bisschen damit herumgefuchtelt. Das machte großen Eindruck auf sie.» Er grinste breit: «Und dann habe ich mein anderes Schwert hervorgeholt. Das war schon genauso hart. Sie verstand gleich, worum es ging. Mein Vater, Gott hab ihn selig, sagte immer, wenn er den Mägden nachstieg: ‹Ja, wer mit frommen Leuten umgeht, wird auch fromm, sagte der Mönch, da schlief er in einer Nacht bei fünf Nonnen.› In ein paar Jahren wird es in Hittova noch ein paar Bärtige geben, nur mit dunklerer Haut als wir.»

Butzler lachte glucksend in sich hinein. Burckhardt war zu erschöpft gewesen, um an eine Frau zu denken. Und er hatte ja Anna. Wo mochte sie jetzt sein? Hoffentlich geschieht ihr im Sumpf nichts, dachte er. Er ging langsam neben Butzler auf und ab. Wenn er sich gesetzt hätte, wäre er wieder eingeschlafen. Ihn schmerzten die Gelenke, und mehrere Male musste er sich setzen, um sich zu entleeren. Die Nacht war sternenklar. Es raschelte im Gras, als liefen dort kleine Tiere geschäftig hin und her. Alles schien friedlich.

Sie brachen auf, noch bevor die ersten Strahlen der Sonne die Dächer der Hütten trafen. Die Xidehara lugten vorsichtig aus ihren Hütten, als die Reiter sich auf ihre Pferde schwangen. Wenn eines der Rösser den Kopf hob und schnaubte, verschwanden alle neugierigen Gesichter. Halblaute Rufe ertönten. Sie marschierten in den Morgen, nach Süden.

Das Land veränderte sich. Es ging wieder hinab, und die Pflanzenwelt wurde eintöniger. Sie durchquerten mehrere Täler. Cara war erst einmal hier gewesen und musste manchmal lange überlegen, welche Richtung einzuschlagen war. Vereinzelt tauchten Kakteen auf, diese merkwürdigen Gewächse mit Stacheln wie ein Igel, die Burckhardt zuerst in Sevilla gesehen hatte. Der Boden wurde braun und sandig. Die Blätter der Bäume schrumpelten zusammen und waren von einer dicken Staubschicht bedeckt. Hier schien es noch nicht geregnet zu haben. Sie hatten schon nach drei Stunden die Wasservorräte fast aufgebraucht. Nur noch einen Hügel müssten sie ersteigen, verkündete der Dolmetscher, dann kämen sie zum Fluss.

Cara behielt Recht. Endlich erblickten sie von hoch oben den Tocuyo, der seine schmutzig braunen Wassermassen durch das Tal strömen ließ. Der Abstieg zum Ufer war sehr steil; mehr als einmal rutschten die Reiter aus, stiegen dann zumeist ab und nahmen die Pferde an die Zügel. Das Tal drängte an einigen Stellen die Wasser zusammen, aber nur wenige Ausläufer der Berge erreichten das Flussufer. Riesige Sandbänke lagen mitten im Fluss, auf denen sich unzählige Reiher und kleinere, rötliche Vögel tummelten.

Sie tränkten zuerst die Pferde und stürzten sich dann selbst in die Fluten, um sich zu erfrischen. Villegas ließ einige der Reiter im Sattel bleiben, denn sie wussten nicht, ob sie vom anderen Ufer von feindlichen Indios beobachtet wurden. Burckhardt stellte fest, dass die Strömung recht heftig war. Beinahe wäre er abgetrieben worden. Er rief den anderen eine Warnung zu, doch die hatten schon bemerkt, dass die kleinen Wellen und gurgelnden Wirbel, die sich da und dort zeigten, auf gefährliche Untiefen hinwiesen.

Der spanische Hauptmann rief die Leute zusammen. Auch Villegas hatte den Helm abgesetzt und den Harnisch abgelegt.

«Soldaten!», rief er. «Jemand muss hinüberschwimmen und drüben ein Seil befestigen. Wir werden Flöße bauen und auf den Gobernator warten, aber auf der anderen Seite, um den Übergang zu sichern.»

Aller Augen richteten sich auf Burckhardt. Offenbar meinten sie, dass er am geeignetsten sei, den Fluss zu überqueren, denn nur wenige der Landsknechte konnten schwimmen. Ihm gefiel die Idee gar nicht. Das Wasser war nicht sehr breit, der Pfeil einer guten Armbrust wäre auf der anderen Seite am Ufer aufgeschlagen. Aber drüben bot ihm nichts und niemand Schutz, falls Indios auftauchen sollten. Doch Villegas winkte ihm harsch, sich zu trollen. Burckhardt seufzte und zog sich bis auf die Hose aus. Zwei Landsknechte knoteten mehrere Hanfseile zusammen und legten ihm die schwere Rolle um den Hals. So konnte er nicht schwimmen, das Gewicht hätte ihn auf den Grund des Flusses gezogen. Mauricio Butzler winkte ihm beruhigend zu. Der Schneeberger hielt ihm eines der großen hölzernen Schilde hin, die Tartsche eines der Soldaten.

«Stütz dich darauf», sagte er, «die Tartsche wird nicht untergehen, sie ist wie ein kleines Floß.»

Burckhardt nickte, atmete tief durch und schritt langsam in das Wasser, bis die Strömung ihm die Beine wegzog. Er hatte sich mit der Brust auf die Tartsche gelegt und kam überraschend gut voran. Ein paar Mal drehte er sich im Kreis, weil er durch einen Wirbel schwamm, aber nach einiger Zeit näherte er sich mit schnellen, kräftigen Stößen dem anderen Ufer. Endlich spürte er trockenen Boden unter den Füßen. Ängstlich beobachtete er das Gebüsch, aber nichts regte sich. Er ging ein Stück flussaufwärts, um auf gleicher Höhe wie der Vortrupp zu sein, suchte einen starken Baumstamm und schlang das Ende des Seils darum. Auf der anderen Seite des Flusses tat man es ihm gleich. Der Hauptmann und die Reiter trieben die Pferde in das Wasser und schwammen neben ihnen, die Zügel in der Hand oder zwischen den Zähnen. Burckhardt war froh, als die zwanzig Mann ihn erreicht hatten und er nicht mehr allein am anderen Ufer war. Jetzt folgten auch die Fußsoldaten, die ihre Habe zusammengeknotet mit sich führten. Sie hangelten sich am Seil entlang, wenn die Strömung sie zu sehr abtreiben wollte. Der Hauptmann befahl, Feuer anzuzünden, Wachen aufzustellen und Holz zu schlagen. Er gab Butzler das Kommando über die Macheteros, die sich bald daranmachten, Flöße zu zimmern. Das Holz der Malvenbäume war gut dazu geeignet, die kleineren Äste ließen sich biegen und wie Lianen schlingen, und ihr Harz diente dazu, die Fugen abzudichten, so gut es ging. So verbrauchten sie nur wenige der kostbaren Nägel.

Als die Kraft der Sonne nachließ, lagen mehr als ein Dutzend Balsas am Ufer. Burckhardt und einige andere schwammen auf die andere Seite und zogen die Flöße hinter sich her, damit die

Streitmacht Hohermuths sofort übersetzen konnte. Villegas ließ reichlich trockenes Holz sammeln, um bei Dunkelheit Feuer anzünden zu können, falls der Gobernator erst in der Nacht eintreffen würde.

Alle waren erschöpft. Die Landsknechte lagerten am Flussufer, schöpften Wasser mit der Hand und aßen die Cassava-Brote und das Trockenfleisch. Burckhardt kletterte einige Klafter den Abhang hinauf, setzte sich auf einen Baumstumpf und stützte den Kopf in die Hände. Sein Durchfall quälte ihn immer noch, kaum dass er etwas gegessen hatte, fuhr es wieder hinaus. Ständig war ihm übel, und der Magen krampfte sich zusammen. Die Mücken waren eine zusätzliche Plage. Jetzt, am Abend, kam ihre Zeit. In Scharen stürzten sie sich auf jeden, der ihr Revier betrat. Er fühlte sich fiebrig und spürte das Blut in seinen Adern pochen.

Spät am Nachmittag meinte er etwas Buntes zu sehen, oben auf dem Berg, wo sie zum ersten Mal hinunter ins Tal und auf den Fluss hatten sehen können. Er täuschte sich nicht: Es war ein Mann auf einem Pferd. Das konnte nur der Zug des Gobernators sein, denn kein Indio besaß ein Ross. Er rief hinunter zu Hauptmann Villegas. Alle sprangen auf und legten die Hände über die Augen, da die tief stehende Sonne sie blendete. Jetzt tauchten in der Höhe mehr und mehr Reiter auf, Fahnen flatterten im Wind. Kein Zweifel: Auch Hohermuth hatte den Tocuyo erreicht.

Als die ersten Reiter an das jenseitige Ufer gelangten, war es schon dunkel. Heut würden sie den Fluss nicht mehr überqueren, das wäre zu gefährlich gewesen. Und der Hauptmann verbot es ausdrücklich. Drüben gab es Lärm, Pferde wieherten, die Hunde bellten und Ebonfies Hund antwortete. Aus dem Dunkel tauchte ein triefend nasser Reiter auf, nur Hauptmann Estéban Martín hatte es gewagt, den Fluss zu durchschwimmen. Bald leuchteten auf der anderen Seite des Tocuyo Dutzende von Feuern in der Nacht. Es sah gespenstisch aus.

Gegen Mitternacht erwachte Burckhardt. Ein kleines Tier hatte ihn gezwackt. Er rieb sich die schmerzende Stelle an der Hüfte und hoffte, dass es kein Skorpion gewesen war, vor dessen Biss sich selbst die abgebrühtesten Landsknechte fürchteten. Er lauschte in die Nacht. Es schien ihm, als hörte er ein tiefes, gleichförmiges Rauschen. Eine erfrischende Brise wehte von Westen. Hoch über ihm stand ein helles Band von Sternen und, steil aufgerichtet, das Kreuz des Südens vor der unergründlichen Schwärze des Firmaments. Er rollte sich in die Decke und schlief wieder ein.

Am Morgen schreckte er hoch. Der Tag war fahl und kühl. Irgendetwas schien ihm anders, ungewohnt. Es brauste und tobte, gefährlich nah, als wenn es in Strömen regnete. Burckhardt konnte sich das nicht erklären, weil der Sand trocken war. Er erhob sich und schüttelte die Kleider aus. Plötzlich bemerkte er, dass sein Fuß von Wasser benetzt wurde. Wie konnte das sein, er hatte doch weit entfernt vom Ufer geschlafen?

Jetzt begriff er. Alle schwebten in höchster Gefahr! Der Fluss war in der Nacht angestiegen. Droben in den Bergen musste es geregnet haben. Das Wasser hatte schon ihr Lager erreicht und umspülte das Gepäck. Burckhardt schrie. Alle schreckten auf und taumelten aus dem Schlaf. Villegas fluchte aus Leibeskräften. Die Pferde tänzelten, bäumten sich auf und drängten sich ängstlich zusammen.

«Führt die Rösser auf das hohe Ufer!», befahl Estéban Martín. «Tragt das Gepäck, so hoch und so weit ihr könnt! Die Säcke auf die Bäume! Der Fluss wird noch mehr steigen! Adelante! Rapido! Vorwärts, schnell! Beeilt euch!»

Sie griffen nach den Säcken, Kisten, nach den Waffen und ihrem Hab und Gut, das sie achtlos umhergeworfen hatten, und hasteten den Abhang hinauf. Dort waren sie in Sicherheit. Die Reiter zerrten ihre Pferde nach oben und pflockten sie dort an. Die Tiere witterten die Gefahr und schnaubten noch immer unruhig.

Burckhardt sah, dass sich Hohermuth und die Hauptstreitmacht in einer noch viel schlimmeren Lage befanden. Der Fluss war um mindestens vier oder fünf Klafter gestiegen. Die Konquistadoren hatten ihr Lager nicht weit vom Ufer aufgeschlagen, und jetzt umschlossen es die wütenden Wasser von beiden Seiten wie eine Insel. Dicht an den steilen Ausläufern des Berges tobte ein neuer Flussarm und schnitt dem größten Teil der Konquistadoren den Rückzug ab. Nur die Träger und der Tross waren im Trockenen. Drüben liefen sie panisch durcheinander. Die Pferde scheuten, zwei der Tiere gingen durch, stürzten in die schlammigen Fluten und wurden flussabwärts getrieben.

Estéban Martín hielt es nicht im Lager. Er schaute entschlossen um sich und verkündete, dass er hinübermüsse, um für Ordnung zu sorgen. Wer ihn begleiten wolle? Niemand meldete sich. Der Hauptmann entledigte sich seiner Kleider bis auf die Hose und ein leichtes Hemd, legte auch seine Waffen wieder ab, bedachte sie mit einem verächtlichen Blick und stapfte grimmig zum Ufer. Burckhardt überlegte nicht lange. Er musste seinem Vater und Bruder beistehen, und wer wusste, ob Johannes Kestlin in der Lage und willens war, für seine Frau zu sorgen? Er rief Martín nach: «Capitán, ich komme mit Euch!»

Hinter sich hörte er Juan de Villegas auf Spanisch zu einem Soldaten sagen:

«Der Idiot weiß nicht, was er da tut. Bald werden wir einen Minero weniger haben.»

Martín schaute sich kurz um und nickte, als sei er nicht überrascht. Sie griffen nach dem Seil, jeder auf einer Seite. Martín zog kräftig daran, aber es schien zu halten. Auf der hiesigen Seite war der Baum, an den Burckhardt es geknotet hatte, schon unter Wasser und das Tau nicht mehr zu sehen. Aber sie mussten hinüber.

Die Strömung riss wie ein zorniger Dämon an ihnen. Burckhardt schluckte Wasser, hustete und verkrampfte seine Finger um das rettende Tau. Martín hangelte sich Elle für Elle vorwärts. Der Hauptmann war zwar schmächtig und dürr, aber ungemein zäh und entschlossen. Er biss die Zähne zusammen und ließ sich von der Gewalt des Wassers nicht beirren. Selbst der Teufel wird Martín nicht von dem abbringen, was er sich in den Kopf gesetzt hat, durchfuhr es Burckhardt. Der Maestre de Campo fühlte sich verantwortlich für die Soldaten, während Villegas tatenlos am Ufer saß und über die anderen spottete, die er allesamt für Dummköpfe und Schwächlinge hielt.

Sie hatten schon die Hälfte des Flusses durchquert. Burckhardts Kopf tauchte immer wieder unter. Ihm schwanden die Kräfte. Er klammerte die Arme um das Seil und ließ die Beine in der Strömung treiben. Der Spanier schwamm dicht vor ihm. Von der anderen Seite hörten sie die anfeuernden Rufe. Dort standen alle, einige schon bis zu den Hüften im Wasser, und schrien aus Leibeskräften.

Plötzlich erblickte Burckhardt einen ungeheuren Baumstamm, der rasend schnell direkt auf sie zutrieb. Das Wurzelwerk schaute fast mannshoch aus dem Wasser, umrankt von Schlingwerk, und sah aus wie eine düstere Kriegsgaleone, die feuerbereit auf einen Gegner zusteuerte. Der größte Teil des Holzes war untergetaucht und deshalb umso gefährlicher. Wenn der sie traf, waren sie verloren.

«Cuidado, Capitán! Aufgepasst!», schrie Burckhardt. Martín sah das Unheil und hielt den einen Arm schützend vor sein Gesicht. Ein vielstimmiger Schrei erscholl von beiden Ufern. Der Baum traf den Hauptmann am Kopf und an der Brust. Martín tauchte sofort unter. Burckhardt war an der Seite des Seils geschwommen, die flussabwärts lag. Der Koloss verhedderte sich mit den Wurzeln im Tau, die Strömung drückte ihn vorwärts, bis das Seil zum Zerreißen gespannt wurde. Der junge Ansorg griff mit einer Hand dorthin, wo eben noch der spanische Hauptmann gewesen war, und bekam etwas zu fassen. Jetzt tauchte der Kopf Martíns wieder auf, der Mund stand weit offen und in den Augen war nur das Weiße zu sehen. Er war durch den Aufprall bewusstlos geworden. An der Stirn klaffte eine blutige Wunde.

Burckhardt hielt den leblosen Körper verzweifelt fest; seine Hand hatte zum Glück direkt in den ledernen Gürtel des Spaniers gefasst, dessen Rumpf sich träge im Wasser drehen wollte.

Burckhardt schnappte nach Luft, tauchte unter, schlang sein linkes Bein über das Seil und schlug die Zähne in das Hemd des Hauptmanns. Seine Rechte versuchte, dessen Kopf über Wasser zu halten. Jetzt kam er aber nicht mehr voran. Die Angst stieg in ihm hoch: Er spürte das Tuch zwischen den Zähnen, roch und schmeckte die erdige Brühe. Gott!, schrie es in ihm. Warum hilfst du nicht? Hatten nicht die Mönche sie gesegnet und um Schutz und Beistand des Allmächtigen gebeten?

In diesem Augenblick riss das Seil. Oder einer der Knoten hatte sich gelöst. Der Widerstand des straffen Taus ließ nach, und Burckhardt fühlte, wie die Wasser ihn flussabwärts trieben. Er hielt noch immer das Ende des Seils in der Linken und den Gürtel des Hauptmanns in der Rechten und die Zähne im Hemd verbissen. Er schloss die Augen. Jetzt war alles vorbei. Sein Körper wirbelte herum, der des Spaniers war über ihm und drückte ihn nach unten.

Da stieß sein Fuß an etwas. Keuchend riss er den Kopf hoch, löste die Zähne und schnappte nach Luft. Wieder kam er mit beiden Beinen auf den Grund. Das Wasser war hier flacher. Er zerrte den immer noch bewusstlosen Martín mit sich und taumelte endlich auf eine Sandbank, die nur fußhoch vom Wasser überspült wurde. Dunkle Flecken tanzten vor seinen Augen. Er hörte die aufgeregten Stimmen der anderen über sich, fühlte, wie viele Hände nach ihm fassten. Jemand gab ihm eine kräftige Ohrfeige. Das brachte ihn wieder zur Besinnung. Er hing schlaff und rücklings in den Armen Philipp von Huttens. Gunther Ansorg hatte den Kopf seines Sohnes besorgt mit den Händen gegriffen und schüttelte ihn. Direkt neben ihm kniete Hauptmann Estéban Martín im Wasser und übergab sich.

Dutzende von Landsknechten umringten sie und redeten in mehreren Sprachen auf ihn ein. Hutten ließ ihn los und rief: «Schnell, wir müssen das Gepäck und uns retten! Das Wasser steigt weiter. Hängt alles in die Bäume! Und klettert, so hoch ihr könnt!»

Martín kam wieder zu sich, taumelte hoch, würgte noch und stützte sich mit der Hand auf Burckhardts Schulter. Blut rann ihm von der Stirn.

«Gracias, amigo!», krächzte er. «Du bist ein tapferer Bursche! Der verfluchte Baum hätte mich erwischt, wenn du nicht gewesen wärst. Du hast einen Biss wie ein tigre!» Martín riss sich das Hemd an der Schulter auf. Dort sah man die blutunterlaufenen Abdrücke von Burckhardts Zähnen. Martín grinste und warf den Fetzen von sich.

Jetzt wurde es Zeit, sich in Sicherheit zu bringen. Gunther Ansorg nahm seinen Arm, und gemeinsam liefen sie zur Mitte der Insel. Dort standen Dutzende von kleinen Bäumen, und auf sie hatten sich die Landsknechte geflüchtet. Die Äste waren nicht sehr dick, einige brachen unter dem Gewicht, wobei sich drei Soldaten so schlimm verletzt hatten, dass sie nicht mehr aus eigener Kraft hinaufkonnten. Das Gepäck war so weit wie möglich gerettet und baumelte an Stricken oder war zwischen Astgabeln verstaut worden. Die Ansorgs kletterten auf eine schlanke Mimose mit weißem Stamm, man rief ihnen zu, es sei noch Raum für sie.

Direkt über Burckhardt saßen der Gobernator und Andreas Gundelfinger. Der strich sich seinen mächtigen braunen Bart und sagte seelenruhig: «Der Fluss wird bald wieder sinken. Das kenne ich aus meiner Heimat Augsburg. Dort steigt der Lech auch im Frühjahr so hoch, dass alles überschwemmt ist. Als ich Kind war, bin ich oft in die Bäume geklettert.»

Gundelfinger behielt Recht. Die wütenden braunen Wellen umspülten noch eine Weile die Bäume, und diejenigen, die gar nicht schwimmen konnten, sahen ängstlich nach unten. Doch gegen Mittag sank der Pegel so schnell, wie er in der Nacht gestiegen war. Und am Nachmittag war der Tocuyo genauso breit wie am Tag vorher, als wenn nichts geschehen wäre. Der Gobernator ließ wieder ein Seil spannen und den Heereszug mit den Flößen übersetzen, die die Flut nicht weggeschwemmt hatte.

Auch die beiden Pferde fanden sich wieder ein, sie grasten friedlich eine Meile weiter östlich am Ufer. Überall lag das Gepäck verstreut oder hatte sich im Gebüsch verfangen. Aber die Verluste waren nicht sehr hoch.

Der Gobernator hieß den Dominikaner Frutos de Tudela eine Dankesmesse halten. Der Mönch trug ein schmutzig braunes Gewand und sah erschöpft und unglücklich aus.

«Dominus vobiscum», betete er, und feierlich erklang die Antwort: «Et cum spiritu tuo.»

«Deo gratias», murmelten die Landsknechte, und der Dominikaner schlug das Kreuz und antwortete: «Benedicat vos omnipotens Deus, Pater et Filius et Spiritus Sanctus.»

Weit durch die Wildnis erscholl das «Amen». Die Sonne ging unter, und die Schatten des Abends strichen über das Tal. Diesmal wurden Wachen aufgestellt, die auch auf den Fluss achten sollten. Estéban Martín behauptete, die Wasserflut würde vorerst kein zweites Mal kommen. Er habe das einmal erlebt, damals, mit Micer Ambrosio, im Tal des Magdalenenflusses.

Burckhardt kam nicht dazu, nach Anna zu suchen. Hohermuth befahl ihm, sich zu den Hauptleuten zu setzen. Die Zimmerleute hatten ein Dach aus Hölzern und Zweigen gebaut, unter dem der Gobernator lagerte. Er musste neben Estéban Martín auf dem Boden Platz nehmen und noch einmal seine Tat schildern. Er fühlte sich unbehaglich, obwohl die Anführer der Entrada, außer Martín, nicht sehr viel älter waren als er selbst. Außerdem hatte er sein eigenes Leben im Fluss retten wollen. Und dass er dem spanischen Hauptmann hatte helfen können, das hielt er für einen Zufall und eine gütige Fügung Gottes. Um ein Haar wären sie beide ertrunken.

Der Gobernator ließ ihm Fleisch vorsetzen, Früchte und Casaba.

«Morgen erreichen wir das Gebiet der Ayamanes», sagte Hohermuth. «Wir führen die Leute aus Hittova mit uns. Sie werden unser Gepäck durch das feindliche Gebiet tragen. Wir hatten nicht genug Sklaven. Ich werde deiner Familie einen Indier zuordnen. Dein Vater und dein Bruder können jemanden gebrauchen, der ihr Hab und Gut auf die Schultern nimmt.»

Hohermuth besprach mit Martín und den anderen die Einzelheiten des bevorstehenden Weges. Nach den Ayamanes, so hatte Federmann berichtet, kam das Gebiet der Cuyoner und ein Ort, der Guarjibo hieß, und das Tal der Frauen mit einer Stadt, deren Name niemand kannte. Dort würden sie hoffentlich freundliche Aufnahme finden und eine längere Rast einlegen, bevor sie in das unbekannte Land südwärts zögen. Wollte man den Erzählungen Federmanns und denen seiner indianischen Gewährsleute glauben, dann durfte es von dort aus nicht mehr weit sein zu dem Volk, das reich an Gold und Edelsteinen war, zum El Dorado.

Burckhardt sah reihum die Hauptleute, die der Gobernator bestimmt hatte: Philipp von Hutten, den fränkischen Edelmann, der als leutselig galt und den die meisten wegen seines umfassenden Wissens respektierten und der sogar in lateinischer Sprache mit den Mönchen parlieren konnte. Estéban Martín, dessen Wort so geachtet wurde wie das Hohermuths: Martín verstand mehrere indianische Sprachen leidlich, wusste mit ihnen umzugehen und war Teilnehmer und Chronist schon des allerersten Zuges des Ambrosius Dalfinger gewesen. Juan de Villegas, der jähzornige Spanier, sechsundzwanzig Jahre alt, diente als Hauptmann des Fußvolks, aber er liebte diese Aufgabe nicht besonders und überließ seine Pflichten Estéban Martín. Lieber kümmerte er sich um die Reiterei und seine eigenen sechs Pferde, für die er eigens drei Knechte angeheuert hatte. Andreas Gundelfinger, vier Jahre älter als Villegas: Der rundliche Augsburger mit seinen kleinen, aber flinken Augen ähnelte dem Bergknappen Christoph Schutz aus Geyer, nur dass er als der Faktor der Welser eines der höchsten Ämter zu verwalten hatte. Er strahlte die Macht, die er verkörperte, mit jedem Zoll seines mächtigen Körpers aus. Der dunkelhäutige Antonio Ceballos, aus der früheren Hauptstadt der Mauren in Spanien: Ceballos war noch jünger als Villegas und galt als Stutzer und unbekümmerter, ja, sorgloser Draufgänger, was sich im Dorf der Caquetios bewiesen hatte. Francisco de Velasco: Den hatte Burckhardt noch in unangenehmer Erinnerung, als sein Vater und der Spanier vor dem Haus Hohermuths in Coro aneinander geraten waren. Velasco war, neben Hutten, der einzige Soldat, der eine Universität besucht und studiert hatte, weil er Priester werden wollte. Burckhardt wusste nichts über ihn, aber der oft sehr schweigsame und finster blickende Spanier war ihm unheimlich. Dann Sancho de Murga aus Zaragoza, mit breitem Gesicht und kleinen, immer blinzelnden Augen, von dem die Soldaten behaupteten, er sei nur deshalb so tapfer, ja, tollkühn im Kampf, weil er zu dumm sei, eine Gefahr zu erkennen. Hinter Hohermuth saßen noch zwei weitere Spanier, beide klein gewachsen und als exzellente Reiter bekannt: Lope Montalvo de Lugo aus Madrid, der Kaiser Karl schon in mehreren Kriegen gedient hatte, und Francisco de Santa Cruz, der einzige Spanier, der so blond war wie die meisten der Bergknappen. Er stammte aus den Bergen im Osten Spaniens, aus dem Königreich Navarra. Und zum Schluss Pedro de Cardenas, ein hagerer, aber lustiger Andalusier, der sich mit dem Spaßvogel Mauricio Butzler gut verstand und häufig mit ihm zusammen zu sehen war. Von Cardenas ging die Mär, dass er schon mit Ambrosius Dalfinger zur Goldküste aufbrechen wollte, aber am Vorabend der Abreise so betrunken war, dass er in das Kellerloch einer Hafenspelunke fiel und dort den Tag verschlief. Er galt als exzellenter Schwertkämpfer und war der einzige Spanier, den Ansorg mit Rapier und Dolch gleichzeitig hatte kämpfen sehen.

Plötzlich stieß ihn jemand an. Burckhardt schreckte hoch, seine Augen waren ihm zugefallen.

«Unser Held ist müde», sagte Hohermuth, «gehe schlafen, Ansorg!» Das musste sich Burckhardt nicht zweimal sagen lassen. Er wankte hinaus, hielt mühsam das Gleichgewicht auf seinem Weg zwischen den Feuern und ließ sich neben seinem Bruder ins Gras fallen.

2. KAPITEL

Im Tal der Frauen

«Da kommt Jorge de Espira! Aber wo ist sein Pferd?»

Estéban Martín stützte die Arme in die Flanken und streckte die Ellbogen nach außen, als wollte er jemandem den Weg versperren. In der Ferne galoppierten vier Reiter in höchster Eile. Eine lange Staubwolke zog hinter ihnen her. Auf dem vordersten Ross saßen zwei Männer. Es dauerte nur wenige Augenblicke, dann hatten sie das Lager erreicht. Die Soldaten zügelten die schweißglänzenden Pferde so hart, dass diese sich aufbäumten, laut wieherten und schnaubten. Der Schaum flog ihnen in Flocken vom Maul. Die Reiter sprangen ab. Alle, auch die Pferde, bluteten aus kleinen Wunden, die Soldaten im Gesicht und an den Armen und Beinen. Der Letzte jedoch, Hauptmann Francisco de Velasco, brauchte Hilfe. Sein gesteppter Harnisch aus Sackleinwand war gespickt mit Pfeilen. Es mussten mehr als hundert sein, die meisten waren abgebrochen. Er sah aus wie ein Igel zu Pferd. Zwei Soldaten hoben ihn herunter. Velasco war nichts geschehen, er lachte und schnürte den Harnisch auf, bis er ihn abnehmen konnte.

Hohermuth blickte wütend um sich. Er nahm seinen Helm ab und zog die Pfeile einzeln aus seinem ledernen Koller. Alle drängten sich um ihn. Die Landsknechte machten ehrerbietig den anderen Hauptleuten Platz. Der Gobernator war mit vier anderen, darunter Velasco, am Vormittag aufgebrochen, um Beute auszuspähen. Nur eineinhalb Leguas vom Lager entfernt trafen sie auf einen großen Trupp bewaffneter Indios, die vor den Pferden zurückschreckten, als wären es Ungeheuer aus der Hölle. Nach der ersten Überraschung, als der Gobernator einige von ihnen einfangen wollte, leisteten sie Gegenwehr. Etwa hundert Männer mit Lanzen, Keulen, gegen die Bogenschützen und ihre mannslangen Pfeile konnte selbst ein gepanzerter Reiter nicht allzu viel ausrichten. Die Konquistadoren stachen auf die Indios ein, aber die bedrängten sie so hart, dass Hohermuth den Rückzug befahl.

Doch dann trafen mehrere Pfeile den Kopf und den Hals seines Pferdes, das sich aufbäumte und dann auf den Boden sank. Ein Blutstrahl schoss aus einer Wunde. Der Gobernator wäre beinahe unter dem Körper des Tieres begraben worden, konnte aber noch rechtzeitig abspringen. Die anderen Reiter stürmten herbei und beschützten ihn mit den Leibern der Pferde. Hauptmann Velasco erstach mehr als ein halbes Dutzend Indier mit seinem Rapier. Dann hatte sich Hohermuth hinter einen Reiter geschwungen, und alle galoppierten zurück, begleitet von einem Pfeilhagel, der aber keinen ernsthaften Schaden anrichtete.

Der Gobernator befahl aufzubrechen. Sie hätten in der Ferne Rauchsäulen gesehen. Das musste Guarjibo sein, das erste Dorf der Cuyoner. Ein halbes Hundert Reiter sollte sofort angreifen, solange es noch hell war. Der Rest musste zu Fuß nachkommen, sobald das Gepäck aufgeladen worden war. Estéban Martín winkte Burckhardt zu sich, um zu hören, was Hohermuth berichtete. Der Hauptmann fragte: «Könnt Ihr reiten, Joven?»

«Leidlich, Capitán, ich habe in meiner Heimat auf Maultieren gesessen. Und in den letzten Tagen haben mich die Reiter ein wenig üben lassen.»

«Dann nehmt Euch eines der Packpferde. Wir werden viele neue Träger bekommen. Sattel und Zaumzeug geben Euch die Knechte. Sagt, dass ich es befohlen habe. Ihr bleibt dicht bei mir. Rapido! Schnell!»

Burckhardt stürzte zu den Pferden. Er bekam einen Schwarzen zugewiesen, der nervös tänzelte, als er den fremden Reiter witterte, sich dann aber als gutmütig erwies. Ansorg trug keine Sporen, hoffte aber, dass es auch ohne ginge. Er trieb das Pferd zu den Reitern, die sich abmarschbereit um Martín und Villegas sammelten. Juan de Villegas sollte die erste Angriffswelle befehligen, mit der Hälfte der Soldaten, Martín in der Hinterhand warten, um Flüchtige zu stellen oder um einzugreifen, falls sich unerwartet harter Widerstand zeigen würde. Die Reiter kontrollierten die Schwerter und Lanzen und schützten ihre linke Seite mit den Tartschen. Villegas richtete sich im Sattel auf, sah um sich und hob die Hand.

«Adelante! Santiago!», rief er, und die Reiter antworteten im Chor: «Dios y la Virgen!»

Die fünfzig Reiter trabten in Viererreihen gleichmäßig an und fielen dann in einen leichten Galopp, um die Pferde nicht allzu sehr anzustrengen. Martín befahl Burckhardt, er möge sich dicht hinter ihm halten, da er keinerlei Rüstung trug. Sie ritten über eine staubbedeckte braune Ebene. Überall duckte sich dichtes Strauchwerk. Einzelne Baumgruppen erhoben sich nur wenig über dem schmutzigen Grün. Hinter ihnen lag der Bergrücken, den sie gestern mühevoll überquert hatten.

Fünf Tage waren sie vom Tocuyo-Fluss aus südwärts marschiert, durch menschenleeres Land. Das bildete die Grenze zwischen dem Gebirge der Xidehara und dem der kriegerischen Cuyoner. Burckhardt musste mit an der Spitze reiten, zusammen mit Hauptmann Martín. Er bekam seine Familie kaum zu Gesicht. Von den Ayamanes, die hier lebten und die so klein wie Zwerge sein sollten, hatten sie nichts gesehen. So wüst und leer die Gegend war, so wenig Wasser gab es. Nur einmal waren sie auf ein fast vertrocknetes Rinnsal gestoßen. An den Ausläufern einer Hügelkette hatten sie das letzte Lager aufgeschlagen. Vor ihnen lag ein weites, flaches Tal, das ein strahlend blauer Himmel überwölbte. Hier wuchsen nur Kakteen, Malvenbäume, vereinzelte Chonta-Palmen und unbekannte Pflanzen ohne Früchte. Es gab zunächst keine Zeichen menschlicher Siedlungen, aber dann stieß der Spähtrupp unter Hohermuth auf Indios. Dieses Tal war den Konquistadoren bekannt, denn Nikolaus Federmann war auf seinem Marsch zum Fluss Barquisimeto auf einige Dörfer gestoßen, in denen es hoch gewachsene, sehr schöne Frauen gegeben hatte. Er hatte die Gegend «elValle de las damas», das «Tal der Frauen», genannt.

Je mehr sie sich den Rauchsäulen des Dorfes näherten, umso dichter wurde der Bewuchs. Sie hielten sich im Schutz der mannshohen Maisstauden. Jetzt konnten sie Einzelheiten erkennen: die Palmwedel auf den Dächern, einen blitzenden Bach östlich der Ortschaft, wuchtige Bäume am Ortsrand, größer als deutsche Eichen. Die Soldaten zogen die Lanzen hervor und hielten sie kurz. Villegas, der an der Spitze ritt, hob sein Rapier. Die Pferde fielen in gestreckten Galopp. Die Viererreihen strebten auseinander, die Reiter bildeten eine breite Kette, die Leiber der Rösser so dicht aneinander gedrängt, dass sich niemand hätte dazwischendrängen können. Es war ein Furcht erregendes Spektakel – die donnernden Hufe, das Geräusch von Metall, die anfeuernden Rufe der Soldaten, die gezückten Schwerter und wippenden Lanzen, das blitzende Licht der Sonne auf den Helmen.

Estéban Martín ließ seinen Trupp, zwanzig Mann als Reserve, langsam traben. Jetzt hörten sie ein durchdringendes, schrilles Geheul. Trauben brauner, nackter Indios stürzten zwischen den niedrigen Hütten des Dorfes hervor. Sie schwangen breite Keulen aus geschwärztem Holz und hölzerne Lanzen. Eine Wolke von Pfeilen umschwirrte die Konquistadoren.

Doch die Reiterei nahm von den Indios nicht mehr Notiz als von einer Hand voll Fliegen. Sie wurden in Grund und Boden geritten. Burckhardt beobachtete das Geschehen aus der Ferne, alles erschien ihm unwirklich. Er wischte sich mit der Hand über die Stirn, als ob er einen Schatten vertreiben müsste. Der Staub der galoppierenden Pferde legte sich über das Dorf und hüllte es wie ein feiner Schleier ein. Warum griffen sie die Indios an? Weil sie sich gewehrt hatten, als der Gobernator einige von ihnen einfangen wollte?

Anton de Montesinos kam ihm in den Sinn, der Dominikaner im Dämmerlicht des frühen Morgens, auf der Kanzel der Kathedrale von Coro, am Tag vor dem Abmarsch der Entrada. Die Sätze des Mönches hallten nach wie das Echo einer Prophezeiung: Und es ging heraus ein anderes Pferd, das war feuerrot. Und dem, der darauf saß, ward gegeben, den Frieden zu nehmen von der Erde, und dass sie sich untereinander erwürgten, und ihm ward ein großes Schwert gegeben. Und ich sah ein fahles Pferd, und der darauf saß, des Name hieß Tod, und die Hölle folgte ihm nach.

Die Reiter brausten durch das Dorf und hielten erst an, als sie das jenseitige Ende erreichten. Sie machten kehrt und donnerten noch einmal zwischen den Hütten hindurch, obwohl jeglicher Widerstand gebrochen war. Dutzende nackter Leiber wälzten sich auf dem Boden. Sie wimmerten und schrien, überall ergoss sich Blut, das schrille Geheul der Weiber ging Burckhardt durch Mark und Bein.

Martín gab ein Zeichen, und sie ritten langsam auf Guarjibo zu. Die Reiter unter Villegas' Kommando umkreisten in zwei Gruppen das Dorf, um zu verhindern, dass jemand floh. In einem Gebüsch entdeckten sie ein halbes Dutzend junger Männer ohne Waffen. Sie trieben die verängstigten Indios mit Hieben und Stößen zurück. Die Frauen zogen die Verwundeten in die Hütten und hinterließen blutige Schleifspuren auf der trockenen Erde. Ein Dutzend Tote blieb auf den Wegen des Dorfes liegen. Keine lebende Seele war mehr zu sehen. Die Hauptleute hießen die Hälfte der Reiter absitzen und die Hütten durchsuchen. Burckhardt hielt sich immer noch dicht neben Estéban Martín und blieb auch auf seinem Schwarzen sitzen, denn er wusste nicht, ob ihnen nicht noch ein überraschender Angriff bevorstand.

Die Soldaten drängten sich mit gezogenen Schwertern in die Hütten. Die Frauen kreischten und wimmerten, man hörte harte Schläge und raues Gelächter. Burckhardt sah den Hauptmann fragend an.

Martín zuckte mit den Achseln. Er sagte leise: «Das ist Kriegsbrauch, Joven. Selbst wenn ich es beföhle, würden die Soldaten mir nicht folgen. Ich rate Euch: Nehmt Euch, was Euch gebührt, wenn Ihr kein Sodomit seid. Kein Mönch wird Euch verurteilen. Ich habe gesehen, wie selbst die Dominikaner unter Micer Ambrosio der Versuchung nicht widerstehen konnten. Kein Mann entsagt den Weibern, wenn es dazu keinen triftigen Grund gibt. Ihr werdet sehen: Die Hauptleute suchen sich die Ansehnlichsten aus. Und wenn Ihr zuerst an der Reihe seid, wartet nicht lange.» Martín klopfte Ansorg leutselig auf die Schulter. «Ihr schaut trübselig drein», sagte er, «wartet nur ab. Hier in der Neuen Welt ist vieles anders als in Eurer Heimat. Gewöhnt Euch daran. Hier seid Ihr selbst Eures Glückes Schmied und braucht nicht darauf zu achten, was andere sagen. Auch die Indier nehmen die Frauen der Feinde, wenn sie einen Flecken erobern. Und jetzt kommt mit mir!»

Burckhardt zögerte, aber der Hauptmann war schon vom Pferd geglitten und winkte nachdrücklich mit dem Kinn, er solle ihm folgen. Der Jüngere wagte nicht zu widersprechen. Martín zog sein Rapier blank und ging mit schnellen Schritten mitten durch das Dorf. Burckhardt staunte über die Häuser der Indios. Sie waren rechteckig und größer als die in seiner Heimatstadt Geyer, aus Holz und Rohr und sorgfältig mit Blättern und Palmzweigen gedeckt. Sie besaßen keine Türen und nur wenige Fensteröffnungen.

Mitten auf dem Weg lagen zwei Tote, die Glieder verrenkt und voller Blut. Eine steife Hand reckte sich nach oben, als wollte der Indio noch im Tod nach Hilfe schreien. Es waren zwei jüngere Männer mit langen Haaren, schwarzen und braunen Streifen im Gesicht und ganz nackt. Der eine hatte einen fürchterlichen Hieb mit dem Rapier in die Brust bekommen. Die Wunde klaffte, und schwarz schillernde Fliegen hatten sich auf ihr niedergelassen. Dem anderen war der Arm an der Schulter fast abgetrennt worden. Man sah das Weiß des Knochens. Das Fleisch hing in Fetzen herab. Der Indio war nicht an dem Schwerthieb gestorben, sondern wahrscheinlich verblutet. Burckhardt hörte ein Krächzen wie von einem Raben. Hoch über den Dächern von Guarjibo schwebten träge schwarze Aasvögel, die nur darauf warteten, dass niemand sie an ihrem Schmaus hinderte.

Er wandte sich ab, weil ihm übel wurde, und lief eilig dem Hauptmann nach. Der betrat gerade eine der größten Hütten, aus der Schreien und Lärm erscholl. Drinnen hatten fünf Soldaten zwei Frauen gegriffen. Einer drückte eine Indierin mit der Brust gegen die Wand und versetzte der Frau, die sich heftig wehrte, Fausthiebe an den Kopf. Die anderen drückten eine zweite auf den Boden, ein Soldat machte sich gerade an seiner Hose zu schaffen. Sie achteten nicht auf den Hauptmann.

«Halt!», rief Martín mit schneidender Stimme. Die Landsknechte schauten sich verdutzt um. Einer von ihnen war das schwarzhaarige Narbengesicht. Stirnrunzelnd fragte er: «Capitán, Ihr wollt …?»

Estéban Martín schüttelte unwillig den Kopf. Er befahl, die Frauen loszulassen. Er habe etwas Besonderes mit ihnen vor. Die Männer sollten sich anderenorts vergnügen. Die Landsknechte hielten die beiden greinenden Weiber fest an den Armen. Martín ließ sie an der Wand der Hütte auf den Boden setzen und kniete vor ihnen nieder. Er sagte langsam und stockend etwas in einer Sprache, die Burckhardt nicht kannte. Es klang, wie die Indier in Coro redeten, wenn auch mit vielen Worten, die er noch nie gehört hatte. Die Frauen wischten sich die Gesichter und hörten auf zu weinen, aber sie verstanden ihn nicht. Sie schüttelten immer nur den Kopf.

Martín erhob sich mit ärgerlichem Gesicht und ordnete an, die beiden Frauen unter strenge Bewachung zu stellen und sie ihm sofort vorzuführen, sobald die Streitmacht Hohermuths und die Indios aus Hittova angekommen seien. Unter denen gebe es welche, die die Sprache der Cuyoner verstünden. Er nickte Burckhardt zu und sagte: «Wir schauen uns um. Die Leute hier scheinen recht wohlhabend zu sein.»

Ein verschwitzter Landsknecht trat herein. Sein Hemd und sein Beinkleid waren arg zerrissen, aber er schien guter Laune zu sein.

«Capitán, die Weiber sind widerborstig in diesem Ort. Sie wissen einen guten Kerl nicht zu schätzen.»

Martín machte eine ungeduldige Handbewegung und unterbrach ihn: «Wo ist der Oberste des Dorfes?»

Der Soldat zuckte mit den Achseln. Er antwortete, sie hätten achtzig Gefangene gemacht, und es gebe noch doppelt so viele Frauen und Kinder. Aber niemand sehe aus wie der Kazike von Guarjibo.

Der Hauptmann nickte und meinte: «Ich glaube, der Kazike hat sich vorher aus dem Staub gemacht. Wir werden ihm etwas anbieten, damit er unsere Freundschaft zu schätzen lernt. Macht derweilen Quartier!»

Der Landsknecht nickte und drehte sich um. Estéban Martín befahl einigen Soldaten, sie sollten die Gefangenen anhalten, die Leichen einzusammeln und außerhalb des Ortes zu verscharren. Die Reiter pflockten die Pferde an und suchten sich Hütten zur Bleibe aus. Wenn ihnen eine gefiel, vertrieben sie die Bewohner.

Burckhardt band sein Pferd an einen Baum, tätschelte es beruhigend am Hals und lugte neugierig in ein Haus, aus dem er unterdrücktes Stöhnen und merkwürdige Geräusche hörte, als wälze sich jemand auf dem Boden. In der Hütte kniete Hauptmann Juan de Villegas mit heruntergezogenen Beinkleidern vor einer gefesselten jungen Frau, die auf dem Boden lag und versuchte, sich fortzurollen. Neben ihr standen mit verschränkten Armen zwei der Reiter und grinsten höhnisch. Sie hatten der Indianerin das wollene Tuch, das sie um die Hüften getragen hatte, um den Kopf geknotet. Sie konnte weder richtig atmen noch etwas sehen. Villegas drehte sich um, als er Burckhardt kommen hörte, und zischte ihn an: «Verschwinde!»

Einer der Soldaten griff blitzschnell einen großen tönernen Topf, der auf dem Boden stand, schwang ihn hoch und warf ihn Burckhardt vor die Brust. Der konnte gerade noch ausweichen, der Krug streifte ihn und zerschellte auf dem Boden. Der Landsknecht fasste mit einer geschmeidigen Bewegung zum Dolch, zog ihn heraus und machte einen Schritt auf ihn zu. Burckhardt lief hinaus, so schnell er konnte. Hinter sich hörte er schallendes Gelächter.

Er ging auf die andere Seite des Wegs, lehnte sich mit einer Hand an den Eckpfosten einer Hütte und übergab sich. Er würgte noch, als er Villegas erblickte. Der zog sich breitbeinig seine Hose hoch und verschnürte seinen Koller, während einer der Landsknechte die Frau an den Haaren aus der Hütte schleifte. In ihrer Kehle klaffte ein breiter Schnitt, helles Blut troff zu Boden. Der Soldat ließ den Leichnam achtlos fallen und ging seines Wegs. Burckhardt drückte sich hinter die Wand. Er begann sich vor dem spanischen Hauptmann zu fürchten.

Jetzt hörte man das Getrappel vieler Pferde. Das mussten Hohermuth und die Fußsoldaten sein. Burckhardt fühlte sich zu schwach, um zu laufen. Er ließ sich an die Wand der Hütte sinken und hielt die Hände vor das Gesicht. Er wusste nicht, wie lange er so gesessen hatte, als er die Stimme Mauricio Butzlers hörte: «Ei, ei, wen haben wir denn da? Wenn das nicht unser Held vom Tocuyo ist! Er bläst Trübsal? Und ausgespien hat er auch wieder! Immer noch Bauchgrimmen? Und warum mit dem Allerwertesten auf dem Boden? Ja, ja. Setz dich auf den Arsch, dann laufen dir keine Mäuse hinein. Ich glaube, hier kann nur noch der leckere Hintern einer Indierin helfen.»

Butzler streichelte mit der Hand Burckhardts Haare.

Burckhardt fuhr auf, schlug Butzlers Hand zur Seite und schrie ihn an: «Fahr zur Hölle! Ich …» Er legte wieder die Hände vors Gesicht. Tränen liefen ihm über die Wangen.

Butzler machte eine abwehrende Bewegung mit den Händen und trat einen Schritt zurück: «Oha, der edle Herr ist schlecht gelaunt! Da will unsereins nicht weiter stören! Ich geselle mich zu dem niedrigen Volk, wo man meine Gesellschaft zu schätzen weiß.» Der Schneeberger tippte sich an die Stirn, machte ärgerlich kehrt und trollte sich.

Burckhardt zog sich am Eckpfosten der Hütte hoch und

schwang sich mit Mühe auf sein Ross, um seinen Vater und Christian zu suchen. Er fand sie beim Tross in einer der Hütten am Ortsrand. Gunther Ansorg stürzte auf seinen ältesten Sohn zu und umarmte ihn.

«Gut, dass du unversehrt bist, Burckhardt. Ich habe mir Sorgen gemacht. Die anderen sagten, sie hätten dich bei der Reiterei gesehen. Auch Anna hat nach dir gefragt.»

Der alte Ansorg nahm Burckhardts Kopf in seine Hände und sah ihn prüfend an.

«Du siehst müde und bleich aus. Fühlst du dich nicht gut, mein Sohn?»

Burckhardt schwieg und nahm die Hände seines Vaters von seinem Gesicht. Er sah betreten zu Boden.

Der Alte plapperte munter weiter: «Wir hätten dich hier gebraucht. Der gefangene Indier hat sich heimlich von seinen Fesseln gelöst und ist in der Nacht davongelaufen. Du hättest besser aufgepasst. Hauptmann Gundelfinger war sehr wütend, als er davon erfuhr. Es kostete mich viel Mühe, ihn zu beruhigen. Jetzt müssen wir unseren Kram wieder selbst tragen. Christian ist zu schwach, er kann den großen Sack nicht auf die Schulter nehmen.»

Burckhardt fragte: «Wie konnte sich denn der Indier der eisernen Halskrause entledigen?»

Der alte Ansorg blickte vorwurfsvoll auf Christian, der verlegen hinter ihm stand. Er legte seinem jüngeren Sohn die Hand auf die Schulter.

«Christian hat die Fessel nicht richtig geschlossen. So vermute ich das. Aber er will es nicht zugeben.»

Burckhardt sah seinen Bruder fest an. Christian hustete rau und erwiderte seinen Blick. Er sah aus, als prüfe er vorsichtig, was sein älterer Bruder tun würde. Der schwieg und zwinkerte mit einem Auge, ohne zu wissen, warum. Christian lächelte vorsichtig und sagte dann leise: «Ich weiß nicht, wie das geschehen konnte. Der Indier war so alt wie du. Er hat mir das mit den Fingern gezeigt.

Er war sehr krank und so klein wie ich. Er konnte nicht mehr laufen.»

Burckhardt ließ sich nicht anmerken, wie verblüfft er war. Sollte sein kleiner Bruder sich entschieden haben, gegen den Willen des Vaters zu handeln? Hatte er dem Gefangenen womöglich mit Absicht zur Flucht verholfen? Plötzlich durchströmte ihn ein warmes Gefühl. Es war ihm, als hätte sich ein Bann gelöst. Er lachte lauthals und konnte nicht aufhören damit. Der Alte und Christian blickten ihn verständnislos an. Immer noch außer Atem trat Burckhardt auf seinen kleinen Bruder zu, riss ihn in seine Arme und küsste ihn herzlich auf die Stirn.

«Mein kleiner Bruder», stammelte er, und wieder liefen ihm Tränen über die Wangen. Christian machte große Augen und blieb ernst. Er hatte schwarze Ringe unter den Augen und sah krank und müde aus. Offenbar verstand er nicht, warum Burckhardt plötzlich so fröhlich war. Der strich ihm über die Wange und nickte nur. Dann sagte er zu seinem Vater: «Ich habe jetzt ein Pferd. Ich darf es einstweilen benutzen, hat Hauptmann Estéban Martín befohlen. Wir können ihm einen Teil des Gepäcks aufladen.»

Gunther Ansorg war begeistert. «Ein Pferd!», sagte er immer wieder vor sich hin und schüttelte den Kopf. «Wir haben ein Pferd!»

Aus dem Schatten der Hütte trat Josef Langer und hielt Burckhardt die Hand hin.

«Sei gegrüßt, Burckhardt. Wir haben uns seit dem Abmarsch aus Coro nur von fern gesehen. Wir haben großen Respekt vor dir. Deine Tat am Fluss Tocuyo hat dir viele Freunde gemacht. Schau, wir müssen uns auf engstem Raum behelfen und das, was wir haben, brüderlich teilen. Die Kestlins, die Enderleins und die Kerers wohnen auch hier.»

Burckhardt runzelte die Stirn.

«Wo sind die Indier, denen diese Hütte gehörte?»

Sein Vater antwortete: «Das wissen wir nicht. Als wir den Ort erreichten, waren die Hütten leer. Die Soldaten haben uns befohlen, diese in Besitz zu nehmen und auch das Gepäck hier zu verstauen.»

Josef Langer zeigte in den hinteren Teil des Hauses, wo sich Kisten, Säcke, Wasserschläuche und Fässer stapelten, und sagte: «Hinter dieser Hütte schlafen die Träger. Vier Soldaten halten dort ständig Wache. Auch wir fühlen uns so sicher. Unsere Frauen müssen für die Gefangenen Nahrung besorgen. Und wir dürfen dafür dieses Haus benutzen und müssen nicht im Freien nächtigen. So haben das der Gobernator und Andreas Gundelfinger bestimmt.»

«Dann ist es ja gut.» Burckhardt hatte keine Lust, darüber weiter zu reden. Er rief Christian zu sich, nahm ihn in den Arm und zog ihn beiseite. Er flüsterte ihm zu: «Brüderchen, kümmere dich um das Pferd. Es braucht zu fressen und genug Wasser.»

Christian nickte stolz. Jetzt, da sein großer Bruder etwas galt unter den Leuten, waren die Ansorgs nicht mehr nur die armen und geduldeten Bergknappen.

Es dunkelte schon. Draußen hörte man Stimmengewirr und eilige Schritte. Viele Soldaten strebten in Gruppen zur Mitte des Dorfes. Burckhardt schloss sich ihnen an. Vor der großen Hütte, in der Estéban Martín die beiden Frauen vor dem Zugriff der Soldaten geschützt hatte, drängten sich die Menschen. Einige der Soldaten erkannten Ansorg und machten ihm freundlich den Weg frei. Ein Einäugiger mit einem schwarzem Hut, wie ihn die Korsaren trugen, schlug ihm heftig auf die Schulter: «Muy bravo, Joven! Tienes cojones, Castillo! Du bist ein ganzer Kerl!»

Drinnen brannten schon Fackeln. Die Hauptleute – Hohermuth, Hutten, Villegas, Gundelfinger, Ceballos und Velasco – saßen auf hölzernen Schemeln, die die Trossknechte eilig herbeigeschafft hatten. Die anderen Anführer kümmerten sich um die Posten und das Gepäck. Inmitten des Raumes stand Hauptmann Estéban Martín, die Arme vor der Brust gekreuzt, mit gebeugten Schultern und gerunzelter Stirn. Er sah aus, als dächte er über etwas nach. Neben ihm duckte sich der alte Mann aus Hittova, der Kazike, der noch einen Kopf kleiner war als der Spanier, der selbst zu den Kleinsten der Entrada gehörte. Der Kazike diente als Dolmetscher. Vor den beiden saßen die gefangenen Frauen aus Guarjibo, hinter ihnen noch zwei Dutzend anderer Weiber. Sie waren nicht gefesselt, machten aber einen jämmerlichen Eindruck. Viele hatten blutige Schrammen an der Brust und den Armen, blaue Flecken im Gesicht und geschwollene Augen. Nur wenige besaßen ein Schamtuch. Bunte Ketten waren ihr einziger Schmuck. Muscheln sah man gar nicht, die Frauen trugen Fruchtkerne und kleine, schwarze und glitzernde Kügelchen zur Zier. Die Weiber schauten verschämt zu Boden und hielten die Hände vor ihre Blöße.

Auf der anderen Seite Martíns wartete Cara, der Dolmetscher aus Coro. Er blickte hochmütig auf die Weiber der Cuyoner, als sei er froh, seine Feinde so gedemütigt zu sehen. Auch er hatte die Arme verschränkt. Martín redete zu Cara, der übersetzte das Gesagte für den Kaziken aus Hittova, der sprach zu den Frauen. Georg Hohermuth trommelte ungeduldig auf die Lehne seines Stuhls. Juan de Villegas hatte gelangweilt seine Cinquedea gezogen und schnitzte damit an einem Stück Palmenholz herum. Philipp von Hutten unterhielt sich halblaut mit Andreas Gundelfinger. Antonio Ceballos und Francisco de Velasco saßen zwar dicht nebeneinander, würdigten sich aber keines Blickes, als hätte es Streit zwischen ihnen gegeben.

Burckhardt setzte sich hinter die Frauen auf den Boden. Ringsum saßen und standen wohl mehr als vierzig Soldaten, die anzügliche Bemerkungen über die Gefangenen machten. Und vor der Hütte drängelten sich noch einmal so viele. Soeben sagte Martín: «Höre, du aus Hittova! Wir werden die Frauen freilassen, auch die beiden Weiber eures Kaziken hier. Sie sollen ihn dort aufsuchen, wo er sich versteckt hat, und ihm folgende Botschaft übermitteln.»

Martín wartete, bis die Dolmetscher übersetzt hatten, und fuhr dann fort: «Wir wollen keinen Krieg mit euch. Wer uns aber angreift, den werden wir vernichten. Wir gebieten über Donner und Blitz. Und unsere Pferde sind uns von unserem Gott gegeben, um den Ungläubigen die Macht und die Kraft seiner Herrlichkeit zu beweisen. Unsere Waffen sind den euren überlegen, und Aufruhr bestrafen wir unerbittlich. Aber wir wünschen den Frieden. Wir sind auf dem Weg nach Süden, in ein Land, in dem es viel Gold gibt. Und wenn wir zurückkommen, wollen wir hier in Guarjibo gastlich aufgenommen werden. Deshalb sagt eurem Obersten: Wir geben euch frei als Zeichen unserer Freundschaft und Zuneigung. Er soll ohne Angst in sein Dorf zurückkehren, auch die Männer, die mit ihm gegangen sind. Wir werden nur einige wenige Tage bleiben und dann weiterziehen.»

Cara redete auf den Kaziken und der auf die Cuyoner ein. Die Frauen flüsterten miteinander. Eine der beiden Ehefrauen des Obersten von Guarjibo antwortete leise und stockend. Cara sagte in spanischer Sprache: «Die Frauen wollen gehorchen. Sie werden jetzt gleich gehen, wenn die bärtigen Teufel das erlauben, und ihrem Kaziken berichten, was der edle Herr ihnen gesagt hat.»

Die Landsknechte lachten schallend. Ihnen gefiel es ungemein, dass man sie für bärtige Teufel hielt. Martín nickte, drehte sich dann zu Hohermuth um. Auch der senkte huldvoll seinen Kopf und winkte mit der Hand. Der Spanier wies die Soldaten an, eine Gasse zu bilden, und entließ die Frauen. Die standen zögernd auf, als trauten sie dem Frieden nicht. Als sie merkten, dass niemand sie behelligte, eilten sie hinaus. Die Landsknechte griffen nach ihnen und riefen ihnen zu, sie sollten bald wiederkommen, um Spaß zu haben.

Der Gobernator erhob sich ebenfalls und sagte mit lauter, ernster Stimme: «Soldaten! Spanier und Deutsche! Wir sind dem Ziel nahe. Keiner wird uns aufhalten. Ceballos bricht morgen in der Frühe mit einem Trupp auf, um nach Indiern in anderen Dörfern zu suchen. Wir brauchen noch mehr Träger. Im Tal der Frauen, berichtete Hauptmann Nikolaus Federmann, gibt es nur wenige Vorräte. Sobald wir mit den Cuyoner Frieden gemacht haben, ziehen wir zum El Dorado! Gott sei mit uns!»

Einzelne Soldaten riefen «Vivat!», die meisten murmelten nur und strebten so schnell wie möglich zu ihren Hütten. Auch Burckhardt sah, dass er zu seiner Familie gelangte. Er hoffte, dass sich eine Gelegenheit böte, ungestört mit Anna zu reden. So viel war geschehen seit Coro.

Doch es kam nicht dazu. Die Kestlins und die anderen Familien lagen schon in den Hängematten, die Männer auf dem Boden, weil es nicht genug davon gab. Anna blinzelte ihm aus dem Halbdunkel zu, machte aber keine Anstalten, sich zu erheben. Von Johannes Kestlin war nichts zu sehen. Wahrscheinlich saß er mit seinen Kumpanen unter den Soldaten zusammen und sprach dem Maisgetränk der Cuyoner zu.

Burckhardt war unschlüssig, was er tun sollte, denn er war nicht mehr müde. Er kam sich unter seinen Leuten seltsam verloren vor. Das, was er erlebt hatte, schuf eine unsichtbare Mauer zwischen ihnen und ihm. Er glaubte, ihnen das nicht erklären zu können. Sie hätten ihm keinen Rat geben können, auch sein Vater nicht. Der würde, wie sein Freund, der Prediger Langer, nur wieder die Bibel zitieren, dass alles von Gott gewollt sei und dass sie ordentliche und strebsame Christen sein sollten. Und Josef Langer würde, wenn die Bergknappen lauschten wie an den Abenden in Coro, von damals erzählen, von Thomas Müntzer, von der Zeit des großen Aufruhrs, als alle gehofft hatten, eine neue, bessere Zeit bräche an.

In diesem Augenblick bedauerte er, dass Anton de Montesinos nicht an der Entrada teilnahm. Er hatte mit dem alten Mönch in Coro nie ein Wort gewechselt, aber das, was jener sagte und wie furchtlos er seine Meinung zu den Dingen äußerte, hatte ihn beeindruckt. Der Dominikaner berief sich nicht auf seinen Bischof oder den Heiligen Vater in Rom, sondern war sein eigener Herr. Nur das Wort der Heiligen Schrift galt ihm etwas. Aber wer sagte dem Mönch, was gut und richtig und was falsch war, hier in der Neuen Welt? Anton de Montesinos hatte damals in seiner Predigt gewarnt, sie sollten von der Entrada nicht zu viel erwarten. Burckhardt erinnerte sich nicht an den Wortlaut, nur daran, dass viele Landsknechte abfällig wegschauten. Der Mönch hatte die Brauen zusammengekniffen und seine Worte wie Blitze in die Gemeinde geschleudert: «Jesus Sirach sagt, unweise Leute betrügen sich selbst mit törichten Hoffnungen, und Narren verlassen sich auf ihre Träume.»

War er, Burckhardt Ansorg, ein Narr? Dann war auch der edle Philipp von Hutten ein Narr. Noch gestern in der Nacht hatten sie um ein Feuer gesessen, einige der Hauptleute, auch die Bergknappen. Der Gobernator erzählte wieder vom El Dorado. Die Soldaten machten gierige Augen und lauschten gebannt. Hutten kam aus dem Gebüsch, weil auch ihn seit Tagen das Bauchgrimmen plagte, band sich die Hose zu und sagte trocken in die Runde, nicht die Suche nach Gold hätte ihn in die Neue Welt, nach America geführt. Als die Soldaten lachten und ihn fragten, was es denn sonst hätte sein können, antwortete Hutten: eine merkwürdige Unruhe, die er vor langer Zeit gespürt habe. Es sei ihm vorgekommen, als könne er nicht in Ruhe sterben, wenn er nicht vorher Indien sähe. Die Zuhörer lachten. Nur der Respekt vor dem allseits geachteten Hauptmann verbot es ihnen, sich über ihn lustig zu machen. Und Hutten setzte sich wieder und fügte nachdenklich hinzu: Er sei schon zufrieden, wenn er wunderbare und seltsame Dinge zu sehen bekomme. Und wenn ihm dann noch das Glück hold sei, würde er nicht säumen zuzugreifen.

Wunderbare und seltsame Dinge! Burckhardt hatte mehr gesehen, als er sich je in seinen Träumen hatte ausmalen können. Doch auch vieles, was er lieber nicht gesehen hätte und woran er sich ungern erinnerte: den Tod der Mutter, den Tod Ulrich Sailers, die geschändeten Frauen hier in Guarjibo, die hingemetzelten Indios. Was erwartete ihn noch, in Venezuela, an der Küste des Goldlandes?

Im Morgengrauen wurde er wach. Alle anderen schliefen noch. Die Flöhe juckten ihn erbärmlich. Das Ungeziefer war aber erträglicher als ewiges Bauchgrimmen und der Durchfall, von dem er sich erst vor wenigen Tagen erholt hatte. Er entleerte sich hinter dem Haus und sah, wie die indianischen Träger zwischen den Büschen lagen und schliefen. Dann schnallte er den Katzbalger um wie ein Landsknecht. Als er aus der Tür trat, hörte er das wilde Trappeln von Hufen. Der Reiter wollte vorbeigaloppieren, erkannte aber Burckhardt und hielt das Pferd so abrupt an, dass es sich hoch aufbäumte und wieherte. Es war Hauptmann Martín.

«Auf Euer Pferd und mir nach, Burcardo! Sofort! Die Indier kommen!»

Burckhardt stürzte nach hinten. Dort hatte Christian sein Pferd sorgfältig angepflockt. Es wedelte mit den Ohren, als freue es sich, ihn zu sehen. Ansorg warf die Decke und den Sattel über und zerrte an den Gurten. Dann sprang er auf und ritt Martín nach.

Jetzt hörte er eine Trompete. Im Süden von Guarjibo, wo die Felder und Äcker begannen, sammelten sich schon mehrere Dutzend Reiter, die von Martín alarmiert worden waren. Sie gurteten sich die Schwerter um und setzten die Helme auf; einige trugen kein Schuhwerk, als seien sie in allerhöchster Eile aufgebrochen. Mitten auf dem Weg postierten sich drei Arkebusiere. Sie legten die Flinten auf die Gabeln und schütteten Pulver auf. Jetzt liefen auch Fußsoldaten herbei, den Köcher mit Pfeilen auf dem Rücken und die Armbrüste in der Hand. Martín ging von Mann zu Mann und schärfte allen ein, es drohe keine unmittelbare Gefahr. Aber höchste Wachsamkeit sei geboten. Jedem, der einen Schuss ohne seinen Befehl abgäbe, würde er persönlich den Hals umdrehen. Jetzt kam auch Juan de Villegas. Er zog sein Ross hinter sich her, nestelte mit der anderen Hand noch an den Schnüren seines Kollers, sah Burckhardt finster an und sprang dann leichtfüßig auf.

«Wo sind sie?», fragte er Martín.

Der zeigte nach Süden.

«Es ist der Kazike. Er kommt in Frieden und mit Geschenken, aber er hat mehr als dreihundert Krieger und noch andere Obersten der Indier bei sich.»

«Woher wisst Ihr das?»

Martín blickte Villegas an, als verstünde er nicht, warum der eine solche Frage stelle. Burckhardt meinte sogar, ein genüssliches Lächeln im gegerbten Gesicht des Hauptmanns zu sehen.

«Ich habe gestern die Indier befragt», antwortete er, «sie kamen eben in meine Hütte und sagten, dass ihr Kazike im Anmarsch sei.»

Villegas schüttelte den Kopf.

«Ich glaube den verdammten Heiden kein Wort. Ihr behandelt sie, als wären sie gläubige Christen und Untertanen des Kaisers. Dabei stehen sie häufig genug mit dem Teufel im Bunde. Sie müssen gehorchen lernen. Und sonst nichts weiter.»

Martín zog eine Braue hoch, was er immer tat, wenn er sein Gegenüber nicht ernst nahm.

«Wie Ihr meint, Villegas. Aber manchmal kommt man mit List und mit Milde weiter.»

Villegas gab seinem Pferd die Sporen und gesellte sich zu den anderen Reitern, die schon die Piken in die Hand genommen hatten.

Jetzt kamen auch Hohermuth, Hutten und Gundelfinger. Ihre Diener hielten die Rösser. Der Gobernator befahl, ihm und den anderen Hauptleuten Schemel zu bringen und sie hinter den Arkebusieren aufzustellen.

Ein mattes, rotes Licht kroch hinter dem Horizont hervor und hüllte sie in einen sanften Schimmer. Von fern hörten sie Menschenstimmen. Dort nahte eine große Menge lärmenden Volks. Martín setzte sein Pferd in Trab und ritt ganz allein den Indios entgegen. Der Mais stand so hoch, dass er das Tier verbarg; es sah aus, als schwebte Martín über dem gelben Korn. Dann hielt er an. Man hörte ein großes Palaver, daraufhin machte der Spanier kehrt und kam gemächlich auf die Arkebusiere und den Gobernator zu.

Er schwang sich vom Pferd, warf die Zügel einem der Knechte zu und setzte sich auf einen der Schemel. Alle sahen ihn erwartungsvoll an, aber Martín lächelte nur in sich hinein und schwieg.

Jetzt kamen die Indios dicht gedrängt heran. Die vordersten zögerten, als sie der Konquistadoren ansichtig wurden, schritten dann aber mutig weiter. Es waren nur Männer. Alle trugen ihre Waffen, Keulen aus geschwärztem Holz, Lanzen aus der Chonta-Palme mit rasiermesserscharfen Spitzen und mannshohe Bögen mit den dazugehörigen gefiederten Pfeilen in den Köchern. Dennoch machten die Indios keinen kriegerischen Eindruck; sie hielten die Waffen gesenkt, als ob sie fürchteten, für deren Besitz bestraft zu werden. Diejenigen, die sich in die Nähe der Reiter und Soldaten wagten, zeigten lachend und schwatzend auf deren Bärte.

Die Menge teilte sich in der Mitte und machte einem Mann Platz, dem jeder sofort ansah, dass es einer ihrer Obersten war. Ein hoch gewachsener Indio mit langem Haar, das ihm bis in die Kniekehlen hing, kam langsam und mit unbewegter Miene auf Hohermuth zu. Er überragte die Seinen um Haupteslänge. Burckhardt staunte: So einen Indio hatte er noch nie gesehen. Aus beiden Nasenlöchern ragte ein Stück spitzes Holz, drei kleinere Stifte waren durch sein Kinn gebohrt. Um den Hals trug er eine Kette aus den Zähnen eines Tieres. Bunte Stricke schnürten seine kräftigen Oberarmmuskeln zusammen. Um die Hüfte hatte er eine Art kurzen Rock aus weißer Baumwolle gewickelt. In seinem Haarschopf steckten drei Schwanzfedern eines Arara. Er trug keine Waffen, sondern hielt einen hölzernen, reich geschnitzten Stab in der Hand, der mehr als drei Ellen lang sein musste.

Hinter dem Kaziken standen drei Männer, die ähnlich aufgeputzt waren, aber kürzere Stäbe in der Hand hielten. Der Indio winkte einen seiner Begleiter herbei. Der trat einige Schritte vor und sagte laut etwas, was aber niemand verstand. Hohermuth erhob sich. Der Kazike aus Hittova redete auf Cara ein, und der übersetzte.

«Das ist jemand, der die Sprache der Xideharas spricht. Er sagt, der Kazike heißt Wattinarion. Er ist der oberste aller Kaziken in diesem Tal, von Guarjibo, Bobare und Barquisimeto. Er kommt in Frieden und Freundschaft.»

Als Cara geendet hatte, schritt Wattinarion langsam auf den Gobernator zu, hob seinen Stab und überreichte Hohermuth etwas mit der anderen Hand. Der verbeugte sich knapp, nahm das Geschenk und betrachtete es. Dann sagte er leise: «Das ist Gold. Pures, schweres Gold.»

Alle, die es gehört hatten, raunten und tuschelten. Die Landsknechte streckten die Hälse. Auch Burckhardt versuchte einen Blick auf die Gegenstände zu werfen. Endlich hob Hohermuth sie mit zwei Fingern jeder Hand hoch und drehte sie nach allen Seiten. Es waren zwei kleine, zierlich gearbeitete Adler mit ausgebreiteten Flügeln. Der Gobernator übergab seinem Diener die Figuren und winkte Philipp von Hutten neben sich. Der trug ein vierfach zusammengefaltetes Stück Papier unter dem Arm, zog es jetzt hervor, strich es mit den Händen glatt und sagte zu Cara: «Erkläre dem Kaziken Wattinarion, dass wir in Frieden kommen. Ich werde ihm einen Brief unseres Königs vorlesen. Dort steht geschrieben, was er wissen muss.»

Wattinarion hörte sich mit unbewegtem Gesicht an, was Cara ihm übersetzte. Dann ließ er sich in einer geschmeidigen Bewegung auf dem Boden nieder und verschränkte die Arme. Die drei anderen Indios, die Stäbe trugen, setzten sich hinter ihn. Das Volk blieb stehen, in ehrfürchtiger Entfernung von Wattinarion.

Philipp von Hutten räusperte sich und rief: «Im Namen seiner Majestät Karls des Fünften, von Gottes Gnaden erwählter römischer Kaiser! Wir, Georg Hohermuth von Speyer, sein Diener, Bote, Hauptmann und Gobernator der Inseln von Venezuela, geben euch kund und zu wissen, was folgt.»

Mit lauter Stimme intonierte Hutten das Requerimento, das den Indios erklärte, warum sie sich zu unterwerfen hatten. Nach einer Weile wurde die Menge unruhig. Hutten las unbeirrt vor:

«Einer der letzten Päpste, die an seiner Stelle zu dieser Würde und auf diesen Thron gekommen sind, hat kraft seiner Herrschaft über die Welt diese Inseln und dieses ozeanische Festland den katholischen Königen von Spanien, damals Don Fernando und Doña Isabella glorreichen Angedenkens, und ihren Nachfolgern in diesen Königreichen, unseren Herren, mit allem, was darin ist, zum Geschenk gegeben. Das steht in gewissen darüber ausgestellten Urkunden geschrieben, die ihr einsehen könnt, so ihr wollt.»

Der Kazike saß immer noch wie eine gemeißelte Statue auf dem Boden, während Cara von der Seite auf ihn einredete. Jetzt machte Wattinarion eine ungeduldige Bewegung mit der Hand, als wolle er den Dolmetscher verscheuchen wie eine lästige Fliege. Der Caquetio wich zur Seite und blickte zu Hutten, der nach einem Moment des Zögerns fortfuhr: «Deswegen bitten und ersuchen wir euch nach bestem Vermögen, dass ihr auf unsere Rede hört und eine angemessene Weile darüber beratet, dass ihr die Kirche als Oberherrn der ganzen Welt und in ihrem Namen den Hohen Priester, Papst genannt, sowie an seiner Statt Seine Majestät als Herrn und König dieser Inseln und dieses Festlandes kraft der erwähnten Schenkung anerkennt und euch einverstanden erklärt, dass die hier anwesenden Ordensbrüder euch das Gesagte erklären und verkünden.»

Hutten zeigte auf zwei der Mönche, die in ihren weißen Kutten in der Menge der Soldaten warteten, Heiligenbilder in den Händen. Cara übersetzte offenbar nicht alles, was Hutten vorlas, sondern nur das, was er für wichtig hielt. Wattinarion sah nicht so aus, als sei er beeindruckt. Hutten runzelte die Stirn, holte tief Luft und rief dann: «Wenn ihr das aber nicht tut und böswillig zögert, dann werde ich, das versichern wir euch, mit Gottes Hilfe gewaltsam gegen euch vorgehen, euch überall und auf alle nur mögliche Art mit Krieg überziehen, euch unter das Joch und unter den Gehorsam der Kirche und seiner Majestät beugen, eure Frauen und Kinder zu Sklaven machen, sie verkaufen und über sie nach dem Befehl seiner Majestät verfügen.»

Hutten faltete das Dokument wieder zusammen und sah erwartungsvoll auf Wattinarion. Der stand auf, griff den geschnitzten Stab und hielt ihn hoch. Dann sagte er, ohne den Übersetzer anzusehen: «Die Bärtigen reden viel. Ich habe alles gehört. Eure Männer haben Guarjibo angegriffen. Meine Krieger erzählen, dass die Ungeheuer, auf denen ihr sitzt, euch gehorchen und dass sie schneller laufen, als ein Vogel fliegt. Meine Krieger sagen auch, dass ihr Tiere mit euch führt, die ihr an einem Strick zieht und die beißen, schlimmer als ein Tiger. Und eure Soldaten tragen Rohre, die Feuer spucken. Eure Pfeile sind härter als Palmenholz und fliegen weiter als die Speere der Cariben. Eure langen Messer sind scharf wie die Zähne eines Kaimans. Man sagt, dass kein Schwert und keine Keule euch verwunden kann, weil alle Waffen an der Zauberkraft eurer Gewänder zuschanden werden.»

Wattinarion machte eine weit ausholende Geste mit der Hand, in der er den geschnitzten Stab trug, sah erst Philipp von Hutten, dann Georg Hohermuth an und sagte kalt: «Hier sind so viele Dörfer wie Finger an zwei und zwei Händen. Ich befehle über alle Männer bis zum Fluss Barquisimeto. Ich habe beschlossen, dass wir keinen Krieg gegen euch führen werden. Seid willkommen.»

Der Kazike zeigte auf die Mönche und fuhr fort: «Auch die Männer in weißen Gewändern, die Figuren und Dinge in den Händen halten, von denen wir nichts verstehen. Unsere Frauen werden euch zu Diensten sein, solange ihr in diesem Tal bleibt. Das sagt euch Wattinarion, der oberste Kazike aller Dörfer der Cuyoner.»

Der Gobernator, Andreas Gundelfinger und Estéban Martín hatten sich erhoben. Wattinarion drehte sich um und schritt in die wartende Menge, seine beiden Hauptleute hinter ihm. Die Indios umringten ihn, sodass nur sein schwarzer Haarschopf zu sehen war. Gruppen von Kriegern der Cuyoner machten sich sofort auf den Rückweg. Sie schauten sich immer wieder um, als müssten sie sich vergewissern, dass ihnen von den Christen kein Ungemach drohte.

Hohermuth schaute ein wenig verdutzt, als hätte er etwas anderes erwartet. Er beugte sich zu Gundelfinger und redete mit ihm. Auch Juan de Villegas und Philipp von Hutten gesellten sich zu den beiden, als müssten sie sich beraten. Die Landsknechte standen unschlüssig herum. Burckhardt bemerkte, dass Estéban Martín grinste. Als er vom Pferd sprang, ging Martín auf ihn zu und legte ihm die Hand auf die Schulter: «Heute habt Ihr hoffentlich etwas gelernt, Joven!»

Burckhardt schüttelte den Kopf. Der Hauptmann zeigte auf die wogende Volksmenge. Die Indios palaverten immer noch.

«Einige Völker an der Goldküste haben Kaiser, Könige und Hauptleute wie die Christen. Andere nur einen Alkalden wie die in Hittova. Unser Wattinarion ist der König dieser Gegend, und er ist nicht dumm. Er weiß genau, dass wir ihn zermalmen könnten wie ein Hammer eine Kröte. Er wartet ab, was geschieht. Wenn wir weiterziehen und ihn unbehelligt lassen, kann er sich rüsten für das nächste Mal. Das wird ihm nichts nützen. Aber er kann es sich auch nicht leisten, gar nichts zu unternehmen. Er hat weniger gesagt als Felipe de Urre. Es ist weder Krieg noch Frieden. Wir sind nicht seine Freunde, aber auch nicht seine Feinde. Ich verpfände meine alte Haut, dass es Ärger geben wird, wenn wir beim Abmarsch Träger einfordern.»

Martín sah Burckhardt von der Seite an. «Achtet auf Euer Pferd. Die Tiere sind das Kostbarste, was wir hier besitzen. Seid vorsichtig: Viele werden neidisch auf Euch sein.»

Mit diesen Worten wandte sich der Hauptmann ab. Auch die Menge der Indios löste sich auf und zerstreute sich zwischen den Hütten. Die meisten der Männer gehörten nicht nach Guarjibo, sondern stammten aus anderen Dörfern, wohin sie sich auf den Weg machten. In den Feldern erschienen die Köpfe der Frauen, die sich vorsichtig wieder aus der Deckung wagten. Wattinarion war immer noch umgeben von vier Dutzend grimmig blickenden Kriegern mit mannshohen Bögen, Keulen, Lanzen und hölzernen Schwertern. Die Indios strebten jetzt schnurstracks auf ein

Haus in der Mitte des Ortes zu, in das sich viele der Einwohner Guarjibos geflüchtet hatten. Sie trieben sie hinaus, um für den Kaziken Quartier zu schaffen. Es waren nur Frauen, Kinder und Alte.

Burckhardt gab seinem Pferd die Sporen und ritt zu der Hütte, in der seine Familie Unterschlupf gefunden hatte. Er warf die Zügel Christian zu, dem man ansah, wie stolz er war, dass sein Bruder ihm eine verantwortungsvolle Aufgabe anvertraute. In der Hütte lagen einige Männer in den Hängematten, die Frauen kochten und wuschen irgendwo draußen am Bach und an der Feuerstelle.

Josef Langer kauerte in einer Ecke der Hütte. Er rief Burckhardt zu sich und sagte: «Ich glaube, wir werden krank. Sixt Enderlein hat sich eben erbrochen und kleine weiße Würmer ausgespuckt. Er leidet am Fieber und fühlt sich sehr schlecht. Ich auch. Die meisten haben Durchfall und Kopfschmerzen und Gliederreißen. Ich fürchte, wir können nicht sehr gut marschieren.»

Burckhardt kratzte sich ratlos am Kopf.

«Mich quälen mehr die Flöhe», antwortete er, «meine Gedärme haben sich beruhigt. Und die Stiche der Mücken jucken. Ihr müsst Anna Kestlin fragen. Die versteht etwas von Heilkräutern.»

Langer nickte, stöhnte dann plötzlich auf und presste die Hände vor den Bauch. Nach ein paar Augenblicken setzte er sich mühsam wieder auf, zog sich am Strick einer der Hängematten hoch und ließ sich hineinfallen. Er keuchte heftig. Burckhardt legte ihm die Hand auf den Arm.

«Josef, es wird schon werden», sagte er beruhigend. Er hörte die Stimme seines Vaters draußen vor der Tür. Gunther Ansorg betrat die Hütte. Er hatte die Arme voller Früchte, Patatas, ein paar Maiskolben, Guaybas, Tomaten und eine große Melone. Hinter ihm kam Johannes Kestlin mit einem großen Tonkrug voller Wasser. Er sagte kein Wort, sondern ging nach hinten, wo die Frauen gerade Feuer machten. Der alte Ansorg sagte: «Hauptmann Antonio Ceballos ist gerade aufgebrochen, mit zwanzig Reitern und vierzig Mann zu Fuß. Der Kazike erzählte von einem Dorf, ein paar Stunden von hier, das nicht zu seiner Herrschaft gehört. Ceballos will dort Träger holen.»

Burckhardt zuckte mit den Achseln.

«Holen, sagst du? Er wird das Dorf überfallen, die, die sich wehren, niedermetzeln und den Rest in Ketten legen lassen.»

Gunther Ansorg sah ihn fragend an.

«Was ist mit dir, Burckhardt? Die Indier sind Heiden, essen Menschenfleisch und weigern sich, nach Gottes Geboten zu handeln. Außerdem erkennen sie keine Obrigkeit an.»

«Sie essen Menschenfleisch? Hast du das schon einmal beobachtet? Ich sehe nur, dass sie Yucca, Mais und andere Dinge verzehren wie wir auch.»

«Lass es gut sein. Wir wollen uns nicht streiten. Der Gobernator meint, der Kazike Wattinarion sei auf eine Büberei aus. Er traut ihm nicht. Er fürchtet, dass die Indier sich auf einen Überfall vorbereiten, und hat die Wachen verdoppeln lassen.»

Burckhardt verspürte keine Lust, mit seinem Vater zu streiten. Auch war Johannes Kestlin hereingekommen, und auf dessen Gesellschaft konnte er gern verzichten. Er trank aus einem Krug, griff einen Maiskolben, nahm ein Arepa aus seiner Tartschentasche und sagte kauend, er werde sich ein wenig umschauen.

Die Sonne hoch oben im Zenit brannte unbarmherzig. Noch immer stand keine Wolke am Himmel. Ziellos streunte er durch das Dorf. Von den Bewohnern waren nur wenige zu sehen, als hätten sie sich aus dem Staub gemacht. Am Nachmittag kam die ausgesandte Schar unter Hauptmann Ceballos und brachte mehr als hundert gefangene Indios, die er unter die Soldaten aufteilte. Burckhardt hielt sich von dem Geschehen fern, er hatte in den letzten Tagen genug gesehen, was ihn bis in seine Träume verfolgen würde. Am liebsten hätte er eine Hütte für sich allein gehabt. Missmutig kehrte er zu seiner Familie und den anderen Bergknappen zurück.

Die Hitze des Tages war einer angenehm schattigen Kühle gewichen. Alle saßen hinter dem Haus um ein Feuer, über dem Fleisch briet. In der Heimat war es ein Fest gewesen, wenn statt Haferbrei oder Hirse Fleisch in den Topf kam. Jetzt aber hatten die meisten hier keinen Hunger oder solches Bauchgrimmen, dass sie nicht essen konnten. Burckhardt wusste nicht, worüber er reden sollte. Anna schlug die Augen nieder und wagte nicht, ihn in Gegenwart der anderen anzusehen.

Der alte Ansorg schilderte Anna Kerer begeistert den Bergaltar der Sankt-Annen-Kirche, den er im Jahr zuvor zum ersten Mal gesehen hatte. Er gestikulierte mit den Händen und sagte: «Es ist wunderbar! Da steht ein Obersteiger mit einem roten Hemd und wirft die Barte, so weit er kann, wie in den alten Zeiten, als die Bergknappen ihr Land noch mit einem Beil ausmaßen. Und Daniel Knappe ist zu sehen, mit dem Engel, der ihm den Weg zum Silbererz am Schreckenberg weist. Der heilige Wolfgang mit einem kostbaren Mantel und einer Axt in der Hand, wie er unerkannt unter den Bergknappen wandelt. Sogar eine Erzwäscherin und Münzknechte, und die Frischer und die Schmelzer im grauen Kittel, wie sie am Schachtofen arbeiten. Ich habe geweint, so schön ist das. Der Meister hat seinen Namen nicht auf das Bild geschrieben. Nur drei Maiglöckchen, die sind sein Zeichen. Man sagt, der Altar habe achthundert Gulden gekostet. Und jeden Groschen haben wir Bergknappen aufgebracht.»

Burckhardt schwieg. Sie waren nicht in Annaberg oder Geyer, sie waren an der Goldküste, auf der Insel Venezuela, umgeben von heidnischen Indios, und auf dem Weg in eine geheimnisvolle Stadt voller Gold mit einem Kaziken, den sie El Dorado nannten. Ihm schien es, als wolle der Vater nur wenig vom dem wissen, was um sie herum geschah, als klammere er sich an das Althergebrachte, weil er sich vor dem Neuen fürchtete. Er war es doch gewesen, der die Neue Welt in leuchtenden Farben geschildert hatte! Und jetzt, nach dem Tod der Mutter, redete er nur noch von der Alten Welt.

Burckhardt erhob sich. Es dunkelte schon, die Sonne war in ein Meer von Glut getaucht. Die Grillen musizierten wie jeden Abend. Fern bellten Ebonfies Hunde, und Vögel sangen wie mit fremden Stimmen. Er bemerkte, dass Anna Kestlin ihn zum ersten Mal verstohlen ansah. Sie sagte leise: «Burckhardt, bitte hilf mir, die Wäsche vom Bach zu holen.»

Sie stand auf, nickte dem alten Ansorg und Anna Kerer zu und ging Burckhardt voraus. Der beobachtete aus den Augenwinkeln, wie die Kererin ihnen neugierig nachschaute.

Das Strauchwerk wuchs über ihnen zusammen wie ein grünes Dach. Die Kakteen formten einen Wald, der undurchdringlich gewesen wäre, hätten die Indios nicht einen Pfad geschlagen. Schwärme von Mücken tanzten über ihren Köpfen. Dann kam ein mannshohes Maisfeld. Wenn der Trampelpfad nicht gewesen wäre, hätten sie sich zwischen den Stauden verirrt, so undurchdringlich war das gelbe Korn. Plötzlich stutzte Anna und hielt ihn mit der Hand zurück. Vor ihnen blitzte, von hohem Schilf eingefasst, der Bach auf, der friedlich im Abendlicht seinen Weg durch die Wiesen suchte. Drei Landsknechte tummelten sich nackt im hüfthohen Wasser, mit ihnen drei sehr junge Indianerinnen, die gleichfalls nackt waren und denen die Haare bis fast in die Kniekehlen hingen. Die Männer hatten sich die Frauen gegriffen und vergnügten sich mit ihnen. Die Weiber schienen sich nicht zu wehren, sie lachten und kreischten und griffen den Soldaten an die Bärte und zwischen die Beine.

Anna zog ihn zwischen den Mais, bis sie niemanden mehr sehen konnten und auch den Blicken der Landsknechte verborgen waren. Die Stauden rauschten im Wind wie ein fernes Meer. Anna sah ihn liebevoll an, griff unter sein Hemd und streichelte seine Brust.

«Liebster, wir haben uns so lange nicht gesehen», murmelte sie und legte ihren Kopf an seine Schulter. Burckhardt sagte nichts. Er wollte ihr erzählen, was er gestern, beim Sturm der Soldaten auf Guarjibo, beobachtet hatte, dass er sich Sorgen um Christian mache. Aber Anna legte ihm einen Finger auf die Lippen und strich seine Hose nach unten. Dann hob sie ihren Rock und legte seine Hände zwischen ihre Beine. Doch er verspürte nichts und wusste nicht so recht, warum ihm nicht danach war, Anna nahe zu sein. Sie kniete vor ihm und versuchte, ihm Lust zu bereiten. Aber es half nichts. Burckhardt zog ihren Kopf hoch und küsste sie. Anna lächelte und sagte: «Du siehst müde aus.»

Burckhardt antwortete: «Ich habe fürchterliches Bauchgrimmen.»

Das war eine Lüge, aber Anna gab sich damit zufrieden. Sie ordneten ihre Kleider, fassten sich an den Händen und suchten den Weg im Dunkeln zurück.

3. KAPITEL
Jagdfieber

«Wir lassen dich frei, Wattinarion! Dich und alle die Deinen. Ich hoffe, du weißt dieses Zeichen unserer Huld zu schätzen!»

Georg Hohermuth winkte Andreas Gundelfinger. Der nahm einen der klobigen Schlüssel vom Bund und schloss die eiserne Halskrause und die Handfesseln des Kaziken auf. Wattinarion kniff die Brauen zusammen und massierte seine Gelenke. Sein ehemals weißes Hüfttuch starrte vor Schmutz, und an seinem Hals eiterte eine Wunde. Es sah nicht so aus, als sei der Kazike der Cuyoner ihr Freund geworden.

Wattinarion verneigte sich steif. Offenbar hatte er diese Geste von den Konquistadoren abgeschaut. Dann sprach er langsam, mit großen Pausen, sodass sowohl der Dolmetscher der Cuyoner, der Kazike aus Hittova, als auch Cara Vanicero, der das Gesagte ins Spanische übertrug, ohne Mühe folgen konnten.

«Wenn die Bärtigen nach Barquisimeto zurückkehren, werden wir ihnen Nahrung und Frauen geben. Wir werden keinen Krieg gegen sie führen, und wir werden ihr Gepäck tragen. Wenn euer oberster Kazike noch einmal bärtige Männer schickt, werden wir sie behandeln wie euch. Das sagt Wattinarion, der oberste Kazike der Cuyoner.»

Hohermuth lächelte zufrieden, und Philipp von Hutten überreichte dem Kaziken einen kleinen Spiegel, zwei Äxte und zwei Nürnberger Messer. Der nahm die Geschenke mit unbewegter Miene an und reichte sie an seine Untergebenen weiter, die demütig hinter ihm warteten. Auch ihnen waren die Fesseln abgenommen worden.

Wattinarion verbeugte sich noch einmal, machte kehrt und

ging langsam aus dem Lager. Seine Cuyoner folgten ihm, mehr als hundertfünfzig an der Zahl. Sie verschwanden bald in den dichten Urwäldern, die den Fluss säumten. Das Wasser war flach, die Ufer, an denen sie lagerten, sumpfig und das Wasser trübe und übel riechend. Schmutziges Braun überzog die Blätter aller Pflanzen. Hier hatte es über Monate nicht mehr geregnet. Die Hitze stand in der Luft und fühlte sich an, als könnte man sie mit einem Messer schneiden.

Zwei Cuyoner waren geblieben, junge Männer, die nur Pfeil und Bogen als Waffen trugen und die sich durch die Aussicht auf Geschenke hatten locken lassen, als Führer und Dolmetscher zu dienen. Man sah ihnen an, dass ihnen die Bärtigen nicht geheuer waren. Sie kauerten am Flussufer und blickten scheu auf das Getümmel der Reiter, Fußsoldaten, Trossknechte und aller, die sich wieder auf den Marsch machten. Mehr als dreihundert Indios liefen in klirrenden Halsfesseln, Frauen wie Männer, wie Lastesel mit Kisten und Säcken bepackt.

Die Zahl der Kranken war auf mehr als dreißig gestiegen, viele von ihnen konnten keinen Schritt mehr aus eigener Kraft gehen. Jeweils zwei Indios trugen sie in einer Hängematte. Alle rätselten, was den Kranken fehlte. Die Veteranen, allen voran Juan de Villegas und Estéban Martín, wussten, welche Früchte der Neuen Welt man nicht essen durfte: Kaktusfeigen, die Pitahayas, färbten den Harn blutrot, und die, die das zum ersten Mal sahen, erschraken fürchterlich. Aber das war harmlos. Mehr ängstigten sie kleine Würmer, die die Soldaten in ihrem Kot fanden oder die sie erbrachen. Vielen juckte die Haut wie von Nesseln, und die Stiche der bösartigen Fliegen eiterten. Zwei Soldaten waren in der Nacht von kleinen Tieren gebissen worden, die niemand gesehen hatte, von Zecken oder Skorpionen, vielleicht auch von giftigen Spinnen. Hans Hugelt quälte sich mit einer entzündeten Beule am Hals, die ihm fast die Luft nahm. Josef Langer und viele andere konnten nichts essen, ohne dass es gleich wieder herauskam. Nicklaus Crado, der Diener Gundelfingers, hatte sich seinen gesunden Fuß verstaucht oder sogar angebrochen, als eine der Kisten mit Nägeln auf ihn gefallen war. Am schlimmsten hatte es Dietrich Lope aus Freiberg erwischt: Er war so schwach, dass er getragen werden musste; die beiden Frauen, die ihn schleppten, stolperten aber und ließen ihn mitsamt der Hängematte fallen, und Lope schlug mit dem Rücken auf einen spitzen Stein. Seitdem litt er an Schmerzen, die der Folter gleichkamen, und konnte sich nicht mehr bewegen. Andreas Gundelfinger, der den Vorfall beobachtet hatte, befahl, die beiden Weiber auszupeitschen, bis sie sich nicht mehr erheben konnten. Sie ließen die regungslosen Körper am Weg liegen. Burckhardt hatte davon nichts mitbekommen, aber Gunther Ansorg und Christian erzählten ihm täglich, was sich hinten beim Tross tat.

Sie zogen nicht über den Fluss, sondern blieben am diesseitigen Ufer. Die Führer kündigten an, sie würden vier Tage brauchen, um Tocuyo zu erreichen, den größten Ort der Cuiaber, eines Volks, das in den Bergen südlich von Guarjibo lebte und mit dem die Cuyoner verfeindet waren. Von den Cuiaber wusste man, dass sie kein Gold besaßen. Aber irgendwo dort, vermuteten Hohermuth und auch Estéban Martín, könnte das Volk leben, von dem das Salz stammte. So wurde es Ambrosius Dalfinger erzählt. Und wo es Salz gab, gab es Gold. Darin waren sich die Indios einig gewesen.

Am dritten Tag verließen sie das Tal und schlugen sich westlich in die Berge. Der Pfad stieg steil an. Am Abend stieß der Vortrupp unter Juan de Villegas und Lope Montalvo de Lugo zu ihnen. Sie fanden drei Dörfer, aber die Hütten waren verlassen, die Barbacoas, die Lagerhäuser, zerstört, selbst die meisten Felder abgebrannt oder verwüstet. Sie trafen keine Menschenseele. Das Land schien wie durch einen Krieg verheert.

Georg Hohermuth befahl, das Nachtlager aufzuschlagen. Die Führer der Cuyoner behaupteten, hinter dem nächsten Pass würden sie das Tal von Tocuyo erreichen. Die Hauptleute waren sich einig, dass die Reiterei den Bergrücken überqueren könnte, dass es aber für den Tross zu spät war. Zum ersten Mal seit dem Anstieg nach Hittova ballten sich am Horizont dunkle Wolken zusammen, die Abendsonne malte sie blutrot. Obwohl sie noch nicht einmal die Hälfte des Himmels bedeckten, blies ein kühler Wind durch das Tal. Unter den Soldaten wurde Murren laut über den Lagerplatz: Es gab kein Wasser, und die Vorräte gingen zur Neige. Die Hauptleute hatten alle Hände voll zu tun, um die Landsknechte zu beruhigen. Morgen gebe es Wasser, ein großer Ort wie Tocuyo sei undenkbar ohne eine Quelle oder einen Fluss.

Hier, in den Bergen, wuchsen die Bäume in den Himmel. Es gab kaum noch Kakteen, dafür aber wuchtige Stämme, von denen die Lianen baumelten wie Strickleitern von einem Schiff. Das Blätterdach wölbte sich über ihnen und nahm gleichzeitig die Sicht auf die Bergspitzen. Die Vögel lärmten, als wollten sie die Bewohner des Waldes vor den Fremden warnen. Papageien flogen durch das Geäst, krächzten und schrien, dass sich selbst die Hunde erschreckten und wütend bellten. Einmal scheuchten sie einen Schwarm fetter Vögel auf, die so schwerfällig waren, dass die Hunde sie noch im Sprung fingen, und die beiden Cuyoner ein halbes Dutzend mit ihren Pfeilen erlegten, bevor sie im Gewirr der Blätter verschwinden konnten.

Sie lagerten in einem ausgetrockneten Flussbett. Mächtige Felstrümmer bedeckten den Boden des Tals. Hauptmann Martín schärfte den Soldaten ein, besonders auf Skorpione zu achten, die sich gerne unter den glühenden Steinen versteckten. Die Hängematten der Kranken wurden seitwärts aufgehängt, unter einer Gruppe schlanker Bäume mit weißen Stämmen. Die Macheteros schlugen das Gesträuch beiseite und machten einen großen Lärm, um die Schlangen zu verscheuchen.

Burckhardt war abgestiegen und hatte Christian die Zügel des Pferdes zugeworfen. Er stand neben Martín, der die Umgebung aufmerksam musterte und die Luft einsog. Nicht weit entfernt von ihnen warfen die Trossknechte trockene Zweige zusammen, um Feuer zu entzünden, und die Hauptleute ließen sich eine Lagerstatt bereiten. Juan de Villegas hielt sich bei den Pferden auf und teilte die Wachen ein, die anderen tummelten sich irgendwo bei den Landsknechten oder beim Gepäck, um die Träger zu beaufsichtigen.

Martín kratzte sich am Bart.

«Das gefällt mir nicht», sagte er mehr zu sich selbst. Burckhardt sah ihn fragend an. Martín kreuzte die Arme vor der Brust und murmelte: «Wir kommen zu langsam voran. Wattinarion ist zu Fuß schneller gewesen als wir.»

«Wattinarion?», fragte Burckhardt verwundert. «Wir sind doch jetzt im Gebiet der Cuiaber?»

«Wattinarion schien mir ein kluger Bursche zu sein. Er muss unbedingt die Schlappe, die er erlitten hat, wieder gutmachen. Sonst verliert er sein Gesicht. So sind die Indier: Ein Kazike ist kein Oberster durch Geburt oder weil die Fürsten ihn wählen, sondern nur so lange, wie alle ihn anerkennen. Und wenn sein Volk meint, er sei unfähig, ist er die längste Zeit ihr Hauptmann gewesen.»

Martín sah Burckhardt nachdenklich an.

«Wir haben viele Kranke, die sich nicht wehren können. Um die ist es mir bange. Ich werde die Wachen verdoppeln lassen. Und wie geht es Eurem Vater, Joven?»

«Meinem Vater fehlt nichts, Capitán.»

«Heute in der Frühe habe ich etwas anderes gehört. Erkundigt Euch nach ihm.»

Martín lächelte. Der spanische Hauptmann scheint allwissend zu sein, dachte Burckhardt. Er hatte seine Familie den ganzen Tag noch nicht gesehen, weil sie am Schluss des Zuges marschierten. Eilig ging er zum Tross. Gruppen von Indios lagen zusammen, man hatte ihnen nur die Handfesseln abgenommen, nicht aber die Fußeisen. So konnten sie nicht fliehen. Außerdem lauerten die Bluthunde nur darauf, dass Ebonfie und seine Knechte sie von der Leine ließen. Am Rande des Flussbettes, dort, wo der Urwald begann und der steinige Boden in einen dicht bewachsenen Steilhang überging, entdeckte er die Bergknappen, die sich dicht zusammendrängten wie die Indios, als fürchteten sie sich vor dem unbekannten Land. Sein Vater war bleich und sagte mit schwacher Stimme: «Ich habe Fieber und Kopfschmerzen wie die anderen. Mein Kot ist voller Blut. Anna hat mir Blutegel angesetzt, aber das hilft nicht. Und die Kräuter, die hier wachsen, kennt sie nicht. Wir haben keine Arznei.»

Burckhardt legte seinem Vater die Hand auf die Stirn, sie war heiß wie ein Ofen. Zum Glück hatte Hauptmann Gundelfinger angeordnet, dass auch der alte Ansorg zu tragen sei. Aber die Indios waren beinahe zu schwach dazu, und als sie mehrfach stolperten, griffen sich Johannes Kestlin und Sixt Enderlein die Hängematte mit dem kranken Ansorg.

Kestlin war einer der wenigen, die keinerlei Gebrechen quälte. Er saß mit dem Rücken an einen Felsen gelehnt, hielt Burckhardts Bergbarte in den klobigen Händen und musterte sie eingehend. Anna kauerte neben ihm und wischte ihm mit einem Tuch die verschwitzte Stirn.

«Eine schöne Barte hast du, Ansorg», sagte Kestlin betont langsam und ließ die Schneide über seine Daumen gleiten. «Die Buchstaben B und A sehe ich hier eingeritzt. Das bedeutet ‹Burckhardt› und ‹Anna›, oder?»

Burckhardt lief es kalt über den Rücken. Hatte jemand Anna und ihn beobachtet? Oder hatte Anna gar …? Bevor er jedoch antworten konnte, fragte sie ihren Mann: «Was meinst du damit, Johannes? Das A heißt doch Ansorg, nicht Anna!»

Burckhardt atmete auf. Anna hatte nicht geplaudert, also gab Kestlin nur einen Schuss ins Blaue ab. Annas jähzorniger Mann war in den letzten Wochen ruhiger geworden: Seitdem ihm Hauptmann Martín nach der Messerstecherei gedroht hatte und seitdem es keinen Wein mehr gab, nur noch den harmlosen Maisschnaps der Indios, benahm sich Kestlin manierlich.

Jetzt stand er auf, reckte sich und schwang die Axt, als wolle er prüfen, wie weit er sie werfen konnte. Burckhardt sagte: «Gib mir meine Barte zurück, Johannes!»

Kestlin kniff die Augen zusammen und antwortete: «Ich werde sie behalten, als Ausgleich für das, was du mir genommen hast.»

Die anderen Bergknappen erhoben sich, einer nach dem anderen. Sie ahnten, dass Kestlin auf einen Streit aus war, ganz gleich, was Burckhardt antworten würde. Anna Kestlin wich furchtsam vor ihrem Mann zurück.

Neben den Bergknappen saßen einige deutsche und spanische Landsknechte, die es sich auf dem Geröll, so gut es ging, bequem gemacht hatten. Sie aßen Arepas, Casaba und getrocknetes Hirschfleisch und schauten neugierig zu den Bergknappen hinüber, als warteten sie nur darauf, dass es eine zünftige Schlägerei geben würde. Einer stand jetzt auf und kam auf sie zu. Burckhardt erkannte ihn: Es war der Soldat, der Kestlin in Gegenwart Estéban Martíns, nach der Schlägerei in Coro, einen fürchterlichen Fausthieb versetzt hatte. Er zog seinen Dolch aus der Scheide, ließ ihn gegen die Abendsonne blitzen, grinste breit und fragte, ob es etwas zu tun gebe. Kestlin machte einen Schritt zur Seite und rief: «Ihr könnt mich alle am Arsch lecken!»

Dann holte er aus und warf Burckhardts Bergbarte gegen den Stamm eines Baumes, der mehr als fünf Klafter weit entfernt war. Es krachte, und das Beil blieb in Mannshöhe stecken. Das Holz erzitterte, und ein Mann, der seine Hängematte an den Stamm geknotet hatte und den Kestlins Wurf erschreckt hatte, richtete sich auf. Es war El Cuchillito, der narbige Landsknecht, der in Coro auf der Plaza vom unrühmlichen Scheitern der Entrada Dalfingers erzählt hatte. Er erblickte Kestlin, sprang mit einer einzigen Bewegung aus der Matte und ging mit gesenktem Kopf, wie ein Stier, auf den Deutschen los. Kestlin sah ihn nicht, und Burckhardt nahm erstaunt wahr, dass dem Mann die Tränen über das Gesicht rannen.

Der Narbige sprang Kestlin von hinten an wie ein Tiger und warf ihn zu Boden. Die beiden rollten durch den Staub, die Umstehenden schrien und warfen sich auf sie. Die Landsknechte mischten sich ein, und im Nu gab es eine wilde Prügelei. Burckhardt hatte sich erschrocken zurückgezogen, ihm ging Kestlins Blick nicht aus dem Sinn. Jetzt stürzten Andreas Gundelfinger und Hauptmann Sancho de Murga hinzu und trennten die Streithähne. Die Landsknechte empfanden die Angelegenheit mehr als einen Spaß, nur El Cuchillito schien ernsthaft wütend zu sein. Er stand mit geschwollenen Stirnadern vor Kestlin und brüllte ihn an. Der verstand zwar nichts, weil er des Spanischen nicht genug mächtig war, aber er begriff wohl, worum es dem Soldaten ging. Kestlin hätte statt des Baumes auch ihn treffen können.

Sancho de Murga stand mit erhobenen und ausgebreiteten Armen mit dem Rücken vor den beiden Kontrahenten, als wolle er die anderen abhalten, sich einzumischen. Plötzlich zischte es, Burckhardt spürte noch den Lufthauch dicht neben seinem Kopf, ein Pfeil fuhr dem spanischen Hauptmann durch den Hals und blieb mit seinem gefiederten Ende stecken, ein zweiter durchdrang seine Wange. Sancho de Murga gurgelte und wankte wie ein Schilfrohr im Wind, er hielt die Arme immer noch erhoben. Jetzt brauste es über ihnen, Pfeile prasselten wie ein Hagelschauer nieder. Der Hauptmann fiel auf den Rücken, röchelte, die Luft entwich pfeifend seiner Kehle; er zuckte mit den Gliedern und streckte sich dann leblos aus.

Jemand schrie: «Die Indier!» Alle stürzten zu den Waffen. Burckhardt hechtete zu dem Baum und zog seine Barte heraus. Über ihm, den Abhang hinab, aus dem Schutz des Waldes, stürzten Scharen von nackten Indios, die Keulen und Speere schwangen. Es mussten Hunderte sein. Ihr Geheul war so schrill, dass er meinte, die Zähne täten ihm weh. Wo ist Vater? Wo ist Christian?, schoss es ihm durch den Kopf. Er lief gebückt dorthin, wo er die beiden zuletzt gesehen hatte. Gunther Ansorg war aus der Hängematte gestürzt, ein Indio kniete auf ihm und wollte ihm den Speer durch die Brust stoßen. Christian warf sich mit bloßen Händen auf ihn und beide stürzten zu Boden. Burckhardt hob die Axt und ließ sie mit aller Kraft niedersausen. Die schwere Barte fuhr durch das Fleisch des Indios wie durch Fett und trennte sein Bein unterhalb des Knies ab. Der Hieb hatte so viel Schwung, dass Burckhardt nach vorn stolperte und auf den Krieger fiel. Blut spritzte ihm in die Augen, er sah den verzerrten Mund des Indios. Ein markerschütternder Schrei gellte ihm in den Ohren.

Benommen taumelte er hoch und sah wie durch einen roten Vorhang eine schwarze Keule aus Holz über sich schweben. Er knickte mit den Füßen ein und fiel auf die Knie, seine rechte Hand hielt die Axt, konnte sie aber nicht anheben. Die Keule sauste aber nicht auf seinen Kopf, sie fiel langsam zur Seite, als verlöre sie plötzlich ihr Gewicht, und mit ihr fiel der indianische Krieger. Hinter ihm stand Juan de Villegas, der mit beiden Händen sein Rapier gepackt und es dem Indio durch den Rücken gestoßen hatte. Villegas Augen funkelten, er sah Burckhardt wild an, als erkenne er ihn nicht. Ein Schlag ertönte, wie eine dumpfe Glocke. Eine Keule traf Villegas' Helm. Einen Moment schwankte der Spanier, drehte sich dann aber blitzschnell um. Seine Klinge sauste wie ein eiserner Blitz zwischen den braunen Leibern umher. Das Schwert ließ eine blutige Spur hinter sich, gleich drei Angreifer fielen dumpf zu Boden.

Burckhardt kniete immer noch am Boden. Ihm war, als träumte er. Seine Linke wischte über das Gesicht, sie war voller Blut. Er würgte, sprang dann hoch und stellte sich breitbeinig vor seinen Vater, der sich voller Angst an den Fuß eines mächtigen Felsblocks gewälzt hatte. Neben ihm kauerte Christian, der eine Rondella, einen Holzschild, von irgendwoher gegriffen hatte, mit dem er sie zu schützen gedachte.

Zwischen den Kämpfern tauchten einige Bluthunde auf, die sich voller Mordlust in die Beine von Freund und Feind verbissen. Endlich traten die Reiter in Aktion, ein halbes Dutzend galoppierte Seite an Seite durch die Menge, sie schrien «Santiago!». Die Indios wichen vor den Pferden zurück, zu sehr fürchteten sie die Ungeheuer, die sie noch nie gesehen hatten. Sie griffen tapfer an, trotz der ungeheuren Verluste, die ihnen die eisernen Waffen der durch ihre Rüstungen weitaus besser geschützten Christen zufügten. Nur die Pfeile vermochten den Konquistadoren zu schaden, denn sie kamen in großer Menge und von allen Seiten.

Jetzt rollten dumpf die ersten Schüsse durch den Wald, und die Angreifer glaubten, sie hätten es mit Dämonen aus der Hölle zu tun. Hinter einer natürlichen Mauer aus Geröll lagen ein Dutzend Armbrustschützen und schickten ihre tödlichen Pfeile in die dichten Reihen der Indios. Einer nach dem anderen sank zusammen. Jetzt brach unter ihnen Panik aus, die Wut des Angriffs wich nackter Angst. Sie ließen sich abdrängen und suchten ihr Heil in der Flucht. Eine Trompete ertönte, und ein triumphierender Chor rauer Stimmen antwortete: «Dios y la Virgen!» Der Sieg war ihrer.

Mehr als fünfzig Indios hatten den Angriff mit dem Leben bezahlen müssen, und Dutzende von Verwundeten wälzten sich schreiend auf dem Boden oder wimmerten leise. Die Felsen waren rot gesprenkelt. Hauptmann Estéban Martín blickte todernst, als Juan de Villegas und Francisco de Velasco an der Spitze eines Trupps blutbespritzter Landsknechte das Tal durchkämmten und jeden indianischen Krieger erstachen, dessen sie habhaft wurden. Christian und Gunther Ansorg lagen sich in den Armen und schluchzten. Für die meisten Indios kam der Tod einer Erlösung gleich, denn sie wären elend gestorben oder verblutet. Niemand hätte ihnen helfen können. Andreas Gundelfinger und Philipp von Hutten nahmen sich der verwundeten Christen an, einigen Landsknechten steckten Pfeile in den Gliedern. Sie zogen sie heraus; die Wunden würden sie mit glühenden Messern ausbrennen. Calliustus durfte ihnen einen Schluck Maisschnaps einschenken, den sie in Guarjibo in die leeren Weinschläuche gefüllt hatten.

Die Konquistadoren hatten drei Tote zu beklagen: Hauptmann de Murga, Dietrich Lope und einen Landsknecht, der wie Lope krank in einer Hängematte gelegen hatte. Der Gobernator befahl, die Leichen sofort zu begraben. Die Indios sollten nicht sehen, dass auch die Christen sterblich waren. Dazu hatte Estéban Martín geraten, der meinte, die Mär, die Bärtigen wären unverwundbar und ihre Kleider mit einem Zauber geschützt, würde ihnen im Kampf zum Vorteil gereichen. Es gab mehrere Verwundete, auch Hauptmann Philipp von Hutten ließ sich verbinden. Der Streich eines hölzernen Schwertes hatte ihn getroffen. Es war aber nur eine Fleischwunde, die schnell heilen würde. Hohermuth ließ einen der Mönche ein Vaterunser beten. Die Bergknappen versammelten sich am Grab von Dietrich Lope. Mauricio Butzler zimmerte ein kleines Kreuz und steckte es in das Erdreich. Burckhardt und Mauricio stützten Josef Langer, der sich kaum auf den Beinen halten konnte, trotzdem aber ein leises Gebet sprach.

Die Dämmerung wich schnell der Nacht. Hohermuth ließ die Feuer löschen, um den Indios kein Ziel für ihre Pfeile zu bieten. Die Ansorgs kauerten sich aneinander. Burckhardt versuchte, sich weit entfernt von den Kestlins zum Schlaf niederzulegen, um nicht noch einmal einen Streit heraufzubeschwören. Er konnte keinen klaren Gedanken fassen: Wieder und wieder sah er den schreienden Krieger vor sich, dem er das Bein abgetrennt hatte, sah er die Keule über sich schweben. Dann übermannte ihn der Schlaf. Er wachte mehrere Male auf, in Schweiß gebadet und vom Durst gepeinigt.

Schon vor Sonnenaufgang war das gesamte Lager in Bewegung. Die Leichen stanken entsetzlich, und Myriaden schwarzer Fliegen umsummten sie. Ein Schwarm schwarzer Aasvögel flatterte träge von einem Körper zum anderen, ihre Schnäbel rissen blutige Fetzen aus den Leibern. Ihnen blieb nicht die Zeit, die Toten zu verbrennen, dazu hätten sie den halben Tag benötigt. In großer Hast setzte sich der Zug in Bewegung. Alle Soldaten trugen, trotz der Hitze, ihre eiserne Wehr und die Helme. Estéban Martín ordnete an, die Waffen der toten Indios einzusammeln, vor allem die mannshohen Bögen und die Pfeile, die noch zu gebrauchen waren, und sie mitzuführen.

Burckhardt blieb beim Tross. Er ließ seinen Vater und Christian auf seinem Pferd reiten und marschierte selbst zu Fuß. Er fühlte sich schwach, aber gesund. Sein Bauchgrimmen war verschwunden, und die Stiche der Mücken schmerzten ihn nicht mehr. Er schnallte den Katzbalger um, schulterte die Barte und schritt unermüdlich voran.

Der Pfad zog sich zusehends steiler an einem rutschigen Abhang entlang. Die grauen Wolken verdeckten die Sonne und milderten die Hitze. Alle hofften auf Regen, denn der Durst wurde unerträglich. Ihre Lippen waren ausgedörrt und gesprungen, und niemand sagte etwas, denn das Sprechen schmerzte. Vorn quälten sich die Reiter den Berg hinan, und beim Tross knallten die Peitschen. Den Schluss bildeten zwanzig Reiter und mehrere Dutzend Landsknechte zu Fuß: Der Gobernator wollte nicht das Risiko eingehen, von versprengten Indios noch einmal angegriffen zu werden.

Gegen Mittag hatte die Spitze des Zuges immer noch nicht die Passhöhe erreicht. Nur ab und zu sah man die Reiter. Die Bäume, gigantische Farne und Schlingpflanzen versperrten die Sicht. Rechts und links des schmalen Pfades wuchs mannshohes Gras. Einmal fanden sie menschliche Knochen, zwei Körper, wie im Todeskampf ineinander verschlungen. Die Ameisen hatten sie sauber abgenagt.

Ein brandiger Geruch hing in der schweren Luft, als gebe es irgendwo im Wald einen Köhler. Einige der indianischen Träger waren so schwach, dass sie mit dem Gepäck nur langsam vorwärts kamen. Die Weiber schienen zäher und widerstandskräftiger zu sein als die Männer. Jetzt brach einer der Indios in der Mitte der langen Reihe zusammen, ein zweiter gleich darauf. Sie zerrten mit ihrer eisernen Halsfessel die nach unten, die vor ihnen waren, und die, die ihnen folgten. Der Zug stockte. Es ging nicht mehr weiter. Die Trossknechte prügelten auf die Gestürzten ein, aber die kamen nicht mehr auf die Füße.

Johannes Kestlin war direkt hinter den zusammengebrochenen

Indios marschiert. Er atmete schwer und trug eine Kiste auf den Schultern. Von den Indios hatten sich einige Soldaten abgeschaut, die Gepäckstücke mit einem Strick zu umwickeln und den um die Stirn zu legen, das entlastete die Arme. Kestlin schrie: «Wer hat die verdammten Schlüssel für die Halsfesseln? Schließ die Armen los! Sie können nicht mehr! Wir können hier nicht vorbei, oder wir fallen in die Schlucht!»

Vom Ende des Zuges kam Hauptmann Francisco de Velasco, er war abgestiegen, zwei deutsche Landsknechte begleiteten ihn. Burckhardt erklärte ihm, dass die zwei Indios zu erschöpft seien, um marschieren zu können.

«Das werden wir gleich haben», sagte Velasco. Er winkte den Landsknechten. Die zogen ihre Schwerter und gingen auf die beiden Träger zu, die immer noch mit verkrampften Gliedern am Boden lagen und um Atem rangen. Die Umstehenden wichen furchtsam zurück. Kestlin setzte die Kiste ab. Er wollte gerade etwas sagen, doch es war schon zu spät: Mit einem fürchterlichen Hieb schlug einer der Soldaten dem Träger den Kopf ab. Das helle Blut spritzte wie eine Fontäne.

«Jetzt brauchen wir keinen Schlüssel mehr», sagte Hauptmann Velasco. «Und was sagt der andere Esclavo?»

Der schloss die Augen und rührte sich nicht, als ergebe er sich seinem Schicksal. Der Landsknecht rüttelte ihn an der Schulter, aber er bewegte sich gar nicht mehr. Wieder ein Streich, Burckhardt wandte sich schaudernd ab, und der Kopf des Indios rollte bis in das hohe Gras und verschwand. Der Soldat wischte das Schwert mit einer Hand voll Blätter ab, grinste und steckte es in die Scheide. Velasco warf die Hand in die Luft, als wäre nichts geschehen, und zwängte sich zwischen den Trägern durch, zur Nachhut. Niemand sagte ein Wort. Weiter! Nur weiter!

Als die Sonne verschwand, hörten sie Rufe, vorn bei den Reitern. Sie hatten die Höhe erklommen. Jetzt fielen die ersten Regentropfen, und sofort verwandelte sich der Pfad in eine matschige Rutschbahn. Binnen weniger Minuten goss es in Strömen.

Burckhardt schaute mit offenem Mund nach oben, um seinen Durst zu löschen. Aber sie kamen jetzt noch langsamer voran. Immer wieder glitten die Soldaten und die Träger aus, fielen in den Schlamm und kamen nur mühsam wieder hoch. Endlich erreichte auch der Tross den Pass. Vor ihren Augen breitete sich ein liebliches Tal aus, in strotzendem Grün, der Regen wusch allen Staub von den Blättern. Unten glitzerte ein Fluss, und an seinen Ufern erstreckte sich Tocuyo, die Hauptstadt der Cuiaber.

Von den Hütten war nicht mehr viel übrig geblieben, nur noch schwarz qualmende Trümmer. Die Cuyoner waren ihnen zuvorgekommen und hatten die Stadt dem Erdboden gleichgemacht. Das konnten nur Wattinarions Krieger gewesen sein. Der Kazike war bei dem Überfall am Abend nicht gesehen worden, und die beiden Dolmetscher schworen hoch und heilig, die angreifenden Indios seien nicht von ihrem Volk. Aber niemand zweifelte daran, dass die Zerstörung Tocuyos ihnen galt, den Konquistadoren. Außerdem herrschte von alters her tiefe Feindschaft zwischen den Cuyonern und den Cuiabern. Das hatte Wattinarion erzählt, und der Kazike schlug zwei Fliegen mit einer Klappe, wenn er seine ärgsten Feinde jetzt erfolgreich bekriegte.

Langsam und mühselig zogen sie in Tocuyo ein. Die Soldaten stocherten in der schlammigen Asche, ob sich dort nicht irgendetwas Brauchbares oder Gold fände, aber die Cuyoner hatten ganze Arbeit geleistet. Überall lagen erschlagene Krieger der Cuiaber. Sie waren nackt und zumeist mit Pfeilen und Speeren gespickt. Vielen war der Schädel eingeschlagen worden; das Weiße des Gehirns quoll heraus, der Regen vermischte es mit dem dunklen, getrockneten Blut. Die Aasvögel waren so satt und träge, dass sie nur noch schwerfällig aufflatterten. Die Hunde ließen sich kaum bändigen, wild kläffend versuchten sie, die Geier zu verfolgen.

Estéban Martín gab den Befehl, die Zimmerleute sollten sofort beginnen, die Hütten mit Dächern aus Palmwedeln zu decken und für die Hauptleute wieder herzurichten. Die gefangenen Indios mussten die Leichen weitab, eine halbe Meile flussabwärts, zu einem großen Haufen schichten und mit Steinen bedecken. Der Regen rauschte immer noch hernieder, verbrennen hätte man die Toten nicht können, und sie zu begraben wäre zu mühselig gewesen.

Zur Überraschung aller tauchten am nächsten Morgen einige Dutzend versprengte Cuiaber auf, die sich in den Wäldern und im hohen Gras verborgen und das Treiben der Fremden beobachtet hatten. Die Männer trugen nur eine Kalebasse vor dem Gemächte, wie die Caquetios an der Küste, und die Frauen liefen ganz nackt. Der Gobernator ließ sie vor sich bringen und ausgesucht höflich und zuvorkommend behandeln. Dann zeigte er den Cuiaber die gefesselten Dolmetscher der Cuyoner, was ihnen sichtlich gefiel.

Auch der Kazike aus Hittova trug eine eiserne Fessel um den Hals, denn die Wachen hatten ihn bei einem Fluchtversuch ertappt. Die Cuiaber versuchten, sich mit den Cuyonern, ihren Feinden, zu verständigen. Die beiden Sprachen klangen verwandt, und Estéban Martín hörte aufmerksam zu. Die Cuyoner übersetzten, so gut es ging, dem Kaziken aus Hittova. Der alte Mann der Xidehara stammelte nur, aber mittlerweile verstand Cara Vanicero genug, um zu wissen, worum es ging. Auch Xidehara und Caquetio waren verwandt.

Die Bergknappen drängten sich in den Hütten am Rand Tocuyos zusammen. Sie brauchten nur wenige Stunden, um sich ein Dach über dem Kopf zu bauen. Holz gab es genug. Nur der Regen störte, seit dem Vortage schüttete es ununterbrochen vom Himmel, als begönne eine neue Sintflut. Man versank knöcheltief im Schlamm, und die Balken, die die Zimmerleute bearbeiteten, waren glitschig und schwer zu fassen.

Als Burckhardt am Mittag nach seinem Vater und Christian sah, eröffnete ihm Gunther Ansorg, dass Johannes Kestlin gekommen sei und sich das Pferd genommen habe. Er müsse mit einem Trupp Reiter zur Jagd. Der Hauptmann Andreas Gundelfinger habe das gebilligt. Burckhardt werde bestimmt nichts dagegen haben, hatte

Annas Ehemann behauptet. Burckhardt war verblüfft. Er konnte sich nicht daran erinnern, mit irgendjemandem darüber gesprochen zu haben, das Pferd zu verleihen. Außerdem gehörte es in Wahrheit Hauptmann Martín, der es ihm nur überließ, weil er sich dem jungen Ansorg verpflichtet fühlte. Burckhardt sah zu Anna, die mit den Töpfen hantierte, aber sie blickte nicht auf. Er zuckte mit den Achseln, beschloss aber, Kestlin zur Rede zu stellen, wenn der von der Jagd zurück war.

Dem Vater ging es unverändert schlecht, seine Wangen waren eingefallen, und die Haut hatte eine dunkelgelbe Farbe bekommen. Das feuchte Wetter ließ auch Christians Husten schlimmer werden. Sein kleiner Bruder sah ihn flehend an, aber Burckhardt wusste nicht, was er hätte tun sollen. Er fragte Anna Kestlin, ob sie nicht eine Arznei wisse. Doch die schüttelte nur den Kopf. Dann sagte sie: «Ich habe nur noch ein wenig von den getrockneten Kräutern, die mir die Heilerin in San German geschenkt hat. Hier kenne ich mich nicht aus, die Pflanzen sind ganz anders als in unserer Heimat.»

Josef Langer hing in seiner Hängematte direkt neben Gunther Ansorg. Er murmelte: «Das ist die Strafe unseres Herrgotts. Er verzeiht uns das Morden und Brennen nicht. Wir werden alle elendiglich umkommen.»

Burckhardt ärgerte sich. Er antwortete scharf: «Josef, du hast Unrecht. Wir Bergknappen sind anders als die Soldaten. Wir schänden keine Frauen, und wir bekriegen die Indier nur, wenn sie uns angreifen.»

Langer lächelte schwach.

«Und wo ist der Unterschied zwischen dir und einem der Landsknechte? Sagt nicht Christus, dass man sich über andere nicht erheben soll? Und meinten nicht auch die Pharisäer, dass sie besser seien als die Huren und Zöllner?»

Burckhardt schwieg. Gegen Langer kam niemand an. Er kannte die Heilige Schrift auswendig und wusste auf alles eine Antwort. Und wenn es um Dinge ging, die mit ihrem Glauben nichts zu tun hatten, parlierte er auf Latein, und keiner wagte es, ihm zu widersprechen. Burckhardt verspürte keine Lust, mit dem Kranken zu streiten, und ging hinaus.

Der Regen schlug ihm wie ein nasses Tuch ins Gesicht. Burckhardt lief gebückt zum Fluss, die Hand am Schwert, damit es nicht gegen seine Beine schlug. Er stolperte über eine Wurzel und fiel der Länge nach in den Schlamm. Laut fluchend zog er sein schmutziges Hemd aus, warf es in den Sand am Ufer, schnallte die Wehr ab, zog die Kniehose und die Schuhe aus, kletterte den schlammigen und steilen Abhang hinunter und stürzte sich in den Fluss. Ihm war, als müsse er alles das abwaschen, was er in den letzten Tagen gesehen und erlebt hatte. Er schwamm mit kräftigen Stößen, seine Muskeln entspannten sich. Nach einiger Zeit fühle er sich besser. Er plantschte ein wenig zwischen dem Schilf am Ufer. Die Frösche quakten laut, als wollten sie den Störenfried vertreiben. Viele Fische tummelten sich um ihn herum, aber sie kamen ihm nicht so nahe, dass er einen hätte greifen können.

Aber da hörte er die Trompete, ein Zeichen, dass etwas geschehen war. Schnell kraulte er zum Ufer, sprang tropfnass in seine Kleider und eilte zurück.

Vor dem Quartier des Gobernators liefen viele Menschen zusammen. Die Reiterschar war von der Jagd zurück, sie hatten mehr als zwanzig Hirsche erlegt. Einer der Soldaten hielt ein Pferd am Zügel, doch Johannes Kestlin war nicht zu sehen. Plötzlich hörte er Anna schreien, schrill und in höchster Verzweiflung. Er erschrak und drängte sich durch die Soldaten, die vor dem Eingang der Hütte erregt debattierten. Drinnen stand Kestlins Frau vor Francisco de Velasco, der die Reiter angeführt hatte, und trommelte ihm mit den Fäusten vor die Brust. Sie weinte heftig. Burckhardt wagte nicht, sich ihr zu nähern. Er fragte einen der Landsknechte, es war Diego Romero, was geschehen sei. Der Spanier antwortete, der sächsische Minero habe sich, zusammen mit Pedro de Cardenas, ohne dass es jemand merkte, entfernt, um einen Hirsch zu verfolgen. Als sie die beiden suchten, fanden sie nur ein Pferd friedlich auf einer Wiese grasen. Johannes Kestlin samt dem anderen Pferd und der spanische Hauptmann waren spurlos verschwunden.

Estéban Martín ging auf Burckhardt zu, sah ihn wütend an und sagte streng: «Ich habe nicht erlaubt, das Pferd einem anderen zu geben. Die Tiere sind zu wertvoll. In Zukunft werdet Ihr zu Fuß gehen.»

Burckhardt wollte etwas erwidern, der Hauptmann wandte sich jedoch sofort ab und horchte die Reiter aus, wo genau sie die Vermissten verloren hatten. Dann musterte er die neugierigen Soldaten und zeigte mit dem Finger auf einige von ihnen, sie sollten sich sofort abmarschbereit machen. Jetzt betrat auch Hauptmann Juan de Villegas den Raum. Er wusste offenbar schon, was geschehen war, und trug Koller, Helm und Rapier. Ein Knecht hielt sein schnaubendes Pferd am Zügel. Auch George Ebonfie wartete, er und seine Helfer führten zehn der Bluthunde mit sich. Die Tiere hechelten begierig, als witterten sie schon eine Spur. Die Hauptleute sahen sich kurz und wortlos an, beide nickten und gingen zusammen hinaus.

Anna war hinausgelaufen, das Gesicht in den Händen verborgen. Burckhardt wusste nicht, was er jetzt tun sollte. Er bemerkte, dass Philipp von Hutten ihn aufmerksam beobachtete. Er sah den Hauptmann verlegen an, der winkte ihm, er solle näher treten, und forderte ihn auf, frei zu sprechen. Burckhardt erzählte erleichtert, was vorgefallen war, dass Kestlin sich das Pferd genommen hatte, ohne ihn zu fragen, und dass er gern seinen Vater und den Bruder reiten ließe, weil sie krank seien. Hutten hörte sich alles ruhig an, meinte aber, wenn Estéban Martín einen Entschluss gefasst habe, könne nur Beelzebub persönlich ihn umstimmen. Und selbst der würde seine liebe Mühe haben. Burckhardt seufzte, aber Hutten legte ihm die Hand auf die Schulter und sagte, er werde persönlich ein gutes Wort für ihn einlegen. Vor dem Abmarsch solle er noch einmal bei ihm vorsprechen.

Burckhardt setzte sich trübsinnig auf einen Stein vor der Hütte und starrte in den Regen. Niemand sprach ihn an, und bis die Nacht hereinbrach, kehrte auch niemand zurück.

Er erwachte von einem Geräusch, das sich von den gewohnten Stimmen der Nacht unterschied. Es regnete nicht mehr. Er schälte sich aus der Hängematte. Was hatte er gehört? Nichts regte sich. Hinter der Hütte schlug er sein Wasser ab. Über ihm, in den Blättern, raschelte es. Er sah nach oben und erblickte zwei Affen, kleine, braun behaarte Gesellen, die sich kratzten und lustig keckerten. Er grinste und wollte sich soeben wieder unter dem Eingang der Hütte ducken, da hörte er ganz nah Hufschlag. Ein Reiter kam in schnellem Galopp aus dem Gebüsch. Er trug Helm und schwang ein Rapier in der Rechten. Das Pferd hielt direkt auf ihn zu. Der Mond schien nicht hell genug, um das Gesicht des Soldaten zu beleuchten. Das musste Hauptmann de Cardenas sein. Doch jetzt sprangen Dutzende brauner Gestalten hinter den Bäumen hervor. Burckhardt erstarrte vor Schreck. Am Fluss schrie ein Soldat, die Wache, wie in Todesangst.

Nur wenige Klafter von Burckhardt entfernt bäumte sich das Pferd hoch auf, wieherte vor Schmerz, knickte mit den Hinterbeinen ein, stürzte, rollte zur Seite und streckte die Hufe nach oben. Der Pfeil einer Armbrust steckte in seinem Hals. Der Reiter flog in hohem Bogen hinunter, Burckhardt direkt vor die Füße. Der Helm polterte hinab. Es war ein Krieger der Indios. Burckhardt stürzte sich auf seinen Gegner, kniete auf dessen Brust und hielt seine Arme an den Boden gepresst. Der Indio bäumte sich heftig auf, war aber leichter und kleiner als der Deutsche. Es gelang ihm nicht, sich zu befreien.

Die Angreifer stockten, als jetzt eine Menge Reiter aus dem Dunkel der Nacht herandonnerten, allen voran Estéban Martín und Juan de Villegas. Sie galoppierten quer durch die Reihen der überraschten Gegner, die sich fast ohne Gegenwehr niederreiten ließen. Aus den Hütten stürzten die Landsknechte, die meisten ohne Hemd, aber das Rapier und die Tartsche in der Hand. Der

Kampf war schon vorbei, bevor er richtig begonnen hatte, ohne dass es viele Tote gegeben hätte. Die Reiter trieben die Indios zusammen und hielten sie in Schach.

Der Morgen graute. Schwere Wolken hingen am Himmel. Der Gobernator ließ sich die Gefangenen vorführen. Alle Landsknechte hatten sich versammelt. Hauptmann Martín berichtete, dass sie zwei Leguas im Osten ein kleines Dorf entdeckt hätten, ganz in der Nähe der Wiese, wo das herrenlose Pferd gegrast hatte. Sie eroberten den Flecken im Handstreich, fanden aber nur Frauen, Kinder und Alte. In einer Hütte stießen sie auf die Barte Johannes Kestlins und seine Kleider. Ohne Zweifel hatten die Indios ihn ermordet Aber wo war sein Leichnam? Villegas meinte, und Martín stimmte ihm zu, dass die Krieger des Dorfes sich auf dem Weg nach Tocuyo gemacht hatten, wo sie zu Recht ihre Feinde vermuteten. Die Reiter preschten ihnen nach und kamen gerade noch rechtzeitig. Die Fußsoldaten würden in den nächsten Stunden mit den Gefangenen eintreffen. Hauptmann Pedro de Cardenas war tot, auch seinen Leichnam hatten sie nicht gefunden. Francisco de Velasco rief in die wartende Menge, er gehe davon aus, dass die Indios die beiden Christen gebraten und verzehrt hätten. Die Soldaten murmelten und riefen empört, man solle kurzen Prozess machen mit den Heiden.

Hohermuth überlegte kurz, winkte dann Ebonfie und Andreas Gundelfinger zu sich und sagte leise etwas zu ihnen. Binnen kurzem waren alle indianischen Träger versammelt. Sie mussten sich dicht gedrängt zusammensetzen, diejenigen, für die keine eisernen Fesseln mehr vorhanden waren, in der Mitte. Die Ketten klirrten so laut, dass man sich nur schreiend verständigen konnte. Es waren fast genauso viele wie die Landsknechte und Bergknappen, und sie erwarteten, das kündigte Martín an, noch einmal an die hundert. Jetzt kamen auch Ebonfie und seine Knechte mit den Hunden. Die Tiere zerrten an den Leinen und grollten böse.

Dann befahl der Gobernator, die gefangenen Angreifer den Hunden vorzuwerfen. Er rief: «So wird es allen ergehen, die sich uns in den Weg stellen! Das Schicksal derjenigen, die es wagten, Hauptmann Pedro de Cardenas und Johannes Kestlin zu ermorden, soll den Indiern eine heilsame Lehre sein. Wir wenden uns voll Abscheu von der heidnischen Sitte, Menschenfleisch zu fressen. Die Hunde werden die Missetäter zerreißen. Gott und die Heilige Jungfrau sind mit uns!»

Auf seinen Wink ließen die Hundeführer die Tiere los, die sich sofort auf die Gefangenen stürzten und sich in sie verbissen. Burckhardt konnte nicht hinsehen, er hielt sich die Ohren zu, als markerschütternde Schreie ertönten, und lief fort, weit weg, bis zum Ufer des Flusses.

4. KAPITEL

Eduvigis

Die beiden zerschmetterten Körper lagen mit verrenkten Gliedern am Fuße einer Felsmauer. Eine Lawine aus Schlamm, Geröll und abgeknickten Bäumen war herabgestürzt, hatte Pedro de Cardenas und Johannes Kestlin mit sich gerissen und sie zwischen den scharfkantigen Steinen zerquetscht. Sie mussten während der Jagd zu nahe an den Rand des Abgrunds geraten sein, oder ein überhängender Teil des Erdreichs hatte sich durch den starken Regen gelockert und war abgebrochen. Der Gobernator ließ die Leichen begraben und Kreuze aufstellen. Wahrscheinlich hatten die Indios die Verunglückten gefunden und die Waffen und Helme an sich genommen. Warum das zweite Pferd nicht auch abgestürzt war und warum der Indio es geritten hatte, konnte sich niemand erklären. Hauptmann Francisco de Velasco hatte die Toten entdeckt. Er glaube daran, sagte er, dass die Indios den Spanier und den Bergknappen durch Gaukelspiel oder heidnisches Zauberwerk verwirrt und in den Abgrund gehetzt hätten.

Sie blieben nicht länger als eine Stunde an dem Ort, an dem die zwei Männer der Tod ereilt hatte. Es regnete in Strömen, und sie mussten weiter. Nach Osten!, befahl Hohermuth. Im Süden versperrten schroffe Felsgipfel ihnen den Weg. Die Pferde kamen nicht weiter, und selbst die Fußsoldaten, die einen Pfad erkundeten, kehrten unverrichteter Dinge wieder zurück. Die Dolmetscher der Cuyoner meinten, auf der anderen Seite der Berge liege eine große Stadt. Wie groß, konnten sie nicht sagen. Aber es gebe viele Indios dort und sie sprächen ähnlich wie Cara Vanicero. Sie brauchten von Tocuyo dorthin so viele Tage, wie sie Finger an den Händen hätten.

Zehn Tage über schlammige Gebirgspfade! Burckhardt schüttelte sich. Wenn der Regen nicht aufhörte, würden sie wahrscheinlich noch länger brauchen als die leichtfüßigen Indios. Er lief jetzt inmitten der Landsknechte. Hauptmann Martín hatte sich wider Erwarten von Hutten erweichen lassen und Burckhardt das Pferd zurückgegeben, sodass Gunther Ansorg nicht in einer Hängematte getragen werden und auch Christian nicht zu Fuß gehen musste. Da im Tross jetzt fast ein halbes Tausend Träger marschierte, brauchten sie die Pferde nicht für das Gepäck. In Tocuyo gab es so viel Fisch und Hirsche, dass sie Proviant für einige Wochen hatten, wenn das Fleisch nicht verdarb. Nur an Salz mangelte es. Die Vorräte, die sie in Hittova, Guarjibo und in anderen Siedlungen erbeutet hatten, reichten nicht aus, um Stockfisch und Trockenfleisch zuzubereiten.

In einer Woche starben mehr als fünfzig Indios an Auszehrung, vor Erschöpfung oder weil sie an denselben Krankheiten litten wie die Konquistadoren, sich aber weniger Ruhe gönnen und weniger essen konnten. Die schwarzen Aasvögel folgten der Nachhut, als wenn sie wüssten, dass es dort immer wieder ein Festmahl für sie gab.

Am achten Juni starben zwei Soldaten. Sie klagten einen Tag lang über starke Schmerzen und humpelten nur noch mit verzerrtem Gesicht. Endlich mussten sie getragen werden. Dann begannen sie sich zu verkrampfen, ihre Leiber schüttelten und bäumten sich auf. Sie rangen um Luft, als müssten sie ersticken, aber niemand wusste, warum. Hauptmann Estéban Martín sagte düster, es sehe nach Wundbrand aus. Er wies die Padres an, den beiden Soldaten die Letzte Ölung zu geben. Kurz darauf waren sie tot.

Der Zug hielt sich nicht lange auf. Der Saumpfad klebte am glitschigen Hang, und nur selten gab es genug Raum für eine Rast. Wenn einer stockte, mussten alle warten. Oft genug rutschten die Pferde aus, und die Reiter stiegen ab und führten sie am Zügel. Am schlimmsten traf es die Vorhut und die Macheteros.

Oberhalb der Täler wehte der Wind kräftig wie auf dem Meer und trieb ihnen den Regen entgegen. Der Pfad war kaum zu sehen. Moose bedeckten ihn, alles war mit Farnen bewachsen, groß wie ein Haus, dickfleischige Blätter und stachelbewehrte Schlingpflanzen wucherten, Blüten prangten in schillernden, betörenden Farben, aber das Laubdach über ihnen war so dicht, dass es keinen Sonnenstrahl durchließ.

Am elften Tag des Marsches gerieten sie in ein Tal, das dicht mit Zimtbäumen bewachsen war. Staunend sahen sie das kostbare Gewürz in Hülle und Fülle. Doch das Holz war so hart und die Stämme so ineinander verzahnt, dass die Macheteros innerhalb von zwei Stunden drei Haumesser zerbrachen. Hinter jedem gebahnten Klafter Wegs wartete ein neues Hindernis. Hohermuth befahl alle Bergknappen, die noch gesund waren, mit ihren Barten an die Spitze: Ein unentwirrbares Gestrüpp von abgestorbenen Bäumen versperrte den Weg. Bald hallte der Urwald von Axthieben wider. Sie mussten kurz vor der Passhöhe sein, denn die Hügelspitzen ringsum lagen zumeist unter ihnen. Nebel waberte durch die Reihen der Soldaten, und einige von ihnen sprachen schnell ein Vaterunser. Der Wald schien von Geistern bewohnt zu sein. Keine Menschenseele zeigte sich, selbst die Vögel schienen nur zögernd ihre Stimme zu erheben, als fürchteten sie sich vor dem bösen Wetter.

Endlich, nach mehr als drei Stunden, ging es wieder vorwärts. Der Wind blies jetzt böig und so heftig, dass sie hofften, er würde den Regen vertreiben. Am Nachmittag riss die Wolkendecke endlich auf, und die Strahlen der Sonne brachen durch. Auf der linken Seite fiel der Hang ab in ein düsteres Tal mit schroffen, dicht bewachsenen Felsspitzen, die aus dem Grün des Urwaldes ragten, als wollten sie jeden aufspießen, der ihnen zu nahe käme.

Beim Vortrupp gestikulierten und schrien sie. Ein Soldat war auf einen Baum geklettert und winkte aufgeregt. Burckhardt drängte sich nach vorn. Vor ihm, in der Tiefe, breitete sich ein unendliches grünes Meer bis an den Horizont aus. Die Bergkette, die sie überquert hatten und die sich weiter gen Süden auftürmte, fiel steil und Schwindel erregend bis zu der Ebene hinab, die flach wie ein Brett vor ihnen lag. Das böse Wetter staute sich hinter ihnen an den Bergen und ließ dort die Wasser ab, im Osten trieben Wolken und ballten sich friedlich vor dem Blau des Himmels wie eine Herde unzähliger, dicker Schafe.

Unten lag Acarigua, die Stadt der Indios, vom Licht der Sonne überflutet, an einem glitzernden, trägen Fluss, zwei Armbrustschüsse breit, dessen Wasser sich in den Wäldern verloren. Hunderte von kreisrunden Hütten mit hohen, spitzen Dächern wie in Coro verteilten sich über mehr als eine Viertelmeile an den Ufern, noch mehr Einbäume bewegten sich auf dem Fluss; die Maisfelder strotzten in sattem Gelb, Palmenhaine, Felder voll Patatas und Yucca, Kürbissen, Melonen und Ananas. Überall in der Ebene, einige Leguas auseinander, lagen kleinere Dörfer, der Rauch unzähliger Feuerstätten kräuselte sich nach oben.

In dieser Stadt war schon Nikolaus Federmann gewesen, aber er war aus dem Norden gekommen, wo er sich mit den Ayamanes, die in den Bergen wohnten, und mit den Cuyoner wochenlang in Scharmützel verstrickt hatte. Die Veteranen berichteten, der Kazike von Acarigua könne in wenigen Stunden sechzehntausend wohlgerüstete Krieger zusammenrufen. Federmann hatte sich damals in der Stadt mehrere Wochen aufgehalten, um die vielen Kranken zu kurieren, und war dann wieder nach Westen, in die Berge gezogen.

Hauptmann Estéban Martín sagte zu Juan de Villegas, er werde vorausreiten, zusammen mit den Cuyoner und einem Trupp Soldaten. Sie würden es nicht auf einen Kampf ankommen lassen, und in dem jämmerlichen Zustand, in dem sich viele befanden, drohten ihnen große Verluste, falls die Indios auf die Idee kämen, Widerstand zu leisten. Villegas war einverstanden. Martín ließ den Dolmetscher rufen und befahl dem Vortrupp und den Cuyoner, ihm zu folgen. Er winkte auch den Bergleuten, sich ihnen anzuschließen.

Jetzt kamen sie schneller voran. Die Kronen der Bäume schlossen sich wieder über ihnen, und jeder Schritt musste dem Wald abgetrotzt werden. Doch es ging abwärts, auf rutschigem Lehm und Moos. Nach vier Stunden erreichten sie die Talsohle.

Die Frucht auf den Feldern stand mehr als mannshoch. Erst als die ersten Hütten auftauchten und Kinder schreiend vor ihnen davonliefen, bemerkte man sie. Rund um die Stadt hatten die Indios Gräben ausgehoben und sogar eine Palisade errichtet. Estéban Martín nahm sein Pferd kurz am Zügel und ließ es auf dem Weg zwischen den Hütten tänzeln und mit den Schellen klingeln. Die Landsknechte und Bergknappen hielten sich dicht hinter ihm. Zwei Dutzend gegen sechzehntausend! Burckhardt fröstelte, obwohl die Hitze des Tages zwischen den Hütten waberte. Eine Gruppe junger Krieger mit Speeren und Pfeil und Bogen lief ihnen entgegen, die Indios wedelten aufgeregt mit den Armen und riefen durcheinander. Cara ging gemessenen Schrittes auf sie zu, hob die Hand in der Weise, wie es die Caquetios an der Küste zu tun pflegten, und antwortete ihnen. Zur Überraschung aller schienen sie ihn zu verstehen: Die Bewohner der Stadt stürmten auf Cara zu, umringten ihn und redeten alle gleichzeitig auf ihn ein.

Dann kam der Caquetio auf Estéban Martín zu und berichtete, die aus Acarigua sprächen so ähnlich wie die Menschen in Coro, auch wenn er nicht jedes Wort verstehe. Die Miene des Hauptmanns hellte sich auf. Er befahl Cara, er solle sich erkundigen, wo der Kazike von Acarigua anzutreffen sei.

Sie staunten über die breiten Gassen, die großzügigen Hütten, hoch gebaut wie die Kirche von Coro, die Menge der Menschen, die sich neugierig am Rand der Straßen sammelten und die Fremden bestaunten. Männer und Frauen liefen entweder nackt oder trugen ein Guayuco, das Gewand der Caquetios, das nur aus einem kunstvoll gewickeltem Tuch um die Hüften bestand. Viele Menschen hatten einen baumwollenen Beutel auf dem Rücken, wie ein winziges Felleisen. Wahrscheinlich war darin das Kraut, das sie bei der Feldarbeit kauten, um keinen Hunger zu haben, wie sie es schon bei den Indios an der Küste gesehen hatten.

Der Kazike wohnte im stattlichsten und weitaus größten Haus. Es war ein Bohio, kreisrund, mit einem Spitzdach aus Palmwedeln, und hatte nach außen keine Fenster, nur einen Eingang. Als sie durch das Tor eintraten, öffnete sich ihnen ein ebenso runder Innenhof. Nach oben sahen sie hoch das Innere des Daches wie in einer christlichen Kirche, kreuz und quer verstrebte Hölzer hielten es. Die Räume des Bohio waren um den Innenhof angeordnet, die Türen und Fenster zeigten ebenso nach innen. Es war schattig und kühl.

Cara Vanicero sagte, die Indios wollten den Kaziken holen. Er sei gerade bei einer seiner Frauen. In wenigen Augenblicken drängten sich die Menschen im Eingang, lärmten, gestikulierten und plapperten. Es war wie bei einer Kirchweih. Endlich gaben sie eine Gasse frei, und der Oberste von Acarigua samt Gefolge trat ein. Der Kazike war ein kleiner, alter Mann mit einem runden Bauch wie Andreas Gundelfinger, nur einen Kopf kleiner, trug Pflöcke aus Holz in der Nase und durch das Kinn gebohrt und hatte, wie alle aus Acarigua, rote und schwarze Streifen im Gesicht und auf den Armen. Die pechschwarzen Haare hingen ihm bis auf den Hintern. Zwei junge Frauen wedelten ihm kühle Luft zu mit Fächern, die aus den Federn grellbunter Araras gefertigt worden waren. Hinter ihm schritt ein junger Mann, der sich das Fell eines Tigers über die Schultern geworfen und das Gesicht und den Körper rot gefärbt hatte. Der Kazike setzte sich auf den Boden, winkte Estéban Martín, er möge es ihm gleichtun, und zwinkerte dem Dolmetscher zu. Dann lächelte er verschmitzt und sprach mit leiser, aber klarer Stimme.

Cara übersetzte, aber man sah, dass Estéban Martín ihn auch ohne Dolmetscher verstanden hätte:

«Die Fremden seien willkommen! Ich bin Hamaritarj, der Kazike und Oberste aller Menschen, die in Acarigua leben. Hier gibt es Caquetios und Cuiaber, die vor unseren Feinden, den Cuyonern, geflüchtet sind. Ich sehe, dass zwei Cuyoner bei euch sind. Meine Krieger erzählen mir, ihr habet Krieg gegen sie geführt und ihrer viele getötet. Unsere Feinde sind auch eure Feinde.»

Der Kazike machte eine Pause und ließ sich zusammengerollte Blätter aus Tobacco reichen, die jemand entzündet hatte. Er nahm einen Zug und pustete den Rauch nach oben. Dann fuhr er fort: «Vor vielen Monden waren Bärtige hier. Ihr Oberster hatte Haare im Gesicht von der Farbe des Onoto. Wir wunderten uns sehr.»

Mauricio Butzler stieß Burckhardt in die Seite und flüsterte: «Der meint Nikolaus Federmann mit seinem roten Bart!»

Hamaritarj rülpste leise und sagte: «Die Bärtigen wohnten lange bei uns, weil das Fieber sie ergriffen hatte. Wir haben ihnen viele Häuser gegeben. Der Kazike der Bärtigen erklärte mir, sein Name sei: Ein Mann, der Federn wie ein Vogel hat. Er führte zusammen mit unseren Männern Krieg gegen die Cuyoner und hat viele von ihnen in ihren Häusern verbrannt.»

In diesem Augenblick drängten sich Krieger in den Raum, die ihre Waffen in der Hand trugen, als kämen sie gerade aus der Schlacht. Einer von ihnen näherte sich dem Kaziken respektvoll und flüsterte ihm etwas zu. Hamaritarj runzelte die Stirn und sah Estéban Martín fragend an. Der Spanier begriff sofort. Er hob die Hand zum Gruß und sagte:

«Ich grüße Hamaritarj, den Kaziken von Acarigua. Wir kommen mit vielen Männern, die die Berge hinabsteigen. Wir wollen keinen Krieg, sondern sind müde von einer langen Reise. Wir danken, dass wir willkommen sind. Eure Feinde sind unsere Feinde. Wir bitten um Nahrung und Obdach. Wir haben Geschenke für euch, Dinge, die ihr wertschätzt, aus fernen Landen, von unserem Kaziken Kaiser Karl und dem Heiligen Vater in Rom, dem Obersten aller, die dem rechten Glauben anhängen. Unser Hauptmann hat mich vorausgeschickt, um euch zu bitten, uns so aufzunehmen wie die Bärtigen, die eure Freunde waren. Wir werden nach kurzer Zeit zum Südmeer aufbrechen.»

Hamaritarj sah erleichtert aus. Er erhob sich und erklärte den neugierigen Indios, dass die Bärtigen ohne böse Absichten gekommen seien und sich für eine Weile in Acarigua aufhalten würden. Dann, das übersetzte Cara, befahl er seinen Kriegern, eine Häuserzeile am Fluss für die Gäste frei zu räumen und Mais, Patatas, Früchte und Wasser bereitzustellen.

Hauptmann Martín winkte Burckhardt zu sich und sagte: «Joven, ich reite und berichte Hohermuth, was der Kazike gesagt hat. Ihr geht mit Euren Landsleuten zu den Hütten und bereitet die Quartiere vor. Seht zu, dass es keinen Ärger gibt. Ich werde zwei Reiter Tag und Nacht durch die Straßen patrouillieren lassen. Dann fühlen die Indier sich beobachtet, und wir erfahren, ob sie sich zusammenrotten. Wenn Ihr sehen solltet, dass die Frauen und Kinder die Stadt verlassen oder sich zurückziehen, wird es Ernst. Gebt mir sofort Nachricht!»

Burckhardt nickte. Martín drängte sich zwischen den lärmenden Indios hindurch, schwang sich auf sein Pferd, das ein Soldat draußen am Zügel hielt, und galoppierte davon, eingehüllt in eine Staubwolke. Der Hauptmann sah ihn als Anführer der Bergknappen an. Warum, das wusste Burckhardt nicht, wahrscheinlich, weil er besser als die anderen die spanische Sprache verstand. Mauricio Butzler schüttelte traurig den Kopf.

«Mir gefällt das nicht. So viele Indier auf einem Haufen, und wir mittendrin. Ich glaube, hier bleibe ich ein wenig, sagte der Fuchs, da saß er in der Falle.»

Hans Hugelt grinste, schlug Butzler auf die Schulter und meinte: «Mauricio, du bist doch sonst kein Kind von Traurigkeit. Schau die vielen hübschen Frauen hier! Und warum sollten uns die Indier Böses wollen?»

Butzler war nicht umzustimmen.

«Hans, sieh dir den mit dem Tigerfell an. Er sieht aus wie Beelzebub persönlich und funkelt mit den Augen, als wollte er uns bei lebendigem Leib rösten und auffressen. Und hinter ihm, die jungen Männer, wie sie ihre Flitzbogen spannen! Die üben schon, wie sie ihre Pfeile auf uns anlegen.»

Burckhardt berührte Cara Vanicero am Arm. Der Caquetio stand teilnahmslos, als langweile er sich, zwischen den Landsknechten. Burckhardt fragte: «Cara, wer ist dieser Mann mit dem Tigerfell?»

«Ich weiß nicht, wie er heißt. Er ist der Zauberer von Acarigua. Er ist sehr mächtig, die Leute fürchten ihn. Er kann Regen und gutes Wetter machen. Und wenn er dich verflucht, widerfährt dir etwas Böses.»

Burckhardt dachte, dass die Mönche diesen heidnischen Magier wohl nicht zu ihren Freunden zählen würden. Jetzt gab es draußen einen Tumult, und alle Indios, die noch im Haus waren, drängten sich nach draußen. Das Getrappel von Hunderten von Hufen ertönte, Hunde bellten und Stimmen brüllten Befehle. Die Kinder der Indios weinten und schrien, und die Menschen wichen zurück. Hohermuth war endlich in Acarigua angekommen.

Die Konquistadoren und der Tross besetzten eine Straße in der Stadt, am Fluss gelegen, mit einem Dutzend großer Bohios bebaut. Alle fanden Platz. Nur in den zwei Häusern für das Gepäck und die indianischen Träger gab es ein unbeschreibliches Gedränge. Der Gobernator ließ am Ende der Gasse jeweils eine starke Wache aufziehen und, wie Hauptmann Martín angekündigt hatte, Tag und Nacht zwei Reiter die Stadt durchstreifen.

Die Kranken erholten sich nicht. Noch mehr Soldaten ergriff das Fieber. Viele klagten über Schmerzen an den Gelenken, litten an Krämpfen, wollten nicht essen oder kratzten sich die Haut blutig. Gunther Ansorg blieb schwach, aber er aß nur Früchte, weil er sich vor fettem Hirschfleisch bis zum Erbrechen ekelte. Er magerte so sehr ab, dass Burckhardt vor ihm erschrak. Nur Christian erholte sich, sein Husten war beinahe ganz verschwunden. Aber auch er musste mehrere Dutzend Male am Tag seine Notdurft verrichten. Nach einer Woche in Acarigua wurde auch Hans Hugelt krank. Bei ihm wussten die Bergknappen, woran er litt: an der Schneeberger Krankheit, wie sie es nannten. Die Haare fielen ihm in Büscheln aus, sein Gesicht wurde schmal, und er fühlte sich so schwach, dass er am liebsten die Hängematte nicht verlassen hätte.

Jeden Nachmittag regnete es in Strömen. Die schweren, dunklen Wolken hielt es nicht mehr hinter den Bergen. Gegen Mittag türmten sie sich auf und quollen über die Gipfel, um ihre Last im Tal abzuladen. Auf den Wegen war selbst für die Pferde kaum ein Fortkommen, das Wasser stand kniehoch, und der Schlamm zog an den Füßen wie ein Sumpf. Estéban Martín beobachtete den Fluss, voller Sorge, dass er plötzlich anschwellen würde wie der Tocuyo, aber die braunen Fluten stiegen in drei Tagen nur fingerbreit an.

Das Land und der Fluss wimmelten von Tieren. Die Einwohner von Acarigua gingen jeden Tag zur Jagd, und bald wussten auch die Soldaten und die Bergknappen, wie Fleisch und Fisch zu beschaffen waren: Die Hirsche, die in der Ebene in Rudeln lebten, liefen zwar vor den Indios davon, wenn die sich mit Pfeil und Bogen näherten, aber Pferde hielten sie für ihresgleichen. Die Reiter trabten seelenruhig in ihre Nähe und fingen sie mit Schlingen ein. Mit langen Speeren stachen die Indios den Pirarucu, einen unglaublich dicken Fisch, den nur zwei Männer tragen konnten. Der Pirarucu hatte einen platten Kopf, als wäre jemand auf ihn getreten. Selbst die Veteranen bestaunten ihn wie ein Wunder. Rudel von Wasserschweinen tauchten auf und gerieten so schnell in Panik, dass die Reiter gleich Dutzende von ihnen erlegten.

Gefährlich waren die kleinen Krokodile, von denen nur die Augen aus dem Wasser schauten und die sich schnell wie ein Blitz ihr Opfer griffen. Die Indios hatten rund um die Stadt Gräben ausgehoben und kleine Bäche, die aus den Bergen kamen, umgeleitet, um sie zu füllen und dadurch Angreifer davon abzuhalten, gegen die Palisaden anzurennen. Und in diese Gräben setzten sie Krokodile. Der Hundeführer ließ an dem Tag, als die Konquistadoren Acarigua erreichten, die Koppel der Tiere los, und die Hunde sprangen begeistert ins Wasser. Niemand warnte ihn, denn die

Indios hatten zu große Angst, den Hunden auch nur nahe zu kommen. Binnen weniger Sekunden schäumte das Wasser auf und färbte sich blutrot. Die Schwänze der Krokodile peitschten, die Hunde versuchten in Panik, den wütenden Angreifern zu entkommen. Ebonfie und Christoph Kerer fluchten und schrien, konnten aber nichts tun. Drei der Bluthunde wurden zerfetzt und mit Haut und Haaren verschlungen.

Am schlimmsten erging es dem blonden Hauptmann Francisco de Santa Cruz, der ahnungslos auf seinem Pferd im seichten Wasser am Flussufer trabte. Plötzlich bäumte sich das Ross auf und warf de Santa Cruz ab. Der galt als glänzender Reiter, und die Soldaten, die das Geschehen zufällig beobachteten, wunderten sich. Das Pferd wälzte sich im Wasser und wieherte, als leide es Todesangst. Plötzlich brüllte auch der Spanier, der gerade prustend wieder aufgetaucht war, warf Hilfe suchend die Arme nach oben, rollte mit den Augen, dass nur das Weiße zu sehen war, schüttelte sich wie Espenlaub und verschwand wieder im Wasser. Die Landsknechte und mehrere der Bergknappen liefen herbei und fischten den regungslosen Körper des Spaniers aus dem Wasser. Nach kurzer Zeit erwachte er, aber er war fast am ganzen Körper steif. Erst nach und nach konnte er sich wieder bewegen. Estéban Martín, nach dem sie sofort riefen, strich sich nachdenklich den Bart. Als man ihm berichtete, das Pferd sei offenbar ertrunken, nickte er und sagte:

«Tembladera! Das ist ein gefährlicher Fisch. Ich habe das zum ersten Mal am Rio de la Pemenos gesehen. Wer ihm zu nahe kommt, den beißt er, und man fühlt sich, als hätte man Hiebe mit mehreren Peitschen gleichzeitig bekommen. Wer schwimmt, der ertrinkt, weil er sich nicht mehr bewegen kann.»

Die Umstehenden redeten aufgeregt durcheinander. Burckhardt stand zufällig in der Nähe und gesellte sich neugierig zu der Gruppe um Martín und den blonden Spanier, der immer noch benommen auf dem Boden saß. Einer der Landsknechte, ein Deutscher, meinte ungläubig, ein Fisch könne unmöglich einen

Reiter abwerfen und ein Pferd ertränken. Doch El Cuchillito entgegnete:

«Diablo! Du weißt nicht, was du redest! Es gibt Fische, die nennen wir Spanier Caribito, weil sie Menschen fressen wie die Cariben im Osten von Tierra firme. Die haben schärfere Zähne als Ebonfies Hunde. Wenn du ein blutiges Tier ins Wasser wirfst, ist es abgenagt bis auf die Knochen, bevor du ein Ave Maria beten kannst. Sie kommen zu Tausenden und alle gleichzeitig und sind mordlustig wie ein Fuchs, wenn er eine fette Gans sieht.»

Burckhardt schauderte es. Er beschloss, nie mehr im Dunkeln zu schwimmen und sich nur äußerst vorsichtig dem Fluss zu nähern.

Er schaute mehrere Male täglich nach seinem Vater. Aber jetzt kümmerte sich Anna Kestlin um ihn. Anna war scheu geworden und ging ihm aus dem Weg, als hätte sie irgendetwas mit dem Tod ihres Mannes zu tun. In der Enge der Hütte fanden sie keine Gelegenheit, ungestört miteinander zu reden, und Burckhardt suchte auch nicht danach.

Niemand wusste, warum sie sich so lange in der Stadt aufhielten. Die Stimmung war gereizt. Mehrere Male prügelten sich die Soldaten wegen einer Indianerin, und Estéban Martín musste als Maestre de Campo überall sein. Wohin würden sie jetzt ziehen? Die Indios wussten von großem Reichtum und Schätzen; nur wenige Tage entfernt, sagte man, gebe es ein Volk, das viel Gold besitze.

Endlich, nach zwei Wochen, versammelte Hohermuth die Hauptleute. Sie trafen sich in dem kleineren Raum des Bohios, in dem Hohermuth sein Quartier aufgeschlagen hatte. Burckhardt Ansorg galt jetzt allgemein als Sprecher der Bergknappen, sein Vater, Josef Langer und viele andere waren zu krank oder zu schwach oder verstanden die spanische Sprache nicht. Auch einige der Hauptleute blieben fern, weil sie hätten getragen werden müssen, so matt waren sie. Hohermuth setzte sich auf einen kleinen hölzernen Stuhl vor einen grob gezimmerten Tisch, die anderen Hauptleute auf Bänke, die die Zimmerleute gefertigt hatten: Juan de Villegas, Estéban Martín, Philipp von Hutten, Andreas Gundelfinger und Francisco de Velasco. Antonio Ceballos, Lope Montalvo de Lugo und Francisco de Santa Cruz fehlten.

Draußen rauschte der Regen. Das Bohio war schwer bewacht, denn Hohermuth wollte auch keine ungebetenen Lauscher aus den Reihen der Landsknechte, um die Gerüchte nicht noch mehr anzuheizen. Burckhardt hatte ihm berichtet, einige der Bergknappen munkelten, es sei besser, wieder umzukehren und das nächste Schiff von Coro nach Hispaniola und dann nach Sevilla zu nehmen. Und Hauptmann Gundelfinger erklärte, dass viele Soldaten unzufrieden seien, sich die Zeit mit Würfelspiel und der Jagd vertreiben zu müssen. Schon fast die Hälfte der Soldaten sei nicht in der Lage zu marschieren, obwohl es Lebensmittel im Überfluss gab.

Velasco sagte, die Padres, allen voran der eifrige Frutos de Tudela, erzählten den Indios viel von der Heiligen Jungfrau und über den christlichen Glauben, und einige hätten sich taufen lassen. Die Mönche beschwerten sich jedoch, dass die Indios das offenbar nicht besonders ernst nähmen und nur aus Neugier zur Messe kämen. Auch sei das Lagerhaus, in dem sie sich zum Gebet versammelten, nicht der rechte Ort dafür, weil es als Stall für die Schweine, Hühner und Gänse diente.

Estéban Martín hatte dem Kaziken einige der Tiere geschenkt. Vor allem die Hühner fanden großen Beifall, denn das einheimische Federvieh legte nur sehr kleine Eier. Auch die Glasperlen, die eisernen Nürnberger Hacken und Schaufeln und die kleinen Spiegel erregten großes Aufsehen. Die Spanier hatten gehofft, die Indios würden im Gegenzug auch etwas anbieten, aber sie kamen nur mit bunten Ketten aus Fruchtkernen und den Fellen erlegter Hirsche.

Philipp von Hutten und Estéban Martín hatten Hamaritarj ausgefragt, wo das Südmeer sei. Von Nikolaus Federmann wussten sie, dass seine Leute einige Tagereisen im Süden auf ein großes

Wasser gestoßen waren, das sie damals nicht hatten überqueren können. Seine Kundschafter berichteten von einem Flecken mit dem Namen Itabana, dessen Einwohner von bärtigen Männern erzählten, die mit einem Haus aus Holz auf dem Meer gefahren seien. Niemand fand heraus, wen sie damit gemeint hatten. Hohermut vermutete, das sei der Genuese Sebastian Caboto gewesen, der zur gleichen Zeit, als Ambrosius Dalfinger Maracaibo gründete, die Route zum Südmeer suchte. Sollte er so weit gekommen sein? Der Gobernator fragte Hutten und Martín, was der Kazike denn wisse über El Dorado und die Stadt des Goldenen Mannes.

Philipp von Hutten lehnte sich zurück, kreuzte die Arme über der Brust und überlegte. Dann sagte er: «Wir können nur nach Süden. Wir haben die Berge im Osten überquert, dort leben die Cuyoner, die kaum Gold besitzen. Die Cuyoner wissen von einem Volk, das Salz und Gold besitzt. Es soll dort leben, wo die Sonne am Mittag steht. Im Osten geht es zurück, dort gibt es Ebenen und undurchdringliche Wälder und Sümpfe wie der von Paraguachoa, und der Goldene Mann lebt in den Bergen. Auch Pizarro sagte mir, nur in den Bergen gebe es Gold, Silber und Erze.»

Andreas Gundelfinger fuhr erregt auf: «Ihr habt mit Pizarro gesprochen? Mit dem Generalkapitän von Peru? Wann war das?»

Auch Juan de Villegas, Estéban Martín und die anderen Spanier fragten durcheinander. Nur Hohermuth blieb stumm, wahrscheinlich hatte ihm Hutten von seinem Treffen mit dem spanischen Konquistador erzählt. Hutten lächelte und antwortete: «Nicht Francisco Pizarro, sondern dessen Bruder Hernando. Ich habe ihn in Toledo kennen gelernt, im Jahr des Herrn 1534, es war Ende Februar. Unsere ganze Gesellschaft, alle Ritter an der Tafel des kaiserlichen Hofes, waren überaus neugierig: Pizarro überreichte dem Kaiser den königlichen Fünften aus dem Goldschatz des Atahualpa. Ich habe ihn mit eigenen Augen gesehen. Ich habe auch Hernan Cortez getroffen, sechs Jahre zuvor, als er aus Mexico zurückkehrte, wo er das Reich der Azteken erobert hatte.»

Juan de Villegas zog eine Augenbraue hoch, als könne er nicht so recht glauben, was Hutten berichtete, und warf spöttisch ein: «Capitán Felipe de Urre, wenn Ihr die Eroberer von America zu Euren Freunden zählt, dann frage ich mich, warum Ihr uns nicht sofort den rechten Weg zu den Schätzen von Venezuela gezeigt habt. Warum über Wochen in den Bergen herummarschieren und unsere Soldaten krank werden lassen? Ich habe mich umgehört unter den Soldaten, während Ihr vor Eurem Hirschbraten saßet. Sie sind unzufrieden, sie murren darüber, dass man ihnen immer wieder sagt, hinter dem nächsten Berg fänden sie unermessliche Reichtümer. Und nichts geschieht. Wir laufen nur auf den Spuren des Capitán Barba Roja, der kein Gold, keine Edelsteine und kein El Dorado gefunden hat.»

Georg Hohermuth sagte kalt: «Was schlagt Ihr vor, Hauptmann Villegas?»

Der Spanier sprang auf, nahm sein Gehänge von einem Nagel und schnallte es um. Dann zog er sein Rapier und strich mit der Fingerspitze über die Scheide. Er sah den Gobernator nachdenklich an und sagte: «Wir sollten die Kranken zurückschicken oder hier in Acarigua lassen und mit denen, die noch gesund sind, sofort nach Süden ziehen.»

Hohermuth schüttelte den Kopf, auch die anderen Spanier schienen nicht einverstanden. Nur Velasco zeigte nicht, was er dachte. Philipp von Hutten schien geneigt, keinen Zwist aufkommen zu lassen. Er meinte in verbindlichem Ton: «Das Risiko können wir nicht eingehen. Wir wissen nicht, ob wir den hiesigen Indiern trauen können. Wir müssten fast die Hälfte der Männer zurücklassen. Wir wären zu wenig, um feindliche Indier zurückzuschlagen, denn wir müssten auch Soldaten zum Schutz der Kranken abstellen. Wollt Ihr mit einhundertfünfzig Landsknechten El Dorado erobern?»

Doch Juan de Villegas ließ sich nicht überzeugen. Er steckte sein Schwert in die Scheide und sagte höhnisch: «Ihr redet und redet. Wo sind die Taten, wo ist der Ruhm, der tapferen Männern gebührt? Es ist keine Heldentat, mit fünfzig Reitern ein Dorf mit Indiern zu überrennen, die keine eiserne Wehr kennen und die aus Angst vor den Hunden und Pferden meilenweit davonlaufen. Ich sage es noch einmal: Wer zu schwach ist und wem die Manneskraft fehlt, wer feige ist und wer zaudert, statt zu handeln, der wird scheitern. Mich wird niemand aufhalten. Ich warne Euch, Jorge de Espira: Die Veteranen, die an der Entrada unter Capitán Barba Roja teilgenommen haben, können vergleichen, ob ihr Anführer beherzt zugreift, wenn das Glück winkt.»

Das konnte Hohermuth nicht auf sich sitzen lassen. Er sprang auf und lehnte sich über den Tisch, dass er Juan de Villegas ganz nahe kam. Er brüllte: «Hauptmann Villegas! Ich dulde keine Auflehnung! Wenn Euch mein Vorgehen nicht gefällt, kehrt zurück nach Coro! Niemand hält Euch hier. Wir werden auch ohne Euch El Dorado finden.»

Der Spanier hakte den Daumen unter das Wehrgehänge und blickte hochmütig in die Runde. Auch Francisco de Velasco erhob sich, verbeugte sich vor dem Gobernator und sagte leise, fast flüsternd: «Auch ich, edler Jorge de Espira, bin der Meinung, dass gehandelt werden muss. Wir versauern hier in Acarigua. Lasst die Kranken zurückkehren und den Rest weiterziehen. Auch gibt es mehr als ein Indicium dafür, dass die Indier einen Verrat planen.»

Philipp von Hutten sah Velasco zweifelnd an: «Verrat, sagt Ihr? Ich habe nichts dergleichen gehört. Ganz im Gegenteil. Die Indier haben Nikolaus Federmann als jemanden kennen gelernt, der mit ihnen gegen ihre Feinde zu Felde gezogen ist. Daher nahmen sie uns freundlich auf.»

Hohermuth hatte sich schwer atmend wieder auf den Stuhl gesetzt. Auch Juan de Villegas hielt sich im Zaum und nahm auf der Bank Platz. In diesem Augenblick steckte ein Landsknecht sein Gesicht herein und sagte: «Mit Verlaub, edle Herren, hier kommt der Kazike von Acarigua.»

Alle sprangen auf, nur Villegas blieb sitzen. Burckhardt hatte am äußersten Ende der Bank neben Hutten gesessen und geschwiegen. Auch er erhob sich und blickte erwartungsvoll dem Indio entgegen.

Hamaritarj sah bekümmert aus. Er verbeugte sich wie ein Spanier, sein langes Haar fiel ihm über die Stirn. Hinter ihm kamen Cara Vanicero und einige Männer, die rot und schwarz bemalt waren nach der Sitte der Indios, wenn sie in den Krieg zogen, und ein grimmiges Gesicht machten. Hamaritarj redete schnell, als habe er es eilig, die Nachricht loszuwerden, und Cara kam kaum nach: «Die Bärtigen sind unsere Verbündeten. Sie haben uns reich beschenkt, und wir erwiesen ihnen unsere Gastfreundschaft. Ich bringe eine schlechte Botschaft. Unsere ärgsten Feinde haben uns angegriffen, dort, wo die Sonne aufgeht. Viele meiner Krieger wurden getötet.»

Hohermuth hob die Hand, unterbrach ihn und fragte: «Welche Feinde? Die Cuyoner? Die leben doch im Westen, nicht im Osten?»

Hamaritarj schüttelte traurig den Kopf: «Nein, nicht die Cuyoner. Die Cariben. Die fressen ihre Gefangenen. Unsere tapfersten Männer fürchten sich vor ihnen. Sie kämpfen in großer Zahl. Unsere Vorväter berichten uns, dass sie schon einmal bis Acarigua gekommen sind. Die Völker der Cariben leben weit verstreut, und manche von ihnen sogar an einem großen Wasser gen Mittag, das sie Amacuma nennen.»

Hamaritarj breitete die Arme aus und sagte in feierlichem Ton: «Wir, die Menschen von Acarigua, bitten Euch um Hilfe. Steht uns bei im Kampf gegen unsere Feinde.»

Villegas lachte lautlos, und Hauptmann Velasco kniff die Lippen zusammen, als fände er das Ansinnen des Kaziken lächerlich. Doch Hohermuth antwortete freundlich: «Wir werden Euch nicht im Stich lassen. Ihr seid Verbündete Kaiser Karls, und der gewährt denen, die sich ihm unterstellen, Hilfe und Schutz. Wir werden beraten und Euch berichten, wie wir Euch beistehen können. Seid so gütig und wartet auf unsere Botschaft.»

Hamaritarj blickte ein wenig verwundert, als glaubte er nicht, dass es einer Beratung bedürfe. Aber dann verbeugte er sich noch einmal und zog sich höflich zurück. Auch sein Gefolge verließ das Bohio.

Hauptmann Villegas sagte spöttisch: «Ich hatte bis jetzt nicht den Eindruck, dass die Indier in Acarigua wissen, wer Kaiser Karl ist. Ihr habt darauf verzichtet, ihnen das Requerimiento vorzulesen. Das solltet Ihr jetzt nachholen. Und auch die heilige Taufe für die Indier. Der Heilige Vater wäre zornig, wenn er erführe, dass der Vertreter des Welser in Venezuela zusammen mit heidnischen Indiern Krieg führt gegen andere Menschen fressende Heiden. Das sähe so aus, als suche er nur nach seinem eigenen Vorteil und nicht danach, den Ruhm der Kirche zu mehren. Und die Welser in Augsburg würden bestimmt gern wissen, was das mit der Suche nach den Gewürzinseln zu tun hat.»

Andreas Gundelfinger hieb die Faust auf den Tisch, dass das Wasser aus einem tönernen Krug schwappte. Philipp von Hutten sprang auf und griff mit der Rechten nach dem Knauf seines Schwertes. Villegas blieb indes ruhig sitzen und grinste Hutten an, als wisse er genau, dass der sich nicht hinreißen lassen würde, ihn anzugreifen.

Der Gobernator hob beschwichtigend beide Hände: «Señores, wir werden uns jetzt nicht mehr streiten. Ich bitte Euch, Hauptmann Villegas, das Wohl aller im Auge zu haben. Unserem Herrgott hat es gefallen, dass viele unserer Soldaten krank sind, und wir dürfen sie nicht im Stich lassen.»

Francisco de Velasco entgegnete ärgerlich: «Und warum ließ Gott es zu, dass die Männer an Fieber leiden und an Auszehrung, dass sie zu schwach sind, um zu kämpfen? Ist das nicht ein warnendes Zeichen dafür, dass wir unser Ziel aus den Augen verloren haben? Wir müssen zuerst alle heidnischen Zaubereien und die Sitten und Gebräuche ausmerzen, die unserem heiligen Glauben entgegenstehen. Dann wird Gott unsere Gebete erhören und uns in das Land führen, in dem Milch und Honig fließen und in dem es Gold im Überfluss gibt.»

Hohermuth antwortete: «Dazu ist jetzt keine Zeit. Das ist auch nicht meine Aufgabe, sondern die der Padres. Ich will mir nicht anmaßen, den Mönchen vorzuschreiben, wie sie die Lehren der Kirche verbreiten und predigen. Ich biete ihnen den Schutz, dass sie niemand an ihrem gottesfürchtigen Werk hindere. Und nun lasst uns zur Sache kommen. Wir werden zwei Hauptleute mit zwanzig Reitern und vierzig Fußsoldaten gegen die Cariben schicken, wer auch immer das sei, und Hamaritarj empfehlen, mindestens tausend seiner Krieger unter unseren Befehl zu stellen. Wenn wir die Cariben mit Gottes Hilfe schlagen, woran ich keinen Augenblick zweifle, werden wir Gewissheit darüber bekommen, ob die Länder im Osten wirklich unzugänglich sind und welchen Weg wir in Zukunft einzuschlagen haben. In einer Woche, meine Herren, ziehen wir weiter, nach Süden, wenn es das Wetter erlaubt.»

Villegas stand auf, verbeugte sich knapp und sagte kurz: «Ich werde in den Krieg ziehen, wenn Ihr das gestattet, Gobernator, und Hauptmann Francisco de Velasco. Erlaubt, dass ich sofort aufbreche und die nötigen Vorbereitungen treffe.»

Hohermuth antwortete: «Ich selbst werde den Feldzug gegen die Cariben anführen. Ihr werdet mich begleiten. Estéban Martín ist mein Stellvertreter in Acarigua.»

Martín nickte. Alle waren erstaunt, dass Hohermuth eine Aufgabe persönlich übernehmen wollte, für die er seine Hauptleute hatte. Burckhardt dachte, dass der Gobernator sich wohl nicht nachsagen lassen wollte, er sei feige. Die Anspielung Villegas' musste ihn mehr getroffen haben, als er vor den anderen zugab. Villegas und Velasco verließen den Raum, auch Gundelfinger ging hinaus, um Waffen und Proviant zu überprüfen und die Soldaten auszusuchen, die mitziehen sollten. Philipp von Hutten erklärte sich bereit, dem Kaziken die Nachricht zu überbringen, dass die Konquistadoren ihm helfen würden. Hutten lernte eifrig die Sprache der Caquetios und freute sich, wenn er seine Kenntnisse erweitern konnte.

Burckhardt stand bescheiden abseits und wollte sich zurückziehen, aber der Gobernator winkte ihn zu sich. Auch Estéban Martín saß noch am Tisch. Hohermuth fragte: «Ansorg, kann ich auf die Bergknappen zählen?»

Burckhardt verstand nicht so recht, was die Frage bedeutete. Er antwortete: «Gewiss, Gobernator. Niemand zweifelt ernsthaft, dass ihr uns zum El Dorado führen werdet.»

Hauptmann Martín lachte.

«Ihr seht Gespenster, Jorge de Espira! Villegas war noch nie anders, als Ihr ihn jetzt erlebt. Als Ambrosius Dalfinger nach Maracaibo aufbrach, widersetzte sich Villegas, weil er lieber den Weg nach Süden genommen hätte. Dalfinger war auch ein Hitzkopf, und die beiden hatten schon ihr Rapier gezogen und wären aufeinander losgegangen, wenn ich sie nicht daran gehindert hätte.»

Hohermuth setzte seine Kalotte ab, wischte sich die Stirn und stützte dann den Kopf in die Hände. Zwischen den Zähnen murmelte er: «Was wisst Ihr über die Cariben, Estéban Martín?»

Der Spanier antwortete: «Pedro de Limpias hat mir von ihnen erzählt. Kurz bevor Juan de Ampies damals an der Küste Venezuelas landete, sollen die Cariben das Land der Caquetios verheert und verwüstet haben. Deshalb stieß Ampies auf keinen Widerstand in Coro. Der Kazike Manaure war froh, einen mächtigen Verbündeten zu haben, der über Donner und Blitz gebot und der Ungeheuer mit sich führte, wovor die Indier sich noch mehr fürchteten als vor den Cariben. Die sind, das erzählen die Alten in Coro, ein hoch gewachsenes Volk und ungemein tapfer. Sie braten und fressen ihre Gefangenen. Aber gegen uns werden sie genauso unterliegen wie alle anderen. Die Indier verstehen nichts von Kriegskunst. Wenn nur wenige von ihnen verletzt werden, haben sie schon genug. Und wenn ihre Obersten getötet werden, laufen sie auseinander, und der Kampf ist für sie beendet. Hundert Tercios zu Pferd und vierhundert zu Fuß können leicht dreißigtausend Indiern widerstehen.»

Hohermuth nickte und richtete sich auf.

«Ihr habt Recht wie immer, Martín. Habt Dank für Eure Ratschläge. Und nun: Ich empfehle Euch diesen Alemán. Ich vertraue ihm. Er spricht Spanisch und stellt sich gelehrig an und hat Euch damals, am Fluss Tocuyo, das Leben gerettet. Ich hätte nicht übel Lust, ihn zum Hauptmann zu ernennen anstelle des toten Cardenas. Es würde jedoch böses Blut unter den Soldaten geben, wenn ein Bergknappe sie anführte. Aber wer weiß, was die Zukunft bringt.»

Martín zwinkerte Burckhardt freundlich zu, der sich geschmeichelt fühlte. Der Spanier sagte: «Joven, Ihr geht mit mir. Morgen werden wir diesen Zauberer aufsuchen. Er habe fast mehr Einfluss als der Kazike, sagte man mir.»

Der Entschluss Hohermuths, gegen die Cariben zu ziehen, brachte die ganze Stadt in Aufruhr. Hamaritarj rührte es fast zu Tränen, als ihm die frohe Botschaft überbracht wurde. Er befahl, den Fremden so viele junge Frauen zuzuführen, wie sie wollten, und alles zu tun, um sie bei guter Laune zu halten. Zwei seiner Obersten und mehr als tausend Männer aus Acarigua sollten die Bärtigen begleiten. Kundschafter schwärmten aus trotz des Regens, und es gab ein allgemeines Durcheinander.

Am nächsten Morgen marschierten Hohermuth, Villegas und Velasco ab, die Krieger der Indios in respektvollem Abstand zu den Reitern. Die Indios waren bewaffnet wie die Cuyoner, mit hölzernen Schwertern, Lanzen, Keulen und mannshohen Bögen mit Pfeilen. Hamaritarj blieb in Acarigua, weil es sich, so sagte Cara, für einen Obersten der Caquetios nicht schickte, selbst in den Krieg zu ziehen. Es regnete in Strömen, schon am Morgen, und alle sahen aus wie nasse Katzen. Aber es blieb warm, und die Soldaten waren froh, nicht mehr in den Hütten sitzen und Trübsal blasen zu müssen.

Hauptmann Estéban Martín und Burckhardt Ansorg suchten den Mann mit dem Tigerfell. Doch niemand verriet ihnen, wo der Zauberer sich aufhielt. Erst als Cara Vanicero allein die Indios befragte, bekam er etwas heraus: Der Gesuchte wohnte in einem Bohio direkt am Fluss, eine Meile abwärts.

Martín kniff die Lippen zusammen, als sie das Haus erreichten. Ihn plagte wieder das Gliederreißen. Dann lächelte er mit verzerrtem Gesicht und sagte, er sei zu alt für das feuchte Wetter. Sie standen bis zu den Knöcheln im Schlamm. Burckhardt hatte seine Gugel vor dem Gesicht zusammengezogen, aber das Wasser rann ihm trotzdem über den Körper, als stünde er nackt im Regen.

Das Haus sah aus wie alle anderen, es war nur etwas kleiner, fensterlos, kreisrund, mit Wänden aus Rohr, Spitzdach und nur einem Eingang. Drinnen herrschte Halbdunkel. Es gab vier Räume und den Innenhof. Niemand war zu sehen, obwohl sonst jedes Haus in Acarigua von Kindern wimmelte.

Martín flüsterte: «Die Indier fürchten ihren Magier. Die Kinder trauen sich nicht in seine Nähe.»

Sie fanden den Zauberer und einen zweiten Mann, ruhig inmitten eines Raumes sitzend, umgeben von tönernen Töpfen, Pflanzenstängeln und Schalen mit gefärbten und pulverigen Substanzen. Der Magier trug kein Tigerfell, sondern nur eine Kalebasse vor dem Gemächte und war am ganzen Körper rot wie eine Tomate, die Frucht, die sie zum ersten Mal in Coro gesehen hatten und die die Indios in der Caza kochten, zusammen mit Mais. Der andere Mann war auch fast nackt und uralt. Die unzähligen Runzeln seiner Haut ließen ihn erscheinen wie einen verwitterten Baumstamm. Beide sahen kurz auf, als Martín und Burckhardt den Raum betraten, wirkten aber nicht überrascht. Der Magier sagte: «Setzt euch, Fremde. Ich habe euch erwartet.»

Hauptmann Martín winkte Burckhardt, der kaum Caquetio verstand. Sie lehnten sich mit dem Rücken an das Rohr und warteten. Die beiden Indios schwiegen und rührten mit Holzstäben in den Schüsseln. Martín flüsterte: «Pass gut auf, Burcardo, so etwas wirst du so bald nicht wieder sehen.»

«Was tun die da?»

«Sie bereiten das Pfeilgift zu. Der alte Mann ist wahrscheinlich der Amo de Curare, der Apotheker von Acarigua, wenn du willst. Oder der Giftmeister.» Martín lachte lautlos in sich hinein und fügte hinzu: «Mit dem musst du dich gut stellen. Wenn er dein Feind ist, solltest du keine Suppe essen, ohne dass jemand vorkostet. In den Pfannen dort hat er den Saft der Pflanzen gekocht. Er muss vorher große Blätter zusammenrollen wie eine Tüte und den Saft durchseihen, damit keine Fasern übrig bleiben.»

«Woher wisst Ihr das, Capitán?»

«Ich habe mir das von einem Giftmeister zeigen lassen, in Tamalameque, wo Dalfinger vergeblich auf Verstärkung wartete. Dort gibt es die Pflanzen nicht, die der Giftmischer braucht. Die Indier treiben einen regen Handel damit, und das Curare ist so begehrt wie bei den Christen das indische Holz, das Guajak. Der Amo de Curare damals sagte, unsere Feuerwaffen machten zu viel Lärm und verscheuchten das Wild, wenn man es verfehlt. Damit hatte er Recht. Dort in der großen roten Schüssel ist der Saft der Schlingpflanze. Der ist nicht giftig, du kannst ihn trinken, wenn du nicht an Zahnbluten leidest.»

«Ist der Saft wie das Harz eines Baumes?»

«Nein, die Indier schaben die Rinde der Zweige ab und zerstoßen sie zu Pulver, das sie zu einem Brei verrühren. Dann seihen sie ihn. Das dauert sehr lange, mehrere Stunden. Nur der Giftmeister weiß, wann der Saft giftig genug ist. Er kostet, und wenn er sehr bitter schmeckt, ist er fertig. Die beiden Männer, der Magier und der Amo de Curare, machen jetzt das Gift so dickflüssig, dass sie die Pfeilspitzen hineintunken können. Drüben, auf dem Gestell über dem Feuer, lassen sie den Saft kochen. Und in dem schmutzigen Topf dort, das ist das Harz eines Baumes. Siehst du: Sie schütten die beiden Säfte zusammen.»

Sie beobachteten gespannt, wie die beiden Alten mit den Tongefäßen hantierten. Martín flüsterte: «Der Saft gerinnt wie Milch, wenn sie in der Sonne steht, und wird dann schwarz und dick wie Sirup. Jetzt sind sie fertig.»

Der Giftmeister rührte mit einem Stock in der klebrigen Masse, der Magier drehte sich zu Martín und Ansorg, kreuzte die Arme vor der Brust und sagte mit hochmütigem Gesicht: «Der Zauber der Bärtigen ist stark. Ich habe gesehen, dass die Männer mit den weißen Guayucos die Krieger zwingen, ihre Waffen abzulegen und zu knien und zu singen. Auch der Mann mit den Haaren wie Onoto hatte Zauberer bei sich, die unserem Volk Angst machten. Sie lassen den Blitz aus ihren Rohren fahren und es donnern, dass sich unsere Alten verkriechen.»

Der Zauberer machte eine Pause, senkte den Kopf, als sei er beschämt, sah dann Martín in die Augen und fragte: «Was verlangt ihr, wenn ihr mir von eurem Zauber etwas gebt?»

Burckhardt wollte lachen, merkte aber, dass Estéban Martín ernst blieb und höflich antwortete. Er verstand nicht, was der Spanier sagte, aber der Zauberer schien nicht verärgert, sondern nickte nur. Die beiden unterhielten sich eine Weile, während der Giftmeister stumm in seinen Schüsseln und Töpfen rührte und Ansorg ebenso schweigend das Geschehen beobachtete.

Endlich erhob sich Martín und trat mit seinem Begleiter ins Freie.

«Was hat er gesagt?», fragte Burckhardt neugierig.

Martín brummte vor sich hin und kratzte sich am Kinn.

«Er sagte», antwortete er dann, «dass er sich mit uns verbünden will. Er ist von unseren Kriegskünsten, den kleinen Tigern, wie er die Hunde nennt, und den ‹Hirschungeheuern› sehr beeindruckt. Ich glaube, als Gegenleistung will er den Indiern von Acarigua verkünden, dass der Kazike Hamaritarj den Göttern nicht mehr genehm sei. Er, der Zauberer, wird dann einen Mann zum Kaziken machen, der uns zu Willen ist. Er hofft, dass er dadurch mehr Macht bekommt. Der Magier ist schlau, aber ein Halunke. Vielleicht können wir ihn noch einmal benutzen.»

«Was habt Ihr geantwortet?»

Martín blickte Burckhardt verschmitzt an.

«Ich habe gesagt, dass wir beraten müssten und warten, bis unser Kazike Jorge de Espira zurückkäme.»

Die beiden stapften durch den Regen zurück.

In den folgenden Tagen gab es kaum etwas zu tun. Burckhardt saß am Fluss und sah den Indios zu, wie sie in ihren Canoas knieten und mit ihren langen Speeren einen silbernen Fisch nach dem anderen aufspießten. Christian begleitete ihn, und der Ältere erzählte seinem Bruder, was in den letzten Wochen geschehen war. Nur über Anna Kestlin sprach er nicht und auch nicht über die Indierin mit dem Speer, die ihm in Tocuyo im Schilf begegnet war.

Nach einer Woche, es war kurz vor der Dämmerung, gab es einen Tumult. Schreie ertönten, und Hunderte von Menschen liefen aufgeregt durch die Gassen, Frauen, Kinder, Alte und die Krieger, die zurückgelassen worden waren. Burckhardt sprang aus der Hängematte und eilte den anderen nach. Hohermuth kehrte zurück!

Der Sieg war vollständig. Die Sieger jedoch sahen nicht so aus, als feierten sie einen Triumph. Nur die Indios tobten vor Freude, tanzten am Rande von Acarigua zu Tausenden, brüllten aus Leibeskräften und warfen sich den Heimkehrern um den Hals. Die Konquistadoren kamen in ungeordneten Haufen, erschöpft, durchnässt, viele hatten Wunden davongetragen, obwohl ihre eiserne Wehr sie davor hätte schützen sollen. Burckhardt erkannte zwei Reiter, die zu Fuß trotteten, ohne Pferde. Hohermuth, Villegas und Velasco ritten zusammen, neben ihnen zwei Reiter mit den Fahnen des Gobernators und Kaiser Karls.

Und dann kamen in Ketten die Gefangenen: eine unendliche Reihe von Cariben, Männer und Frauen, alle hoch gewachsen, manche, selbst die Weiber, einen Kopf größer als die Deutschen und Spanier. Burckhardt drängte sich zwischen die Indios, die ein lärmendes Spalier bildeten, um alles sehen zu können. Es waren mehr als zweihundert Cariben. Die Männer trugen ihre Haare kurz und rund geschnitten, als hätten sie einen spanischen Barbier besucht, nur die Frauen ließen sie lang hängen. Die meisten trugen zwei winzige Holzstöckchen links und rechts des Mundes, die nach außen abstanden wie Stacheln eines Igels. Ihre Gesichter waren weiß bemalt, ihre Haut jedoch dunkler als die der Indios von Coro oder Acarigua. Sie liefen nackt wie die Caquetios. Viele waren schwer verwundet worden und hatten so viel Blut verloren, dass sie nur noch taumelten. Dicker Schorf und Grind bedeckte die Wunden.

Direkt hinter den Fahnenträgern liefen zwei Frauen in Handfesseln, die wohl die Hauptleute sich ausgesucht hatten. Sie sahen gesund und kräftig aus, waren aber nicht bemalt. Eine von beiden blickte Burckhardt direkt in die Augen, als die Soldaten mit ihren Gefangenen an ihm vorbeizogen. Er erschrak vor ihrem finsteren und hochmütigen Blick. Ihr war offenbar sein blondes Haar aufgefallen, das ihm lang auf die Schultern fiel. Die Gefangene war eine halbe Elle größer als er. Sie drehte den Kopf über die Schulter und sah zurück. Die Frau machte eine Grimasse, als sei sie zornig darüber, dass jemand sie so angaffte. Als sie mit den Händen an der Kette riss wie ein wütendes Tier, sah er ihre Armmuskeln, die zäh und stark waren wie die einer Erzwäscherin.

Es dunkelte schon, die Soldaten übergaben die Gefangenen dem Kaziken von Acarigua, soweit sie nicht als Träger verwendet werden konnten. Burckhardt mochte nicht darüber nachdenken, was mit ihnen geschehen würde. Vermutlich ließ Hamaritarj sie töten, wenn die Siegesfeier vorbei war. Er wollte seinem Vater und Bruder berichten, doch beide schliefen. Ein Landsknecht kam und befahl ihm, er möge zu Hohermuth kommen.

Der Gobernator saß mit Andreas Gundelfinger und Estéban Martín an seinem Tisch. In der hinteren Ecke des Raumes lag die gefangene Frau, die ihn beim Einzug in Acarigua angeblickt hatte. Ihre Hände waren immer noch gefesselt. Sie zeigte keine Regung, als Burckhardt den Gobernator grüßte und sich auf die andere Seite des Tisches setzte. Dann richtete sie ihren Oberkörper auf, als wolle sie lauschen, was die drei Männer beredeten. Die langen schwarzen Haare hingen ihr wirr vor dem Gesicht wie ein Schleier, sodass man ihre Augen nicht sehen konnte.

Der Gobernator blickte finster auf den Tisch. Dann räusperte er sich.

«Ansorg, sagt Euren Landsleuten, dass einer der Bergknappen umgekommen ist, Christoph Schutz. Er war Euer Nachbar in Sachsen, erzählte er mir. Ein Trupp Fußsoldaten, zu dem er gehörte, geriet in einen Hinterhalt, während die Reiter gegen ein Dorf anrannten, das die Cariben besetzt hielten. Sie haben ihn mit seiner eigenen Axt erschlagen.»

Estéban Martín fügte hinzu: «Joven, das ist noch nicht alles. Es sind noch zwei andere von euch tot. Gobernator, ich kann die Namen nicht aussprechen.»

Hohermuth nickte.

«Hans Hugelt ist heute am Morgen gestorben. Ich dachte, Ihr wüsstet das. Die Soldaten fürchteten sich vor ihm, weil er keine Haare mehr auf dem Kopf hatte, und sie dachten, er litte an einer ansteckenden Krankheit. Und Dietrich Lope. Wenn er seinen Rücken bewegte, schrie er so laut, dass alle zusammenliefen. Er starb gestern in der Nacht. Andreas Gundelfinger hat die beiden heimlich und schnell begraben lassen, damit die Indios es nicht merken. Wir haben einige Verluste gehabt. Die Cariben sind tapfere Krieger. Drei Soldaten sind umgebracht worden und zwei Pferde.»

Hohermuth trank aus dem Krug auf dem Tisch, den eine Indianerin gebracht hatte und der randvoll mit Maisschnaps war. Burckhardt bot er nichts an. Der Gobernator unterhielt sich eine Weile mit Gundelfinger und Martín über die Verluste an Menschen und Material und darüber, wann das Wetter es ihnen erlauben würde, mit dem Tross weiterzuziehen.

Burckhardt wusste nicht, warum, er musste immer wieder an Hohermuth vorbei zu der gefangenen Indianerin schielen. Sie war anders als die Frauen der Caquetios, die ihm wie Mädchen oder gar Kinder vorkamen, wenn sie verlegen lachten und kicherten und mit ihren runden Gesichtern strahlten.

Der Gobernator bemerkte seine Neugier. Er runzelte die Stirn, stützte das Kinn in seine Hand und sah Burckhardt prüfend an. Dann sagte er: «Ansorg, ich habe eine Aufgabe für Euch. Wenn Ihr sie nicht annehmen wollt, werde ich das akzeptieren. Schaut die Frau an. Ich habe sie mir unter den hübschen Weibern ausgesucht. Wir haben sie und die andere Frau bei dem obersten Krieger der Cariben in Fesseln gefunden. Wir töteten ihn, nachdem er fünf Caquetios und einen unserer Soldaten erstochen hatte. Ich glaube, sie war eine Gefangene. Das Weib, das mit ihr zusammen in einer Hütte lag, habe ich Hamaritarj geschenkt. Auch Hauptmann Martín meint, dass diese hier nicht die Sprache der Cariben spricht. Sie kann sich mit den anderen Gefangenen nicht verständigen. Oder sie will nicht reden. Ein starkes Weib, zornig und hübsch. Aber wir werden sie lehren, wie sie sich zu benehmen hat. Ich will, Ansorg, dass Ihr versucht, spanisch oder deutsch mit ihr zu reden. Ihr habt den ganzen Tag Zeit. Ich will so schnell wie möglich verstehen, was sie sagt. Sie sagt nicht, wie sie heißt. Ich nenne sie Eduvigis.»

Hohermuth lächelte, als erinnere er sich an etwas.

«Ich kannte ein Mädchen in Heidelberg, die hieß Eduvigis, vor langer Zeit. Ich war damals Student der Theologie.»

Der Gobernator drehte sich zu Eduvigis um, die wütend den Kopf zur Seite wandte.

Draußen lärmten die Landsknechte, die den erfolgreichen Feldzug feierten. Burckhardt sagte: «Ich werde tun, was Ihr befehlt, Gobernator. Ich bin kein Lehrer, aber ich will versuchen, die Frau zum Sprechen zu bringen.»

Er verbeugte sich, drehte sich um und ging hinaus. Vor dem Eingang zum Hof sah er sich kurz um. Eduvigis hatte den Kopf erhoben und sah ihn wieder feindselig an.

In der Hütte war es stockfinster. Er stolperte über mehrere Schläfer, fand dann endlich die Hängematte. Direkt neben ihm schlief Anna Kestlin. Sie war ihm ganz nahe. Als hätte er sie geweckt, schlug sie die Augen auf und sah ihn stumm an. Burckhardt seufzte, drehte sich zur Seite und schlief sofort ein.

5. KAPITEL

Der Fluch des Wassers

«Sie sind alle geflohen! Keine Menschenseele da!» Gundelfinger schwang sich vom Pferd, glitt aus und fiel der Länge nach in den Schlamm. Er rappelte sich lauthals fluchend wieder hoch. Der Koller, das Wams, die Beinkleider, die Stiefel, alles starrte vor Schmutz. Die Umstehenden sahen nicht viel besser aus. Seit zwei Wochen regnete es fast ununterbrochen. Nur in den frühen Morgenstunden wagte sich die Sonne hervor. Sie hatten keinen trockenen Faden am Leib, keinen festen Boden unter den Füßen, kaum gelang es ihnen, ein Feuer anzuzünden, und die Arkebusiere hatten alle Hände voll zu tun, ihr Pulver vor der Nässe zu schützen.

Wie weit sie sich in südwestlicher Richtung von Acarigua entfernt hatten, wusste niemand genau. Gundelfinger schätzte die Strecke auf fünfzehn sächsische Meilen. Dafür hatten sie zehn Tage gebraucht. Burckhardt wäre jetzt gern in Acarigua gewesen, dort, wo sie die Kranken zurückgelassen hatten, wo es Hütten mit Dächern gab, wo sie genug zu essen hatten und wo das Wasser klar und keine schlammige braune Brühe war.

Sie konnten im Westen die wolkenverhangenen Berge sehen, doch dort gab es kein Durchkommen. Dichte Urwälder versperrten den Weg: mächtige, verfilzte Farne, Schlingpflanzen mit Stacheln, Bäume, deren Wurzeln mehrere Klafter über dem Boden begannen und sich wie ein Spinnennetz nach allen Seiten ausbreiteten, Moose, in die die Beine der Pferde einsanken bis zum Gelenk. Als sie versucht hatten, der schlammigen Ebene zu entkommen, waren sie einen ganzen Tag im Gestrüpp stecken geblieben. Die Pferde konnten nicht weiter, und ohne sie waren sie verloren. Über ihnen schwangen sich die Affen von Ast zu Ast und kreischten, als wollten sie die Eindringlinge verhöhnen. Vögel flatterten mit hässlichem Krächzen auf, und unentwegt und überall quakten die Frösche. Und zu allem Überfluss waren die nassen Monate die Zeit der Stechmücken. Myriaden der Plagegeister weckten sie in der Frühe und begleiteten sie den ganzen Tag über. In der Nacht schreckten sie Blut saugende Fledermäuse auf, die die Pferde quälten, und mancher Landsknecht, den kein bewaffneter Feind schrecken konnte, schlug das Kreuz und betete ein Vaterunser, wenn er der geflügelten Schreckensgestalten ansichtig wurde. Sie schliefen unter notdürftig errichteten Blätterdächern, und oft genug mussten zwei Soldaten sich eine Hängematte teilen.

Das war die Regenzeit, die die Veteranen schon früher kennen gelernt und vor der sie sich gefürchtet hatten. Hohermuth wollte nicht glauben, dass so viel Wasser vom Himmel kommen würde. Wochenlang Wolkenbruch und Nieselregen im Wechsel und nur wenige Stunden Sonne! Hauptmann Martín erklärte, das sei jedes Jahr so. Wenn sie Pech hätten, würden sie ein paar Monate nicht weiter in das Innere Venezuelas vordringen können. Abseits der Berge stand das ganze flache Land unter Wasser wie ein Meer, aus dem nur die Spitzen der Gräser und des Schilfs hervorragten. Und immer wieder breite, reißende Flüsse, die aus den Bergen kamen und sich ihren Weg nach Osten durch die Ebene bahnten und dabei das Land ringsum überschwemmten.

Seit Acarigua waren sie auf ein halbes Dutzend Dörfer gestoßen, aber die Bewohner hatten sie verlassen, auch dieses, das letzte, in dem Indios gelebt hatten, die die Sprache der Caquetios verstanden. Der Kazike Hamaritarj hatte ihnen zwei Dolmetscher zur Seite gegeben, aber bisher hatten die keine Gelegenheit bekommen, auch nur ein Wort zu übersetzen. Auch die Kundschafter, wie jetzt Gundelfinger und sechs Reiter, waren immer wieder unverrichteter Dinge zurückgekehrt.

Der Zug der Konquistadoren bestand nur noch aus gut zweihundert Mann und ebenso vielen Indios, zumeist den Gefangenen der Cariben. Hohermuth ließ die Träger aus Guarjibo frei, weil die zu schwach waren, um etwas zu tragen. Die meisten derjenigen, die ohne Ketten die Kisten und Säcke geschultert hatten, waren ihnen entlaufen. Und in Acarigua wollten sie niemanden zwingen, das Gepäck zu schultern, denn sie hatten die Kranken bei den Indios gelassen. Der Gobernator ließ zwar eine Mannschaft unter Hauptmann Francisco de Velasco in der Stadt, die dort wachen sollte. Falls Hamaritarj aber auf die Idee kommen würde, seine sechzehntausend Krieger gegen sie aufzubieten, wären sie verloren gewesen.

Auch Hauptmann Antonio Ceballos, die meisten Bergknappen, Gunther und Christian Ansorg und Anna Kestlin blieben in Acarigua. Sie sollten erst nachkommen, wenn sich das Wetter gebessert hatte und es nicht jeden Tag mehrere Stunden regnete. Estéban Martín behauptete, spätestens im Oktober oder im November wäre das kein Problem. Sie wollten dann ein paar Reiter nach Acarigua schicken, die den Nachzüglern den Weg weisen könnten.

Nur eine Frau begleitete den Zug: Eduvigis, die Gefangene der Cariben. Ob sie sich selbst als Gefangene sah, wusste niemand genau. Hohermuth hatte sie zu seiner Geliebten gemacht. Das war ein offenes Geheimnis, und sie schien das zu akzeptieren. Die Soldaten spotteten über den Gobernator, weil der häufiger als früher scherzte und trotz der widrigen Umstände immer guter Laune war, ganz im Gegensatz zu Francisco de Velasco, der es missbilligte, dass ihr Anführer sich mehr als nötig mit einer heidnischen Indierin einließ. Pater Frutos de Tudela ließ sich öffentlich nicht dazu hinreißen, in den schwelenden Streit einzugreifen, und die Soldaten legten sein Schweigen so aus, dass der Dominikaner sich nur nicht zwischen Hammer und Amboss häuslich niederlassen wolle.

In Acarigua war etwas geschehen, was zu großem Gerede unter den Soldaten führte und Hohermuth damals veranlasste, ihr die Fesseln abnehmen zu lassen: Der Gobernator, Estéban Martín, Hauptmann Villegas und Andreas Gundelfinger verhörten im Quartier Hohermuths einen Gefangenen der Cariben. Sie versuchten es nur, denn niemand verstand ein Wort von dem, was er sagte. Deswegen verzichtete Villegas auch darauf, ihm die Daumenschrauben anlegen zu lassen, womit er sonst schnell bei der Hand war. Alle schienen ratlos. Ein halbes Dutzend Landsknechte waren im Raum. Sie lehnten gelangweilt an den Wänden oder saßen auf dem Boden, ebenso Cara Vanicero, der die Sprache der Cariben genauso wenig übersetzen konnte wie die Caquetios und Indios aus Acarigua, die von sich behaupteten, sie verstünden die Sprachen aller Völker, deren Gebiet an das von Hamaritarj grenzte.

Hinten, wo Hohermuth sich sein Lager aus Stroh hatte bereiten lassen und wo seine Hängematte aufgehängt worden war, saßen Burckhardt und Eduvigis mit gekreuzten Beinen voreinander. Bis jetzt hatte er keinen großen Erfolg gehabt, sie Worte der spanischen oder deutschen Sprache zu lehren. Eduvigis wollte ihren richtigen Namen nicht verraten. Sie hörte ihm aufmerksam zu, aber antwortete nur selten, wenn er sie etwas fragte. Nur einmal, als er eine Guayaba aß, auf die Frucht zeigte und ihren Namen sagte, nickte sie, als heiße die in ihrer Sprache ähnlich. Wenn Burckhardt auf sich, die Soldaten oder die Hauptleute zeigte und deren Namen nannte, antwortete sie meistens nicht, sondern nickte oder sagte nur «oquili». Doch als sie jetzt den Obersten der Cariben sah, wie er mit trotzigem, zerschundenem Gesicht und mit eisernen Fuß- und Handfesseln vor Juan de Villegas stand, richtete sie sich auf. Ihre Beinmuskeln spannten sich wie die einer Katze vor dem Sprung. Ihre Hände waren mit einer Kette zusammengebunden, sie konnte sie nicht frei bewegen. Sie drehte den Kopf zu Burckhardt um, als wolle sie sich vergewissern, dass der sie nicht zurückhalten würde. Burckhardt zuckte mit den Achseln. Er war neugierig, was sie so erregte.

Plötzlich sprang Eduvigis wie eine Furie auf und war mit ein, zwei Sätzen neben Villegas. Sie zog ihm mit beiden Händen die Cinquedea aus dem Gürtel und stach sie dem gefangenen Cariben mit tödlicher Wucht in die Brust. Der Indio stieß einen erstickten Schrei aus und fiel hintenüber. Ein fingerdicker Blutstrahl schoss aus seiner Wunde. Er zuckte ein paar Male und war tot. Eduvigis hielt den blutigen Dolch in ihren Händen, drehte sich um und reichte ihn ruhig Hauptmann Villegas. Burckhardt hatte den Spanier noch nie so verblüfft gesehen. Niemand sagte ein Wort. Villegas hob den Arm, als wolle er die Frau zu Boden schlagen, ließ ihn dann aber wieder sinken, als habe er es sich anders überlegt. Estéban Martín blickte die Frau scharf an. Eduvigis neigte den Kopf, und ihre Haare senkten sich vor ihr Gesicht. Der Spanier war einen Kopf kleiner als sie. Burckhardt meinte, ein feines Lächeln auf seinen Lippen zu sehen. Dann sah Martín die anderen Soldaten, die Hauptleute und den Gobernator reihum an und sagte: «Mir scheint, das Weib hatte einen triftigen Grund. Es ist nicht schade um den Cariben. Wir hätten nie etwas aus ihm herausbekommen. Aber Eduvigis ist keine Verbündete der Cariben. Das dürfte jetzt bewiesen sein. Ich glaube, sie hasst die Cariben so wie die Caquetios.»

Hohermuth nickte, winkte Gundelfinger und befahl ihm, der Gefangenen die Fesseln zu lösen. Alle starrten sie gebannt an. Sie ließ es mit sich geschehen, ohne dass man ihrem Gesicht ansah, was sie dachte, wandte sich ab und setzte sich wieder auf das Stroh, Burckhardt zugewandt, als wolle sie, dass er den Unterricht fortsetze.

Seitdem war Eduvigis der liebste Gesprächsstoff unter den Landsknechten. Sie verstummten, wenn einer der Hauptleute sich zu ihnen gesellte, aber Burckhardt lauschte zu gern den Spottreden. Der Gobernator wollte mehrere Male von ihm wissen, was man über ihn redete, aber Burckhardt verspürte keine Lust, die Leute bei Hohermuth anzuschwärzen, weil sie sich lustig machten, ohne dass jemand es böse oder abschätzig meinte. Die Landsknechte empfahlen mit Nachdruck, kein Metall in Reichweite der Frau liegen zu lassen, sonst könnte es geschehen, dass dem Gobernator wichtige Teile fehlten, falls die nicht zur Zufriedenheit von Eduvigis ihren Dienst versähen. El Cuchillito, der unter den Soldaten immer das große Wort führte, schlug vor, Hohermuth solle sich eine Schamkapsel aus Eisen zulegen, die er nur zu besonders wichtigen Anlässen ablegen müsste. Die Soldaten bogen sich vor Lachen und dachten sich immer neue Ratschläge für ihren Anführer aus.

Hohermuth ließ die Frau eine Schaube samt Schapperon tragen, um ihre Blöße vor den gierigen Augen der Soldaten zu verbergen. Eduvigis sah verwundert an ihrer neuen Kleidung hinunter, wehrte sich jedoch nicht dagegen. Der Gobernator wollte sie hinter sich auf dem Sattel seines Pferdes reiten lassen, aber sie war durch nichts zu bewegen, sich auf den Rücken des ihr unbekannten Tieres zu setzen. Deshalb lief sie inmitten der Soldaten, die gleichzeitig darüber wachten, dass sie nicht floh. Niemand wusste, ob es sie gelüstete, zu ihrem Volk zurückzukehren, und wo das lebte, aber Hohermuth schärfte den Landsknechten ein, dass er ihnen persönlich die Daumenschrauben ansetzen würde, falls sie Eduvigis unbeaufsichtigt ließen.

Gundelfinger berichtete, dass das Dorf am Fluss leer geräumt sei, selbst Mais oder Yucca oder getrockneten Fisch hätten sie nicht gefunden. Es seien zwei Stunden Wegs, und er empfehle, dort zu übernachten. So geschah es. Es gab nur ein halbes Hundert Hütten, einfach gebaut, aber, wie in den Dörfern der Caquetios an der Küste, auf Pfählen, als wenn der Fluss oft ansteigen und das Land überschwemmen würde.

Burckhardt saß zusammen mit Mauricio Butzler und Cara Vanicero am Ufer. Der Schneeberger war der einzige Bergknappe außer dem jungen Ansorg, der an keiner Krankheit litt. Stolz zeigte er eine Narbe an der Schulter, die von seinem Sturz im Sumpf von Paraguachoa herrührte und die ihn in seinen Augen zum Veteranen machte, der geringschätzig auf die Neulinge, die Chapetones, herabblicken durfte. Burckhardt hatte sich in den letzten Wochen mit Butzler angefreundet, dem es Leid tat, dass er ihn in Guarjibo provoziert und verspottet hatte. Burckhardt schilderte ihm, wie er es mit ansehen musste, als Villegas und zwei Soldaten eine Indianerin schändeten und ihr brutal die Kehle durchschnitten.

Auch Cara sprach wieder mit Burckhardt. Bitter beschwerte er sich, dass ihn niemand ernst nahm, obwohl er der Entrada wichtige Dienste leistete. Er verstand auch nicht, warum die Konquistadoren auch Caquetios misshandelten oder gar, wie an der Küste geschehen, versklavten. Sie seien doch gute Freunde der Christen und treue Untertanen des großen Kaziken Carlos jenseits des Meeres. Burckhardt wusste keine Antwort.

Sie saßen unter dem schützenden Blätterdach eines Baumes, dessen Zweige über dem Fluss hingen wie die einer Trauerweide. Butzler stützte den Kopf in die Hände und starrte trübsinnig auf die braunen Wassermassen, die an ihnen vorbeirauschten, auf die Baumstümpfe und Äste, die auf den Wellen trieben und umhergestoßen wurden. Dann sagte er: «Sag mir, Cara, was denkt ihr Indier über uns, die Christen?»

Der Caquetio schwieg eine Weile, als sei das eine schwierige Frage, und antwortete: «Wir verstehen euch nicht. Warum sucht der Gobernator nach Gold? Warum marschiert ihr viele Leguas, warum lassen die Hauptleute die Soldaten krank werden und sterben? Wegen des Goldes? Gold ist nicht wichtig für uns. Unsere Alten sagen, viele der Christen seien verrückt, wie unsere jungen Krieger, wenn sie zu viel Paiwa trinken und dann im Kreis herumlaufen und auf den Boden fallen. Ich kannte noch den Kaziken Manaure, der zuerst mit den Bärtigen verhandelt hat. Der sagte uns, wir sollten den Christen gehorchen, sie seien mächtig und könnten uns schützen vor den kriegerischen Xidehara, den Cuyonern, Ayamanes und Cariben. Aber niemand versteht, warum die Spanier und die Deutschen unsere Männer und Frauen zwingen, für sie auf dem Feld zu arbeiten oder das Gepäck zu tragen. Wir geben dem Kaziken Früchte, Yucca und Mais, und unserem Zauberer auch, damit er uns sagt, wann die Zeit gut ist, zu säen und zu pflanzen, und damit er die Geister bittet, uns Regen zu senden. Wir geben auch den Padres etwas, damit sie beim Gott der Christen für uns bitten.»

Cara machte eine Pause und fuhr dann fort: «Ich verstehe die Bärtigen nicht, aber ich übersetze gern. Als ich ein Knabe war, wollte ich gern wissen, was jenseits der Berge von Coro war und dort, wo die Sonne am Mittag steht. Ohne die Spanier wäre ich nicht hier. Ich habe viele Dinge gesehen, die mich wunderten, vieles, was mir Furcht macht und was in der Nacht vor meinen Augen vorbeizieht, sodass ich nicht schlafen kann. Ich weiß nicht, wohin wir ziehen. Aber ich kann nicht in Coro sein, weil ich dann immer darüber nachdenken muss, warum die Caquetios dort bleiben, wo sie geboren sind, und die Christen immer von einem Ort zum nächsten ziehen. Und es kommen immer mehr in den hölzernen Häusern über das große Wasser. Unsere Alten sagen: Die Christen sind wie die Ameisen, die man nicht aufhalten und bekämpfen kann, weil es so viele sind. Und weil sie Waffen haben, die sie stark machen wie ein Cuguar.»

Burckhardt sagte: «Cara, du denkst ähnlich wie wir, obwohl du das nicht weißt. Ich bin mit dem Schiff gefahren, ohne zu wissen, was mich hier erwartet. Mein Vater hoffte, hier könnten wir so leben, wie wir das wollen. Die alten Leute in meiner Heimat sagen, es müsse Gerechtigkeit herrschen im Land. Der Oberste, der Kazike, wie ihr ihn nennt, dürfe die Bauern nicht auspressen, dürfe ihnen nicht das nehmen, was sie zum Leben brauchen. Und der Bergknappe muss einen Lohn bekommen, der seiner Arbeit entspricht.»

Cara schüttelte den Kopf und sagte, das verstehe er nicht. Burckhardt erklärte: «Ihr Caquetios verdampft das Salz, und der Kazike bekommt seinen Teil, obwohl er nicht arbeitet.»

Cara fragte: «Das, was der Kazike bekommt, ist der Lohn? Dafür, dass er nicht arbeitet?»

Burckhardt und Butzler lachten. Es war nicht so einfach, dem

Indio zu erklären, was ein Bergknappe und was ein Bergherr war.

«Umgekehrt, Cara: Der Arbeiter bekommt Lohn.»

«Aber wenn wir Caquetios sehen, dass der Kazike gegen den Willen der Geister handelt und gegen den Willen des Dorfes, dann kommen die Alten zusammen und bereden das, und dann bekommt er kein Salz und keinen Fisch und keine Feldfrüchte mehr, und ein anderer führt uns an, wenn wir in den Krieg ziehen.»

Burckhardt nickte.

«So sollte es vielleicht sein. Aber unsere Kaziken waren schon immer die Obersten, sie sind so geboren worden, weil ihre Väter auch schon Kaziken waren. Und den Bergherren gehört das Land, und wir Bergknappen müssen sie bitten, dass sie uns Lohn und Brot geben. Mein Vater hat sich gegen die Bergherren empört, und er musste seine Heimat verlassen und an einem anderen Ort Arbeit suchen. Und weil ihm das nicht gefiel, entschlossen er und andere sich, hier nach Venezuela zu ziehen.»

Cara blinzelte.

«Warum haben die Spanier und die Deutschen nicht unsere Kaziken gefragt, ob sie ihnen erlaubten, auf unseren Feldern zu arbeiten?»

Mauricio Butzler antwortete: «Ganz einfach, Cara, weil unserem Kaiser dieses Land gehört. Indien ist der spanischen Krone unterstellt. Der letzte Papst hat dem Vater unseres Herrschers die Neue Welt zum Geschenk gegeben. Er kann das, weil er der Oberste aller Menschen ist, die an unseren Herrgott glauben.»

Der Indio seufzte und sagte nur: «Davon wussten wir nichts.»

Burckhardt lachte.

«Mauricio, stell dir vor, Wattinarion oder Hamaritarj wären mit ihren Kriegern in Pirogen den Tiber aufwärts nach Rom gerudert und hätten dem Papst eröffnet, alle Länder des Heiligen Römischen Reiches seien ihren Vätern vom Kaiser von Kathay geschenkt worden, und wenn ihm das nicht gefiele, würden sie ihn mit allen erdenklichen Arten von Krieg überziehen!»

Butzler grinste. «Der Heilige Vater hätte sich totgelacht. Aber sag, Burckhardt, wäre es nicht besser, wir würden zurück nach Coro ziehen und heimkehren? Ich frage mich, ob es dieses El Dorado, von dem die Spanier so begeistert erzählen, wirklich gibt.»

«Hauptmann Hutten hat die Schätze der Azteken und der Inkas selbst gesehen, erzählt er. Auch die Indios berichten von großem Reichtum jenseits der Berge. Und woher hätte Wattinarion sonst die goldenen Adler haben sollen?»

Butzler sah nachdenklich auf den Fluss und die weiß und rot gefiederten Storchenvögel, die im Schilf auf Beute warteten.

«In den Bergen, ja. Aber da kommen wir nicht hinüber. Wenn es noch ein paar Monate so weitergeht, sind wir alle krank und können nicht mehr voran. Hohermuth und die anderen Hauptleute werden ohnehin nicht umkehren. Sie werden nicht ruhen, bis sie eine goldene Stadt gefunden haben. Wir müssen mitziehen oder jämmerlich verrecken. Oder die Indier schießen mit vergifteten Pfeilen auf uns. Hast du Villegas' Pferd gesehen? Das Gift wirkt erst nach ein paar Tagen. Der Gaul wälzte sich auf dem Boden und hatte Schaum vor dem Mund, als litte er am Schelm. Das möchte ich nicht erleben.»

Burckhardt schüttelte sich, weil der Regen wie in Sturzbächen durch die Blätter rauschte, und erhob sich.

«Ich kann nicht mehr zurück», sagte er. «Ich will wissen, was dort hinten liegt. Dort ist ein Geheimnis verborgen, ich fühle es. Philipp von Hutten sagt, er könne nicht in Ruhe sterben, bevor er nicht gesehen hat, was er sich erhofft. So geht es mir auch. Das Gold, nach dem Villegas und die Landsknechte gieren, ist nicht so wichtig für mich. Aber stell dir vor: eine Stadt, größer als Acarigua, in den Bergen gelegen, mit großen Häusern aus Stein und voller seltsamer Dinge, die noch nie ein Fremder gesehen hat!»

Mauricio Butzler schaute belustigt zu Burckhardt hoch.

«Du bist ein rechter Träumer, Ansorg! Ich warte ab, was geschieht. Der Buchweizen ist nicht eher sicher, als er im Magen ist, sagte der Bauer, da fiel ihm der Pfannkuchen in den Dreck. Und schöne Frauen? Du willst keine hübsche Indierin, die neben dir in der Hängematte liegt und dich liebkost?»

Burckhardt antwortete nicht. Er sah in die Ferne, nach Süden. Der Himmel riss auf und gab die Sicht auf schrundige, düstere Felsspitzen frei, die sich den grauen Wolken entgegenstemmten. Er dachte an Anna Kestlin. Irgendwann musste er sich entscheiden, ihr sagen, was er wollte. Und wenn sie ihn dann zurückstieß, weil sie immer noch um ihren Mann trauerte? Oder konnte er sich vorstellen, eine Indierin wie Eduvigis an seiner Seite zu haben? Als hätte Butzler seine Gedanken gelesen, sagte der:

«Wenn es schöne Frauen gibt, dann sind unsere Hauptleute zuerst am Zuge. Die Eduvigis würde mir gefallen, wenn sie nicht so wild wäre und man nicht immer damit rechnen müsste, dass sie einem einen Dolch in die Brust stößt. Und ich verwette meinen Arsch, dass sie sich weigert, dem Gobernator das Hemd zu flicken oder die Löcher im Beinkleid zu stopfen.»

Er wandte sich Cara zu: «Indier, du hast eine Frau in Acarigua zurückgelassen. Und eine in Coro. Vermisst du sie nicht?»

Cara zögerte und antwortete dann: «Doch, ich vermisse sie. Aber ich werde zurückkommen. Ich will dabei sein, wenn die Bärtigen El Dorado finden. Und dann bringe ich meinen Frauen viele Schätze mit.»

«Und deine Kinder?»

«Ich habe nur Töchter. Töchter sind nicht viel wert. Aber wenn eine meiner Frauen mir einen Sohn schenkt, dann werde ich mich freuen. Wir werden ein Fest feiern und ganz Coro einladen.»

Butzler sah Burckhardt an und schüttelte unmerklich den Kopf.

Am späten Nachmittag schickte Estéban Martín jeweils drei Reiter flussaufwärts und flussabwärts, um zu sehen, ob es dort Siedlungen der Indios gab. Die, die in der Nähe des Gebirges Ausschau gehalten hatten, kamen zurück, als die Nacht hereingebrochen war. Sie berichteten, sie hätten den Schein eines Feuer gesehen, seien aber nicht nahe genug herangekommen, um beobachten zu können, wie viele Leute sich dort aufhielten. Der Gobernator befahl sofort, zwanzig Reiter sollten versuchen, einige der Indios zu fangen. Gegen Mitternacht kamen sie zurück, sie hatten Erfolg gehabt. Die drei Gefangenen waren kleinwüchsige junge Männer, die nackt und am ganzen Körper kohlrabenschwarz bemalt waren. Sie zitterten vor Angst, beruhigten sich aber, als die Indios aus Acarigua auf sie einredeten. Sie verstanden ihre Sprache. Hohermuth befahl, sie nicht zu fesseln, sondern sie in einer der Hütten streng zu bewachen.

Am nächsten Morgen ließ er sie vor sich rufen und eröffnete ihnen, sie seien frei und könnten gehen, wohin sie wollten. Sie, die Konquistadoren, kämen als Freunde und bäten nur darum, das Gebiet ihres Volkes, Atacari genannt, durchqueren zu dürfen. Sie sollten das ihrem Kaziken berichten. Die Dolmetscher hatten herausgefunden, dass eine Wegstunde entfernt ein großes Dorf war, ein Marktflecken für mehrere Völker, die dort miteinander Handel trieben, obwohl sie verfeindet waren. Der Ort hieß Itabana.

Die drei Indios rannten davon, als wäre der Teufel hinter ihnen her, und schauten sich immer wieder um, als könnten sie nicht glauben, was ihnen geschehen war. Hohermuth ließ das Lager sofort abbrechen und den ganzen Zug nach Westen marschieren. Gegen Mittag sahen sie den Rauch von Feuerstellen. Es war wider Erwarten bis jetzt trocken geblieben; die Sonne vertrieb das ewige Grau des Himmels.

Itabana war fast so groß wie Acarigua. Zwei Flüsse und mehrere Bäche flossen hier in den großen Strom. Hüben und drüben zogen sich die Häuser die Ufer entlang und ebenso auf einer Halbinsel, die in den Strom ragte. Unzählige Canoas und Pirogen überquerten den Fluss oder lagen flach im Schlamm, gefüllt mit Früchten und Fischen jeglicher Größe. Die ganze Stadt war ein Markt, und man sah, dass Indios verschiedener Völker dort kauften und verkauften. Die meisten waren nackt, aber es gab auch einige, die ein Tuch um die Hüften gewickelt hatten. Burckhardt, der knapp hinter Hohermuth, Estéban Martín und Juan de Villegas ritt, bemerkte, dass die Mehrheit der Indios zum Volk der Atacari gehörten: Sie waren am ganzen Körper bemalt und schwarz wie die Mohren.

Langsam drangen sie auf einer schlammigen Straße in das Innere der Siedlung vor, zuerst die Berittenen, dann die Landsknechte zu Fuß, darauf die zweihundert Träger, schließlich die Nachhut unter dem Kommando Andreas Gundelfingers, ein Dutzend Männer zu Pferd und zwanzig Pikeniere. Die Hauptleute befahlen, die Armbrüste schussbereit zu halten. An der Kreuzung zweier Straßen hob Hohermuth die Hand. Sie konnten zwischen den Häusern das silberne Band des Flusses sehen. Aber eine Menschenmenge versperrte die Gasse, mit Keulen und Speeren bewaffnete Männer, die keine Anstalten machten, ihnen den Weg freizugeben. Der Gobernator hieß einen der Soldaten, einen Schuss in die Luft abzugeben. Als das Echo über die Dächer grollte, gab es unter den Weibern und Kindern ein großes Geschrei, und die Krieger wichen zurück, ließen aber trotzdem niemanden passieren. Die Indios schlossen sie von allen Seiten ein und drängten die lange Reihe der Konquistadoren zusammen. Kleine Jungen betasteten neugierig Kleider und Waffen der Landsknechte, die sie ärgerlich abwehrten.

Endlich gaben die Krieger einen Weg frei, und ein Indio kam den Hauptleuten gemessenen Schrittes entgegen. Es war zweifellos ein Kazike. Federn von Araras steckten in seinem Haarschopf, den er kurz geschnitten trug wie die Cariben, und ganze Büschel aus Flaum in den Bändern, die um seine muskulösen Oberarme gewickelt waren. Ein kurzes Tuch, schwarz und rot, bedeckte seine Scham. Auch er war von Kopf bis Fuß schwarz bemalt, auf den Wangen liefen quer dicke rote Streifen. In der rechten Hand hielt er eine schwere feuergehärtete Keule, die mit den scharfen Zähnen eines Tieres gespickt war. Seine Linke umfasste eine breite hölzerne und mit Hirschhaut bespannte Tartsche. Der Kazike überragte wie Wattinarion seine Krieger um Haupteslänge und auch die meisten der Landsknechte. Er sah nicht so aus, als wenn ihn die «Hirschungeheuer» einschüchterten. Er schaute neugierig auf die zwei Hunde, die Ebonfie an der Leine hielt, sah sich Hohermuths Pferd von allen Seiten an und stellte sich dann mitten auf den Weg, um abzuwarten, was die Fremden von ihm wollten.

Cara Vanicero und die Dolmetscher aus Atacari redeten, und der Kazike hörte stumm zu. Dann antwortete er mit hochmütigem Gesicht, als sei er es nicht gewohnt, irgendjemandem Auskunft geben zu müssen. Cara drehte sich um und ging zu Hohermuth, um ihm zu berichten. Er sagte: «Der Kazike heißt Atacari. Er kennt den Capitán Barba Roja. Der hat ihm damals viele Krieger erstochen. Federmann ist nur bis zu diesem Fluss gekommen und musste dann umkehren. Atacari ist der Herr des Fischmarktes. Hier wohnen viele Völker, die Atacari, die Guaycaries, sogar Caquetios, die aber nicht aus Acarigua sind, und einige, deren Namen ich noch nie gehört habe. Wir sind nicht willkommen. Atacari will, dass wir weiterziehen. Er gibt uns keine Fische, wir sollen ihn beschenken, falls wir Proviant brauchen.»

Juan de Villegas knurrte: «Wir sollten diesen Herrn der Fische an seine Untertanen verfüttern, wenn ihr mich fragt.»

Hauptmann Martín antwortete: «Wenn wir uns jetzt auf ein Scharmützel einlassen, kommt uns das teuer zu stehen. Hier in den engen Gassen sind wir mit den Pferden zu unbeweglich.»

Villegas nickte. Hohermuth flüsterte Martín ein paar Worte zu. Der sprang vom Pferd und winkte der ersten Reihe Reiter, es ihm gleichzutun. Die Männer sammelten sich um den Hauptmann und liefen gemeinsam an Atacari vorbei, bis sie in seinem Rücken waren. Auf der anderen Seite trabten Villegas und Hauptmann Santa Cruz an dem Kaziken vorbei und ließen ihre Pferde mit klingenden Schellen vor der Mauer der Krieger tänzeln, sodass ihnen die Sicht auf ihren Kaziken versperrt war und sie abgelenkt wurden. Santa Cruz hatte einen hochroten Kopf und schwankte auf seinem Pferd wie ein Rohr im Winde, weil er an starkem Fieber und Schüttelfrost litt. Dennoch ließ er sich nicht in einer Hängematte tragen, um den Soldaten, die ebenso krank waren, ein Vorbild zu sein.

Auf einen Wink Hohermuths drängten sich die Soldaten unter dem Kommando Martíns hinter Atacari und schoben ihn zwischen die Pferde der Hauptleute, ohne dass es die Indios recht bemerkten. Atacari ließ es überrascht mit sich geschehen und sah plötzlich von allen Seiten blitzende Rapiere auf sich gerichtet.

Der Gobernator ließ ihm durch die Dolmetscher sagen, er solle sich als ihren Gast betrachten. Wenn sie am nächsten Tag weiterzögen, würden sie ihn reich beschenken und ihn als ihren Freund und Verbündeten ansehen. Estéban Martín schwang sich auf sein Pferd und trabte an der gaffenden Menschenmenge vorbei zur Nachhut. Hohermuth befahl, das Lager am Ortsrand unter freiem Himmel aufzuschlagen, auf einem Feld voller Yucca. Da sie nicht wussten, ob die Indios es wagen würden, anzugreifen, wäre es zu gefährlich gewesen, sich in einzelne Hütten zu zerstreuen. Die Soldaten nahmen Atacari in ihre Mitte und ließen ihn nicht aus den Augen.

Nun musste noch Proviant eingehandelt werden. Die Einwohner von Itabana nahmen die Glasperlen als große Schätze an, und für eine Hacke aus Eisen gaben sie zwei ganze Körbe voller Trockenfisch und geräuchertem Hirschfleisch. Gegen Nachmittag meldeten die Landsknechte Estéban Martín, dass die Frauen, Alten und Kinder sich außerhalb des Ortes sammelten und auch ihre Habseligkeiten mit sich führten. Die Krieger seien nicht zu sehen. Martín ließ sofort die Wachen verstärken und alarmierte Hohermuth.

Burckhardt kauerte auf einem der Wasserfässer und beobachtete Eduvigis, die am Rand der Maisfelder Kräuter gesammelt hatte und sie nun in einem kleinen Wassertopf ziehen ließ. Die Soldaten sahen misstrauisch zu, wagten aber nicht, es ihr zu verbieten. Sie schlürfte den Sud und kaute dazu die Blätter eines Strauches. Burckhardt sah sich das Gebräu an, tunkte den Finger hinein und wollte ihn ablecken, um den Geschmack zu probieren, aber Eduvigis riss ihn heftig am Arm. Die Soldaten lachten und grölten, falls das Weib begönne, Zaubersprüche zu murmeln, wollten sie die Padres rufen und einen Scheiterhaufen errichten. Eine Hexe hätte ihnen gerade noch gefehlt neben all dem heidnischen Volk. Burckhardt hörte, wie Villegas, Gundelfinger, Hutten und der Gobernator sich heftig darüber stritten, was zu tun sei. Estéban Martín blieb stumm, wie schon oft, wenn sich die anderen nicht einig waren, und betrachtete scheinbar gelangweilt die Baumwipfel, wo Schwärme winziger gelber Vögel tschilpten. Hohermuth meinte, der Kazike sei ihr Faustpfand und die Indios würden nur versuchen, sie anzugreifen, wenn sie ihn nach ihrem Abzug freiließen. Gundelfinger gab zu bedenken, dass es auch Federmann nicht gelungen war, viel weiter nach Süden vorzudringen, obwohl er, woran sich die Indios noch erinnerten, sie besiegt und viele getötet hatte. Sie sollten vielmehr versuchen, die Freundschaft des Kaziken zu erlangen. Juan de Villegas schüttelte missmutig den Kopf und nahm den Helm ab. Atacari habe eindeutig verkündet, sie seien nicht willkommen. Warum also nicht den roten Hahn auf die Häuser setzen und weiterziehen? Philipp von Hutten schlug vor, einen Trupp Reiter zu den Ausläufern des Bergzuges zu senden, dessen Fuß die Wasser im Süden umspülten. Wenn sie ihn erklömmen, könnten sie die Ebene überblicken und vielleicht sehen, ob sie am Ufer eines Meeres oder nur eines großen Sees waren.

Dann ergriff Hauptmann Martín das Wort: «Caballeros», rief er, «wer sagt, dass es hier nur einen Kaziken gibt? Atacari ist der Herr des Fischmarktes. Aber er sagt selbst, dass viele Völker in Itabana lebten. Wenn es uns gelänge, mit ihm Frieden zu schließen, wäre nicht viel gewonnen. Wer weiß, wie viele Dörfer es hier gibt? Ich schlage vor, dass wir uns über den Fluss zurückziehen, heimlich und still. Wir bauen uns aus den Tartschen Flöße und schaffen uns und das Gepäck im Schutz der Dunkelheit auf die andere Seite. Falls die Indier uns angreifen, tun sie das morgen in der Frühe. Sie werden überrascht sein, uns nicht mehr vorzufinden.»

Der Vorschlag fand allgemeine Anerkennung. Hohermuth befahl den Soldaten, sich sofort auf ein nächtliches Übersetzen vorzubereiten, Seile aneinander zu knoten, Flöße bereitzuhalten und unauffällig das Ufer auszuspähen. Die Soldaten und Reiter hielten sich in den ausgedehnten Maisfeldern auf, um den Bogenschützen kein Ziel zu bieten. Die Knechte des Trosses unter dem Kommando Andreas Gundelfingers luden das Gepäck den Trägern auf und ließen es außer Sichtweite des Dorfes schaffen. Die Schweineherde, die sie seit Coro mitführten, war auf wenige Tiere geschrumpft, und auch die Hühner waren bis auf einen Hahn und fünf Hennen eingegangen. Die Knechte achteten besonders auf sie, als seien die Tiere ein Symbol dafür, dass sie den vielen Unbilden, die ihnen in den vergangenen Monaten begegnet waren, trotzen konnten.

Der Kazike Atacari blieb umgeben von einem Dutzend Soldaten. Er versuchte immer wieder, sich durch die Soldaten zu drängen, aber die Landsknechte zogen einfach ihre Rapiere und fochten ein wenig in der Luft herum. Atacari schien zu wissen, welche fürchterlichen Wunden die dreischneidigen Klingen schlagen konnten.

Vom Gobernator eingehend befragt, erklärte er, der Fluss heiße Wannawanain. Zwei Tagereisen nach Südosten, hart am Rande des Gebirges, liege ein anderer Ort, der nicht zu seiner Herrschaft gehöre, auch an einem breiten Fluss, dem Mospaw. Das sei Tharobeia. Oft könnten sie nicht über Land dorthin, es sei sumpfig und viele Flüsse hemmten das Fortkommen. Sie führen mit Canoas, um mit denen aus Tharobeia Handel zu treiben. Dort sei das Volk reich, es gebe genügend Salz und viel Mais. Als Hohermuth nach Gold fragte, nickte Atacari. Zum Beweis zeigte er auf ein Kleinod, das er an einer Schnur um den Hals trug. Pater Frutos de Tudela war zufällig zugegen und sah sich das Bildnis genau an. Zu seinem Erstaunen zeigte es das gleiche Symbol wie das Goldstück, das ihnen der Kazike der Xidehara in Hittova geschenkt hatte: einen platten Käfer oder einen Menschen, der in der Hocke saß und die Arme nach oben ausstreckte, als bete er die Sonne oder den Himmel an. Der Dominikaner meinte, es sei ein teuflisches Bildnis, einer der Dämonen, den die heidnischen Indier anbeteten.

Als die Dämmerung hereinbrach, zündeten die Soldaten am Rande Itabanas einige Feuer an, um den Eindruck zu erwecken, die Konquistadoren würden dort in der Nacht lagern. Es regnete nicht mehr, aber Wolken bedeckten die Sterne. Zuerst schwammen die Reiter, danach die Landsknechte über den Fluss. Die vom Voraustrupp, darunter Burckhardt Ansorg, spannten Seile, um die Flöße nicht abtreiben zu lassen und um denen, die nicht schwimmen konnten, einen Halt zu geben. Es war weit nach Mitternacht, als die gesamte Entrada den Fluss überquert hatte. Hauptmann Villegas wartete, bis auch die letzte Kiste, das letzte Fass und alle Gefangenen und Träger das jenseitige Ufer erreicht hatten, dann trieb er sein Pferd ins Wasser und schwamm hinüber. Sie entfachten keine Feuer, um nicht gesehen zu werden, aber es war warm und die Feuchte erträglich.

Am frühen Morgen regnete es. Eine kühle Brise wehte über den Fluss. Burckhardt fröstelte. Er lag auf zwei Kisten mit Werkzeug. Sein Hemd und die Hose waren klamm und klebten ihm an der Haut. Kaum jemand hatte ein Auge zugetan. Als der erste helle Streifen im Osten zu sehen war, ließ Hohermuth aufsitzen und die Soldaten die Waffen bereithalten.

Hauptmann de Santa Cruz konnte sich kaum noch auf seinem Pferd halten. Seine Zähne klapperten, und es schüttelte ihn so sehr, dass Estéban Martín halblaut vorschlug, man solle ihn festbinden. Dazu kam es aber nicht mehr, denn plötzlich rauschte es, als bräche ein Sturm los. Ein Pfeilhagel ergoss sich über sie, und die Luft erzitterte von einem furchtbaren Gebrüll. Burckhardt erschrak, obwohl er jeden Augenblick damit gerechnet hatte, dass so etwas geschah, und griff nach seiner Tartsche, die Mauricio Butzler aus dem Deckel eines zerbrochenen Fasses gefertigt hatte. Die Reiter sprangen wieder ab, und alle suchten im Schilf nach Deckung. Am anderen Ufer, noch im Halbdunkel, schrien die Indios, so laut und wild, als wollten sie durch den bloßen Lärm ihre Feinde vertreiben. Die Hauptleute brüllten ihre Befehle. Niemand sollte einen Schuss abgeben, bevor das Ziel nicht genau zu erkennen war.

Burckhardt war beim Tross geblieben. Sein Pferd hatte er an einem Baum angebunden. Er duckte sich hinter dem Gepäck vor den Geschossen, die immer noch über ihn hinwegflogen. Plötzlich merkte er, dass die Pfeile nicht nur von jenseits des Flusses kamen, sondern auch vom diesseitigen Ufer. Gebückt lief er zu Andreas Gundelfinger, der gerade sein Pferd beruhigte, das sich erregt aufbäumte und auszubrechen versuchte. Burckhardt rief, einige Indios hätten offenbar schon den Fluss überquert. Gundelfinger schickte ein Dutzend Pikeniere und Armbrustschützen zum Tross und schrie den Reitern zu, sie sollten sich eine Strecke zurückziehen, um zur Not die Angreifer über den Haufen zu reiten, falls es ihnen gelänge, die Soldaten vom Ufer abzudrängen.

Frühnebel hing über dem Schilf. Die Sonne schickte ihre ersten Strahlen durch die Wolkenfetzen und hüllte das Geschehen in ein gespenstisches Licht. Jetzt sahen die Konquistadoren, dass auf der anderen Seite des Flusses Tausende schwarz und rot bemalte Krieger standen, die wild ihre Keulen und Speere schwangen und einen Pfeil nach dem anderen auflegten. Von dort drohte indes wenig Gefahr: Es würde einige Zeit dauern, den Fluss zu überqueren. Aber viele Indios hatten das schon getan, in der Nacht oder am frühen Morgen, und griffen die lange Reihe der Konquistadoren am diesseitigen Ufer, flussaufwärts und -abwärts, heftig und mit großem Geschrei an.

Das mannshohe Schilf verdeckte die Indios, die immer wieder überraschend auftauchten und die Landsknechte attackierten. Sie kannten hier offenbar jeden Baum und jeden Strauch. Wo eine der hölzernen Keulen gegen das Metall eines Kollers oder eines Helms schlug, dröhnte es dumpf. Estéban Martín ließ die Schützen von den Rodellieren, den Schildträgern, decken, und ihre Salven trieben die Indios immer wieder zurück. Die Schlacht wogte mehr als zwei Stunden hin und her, ohne dass eine der beiden Parteien einen entscheidenden Vorteil gewinnen konnte. Die Indios kämpften nicht von Mann zu Mann, sondern begnügten sich damit, die Speere zu schleudern, Pfeile abzuschießen und darauf zu hoffen, dass der Gegner durch den ersten Schlag mit einer Keule niedergestreckt wurde.

Aber die Wehr der Konquistadoren hielt dem Angriff stand. Hohermuth hatte sich hinter die schützende Mauer aus Pferdeleibern zurückgezogen, und Juan de Villegas spornte die Reiter an, die er sich persönlich ausgesucht hatte und die als die Mutigsten galten, im gestreckten Galopp durch das Schilf zu donnern. Er selbst trug sein Kettenhemd und galoppierte an der Spitze. Die Indios mussten ihn für unverwundbar halten, jeder Pfeil, jeder Speer prallte von ihm ab wie von einer Wand. Sein Toledaner Rapier sauste durch die Luft und stach jeden nieder, der es wagte, sich ihm entgegenzustellen. Die Schreie der verwundeten Indios tönten immer lauter, es war wie ein Chor verdammter Seelen, die in den Feuern der Hölle schmorten. Viele von ihnen ertranken, weil das Ufer des Flusses sumpfig war und sie sich aus dem Morast nicht mehr befreien konnten.

Burckhardt hielt die Barte in der Rechten und die Tartsche in der anderen Hand, aber keiner der Indios kam ihm nahe. Neben ihm standen Cara Vanicero und Mauricio Butzler. Der Caquetio war mit einer Keule bewaffnet, die er von einem Cariben im Kampf erbeutet hatte. Vor ihnen postierten sich mehr als zwanzig Armbrustschützen, flankiert von den Pikenieren und Rodellieren. Die Landsknechte trieben die Angreifer, die sich auf das hiesige Ufer gewagt hatten, wieder ins Wasser, und die auf der anderen Seite wagten sich nicht herüber.

Das Schilf war blutbespritzt, und rote Schlieren trieben flussabwärts. Die Pfeile der Armbrüste rissen fürchterliche Wunden, faustgroße Löcher, und die Opfer verbluteten binnen kurzer Zeit. Estéban Martín gab den Befehl, drüben auf eine Gruppe von Indios zu zielen, unter denen er einen ihrer Obersten vermutete. Ein halbes Dutzend fiel in wenigen Augenblicken, und Hauptmann Martín behielt Recht: Einer der Anführer musste darunter gewesen sein. Die Krieger aus Itabana zogen sich heulend zurück, schleppten die Verwundeten mit, deren sie noch habhaft wurden, und ließen die Toten auf der Walstatt.

Ein spanischer Landsknecht schlug die Trommel. Sie klang dumpf, als sei sie so feucht, dass ihr kein ordentlicher Ton mehr zu entlocken war. Die Soldaten sammelten sich, und der Gobernator ließ sich berichten. Es gab nur einen Verwundeten, Andreas Gundelfinger, den ein Pfeil unter der Achsel getroffen hatte. Der Hauptmann war bleich, weil er nicht wusste, ob das Geschoss vergiftet war. Estéban Martín ließ ihn verbinden und redete beruhigend auf ihn ein: Die Spitze, die scharf wie die Zähne eines Caribitos war, sehe nicht so aus, als sei sie in Gift getunkt gewesen. Auch zwei Pferde hatten einen Schuss abbekommen. Sie wankten und zitterten, als litten sie an Fieber. Villegas fluchte. Ein totes Ross wäre ein herber Verlust gewesen. Aber noch schien es, als würden sich die Tiere bald erholen.

Es blieb keine andere Wahl: Sie mussten den Rat Philipp von Huttens befolgen und versuchen, das Gebirge im Südosten und den Ort Tharobeia zu erreichen. Martín gab zu bedenken, dass die Indios in Itabana viele Canoas besäßen und ihnen in der Kriegsführung auf dem Wasser überlegen seien. Sie hätten Glück gehabt, dass die Mehrzahl der Atacaris sich darauf beschränkte, von fern anzugreifen. Wenn die Indios mit mehreren hundert Einbäumen angegriffen hätten, wären die Verluste der Konquistadoren größer gewesen.

Gegen Mittag brachen sie auf. Der Nebel lichtete sich, aber es begann wieder zu regnen. Burckhardt ließ Butzler hinter sich aufsitzen, denn den Fußsoldaten und den Trägern ging das Wasser bis zur Brust. Mühsam bahnten sie sich ihren Weg. Sie wussten nicht mehr, ob das Land nur eine überflutete Ebene war oder ob sie am Rande eines flachen, von Schilfwäldern gesäumten Binnenmeeres marschierten. Für eine halbe Meile brauchten sie vier Stunden. Knorrige Bäume und mannshohe Büsche ragten aus den Fluten, und oft genug verfingen sich die Hufe der Pferde in ihrem Wurzelwerk.

Endlich, am späten Nachmittag, stieg das Gelände an, und sie erreichten trockenes Land. Nur eine halbe Meile entfernt waren die Ausläufer der Berge, gesäumt von undurchdringlichem Urwald. Wolken umhüllten ihre Gipfel. Die Vorhut erspähte Rauchsäulen: Ein Dorf lag dort am Fuß eines Tales, das sich weit hinanzog zwischen zwei schroffen Klüften. Das Dorf war nur klein, ein paar Dutzend schilfgedeckter Häuser auf Pfählen. Aber als sie sich dem Flecken näherten, bemerkten sie, dass mindestens fünfhundert Indios sich dort versammelt hatten. Sie erweckten nicht den Anschein, als seien sie friedliche Bauern oder Fischer, sondern waren wie die Atacaris und Guaycaries bewaffnet und kriegerisch bemalt.

Die Hauptleute berieten kurz, wie vorzugehen sei. Hohermuth schickte Estéban Martín zu Pferd, die Dolmetscher und ein Dutzend schwer bewaffneter Landsknechte voraus, um mit den Indios des Dorfes zu palavern und sie so hinzuhalten.

Burckhardt war Hutten zugeteilt worden. Er besaß zwar keine Lanzen wie die spanischen Tercios, keinen Helm und keinen eisernen Koller, konnte sich aber mit Schwert, Schild und Axt gut verteidigen. Auf drei Indios kam jeweils ein Reiter, deshalb drohte ihnen kaum Gefahr. Martíns Trupp hatte einen Pfeilschuss weit vor dem Dorf Halt gemacht, und die Indios kamen ihm entgegen.

Auch in diesem Dorf wollte niemand ihnen Nahrung und Obdach geben. Die Obersten der Indios schwangen ihre Keulen und Speere, und jedes ihrer Worte wurde vom Geheul ihrer Leute begleitet. Als einige der jungen Krieger Pfeile auflegten, als ob sie schießen wollten, bellte Villegas einen Befehl, und seine Reiter ritten in vollem Galopp mitten unter die Indios. Der Trupp unter Hutten folgte sogleich von der anderen Seite. Die Reiter kesselten die Feinde ein und hieben und stachen sie nieder. Die Rufe der Konquistadoren mischten sich mit dem schrillen Heulen der Indios zu einem infernalischen Getöse.

Burckhardt war einer der Reiter, die den Schluss bildeten und zuletzt in das Kampfgeschehen eingriffen. Er wehrte mehrere Keulenhiebe gegen seine Beine mit der Axt ab, die den Schaft der hölzernen Waffen spaltete, als glitte sie durch Butter. Plötzlich bäumte sich sein Pferd auf, eine Lanze hatte es in den Hals getroffen. Gleichzeitig sprang ein Indio ihn mit blutendem Kopf an, klammerte sich am Sattel fest und versuchte, sich zu ihm hochzuschwingen. In der Rechten hielt er eine schwarze Keule. Das Pferd wieherte vor Schmerz und schlug vorn und hinten aus, als wolle es die Last auf seinem Rücken abwerfen. Burckhardt hing vornüber und musste die Barte fallen lassen, sonst wäre er über die Kruppe des Pferdes gestürzt. Er hob die Linke mit dem Schild, um nach dem Indio zu schlagen, dessen Nägel sich in seinen Arm krallten. Er hörte sich schreien, er wusste nicht, was, drehte den Kopf und sah das Weiße in den Augen des angreifenden Kriegers. Blut strömte über dessen Stirn, und sein Gesicht war vor Angst und Schmerz verzerrt. Burckhardt sah die Keule über sich schweben, konnte sie aber nicht abwehren, weil der Indio seinen Arm festhielt. Er versuchte ihn mit der Rechten zu stoßen. Jetzt saß der Angreifer schon halb auf dem Sattel und hieb mit der Keule auf die Tartsche ein. Burckhardt rutschte mehr und mehr auf der rechten Seite hinunter. Nur sein Fuß hing noch im Steigbügel. Angst durchflutete ihn, und ein stechender Schmerz durchfuhr seine Schulter. Dann zerbrach sein Schild in zwei Stücke, das Pferd knickte mit den Vorderbeinen ein. Ein Hieb mit der Keule traf Burckhardts Kopf. Es dröhnte, als stünde er neben den Glocken einer Kirche. Er spürte, wie er fiel, wie sein Rücken auf etwas Weiches prallte und wie der Körper des Pferdes neben ihm aufschlug. Dann schwanden ihm die Sinne.

Als er die Augen wieder aufschlug, blickte er in das zerfurchte Gesicht Estéban Martíns, der ihn an der Schulter rüttelte. Benommen richtete er sich auf. In seinem Kopf hämmerte es dumpf. Er fasste sich an den Hinterkopf und fühlte geronnenes Blut, auch der Kragen seiner Gugel war blutdurchtränkt. Neben ihm lag ein toter Indio. Ein Rapier war ihm durch das Auge gedrungen. Der Mund stand offen, als wollte er noch im Tod voller Entsetzen schreien. Burckhardt richtete sich taumelnd auf und wandte sich ab, ihn schauderte. Doch sofort übermannte ihn Schwindel. Er sank in die Knie und übergab sich.

Überall im Gras lagen blutige Fetzen von Fleisch, tote Körper, auf denen sich schon schwarze Fliegen sammelten und summten wie ein Bienenschwarm. Burckhardt quälte sich wieder hoch. Er würgte immer noch. Direkt vor ihm lagen der tote Kazike Atacari und vier weitere Indios, die Glieder unnatürlich verrenkt. Die schwarze Farbe, mit der sie ihre Körper bemalt hatten, floss mit dem Blut ihrer Wunden und dem Regenwasser zusammen. Der Unterste regte sich noch, er drehte den Kopf zur Seite. Jetzt sah Burckhardt, dass es eine Frau war. Sie hielt ein totes Kind umklammert, in dessen Rücken eine breite Wunde klaffte. Sie hatte die Augen geschlossen und röchelte. Ein Schwall hellen Blutes schoss aus ihrem Mund. Burckhardt schreckte zurück, stolperte über einen Körper und fiel auf den Rücken. Er schrie auf, weil sein Kopf wieder schmerzte und pochte wie ein Hammerwerk.

Ein Trupp Soldaten kam heran, Andreas Gundelfinger führte sie. Sie trugen blutige Rapiere in ihren Händen. Jeden Indio, der noch lebte, töteten sie sofort. Gundelfinger drehte einen leblosen Körper um und zeigte auf einen Verwundeten, der sich unter ihm hatte verstecken wollen. Ein Landsknecht stach ihm durch die Kehle. Der Indio gurgelte wie ein Ertrinkender und sackte dann leblos in sich zusammen.

Burckhardt blickte um sich. Er konnte keinen klaren Gedanken fassen. Alles verschwamm vor seinen Augen. Hinter sich hörte er jemanden aus Leibeskräften kreischen. Das Geräusch erinnerte ihn an seine Mutter, als sie das tote Kind auf dem Schiffsdeck geboren hatte. Es war die Stimme Mauricio Butzlers. Burckhardt hielt sich die Ohren zu, aber das Gebrüll drang ihm immer noch durch Mark und Bein. Er stolperte vorwärts, bis er seinen Landsmann erblickte. Butzler war völlig nackt. Er hatte sich das Hemd und das Beinkleid vom Leib gerissen und stand mit hoch erhobenen Händen da, rollte mit den Augen und brüllte wie ein Stier auf der Schlachtbank. Er war von Kopf bis zu den Füßen mit Blut bespritzt. Jetzt erkannte Burckhardt, was ihm geschehen war: Die abgebrochene Spitze eines Speeres war ihm oberhalb seines Gemächtes in den Bauch gedrungen. Seine Hoden hingen zerfetzt herunter.

Einige Soldaten standen ratlos um Butzler herum. Sie hatten die Katzbalger und die Piken in den Händen, als seien die Waffen zu irgendetwas gut. Juan de Villegas trabte mit seinem Rappen heran, hinter ihm kamen Georg Hohermuth und Estéban Martín. Der Gobernator sagte mit ernster Miene etwas zu Villegas. Der sprang ab, ging mit schnellen Schritten auf den immer noch schreienden Butzler zu und hieb ihm die Faust mit aller Kraft mitten ins Gesicht. Der Verletzte fiel hintenüber, rollte sich zusammen wie ein Schlafender und verstummte. Villegas erklärte, es sei einfacher, einem Ohnmächtigen den Schaft eines Speeres aus dem Bauch ziehen. Er sah Burckhardt an, als erwarte er, dass der ihm dabei zur Hand gehe. Aber Burckhardt sank hemmungslos weinend auf dem Boden in sich zusammen. Er hörte, wie Villegas ihm ein verächtliches «Chapeton!» zurief.

Burckhardt wusste nicht, wie lange er schluchzend so dagehockt hatte. Er spürte, wie Blut aus seiner Wunde am Hinterkopf an seinen nassen Haarsträhnen herablief und sich in einer Pfütze sammelte. Die Wunde schmerzte höllisch, und er wagte kaum, sich zu bewegen. Jeden Augenblick fürchtete er, Mauricio Butzler würde wieder zu schreien beginnen.

Plötzlich berührte etwas leicht seine Schulter. Er nahm das Gesicht aus den Händen und erblickte Eduvigis. Sie hatte sich vor ihn gehockt und sah ihm forschend in die Augen. Ihre nassen Haare fielen herab und bedeckten sie fast ganz wie die Kutte eines Mönchs; die nackten Zehen waren nicht mehr zu sehen, weil sie beide bis zu den Knöcheln im Schlamm eingesunken waren. Sie hatte die zerfetzte Schaube lose um ihre nackten Schultern geworfen. Ein winziges Stück glänzendes Metall klebte zwischen ihren Brüsten, es war an einer Schnur aus Fasern befestigt, die sich mehrfach um ihren Hals wand. Er starrte gebannt auf ihre schweißnasse Haut und die Wassertropfen, die von ihrem schlanken Hals über ihre Brüste und über den Nabel bis hin zur Scham rannen.

Eduvigis hob ihre Hände und bewegte sie, als ob sie über seine Haare streichen würde. Dann nickte sie heftig, zeigte mit einem Finger nach oben, zum Himmel, und sagte leise: «Amaru!» Als Burckhardt sie verständnislos ansah, wiederholte sie die Geste, als wollte sie ihn mit den Händen einhüllen. Dabei flüsterte sie immer wieder: «Amaru! Amaru!» Er begriff nicht, was sie wollte.

Burckhardt richtete sich langsam auf. Er zog eine Grimasse, wieder wurde ihm schwindlig, und er musste sich an die Schultern der Frau klammern, um nicht zu fallen. Sie hielt ihn, er legte sein Kinn auf ihre Schulter und schloss die Augen. Immer wieder kam ihm der zerfetzte Körper des Indios in den Sinn, und der blutverschmierte Mauricio, wie er voller Todesangst und Schmerz schrie. Er merkte, wie ihm die Tränen über die Wangen rollten.

Dann schlug er die Augen auf und ließ Eduvigis los. Er wischte sich das Gesicht und sah sich um. Das Gemetzel war vorbei. Der strömende Regen wusch das Blut von den Blättern der Bäume, aus dem Gras und von den Leichnamen. Eduvigis zog am Ärmel seines Wamses und zeigte auf sein Pferd, das sich inmitten der toten Indios auf dem Rücken wälzte. Schaum stand ihm vor dem Maul. Eduvigis stieß ihren Zeigefinger in ihren Hals, als wolle sie einen Pfeil nachahmen, der ihr in die Kehle drang. Das konnte nur bedeuten, dass ein vergiftetes Geschoss sein Ross getroffen hatte. Das Tier würde sich noch Stunden quälen. Burckhardt sah sich um, fand die Barte, machte ein paar schnelle Schritte und hieb dem Tier mit dem stumpfen Ende zwischen die Augen. Es bäumte sich auf, zuckte ein paar Mal und war tot. Burckhardt stand da, mit hängenden Schultern, die Axt in der Hand.

In diesem Augenblick erklang das Getrappel vieler Pferde. Er blickte auf und sah Hohermuth, die anderen Hauptleute und die Reiter nahen. Die Fahnen des Kaisers, des Gobernators und der Welser hingen tropfnass an den Stangen, als schämten sie sich, ihre Wappen zu zeigen. Hohermuth winkte eine Gruppe von Landsknechten heran, die neben den langsam trottenden Pferden marschierten, und wies sie an, Eduvigis in ihre Mitte zu nehmen. Dann trabte er auf Burckhardt zu und sagte mit finsterer Miene: «Wir reiten sofort weiter. Der Geruch der Leichen wird bald unerträglich sein. Hier liegen mehr als dreihundert tote Indier. Ich sehe, dass auch Euer Pferd tot ist. Seht daher zu, dass Ihr Euch zu den Landsknechten gesellt.»

Burckhardt nickte. Er schulterte die Axt, fasste sich noch einmal an den Kopf, um zu prüfen, ob er noch blutete, und wartete, bis die Soldaten kamen, in losen Haufen, missmutig und den ewigen Regen verfluchend. Er sah Cara Vanicero, der zwischen den Pikenieren marschierte. Der Caquetio winkte ihn zu sich und berichtete ihm, dass sein Amigo Mauricio in einer Hängematte getragen werde. Er habe sehr viel Blut verloren, sei aber verbunden worden und schlafe nun.

Erst mitten in der Nacht erreichten sie Tharobeia. Der Regen hatte aufgehört, und Wolkenfetzen jagten vor dem prallen Mond dahin, der die Bäume in ein fahles Licht tauchte. Der Ort war verlassen, aber Estéban Martín, der mit einigen Soldaten die Hütten durchsuchte, fand Mais und Yucca, ja sogar Trockenfisch und Hirschfleisch im Überfluss. Offenbar waren die Bewohner in größter Eile aus dem Flecken geflohen. Hohermuth stellte doppelte Wachen auf, die Konquistadoren besetzten die Hütten und warfen sich erschöpft auf den Boden oder in die Hängematten.

Am nächsten Tag schien die Sonne. Die Reiter erkundeten die Umgebung. Tharobeia lag an einem breiten Strom, breiter als alle Flüsse, die sie bisher gesehen hatten. Das andere Ufer schien so weit entfernt, dass es aussah, als brauche eine Piroge Stunden, um die andere Seite zu erreichen. Kein Canoa war aufzufinden, die Indios hatten alle mitgenommen, um sicherzugehen, nicht auf dem Wasser verfolgt werden zu können. Im Osten verbreitete sich der Strom, als flösse er in ein Meer. Er schien aber nicht sehr tief zu sein, denn bis zum Horizont schauten überall Palmen und Baumwipfel aus dem Wasser.

Der Ort war groß, hier mussten mehrere tausend Menschen gelebt haben. Hauptmann Martín, der die erbeuteten Vorräte besichtigte, schätzte, sie könnten davon mehr als drei Monate leben. Der Spähtrupp unter dem Kommando Villegas' war am Fuß des nahen Gebirges auf Indios gestoßen, die sich aber in den Wald zurückgezogen hatten, wohin sie mit den Pferden nicht folgen konnten.

Am Nachmittag trieben quellende Wolken von Osten heran. Es begann wieder zu regnen. Burckhardt blieb in seiner Hängematte liegen. Er litt unter fürchterlichen Kopfschmerzen, sein Kopf brannte wie Feuer. Das war das Fieber. Die Wunde hatte sich geschlossen, aber er konnte sich nicht schnell bewegen, ohne vor Schmerz laut aufzuschreien.

Die gefangenen Frauen der Indios hatten genug zu tun, die verdreckte Kleidung zu waschen. Die Soldaten wollten eine Weile in Tharobeia bleiben. Viele von ihnen waren krank geworden oder hatten Wunden zu kurieren. Sie fühlten sich zu schwach, um durch das sumpfige Gelände zu marschieren.

Nach einer Woche erschien die erste Piroge auf dem Fluss. Sie näherte sich nur langsam, als wenn die Ruderer zunächst beobachten wollten, ob sie willkommen waren. Estéban Martín winkte sie freundlich an Land. Es waren zwei nackte Indios vom Volk der Guaycaries. Der Hauptmann beschenkte sie reich mit Glasperlen und Nürnberger Messern. Sie schenkten ihm dafür frische Fische. In den nächsten Tagen trauten sich immer mehr Indios nach Tharobeia zurück. Sie hatten sich offenbar in den Dörfern der Umgebung versteckt, die nur mit den Pirogen zu erreichen waren. Ein reger Handel begann, und Nahrung war nun reichlich vorhanden. Dennoch sorgten sich die Hauptleute: Mehr als zehn Pferde gingen ein, ohne irgendwelche Wunden zu haben. Und auch die indianischen Träger starben, als litten sie allesamt an Auszehrung. Jeden Tag wurden es weniger. Hohermuth ließ einen Scheiterhaufen in einiger Entfernung des Ortes errichten, damit sie nicht die Toten im Schlamm vergraben oder den Gestank der Leichen ertragen mussten.

Mauricio Butzler schien sich nicht zu erholen. Burckhardt schaute mehrere Male am Tag nach ihm, aber der Verletzte erkannte ihn nicht und redete wirr. Der Zustand des Schneebergers erinnerte ihn an seine Mutter, kurz bevor sie gestorben war. Er vermisste seine derben Späße. Auch die Landsknechte betrauerten ihn schon. Aber Mauricio starb nicht. Seine Wunde verheilte, obwohl er keine Hoden mehr besaß. Das Fieber wich nicht von ihm, und er magerte ab, sodass man bald jeden einzelnen Knochen seines Körpers zählen konnte. In den Nächten schrie er oft, wie ein verwundetes Tier, dass man es weithin hörte. Burckhardt lief jedes Mal ein Schauer über den Rücken.

Am Abend des zwanzigsten Tages im Monat August rief der Gobernator die Hauptleute zusammen, um zu beraten, wie es weitergehen solle. Burckhardt als der Sprecher der Bergknappen durfte der Versammlung beiwohnen. Hohermuth hatte im Bohio oder dem Cabildo, wie die Spanier das Gemeindehaus nannten, sein Quartier aufgeschlagen, einem geräumigen, rechteckigen Bau, in dem mehr als hundert Menschen Platz gefunden hätten. Die Zimmerleute hatten einen Tisch und Stühle gefertigt, allen voran der tatkräftige Hans Yleis, der einzige Bergknappe außer Burckhardt und Mauricio Butzler, der nicht in Acarigua geblieben war.

Nur noch vier Hauptleute waren dem Gobernator geblieben: Philipp von Hutten, Juan de Villegas, Estéban Martín und Andreas Gundelfinger. Hauptmann Santa Cruz war immer noch zu schwach, um aufzustehen. Vor drei Monaten war die Entrada aufgebrochen, und schon jetzt ähnelten selbst die Hauptleute mehr

Zigeunern als Rittern und Soldaten des Kaisers und der ehrbaren Kaufleute der Welser. Der Flame Hans, der sich als Barbier betätigt hatte, war in Acarigua geblieben, und ihre Haare waren verlaust und fielen allen lang auf die Schultern. Ihre Bärte stutzten sie selbst, aber die Scheren waren alle verrostet und schnitten mehr schlecht als recht. Nur Hutten und Villegas besaßen noch einen Faltrock ohne Risse und Löcher. Seitdem Gundelfingers Diener Nicklaus Crado sich im Tal der Frauen den Knöchel seines Fußes gebrochen hatte, kam er mit der Arbeit, die Kleidung der Hauptleute zu flicken, kaum mehr nach. Er humpelte noch mehr als früher und konnte sich nur mit einem Stock bewegen. Die Landsknechte behielten mit ihrem Gerede recht: Eduvigis weigerte sich, das zu tun, was man von einer Frau verlangte. Estéban Martín jedoch schien selbst zu nähen und zu flicken. Sein Wams und seine Kniehosen, selbst seine Schuhe sahen aus, als bestünden sie aus einem bunten Flickenteppich.

Burckhardt suchte Eduvigis, aber er sah sie nirgends. Seit Acarigua hatte er keine Gelegenheit gehabt, ihr die Sprache der Deutschen oder der Spanier beizubringen, und in Mospaw winkte Hohermuth unwillig ab, als er ihn darauf ansprach. Es schien, als wäre dem Gobernator daran gelegen, dass niemand außer ihm mit der Frau redete oder sie lehrte, sich in der Sprache der Konquistadoren verständlich zu machen.

Juan de Villegas ergriff zuerst das Wort: «Caballeros, die Entrada steht unter einem ungünstigen Stern. Wir werden bis zum Monat Dezembris Regen haben, so viel, dass wir in dieser Ebene nur schwerlich marschieren können. Das verfluchte Wasser zwingt uns, hier in Mospaw zu bleiben. Ich schlage vor, dass wir die Gelegenheit nutzen und die Kranken mit den Pferden wieder bis an das Gebirge schicken, bis nach Acarigua und dann auf dem Weg Federmanns nach Coro. Dann können die Reiter, die die Siechen begleiten, bis Weihnachten wieder hier sein. Wenn wir das nicht tun, werden wir nicht schneller als Schnecken vorankommen.»

Philipp von Hutten schien nicht einverstanden. Er schüttelte den Kopf und antwortete: «Dann müssten wir mehr als die Hälfte der Pferde nach Coro entsenden, und auf jedes zwei Kranke wie Säcke auf die Sättel binden. Das überleben nur wenige.»

Villegas sagte ruhig: «Edler Felipe de Urre, die Kranken überleben auch nicht, wenn wir sie von den Indiern in Hängematten tragen lassen. Sie sind uns nur hinderlich. Die feuchte Luft und das schlechte Wasser machen sie noch kränker.»

Gundelfinger wiegte nachdenklich den Kopf.

«Wenn wir nur noch vierzig Pferde haben, werden die Indier davon Wind bekommen und uns angreifen. Was sollen wir mit hundert fiebernden Landsknechten und drei Dutzend Reitern gegen zehntausend Indier ausrichten?»

Der Spanier schnaubte verächtlich. «Wo sollen hier zehntausend Indier sein? Wenn sie angriffen, dann müssten sie gegen den Mospaw und Tharobeia anschwimmen wie die Fische. Und zwanzig Armbrustschützen sind in der Lage, ihre Obersten auszuschalten und den Rest in die Flucht zu schlagen.»

Hohermuth schien entschlossen, keinen Streit aufkommen zu lassen. Er sah die Hauptleute reihum ernst an und sagte: «Caballeros, wir werden die Kranken nicht zurückschicken. Wenn das böse Wetter sich ändert, wird es ihnen besser gehen, sofern Gott unsere Gebete erhört. Ich werde aber Euch, Juan de Villegas, nach Acarigua schicken, um unsere Kranken nachzuholen. Ihr werdet Euch die Männer aussuchen, die Ihr für geeignet haltet. Nehmt die besten der Reiter und nicht zu viele, sodass Ihr schnell vorwärts kommt. Ich erwarte Euch in spätestens zwei Monaten zurück, mit Hauptmann Velasco und Antonio Ceballos. Wir werden uns hier einrichten, so gut es geht, und mit den Indiern, die in Tharobeia gewohnt haben, Frieden schließen.»

Villegas machte ein Gesicht, als empfinde er eine unausgesprochene Freude, nach Acarigua zurückkehren zu können. Burckhardt wunderte sich darüber, denn der Spanier war bisher derjenige gewesen, der darauf drängte, so schnell wie möglich nach Süden zu gelangen und einen Pass über das Gebirge zu finden, dort, wo alle Salz und damit auch Gold vermuteten. Warum war ihm jetzt daran nicht mehr gelegen? Er zögerte, wagte dann aber, Hohermuth anzusprechen: «Gobernator, ich bitte Euch ...» Alle blickten ihn erstaunt an. «Die Bergknappen reden darüber, ob es nicht besser sei, nach Coro und in die Heimat zurückzukehren. So viele sind gestorben, und die anderen sind krank. Und auch die Indier sterben. Wir haben kaum noch Träger. Wenn Hauptmann Villegas die Nachricht nach Acarigua bringt, dass wir hier der Kranken und des bösen Wetters halber festsitzen, werden sie sich bestätigt fühlen, dass El Dorado ein Hirngespinst sei und dass die Neue Welt ihnen keine Zukunft bietet. Mein Vater ist auch sehr schwach. Ich fürchte, er wird es nicht überstehen, hier nach Tharobeia zu marschieren.»

«Und was schlagt Ihr vor, Ansorg?», fragte Philipp von Hutten.

«Ich weiß es nicht, Hauptmann. Ich sehe nur, dass wir den Indiern den Tod bringen und dass das Land uns verdirbt. Es ist, als sei es verflucht, als sei das viele Wasser ein Zeichen für uns, nicht mehr weiter vorzudringen. Als wollte Gott uns Einhalt gebieten.»

Burckhardt stockte. Er hatte das ausgesprochen, was er manchmal gedacht, aber sich selbst bisher nicht eingestanden hatte. Juan de Villegas lachte schallend. Hohermuth blickte Burckhardt an, als redete er wirr und im Fieberwahn. Und Gundelfinger meinte lächelnd: «Sorgt Euch nicht, Ansorg, der Herrgott ist mit uns. Sonst lebten wir alle nicht mehr. Hat nicht der Heilige Vater dem Kaiser dieses Land geschenkt? Und wer soll den Heiden den rechten Glauben bringen, wenn nicht wir und die frommen Padres?»

Burckhardt schlug die Augen nieder. Er schämte sich, dass er sich dazu hatte hinreißen lassen, seiner Angst Ausdruck zu verleihen. Gundelfinger wandte sich an Philipp von Hutten: «Hutten, Ihr sagt gar nichts. Hat Euch unser Bergknappe hier Angst gemacht?»

Jetzt lachte auch Hohermuth. Doch Hutten verzog keine Miene. Er stand auf, legte die Hände auf den Rücken und begann, vor dem Tisch auf und ab zugehen. Dann sah er die anderen Hauptleute scharf an und sagte: «Caballeros, Ihr solltet nicht spotten. Ein weitaus gelehrterer Mann als unser Ansorg hat mir etwas Ähnliches gesagt.»

Hohermuth stutzte und fragte: «Wovon redet Ihr, Hutten? Wen meint Ihr damit?»

Hutten schob sich das Barett aus der Stirn und blieb nachdenklich stehen. Er sah in die Ferne, als versuche er, sich an etwas zu erinnern.

«Doktor Faustus hat uns den Untergang prophezeit.»

Jetzt redeten alle durcheinander, nur Villegas und Estéban Martín schienen nicht zu verstehen, was Hutten meinte. Er fragte die anderen, wer dieser Doktor sei, doch Gundelfinger schüttelte nur den Kopf, als begreife er auch nicht, was Hutten meinte. Hohermuth runzelte die Stirn und fragte:

«Doktor Faustus? Ihr meint den berühmten Magier? Davon habt Ihr mir noch nie etwas erzählt, Philipp!»

Hutten blickte ihn düster an und antwortete: «Ich hatte dazu bisher keinen Anlass. Aber hört Euch an, was mir widerfahren ist! Im Jahr des Herrn 1534, im Sommer, überbrachte ich meinem Herrn, Konrad von Thüringen, eine Botschaft des Kaisers. Dann reiste ich zu meinem Bruder Moritz, der in Würzburg Dompropst ist. Ich wollte Abschied von ihm nehmen vor meiner Reise nach Tierra firme. In Würzburg ging unter dem Volk die Rede, der hoch gelehrte Nekromant und Magier Doktor Faustus sei in der Stadt. Man erzählte wunderliche Dinge von ihm: Er könne mit den Verstorbenen reden und die Zukunft vorhersagen. Viele hatten große Angst vor ihm, weil Faustus damit prahlte, der Teufel sei sein Verbündeter. Und er behauptete, er habe ein solch großes Wissen, dass, wenn alle Werke von Plato und Aristoteles samt ihrer Philosophia den Menschen verloren gegangen wären, er sie wie ein zweiter Hebräer Esra wiederherstellen könne. Er rühmte sich in Gegenwart vieler Leute, dass die Wunder unseres Erlösers Christi nicht staunenswert seien; er könne alles tun, was Christus getan habe, so oft und wann er wolle.»

Hauptmann Villegas schlug mit der Faust auf den Tisch und rief: «Das ist Blasphemie! Dieser Gotteslästerer muss verbrannt werden! Und Ihr habt Euch mit ihm eingelassen?»

Hutten beachtete den Spanier nicht, sondern fuhr fort: «Faustus, so erzählte man, habe einem Wirt versprochen, ihn die Kunst zu lehren, den Bart ohne die Hilfe eines Schermessers abzunehmen. Als Belohnung solle er ein Fässchen Wein erhalten. Als der neugierige Wirt ihm dieses brachte, riet er ihm, er solle seinen Bart mit Arsenik einreiben. Als der dem Rat folgte, entzündete sich sein Kinn so, dass er nicht nur den Bart, sondern auch die Haut verlor.»

Gundelfinger lachte und sagte: «Dieser Doktor ist ja ein rechter Eulenspiegel. Hat er Euch auch vielleicht geraten, wie man zu Reichtum und Wohlstand kommt?»

Hutten sprach, als rede er zu sich selbst:

«Ich ließ nachforschen, wo er sei. Er war in einem Wirtshaus abgestiegen, dem Gressenhof. Ich kehrte dort spät in der Nacht ein und ließ mich in sein Zimmer führen, verschwieg aber meinen Namen. Doktor Faustus war ein kleiner, gebeugter Mann mit einem Glatzkopf. Er trug eine viel zu große Schaube, in der er beinahe verschwand. Als ich mein Anliegen vorbrachte, nickte er. Er verlange keinen Lohn. Das wunderte mich, aber Faustus flüsterte, er kenne mich, denn er sei der Erfahrene der Elemente und der Geistlichen Doktor. Ich sei Philipp von Hutten, der Neffe des Pfaffenfressers Ulrich von Hutten. Und er wisse auch, dass eine Dame am Brüsseler Hof mir sehr zugetan sei, Magdalena von Obritzen. Ich war verwirrt und wunderte mich sehr. Ich konnte mir nicht erklären, woher der Magier das wusste. Doktor Faustus forderte mich auf, ihm das Datum meiner Geburt zu sagen. Dann legte er ein Buch auf den Tisch und blätterte darin herum. Es war so dunkel, dass ich kaum etwas erkennen konnte. Er zeigte auf ein Blatt und flüsterte, das sei das Zeichen des Erdgeistes. Mich gruselte es, denn draußen tobte ein Gewitter, die Blitze zuckten und leuchteten durch das kleine Fenster, und der Donner grollte, als wenn die Hölle ihre Pforten geöffnet hätte. Endlich schlug Doktor Faustus das Buch zu, legte die Hände auf den Tisch und sah mich an. Hutten, sagte er, fahrt nicht nach Tierra firme! Die Sterne verheißen Euch Unglück und allen denen, die mit Euch ziehen. Ich sehe viel Blut und den bleichen Tod. Ich wollte ihn fragen, woher er das wisse. Doch in diesem Augenblick krachte ein fürchterlicher Donner, das Fenster der Stube schlug auf, der Wind blies den Regen herein und löschte die Kerze. Ich sah nichts mehr. Ich stemmte mich gegen das Fenster, schloss es und versuchte das Licht wieder zu entzünden. Meine Finger zitterten so, dass mir der Feuerstein immer wieder hinunterfiel. Als die Kerze endlich wieder brannte, war Doktor Faustus verschwunden, obwohl die Tür von innen verriegelt war.»

Hutten atmete schwer und wischte sich den Schweiß von der Stirn. Niemand sagte ein Wort. Burckhardt lief es kalt über den Rücken. Der Gobernator sah finster in die Runde und sagte nach einer Weile: «Niemand darf davon etwas erfahren, nicht die Soldaten und nicht die Kranken und auch niemand, der hier nicht am Tisch gesessen hat.»

Estéban Martín und Juan de Villegas nickten schweigend und finster, und Andreas Gundelfinger kratzte sich am Kopf. Villegas stand abrupt auf und verkündete, er werde sofort damit beginnen, den Reitertrupp zusammenzustellen, der die Kranken aus Acarigua holen sollte.

Am nächsten Morgen brach der Spanier mit zwanzig Mann auf. Burckhardt lag in der Hängematte und schlief sich gesund. Nach einer Woche verspürte er keine Schmerzen mehr, auch das Fieber war verschwunden. Die Zeit floss träge dahin wie der Regen. Mehrere Male ritten Hauptmann Martín und Andreas Gundelfinger aus, um nach Indios zu suchen, aber sie hatten keinen Erfolg. Das Land war weit überschwemmt, und sie hätten eine Brigantine bauen müssen, um voranzukommen. Weihnachten ging vorbei, und die Soldaten fragten schon murrend, wo Villegas bleibe. Der Gobernator ließ sich kaum sehen, er verbrachte die meiste Zeit mit Eduvigis. Die Indianerin begann allmählich, Spanisch und auch ein wenig Deutsch zu sprechen. Das berichtete Nicklaus Crado, der als einer der wenigen Landsknechte Zugang zum Quartier Hohermuths hatte.

Wenige Tage vor Silvester kam Hans Yleis zu Burckhardt gelaufen und rief, Mauricio Butzler sei erwacht und habe nach ihm gerufen. Burckhardt stürzte zu der Hütte, in der der Schneeberger neben einem Dutzend deutscher Landsknechte auf einem Lager aus Gras und Stroh lag. Butzler war abgemagert wie ein Skelett. Seine Augen lagen tief in den schwarzen Höhlen. Als Burckhardt sich vor ihn kniete, hellte sich sein Gesicht auf. Er flüsterte seinen Namen und versuchte die Hand zu heben, aber selbst dazu war er zu schwach. Burckhardt legte sein Ohr an den Mund des Freundes, um ihn besser verstehen zu können.

«Burckhardt», flüsterte Butzler, «kehr um! Kehr zurück in die Heimat! Wir sind alle verflucht. Das Wasser … der Fluch des Wassers! Ich sehe den Goldenen, wie er winkt. Dort steht er, sieh doch!»

Burckhardt blickte erstaunt dorthin, wo Butzler etwas gesehen haben wollte. Aber dort war nichts, nur die Wand aus Rohr und Gras und das Licht der gleißenden Mittagssonne, das durch den Eingang brach. Butzler versuchte sich aufzusetzen, sein Kinn hob sich, und er keuchte: «Der Fluch des Goldenen! Er schickt uns ins Verderben, in die Verdammnis … Ihr müsst fort! Er hat das Wasser geschickt! Flieht!»

Ein Krampf jagte durch Butzlers Körper, und der Atem pfiff durch seinen Mund, als stieße er alle Luft aus, die noch in ihm war. Dann blieb sein Mund offen stehen. Mauricio Butzler war tot. Burckhardt hob die Hände vor das Gesicht. Hinter sich hörte er eine aufgeregte Stimme rufen: «Villegas und Velasco sind zurück! Dort kommen sie!»

6. KAPITEL

Die Meuterei

Josef Langer stützte sich zitternd auf Gunther Ansorgs Arm. Aber auch Burckhardts Vater wankte wie ein Schilfrohr im Winde. Beider Augen glänzten. Das Fieber war seit Wochen nicht von ihnen gewichen. Langer sah sich in der Hütte um, als suche er Hilfe. Sein Blick irrte über die Zuhörer, ihre verschwitzten, schmutzigen Gesichter, die verfilzten Haare und Bärte und schlotternden, zerlöcherten Wämser. Er hob den Finger und rief mit dünner Stimme: «Wir sollen in unserem Leiden nicht murren und knurren wie heulende Hunde, sondern wie Schafe auf der Weide des Herrn. Er speist sie mit dem Salz seiner Weisheit in Gestalt des Leidens. Sagt nicht Jesus: Meine Schafe hören meine Stimme und folgen nicht nach der Stimme des Fremdlings? Der Allmächtige straft uns mit furchtbarer Hand.»

Ein Hustenanfall unterbrach Langer. Er spuckte Blut und Schleim und wischte sich den Mund mit dem Handrücken.

«Gott hat es gefallen, uns mit vielen Übeln zu schlagen, so wie er auch den Ägyptern die sieben Plagen sendete. Es spricht aber Hiob, der Knecht des Herrn: In der Nacht wird mein Gebein durchbohrt allenthalben, und die mich nagen, legen sich nicht schlafen. Man hat mich in den Kot getreten und gleich geachtet dem Staub und der Asche. Schreie ich zu dir, so antwortest du nicht. Krieche ich hervor, so achtest du nicht auf mich. Du, Herrgott, bist mir verwandelt in einen Grausamen und zeigst an mit der Stärke deiner Hand, dass du mir gram bist. Du wirst mich dem Tod überantworten, da ist das bestimmte Haus aller Lebendigen. Meine Haut über mir ist schwarz, meine Gebeine sind verdorrt vor Hitze. Mein Fleisch verschwindet, und meine Gebeine werden zerschlagen, dass man sie nicht gern ansieht. Des entsetzt sich mein Herz und bebt.«

Burckhardt saß auf einer Sode aus Schilf, Anna Kestlin und Christian neben sich. Er stützte den Kopf in die Hände. Es war nicht zu ertragen: Tod, Tod und immer wieder Tod. Wie viele Menschen hatte er schon sterben sehen in den acht Monaten, die sie gen Süden zogen? Sie würden alle umkommen in diesem verfluchten Land. Und nicht nur die Bergknappen krepierten jämmerlich, auch die Soldaten. Allein auf dem Weg von Acarigua nach Mospaw waren acht Landsknechte gestorben und neun Pferde eingegangen.

Die Stimmung im Lager war äußerst angespannt. Die Soldaten stachelten sich gegenseitig auf, weil es kaum etwas zu tun gab, außer den indianischen Weibern nachzustellen und zu würfeln. Mehrere Male waren verfeindete Gruppen aufeinander losgegangen und hatten von den Hauptleuten nur mit Mühe wieder auseinandergebracht werden können. Zwei der deutschen Landsknechte hatten mit Messern aufeinander eingestochen, es ging wohl um eine der Indianerinnen, und beide waren wenige Tage darauf, kurz nach Neujahr, ihren Verletzungen erlegen.

Es gab kaum noch etwas zu essen, die Vorräte an Mais und Yucca waren verbraucht und die neue Frucht auf den Feldern noch nicht reif. Die Hauptleute, die in der Umgebung Tharobeias nach Nahrung suchten, kamen fast immer unverrichteter Dinge zurück. Ende Dezember hatte es aufgehört zu regnen. Das Wasser ringsum versickerte im Erdreich, und überall sprossen Pflanzen mit fremdartigen Blüten. Gras und Schilf standen mannshoch, und wer kein Pferd besaß, verirrte sich schnell im feuchtheißen Dickicht. Die Reiter gingen auf die Jagd, aber die Hirsche, die in Acarigua so leicht zu erlegen gewesen waren, ließen sich nur selten sehen, als hätten sie gelernt, sich vor den fremden Jägern in Acht zu nehmen. Nur Geflügel und Fisch gab es reichlich, aber die Indios konnten gar nicht so viel herbeischaffen, wie die mehr als einhundertfünfzig Soldaten, die

Trossknechte, die indianischen Träger und die Gefangenen täglich verzehrten.

Auch Hauptmann Antonio Ceballos war in Acarigua gestorben, aber nicht an einer Krankheit oder im Kampf, sondern weil Francisco de Velasco ihn hatte in Ketten legen und verhungern lassen. Niemand wusste Genaues, aber umso mehr schwirrten die Gerüchte. Die einen berichteten, Velasco habe Ceballos überrascht, als er mit einem Indio Unzucht trieb. Der Spanier sei ein Sodomit gewesen, niemand solle ihm eine Träne nachweinen. Andere tuschelten, Ceballos sei ein Ketzer, ein Jude, der zum rechten Glauben konvertiert sei, um die heilige Inquisition zu täuschen.

Burckhardt hörte sich die Erzählungen ungläubig an. Wenn der Spanier gegen die christlichen Gebote verstoßen hatte, dann mussten die Padres entscheiden, was zu tun sei. Aber ihn verhungern lassen? Was hatte Hauptmann Francisco de Velasco dazu getrieben? Burckhardt war neugierig, was der Gobernator dazu sagen würde. Aber Hohermuth schwieg sich tagelang aus.

Von den über fünfzig Bergknappen, die sich in Sevilla eingeschifft hatten, waren nur ein Dutzend übrig geblieben: Gunther Ansorg und seine beiden Söhne, Anna Kestlin, der Prediger Josef Langer, Hanns Wilder aus Zwickau, Hans Yleis, Nikolaus Taig aus Kempnitz und der Schneeberger Jordan Fleck, ein enger Freund des gestorbenen Mauricio Butzler. Sixt Enderlein und seine Frau waren zusammen mit einigen spanischen Landsknechten in Acarigua geblieben. Die Spanier hatten sich indianische Weiber zu Ehefrauen genommen und weigerten sich, mit Velasco und Villegas zur Entrada zu stoßen.

Man schrieb den vierten Januar anno Domini 1536. Die Bergknappen hatten sich, wie jeden Sonntag nach der Messe, in der Hütte der Ansorgs versammelt, und ein Dutzend Landsknechte, die meisten Deutsche und nur zwei oder drei Spanier, gesellten sich zu ihnen.

Obwohl Josef Langer bis auf die Knochen abgemagert war,

hielt er sich mit großer Anstrengung aufrecht, als wolle er beweisen, dass Krankheit und Schmerz ihm nichts ausmachten. Immer wieder redete er von der Neuen Welt und dass das Reich Gottes nahe sei. Burckhardt schien es, als seien Tierra firme, El Dorado und das himmlische Jerusalem, das er oft und gern schilderte, für Langer ein und dasselbe. Der Prediger redete in Rätseln, und sein Vater bat ihn inständig, den Dominikanern und Pater Frutos de Tudela nichts von dem zu berichten, was Langer schwärmend beschrieb. Es sei Sache der Mönche, zu predigen, und jemand wie der Schneeberger, den alle für einen Bergknappen hielten, käme in den Geruch der Ketzerei, falls er sich anmaßte, das Wort Gottes auszulegen.

Aber heute waren Burckhardt die Erzählungen Langers unheimlich. Vielleicht lag es daran, dass schon seit dem Vormittag pechschwarze Wolken am Horizont dräuten, der Donner grollte und Blitze durch das Gewölk schossen. Die Hitze hing schwer über Tharobeia. Die Palmen ließen die Blätter hängen, und die riesigen Baumwollbäume reckten ihr Geäst so hoch in die Luft, als wollten sie der wabernden Schwüle am Boden entkommen. Die Sonne schien fahl, und das Innere der Hütte war in ein düsteres Licht getaucht, das dem Gesicht Josef Langers einen jenseitigen Ausdruck verlieh. Ein ferner Donnerschlag ließ die Erde erbeben. Burckhardt lief es kalt über den Rücken.

Der Prediger rief: «O höret doch, wie der Donner des Herrn zürnt! Er lässt ihn hinfahren unter allen Himmeln, und sein Blitz scheint auf die Enden der Erde. Erbarmet euch mein, ihr meine Freunde! Die Hand Gottes hat mich getroffen. Mein Gebein hanget mir an Haut und Fleisch, und ich kann meine Zähne mit der Haut nicht bedecken. Aber ich weiß, dass mein Erlöser lebt! Er wird sich über dem Staube erheben, und nachdem diese meine Haut zerschlagen ist, werde ich ohne mein Fleisch Gott sehen. Heil und Seligkeit durch Angst, Hölle und Tod! Das Unheil ist uns geschickt worden um unserer ewigen Seligkeit willen! Gott will den Weizen vom Unkraut absondern, damit man gleichsam am hellen Mittag ergreifen kann, wer die Kirche so lange verführt hat. Es musste die Büberei an den Tag kommen!»

«Was meinst du damit, Prediger?», rief Nikolaus Taig. «Welche Büberei?»

«Die Mönche wollen die Indier den rechten Glauben lehren. Doch es ist offenbar, man wird es nicht leugnen, dass die Heiden Rechenschaft von uns verlangen. Wir haben ihnen eine Antwort aus dem Hühnerstall gegeben. Mit Stolz haben wir ganze Bücher vollgekleckst. Wir haben das geschrieben, was Christus geredet hat, Paulus hat das geschrieben, die Propheten haben dies und das geweissagt; dies und das hat die Mutter im Hurenhaus der heiligen Kirche ausgesetzt, ja, diese und jene großen Dinge hat der allerverstockteste Papst und Brunztopf zu Rom im Bordell geboren.»

Burckhardt fühlte, dass Anna Kestlin sich an seinen Arm klammerte. Wenn einer der Mönche oder einer der spanischen Hauptleute gehört hatte, wie Langer über den Heiligen Vater sprach, würde er auf dem Scheiterhaufen enden. Der Prediger ließ sich nicht beirren.

«Meint ihr nicht auch, dass die ungläubigen Indier Hirn in ihren Köpfen haben? Sie bedenken, welch ein Glaube das ist, der nur aus Bildern und aus Büchern kommt. Sagt nicht Thomas Müntzer: Das Ziel wird weit verfehlt, wenn man predigt, der Glaube müsse uns rechtfertig machen und nicht die Werke? Und was sind unsere Werke? So spricht Hiob: So falle meine Schulter von der Achsel, und mein Arm breche von der Röhre. Denn ich fürchte Gottes Strafe über mich. Habe ich das Gold zu meiner Zuversicht gemacht und zu dem Goldklumpen gesagt ‹mein Trost›? Wir suchen nach Gold, nach irdischen Dingen und achten nicht der Zeichen der Zeit!»

Gunther Ansorg legte die Hand auf die Schulter Langers und sagte leise: «Josef, es ist hohe Zeit, schlafen zu gehen. Wir alle sind müde und erschöpft, und das Fieber schüttelt uns. Erzähle uns morgen mehr.»

Doch der Prediger schob ihn beiseite, als wäre er eine lästige Fliege, faltete die Hände und sah nach oben: «Das sage ich euch: Wolltet ihr nicht um Gottes willen leiden, so müsst ihr des Teufels Märtyrer sein. Fanget an und streitet den Streit des Herrn! Es ist hohe Zeit! Der Meister will das Spiel machen, die Bösewichter müssen dran! Sie sind verzagt wie die Hunde! Dran, dran, solange das Feuer heiß ist! Lasset euer Schwert nicht kalt werden, erlahmt nicht! Schmiedet Pinkepanke auf den Ambossen Nimrods! Gott wird euch aus Liebe züchtigen als seine allerliebsten Söhne, wenn er seinen Zorn entbrennt. Selig sind dann alle, die sich auf Gott verlassen. Fürchtet die Heiden nicht! Der Prophet Hesekiel sagt: Ich will dir den Bogen aus deiner linken Hand schlagen und deine Pfeile aus deiner rechten Hand werfen. Du sollst auf dem Felde darnieder liegen, denn ich, der Herr, habe es gesagt. So spricht der Herr: Sage allen Vögeln, woher sie fliegen, und allen Tieren auf dem Felde: Sammelt euch und kommet her, fresset Fleisch und saufet Blut! Sättigt euch nun an meinem Tisch von Rossen und Reitern, von Starken und allerlei Kriegsleuten. Und ich will meine Herrlichkeit unter die Heiden bringen, dass alle sehen sollen mein Urteil und meine Hand, die ich an sie gelegt habe. Sagt nur frei mit Christi Geist: Ich will mich vor hunderttausend nicht fürchten, obwohl sie mich umlagern! Lasst euch nicht abschrecken, Gott ist mit euch!»

Anna Kestlin flüsterte: «Burckhardt, er redet uns alle um Kopf und Kragen! Das ist das Fieber! Tu etwas, und gebiete ihm Einhalt!»

Burckhardt schüttelte den Kopf und antwortete leise: «Niemand wird Langer daran hindern, das zu verkünden, was ihm in der Seele brennt. Er hat vergessen, wo er ist. Für ihn beginnt das himmlische Jerusalem gleich auf der anderen Seite des Flusses. Schau dir die Soldaten an: Sie hängen an seinen Lippen. Sie begreifen nicht, was er sagt, aber er hat so viel Macht über sie wie die heidnischen Zauberer über die Indier.»

«Versteht du denn, was er sagt?»

«Ich weiß nicht. Ich glaube, er gibt den Soldaten und uns zu verstehen, dass wir uns nicht fürchten sollen und dass Krankheit und Tod Gottes Wille sind.»

In diesem Augenblick brach ein Keuchen aus Langers Kehle. Er stammelte nur noch, verdrehte die Augen und gurgelte. Gunther Ansorg griff ihm um die Hüften, um ihn zu stützen. Das Gesicht des Predigers war bleich und schweißnass, er atmete stoßweise und sackte in sich zusammen.

«Schnell», rief der alte Ansorg, «legt ihn in eine Hängematte! Bringt Wasser! Und ihr geht hinaus und lasst uns allein!»

Burckhardt drängte die überraschten Soldaten und Bergknappen hinaus. Dann ließ er die Matte über dem Eingang herabfallen, um sie vor neugierigen Blicken zu schützen. Anna flößte dem keuchenden Prediger Wasser ein und wischte seine Stirn mit einem Tuch ab. In den Augen Langers war nur noch das Weiße zu sehen. Burckhardts Bruder starrte ängstlich auf den Ohnmächtigen. Gunther Ansorg flüsterte ihnen zu, sie sollten am besten zu Hanns Wilder gehen und dort warten, bis er sie rufen lasse.

Langers Zustand besserte sich nicht. Gegen Abend schloss er die Augen, sank in einen unruhigen Schlaf, schlug aber immer wieder um sich und schrie unverständliche Worte. Burckhardt und sein Vater wachten an seinem Lager, und auch Anna Kestlin blieb bei ihm. Sie wussten nicht, was ihm fehlte und an welcher Krankheit er litt. Auch Gunther Ansorg fühlte sich sehr schwach und ausgezehrt und musste sich auf die Grassoden legen, auf denen sie schliefen.

Nur ein Froschgeleucht brannte flackernd. Die Indios in Acarigua hatten sie gelehrt, dass man statt Rindertalg auch das Öl des Kapokbaumes benutzen konnte, den die Spanier Ceiba nannten. Sie besaßen einen erklecklichen Vorrat, den sie im Tausch für ein paar Messer erstanden hatten. Als die Nacht hereinbrach, rauschte draußen der Regen hernieder. Das Gewitter schien sich über dem Ort zu sammeln. Es donnerte und blitzte, als wollten die Elemente all ihren Zorn über sie ausgießen.

Gunther Ansorg winkte seinen ältesten Sohn zu sich. Er flüsterte nur, als versagte ihm die Stimme. Burckhardt kniete vor dem Lager seines Vaters, um ihn verstehen zu können. Der alte Ansorg atmete schwer. Seine Brust hob und senkte sich, als bedrücke ihn etwas. Dann sagte er: «Ich habe lange nachgedacht und auch mit Josef in Acarigua darüber geredet. Wir müssen nach Coro zurückkehren, du, Christian, Anna und ich. Hier werden wir nur alle verderben. Ich fühle mich krank und schwach. Ich kann nicht mehr richtig essen. Mir ist kalt und heiß gleichzeitig, und das Fieber kommt mehrere Male am Tag über mich. Soll Hohermuth den Goldenen Mann suchen! Das ist nichts für uns Bergknappen. Man soll Gott nicht versuchen! Ich werde einen Boten von Coro nach Hispaniola schicken, ob Heinrich Remboldt noch dort ist. Er wird uns helfen. Wenn wir nicht in Coro unser Auskommen finden, müssen wir in unsere Heimat zurück. In unserem Vertrag mit den Welsern steht, dass wir nach einem Jahr wieder ein Schiff nach Sevilla nehmen dürfen, ohne die Überfahrt bezahlen zu müssen. In Sachsen finden wir wieder Arbeit und Brot. Dort halten die Bergknappen zusammen wie Pech und Schwefel und unterstützen sich gegenseitig.»

Burckhardt war verblüfft. Hatte nicht sein Vater ihnen allen versprochen, in America würden sie ein neues Leben aufbauen? War er es nicht gewesen, der beschlossen hatte, die ganze Familie werde auf die Insel Venezuela ziehen? Und jetzt wollte er wieder zurück? Gunther Ansorg sah ihn aufmerksam an.

«Was ist mit dir? Du schaust aus, als gefiele dir mein Rat nicht.»

Burckhardt wich der Frage aus. Er antwortete: «Warum meinst du, dass Heinrich Remboldt uns helfen wird? Ich weiß, er sagte mir damals in San German, er sei uns verpflichtet. Es sei etwas geschehen, vor langer Zeit, als ich noch ein kleiner Junge war. Du hast es mir nie erzählt, Vater.»

Gunther Ansorg seufzte. Dann legte er seine schlaffe Hand auf den Arm seines Sohnes, atmete tief aus und flüsterte: «Ich habe euch Kindern das verschwiegen, weil ihr es nicht verstanden hättet. Es war damals eine große Zeit. Aber viel Leid ist über uns gekommen. Jetzt bist du alt genug, um davon zu erfahren. Also hör zu!»

Burckhardt setzte sich mit gekreuzten Beinen vor das Lager des Alten. Die Gedanken schwirrten durch seinen Kopf wie ein Schwarm Vögel ohne festes Ziel.

Sein Vater sprach mit leiser, aber fester Stimme: «Mein Vater Christian, dein Großvater, war Bergknappe in Schneeberg. Als ich gerade vier Jahre alt war, gab es dort einen Aufruhr: Der Hauerlohn sollte um einen Groschen gekürzt werden. Doch die Bergknappen ließen sich das nicht gefallen. Die Häuer weigerten sich zu arbeiten, die Haspler und die Huntstößer zerschlugen ihr Werkzeug, und die Frischer löschten die Öfen. Sie marschierten bis nach Geyer. Der Berghauptmann rief den Ritter von Schneeberg zur Hilfe, und die Landsknechte schlugen die Aufständischen nieder. Aber sie bekamen trotzdem ihren alten Lohn, weil die hohen Herren Angst bekommen hatten.

Dein Großvater aber musste seine Heimat verlassen, weil die Bergherren ihn auf eine Liste setzen ließen mit den Namen aller Bergknappen, die sich empört hatten und die in keinem Bergwerk im Erzgebirge mehr Arbeit finden sollten. Mein Vater ging nach Sankt Katharinenberg im Buchenholze. Das wurde vom Kurfürst Johann Friedrich regiert, und der war Anhänger Martin Luthers, während Annaberg auf der anderen Seite des Tales zu Herzog Georg dem Bärtigen gehörte. Und der war papsttreu wie kein Zweiter. Mein Vater fand in Katharinenberg Arbeit und Brot. Ich kann mich noch gut an ihn erinnern. Er starb an der Bergsucht, wenige Tage nachdem du, sein Enkel, geboren worden warst.

Als du fünf Jahre alt warst, gab es eine Prozession der Bergknappen, um den Papst und den katholischen Herzog Georg zu verspotten. Der Herzog wollte Bischof Benno von Meißen heilig sprechen lassen, der vor vielen Menschenaltern lebte. Und der Doktor Luther wetterte gegen den Papst und den neuen Abgott, den der Herzog mit Benno erheben wollte. Wir Bergknappen folgten damals alle den Lehren Luthers, und unsere Prediger Myconius, der Franziskaner gewesen war, und Hartmann Ibach bestärkten uns darin.

Wir richteten einen Bischof her aus alten Knochen, einem Pferdeschädel, aus den Kinnbacken einer Kuh und zwei Pferdebeinen. Wir trugen die Puppe auf einer Misttrage und Fahnen aus alten Fußlappen, und Christoph Kerer, der damals dabei war, spannte ein beschissenes Tuch als Baldachin. Dann zogen wir zum Markt, und Josef Langer hielt eine Predigt, als wäre er ein Mönch. Langer war damals schon mein Freund. Er hatte sogar in Prag studiert, im Königreich Böhmen, und dort den Prediger Thomas Müntzer kennen gelernt. Dessen Schriften und Briefe las er uns vor.

Und Langer stand mitten auf dem Platz und rief laut, und viele Menschen hörten ihm zu: O ihr Andächtigen, das sind die heiligen Arschbacken des lieben Chorschülers Benno zu Meißen! Kerer und ich hatten auch eine Puppe gebaut, aus einem Besen und Stroh. Das sollte der Papst sein. Und wir hoben den Papst hoch, verkündeten den Ablass und hoben ihn auf eine Misttrage. Dann schritten wir alle zusammen zu einer Jauchegrube und kippten den Papst und den Bischof hinein.

Die ganze Stadt schwirrte damals vor Gerüchten. Von überallher strömten die Bauern nach Annaberg, rotteten sich zusammen und schwangen aufrührerische Reden. Aus Schneeberg kam die Kunde, dass dort die Amtleute wochenlang nur im Harnisch geritten waren, weil sie sich vor den Bergknappen fürchteten. Hans Hugelt berichtete, dass sich dort im Januar eine große Menge Volks vor dem Rathaus versammelt hatte. Alle waren bewaffnet und drohten den Amtleuten, sie würden sie teeren und federn, wenn sie nicht die Strafgelder gegen die Bergknappen zurückzahlten und die Gefangenen freiließen.

Und wir Bergknappen wollten nicht abseits stehen. Wir machten einen geheimen Bund der Häuer und schworen uns, dass einer nicht ohne den anderen arbeiten sollte. Wir forderten, dass die

Prediger, die uns nicht unterstützten, entlassen werden sollten und ihr Gehalt in unsere gemeinsame Kasse fließen sollte, um die zu unterstützen, die im Berg verunglückt waren. Wir schickten Boten ins Böhmische und ins Mansfelder Land. Ein Bauer aus Allstedt kam zu uns, er war auf der Flucht, und erzählte vom Propheten Thomas Müntzer, der in Allstedt und Mühlhausen gepredigt hatte und dass sie dort keinen Herrn mehr außer Gott und keine Obrigkeit anerkennen wollten. Überall in Thüringen würden die Klöster geplündert, die Pfaffen vertrieben, der rote Hahn auf die Burgen der Herren gesetzt und die Herrschaft selbst in die Hand genommen.

Und dann, im Mai, überstürzte sich alles. In Marienberg versammelte sich ein halbes Tausend aufrührerischer Bauern. Sie wollten, dass die Gewalt dem gemeinen Volk gegeben werde, und wählten auf freiem Feld ihren Hauptmann, Andreas Ziener.»

Der alte Ansorg richtete sich ächzend auf und flüsterte Burckhardt ins Ohr: «Nikolaus Taig war damals dabei. Er hat alles erlebt, bis zum bitteren Ende.»

Der Alte lehnte sich schwer atmend wieder zurück. Burckhardt fragte ungläubig: «Der aus Kempnitz, der nie etwas sagt?»

Gunther Ansorg nickte und fuhr leise fort, als fürchte er, ein Unberufener könnte seiner Erzählung lauschen: «Ziener ließ jeden der Bauern die Hand heben und auf ihn schwören. Der andere Feldhauptmann war Wolf Göftel, ein Bergknappe wie wir. Die Herren haben später beide martern und enthaupten lassen. Und aus Zwickau kam die Nachricht, dass die Bauern dort einen Bund gegründet hatten. Sie nannten ihn den ‹Schwarzen Bund› und trugen eine Fahne vor sich her in allen Farben des Regenbogens. Auf ihr ward geschrieben: ‹Das Wort des Herrn bleibe ewiglich.› Hanns Wilder, der war damals dabei. Aber auch er redet nicht gern über die Zeit.

Im März kam es in Annaberg zum offenen Aufruhr. Wir ließen Josef Langer Artikel aufschreiben, mit dem, was wir vom Herzog und vom Bergherrn forderten. Der Rat hatte die Hosen voll, die braven Bürger fürchteten, wir würden ihr Land und ihr Vieh unter die Bauern aufteilen, wie es in Mühlhausen geschehen ist. Sie baten uns mit schlotternden Knien, wir sollten keine Gewalt anwenden gegen sie.

Dann endlich erreichte uns eine Botschaft aus Böhmen. Hanns Yleis und Johannes Kestlin überbrachten sie uns. Johannes hatte damals gerade die Anna zur Frau genommen, sie war fast noch ein Mädchen. Im Mai stürmten die Bergknappen in Joachimsthal das Schloss und das Rathaus, vertrieben den Bergherrn und nahmen den Bürgermeister gefangen. Kestlin berichtete, es lagerten über zehntausend Mann in der Stadt, Bauern von weit her und viele Bergknappen. Und Thomas Müntzer sei in Joachimsthal gewesen und ziehe, das sei ihnen zu Ohren gekommen, mit vielen tausend Bewaffneten nach Frankenhausen. Einige von uns wollten ihm zur Seite stehen und brachen sofort auf, es waren mehr als vierhundert Berggesellen und Bauern.

Die Bergknappen wählten mich und Johannes Kestlin als ihre Sprecher. Wir sollten die Ratsherrn aus Annaberg begleiten. Die wollten nach Joachimsthal ziehen, um dort mit den Aufrührern zu verhandeln. Sie fürchteten wohl, ihnen würde es so ergehen wie den hohen Herren im Böhmischen. Doch wir verrieten dem Rat nicht, was wir in Wahrheit taten: Der Bund der Häuer aus Annaberg schickte ohne Wissen der Obrigkeit Pulver und Geschütze ins Böhmische.

Als wir dort Ende Mai ankamen, war die ganze Stadt in Aufruhr. Sie hatten die Amtleute in ein Verlies gesperrt, und ein Trupp Bewaffneter führte johlend einen Gefangenen durch die Straßen, einen hohen Herrn, der aus Augsburg gekommen war, um dem Bergherrn beizustehen, weil seinen Herren, den Welsern, die Bergwerke gehörten. Es war Heinrich Remboldt. Er sah jämmerlich aus, die Kleider in Fetzen, und überall war er voll Blut. Die Bauern hatten die Reiter, die ihn zu seinem Schutz begleiteten, erstochen und wollten ihn schon auf ein Rad flechten.

Ich redete auf die Bauern und Berggesellen ein und sagte ihnen, es sei besser, mit Remboldt zu verhandeln, denn er besitze gewiss großen Einfluss. Und wenn die Welser ein gutes Wort für sie beim Herzog einlegten und beim Bergherrn, dann würden ihre Forderungen bestimmt erfüllt. Ich redete und redete, vom Mittag bis in die Nacht, und endlich ließen sie Remboldt frei. Remboldt wirkte auf den Bürgermeister und die Ratsleute ein, und dann beschlossen sie, im Juni erneut zu verhandeln.

Heinrich Remboldt zog mit uns nach Annaberg und erkundigte sich nach unseren Wünschen, sagte, dass er alles vor seinen Herren in Augsburg vortragen werde, wir müssten aber die Obrigkeit anerkennen und den Rat und dürften keine Aufrührer in unseren Reihen dulden. Auch brauchten wir keine neun, sondern nur noch acht Stunden am Tag zu arbeiten. Wir sagten ihm alles zu, weil wir nicht wussten, wie wir unsere Familien ohne Arbeit und Brot über den nächsten Winter hätten bringen können.

Nur Josef Langer war damals dagegen. Er redete uns zu und versuchte uns davon abzubringen, den Vertrag zu unterzeichnen. Der Doktor Luther unterstütze unsere Sache nicht mehr. Der habe eine Schmähschrift gegen die Bauern verfasst und jedweden Aufruhr verdammt und sogar die Leibeigenschaft verteidigt. Jetzt sei es an uns, so rief Langer, Thomas Müntzer zu folgen und die Herrschaft der Bergherren endgültig abzuschütteln. Aber wir ließen uns nicht beirren und unterschrieben.

Langer behielt Recht. Als Heinrich Remboldt abgereist war, kamen die unsrigen, die nach Frankenhausen gezogen waren. Viele von ihnen waren schwer verwundet, mehr als die Hälfte tot. Der Graf von Mansfeld hatte sie auf halbem Weg aufgespürt und zersprengt. In Frankenhausen lagen achttausend Bauern erschlagen, und ihr Blut floss wie ein Bach den Schlachtberg hinunter. Und der Herzog Georg kam mit dreihundert Soldaten nach Annaberg und befragte viele der Bergknappen unter der Folter. Mehr als dreißig von ihnen wurden eingekerkert oder aus der Stadt verwiesen.

Sie suchten Josef Langer, weil der ein gefährlicher Aufrührer sei und ein Anhänger des falschen Propheten Thomas Müntzer, den sein gerechtes Gericht schon ereilt habe. Wir brachten Langer bei Nacht und Nebel nach Geyer, und er versteckte sich über zwei Jahre bei Christoph Schutz, bis niemand mehr nach ihm fragte. Die Einwohner von Geyer mussten Strafe zahlen, weil sie Wolf Göftel unterstützt hatten. Der Herzog versprach ihnen, die Strafe zu erlassen, wenn sie die Aufrührer auslieferten. Aber alle hielten zusammen und schwiegen. Der Bergherr ließ mich rufen und sagte, Heinrich Remboldt habe angeordnet, dass ich Obersteiger werden sollte, aber ich müsse nach Geyer gehen und dürfe nicht in Sankt Katharinenberg bleiben. Das tat ich, weil Mutter schon wieder ein Kind im Bauch trug und ich nicht wusste, wie ich Brot und Hafer für meine Frau und euch, meine Kinder, bekommen sollte.»

Gunther Ansorg schien erschöpft. Seine Hände zitterten, und der Schweiß troff ihm von der Stirn. Anna kam und trocknete ihn mit einem Tuch. Das Gewitter war verstummt, und der Regen hatte aufgehört. Burckhardt schwieg. Er wartete, und nach einer Weile schlief sein Vater ein. Der Schein der Ölfroschlampe huschte über Anna Kestlins Gesicht. Sie hatte die Augen niedergeschlagen und die Hände ineinander gelegt, als warte sie darauf, dass er etwas zu ihr sagte.

Sie waren allein. Burckhardt setzte sich neben Anna auf den Boden. Er fühlte ihren warmen Leib neben sich. Sie hatten lange Zeit keine Gelegenheit gefunden, beieinander zu sein. Ihm war es, als wären seitdem schon Jahre vergangen. Anna drehte ihren Kopf zur Seite und sah ihn an. Sie hatte Tränen in den Augen. Er legte den Arm um ihre Schulter. Um seinen Vater nicht aufzuwecken, flüsterte er.

«Anna, gehst du zurück nach Coro?»

Sie nickte und legte ihren Kopf an seine Schulter. Dann sagte sie: «Du wirst mir zürnen, Burckhardt. Aber ich habe dir etwas verschwiegen. Ich brauchte viel Zeit, um darüber nachzudenken. In Acarigua habe ich mich entschieden, was ich tun muss. Ich werde mit deinem Vater und Christian in die Heimat zurückkehren.»

Sie rückte von ihm ab und wischte sich die Tränen aus dem Gesicht: «Du musst mich verstehen. Es ging nicht anders. Ich hoffte, irgendetwas würde geschehen, wusste aber nicht, was. Ich hoffte, du würdest mich lieben und wir würden uns hier in der Neuen Welt niederlassen und glücklich sein. Aber dann wollten alle aus Coro aufbrechen, nach Süden, alle suchten El Dorado, und mich fragte niemand. Ich wollte bei euch sein, und deshalb zog ich mit. Johannes hätte nicht erlaubt, dass ich allein in Coro geblieben wäre.»

Anna griff nach seinen Händen und hielt sie fest.

«Ich habe Johannes geheiratet, als ich noch ein Mädchen war. Ich habe ihn nie geliebt, meine Eltern haben es so bestimmt. Und dann bewunderte ich ihn, weil er so stark war und weil die anderen Bergknappen ihn achteten, obwohl er viel jünger war als sie alle und trotzdem als einer ihrer Anführer galt. Doch als er mich immer wieder schlug, bis ich nicht mehr aufstehen konnte, bin ich zu deinem Vater gegangen. Ich hoffte, dass Gunther auf Johannes einreden würde. Dein Vater war der Sprecher der Bergknappen, als wir damals von Joachimsthal nach Annaberg gingen. Alle hörten auf ihn. Dein Vater versuchte Johannes zu bewegen, nicht zu trinken und gut zu mir zu sein, aber es half nichts.

Ich versteckte mich, wenn ich wusste, dass Johannes zornig und betrunken war. Einmal fand mich dein Vater. Es war mitten im Winter, ich hatte mich in einem Schuppen verborgen und fror jämmerlich. Er nahm mich mit in eure Hütte. Deine Mutter war mit dir noch vor Sonnenaufgang zur Messe nach Annaberg gegangen, wir wussten, ihr würdet nicht vor Abend zurückkehren. Dann habe ich mich deinem Vater hingegeben. Und jetzt bin ich Gunther etwas schuldig. Ich werde bei ihm bleiben und ihn pflegen. Dein Vater ist sehr schwach und bedarf der Hilfe. Ich bitte dich um Gottes willen, verzeih mir und schweige darüber!»

Burckhardt stand auf und legte seine Hand auf Annas Schulter.

Ihre weichen blonden Haare streichelten seinen Arm. Er schluckte und sagte knapp:

«Ich verzeihe dir. Sorge dich nicht.»

Dann blickte er zu seinem Vater, der sanft neben Josef Langer in seiner Hängematte schaukelte. Die Mücken surrten um die Schläfer, aber es kümmerte sie nicht. Noch einmal wandte er sich der Frau zu: «Bitte pass auf ihn auf, Anna.»

Dann lief er hinaus, ohne sich umzusehen. Die feuchte Kühle der Nacht umfing ihn, und der Mond lugte hinter Wolkenschleiern hervor. Die Frösche und die Grillen lärmten wie immer, und das Blätterdach hoch über ihm rauschte. Es war schon nach Mitternacht und stockfinster. Er ging ziellos zwischen den Hütten umher. Einer der Bluthunde schlug kurz an, und Burckhardt beeilte sich, ihm aus dem Weg zu gehen. Unten rauschte der Mospaw. Beinahe wäre er auf dem rutschigen Lehm ausgeglitten und den Abhang hinuntergestürzt.

Er setzte sich auf einen abgebrochenen, glitschigen Baumstamm und starrte auf die schwarzen Wasser. Ihm war es, als müsste er sich in die Fluten stürzen, um all das, was er in den letzten Stunden gehört hatte, von sich abzuwaschen. Die Moskitos versuchten hartnäckig, sich auf seiner Haut festzusetzen, Ameisen krabbelten über seine Füße.

Ein Ast knackte hinter ihm, und eine Gestalt kam durch das Dunkel näher. Erschrocken griff er nach seinem Katzbalger, den er glücklicherweise umgeschnallt hatte. Der Mann glitt so schnell an seine Seite, dass er im Falle eines Angriffs keine Gelegenheit gehabt hätte, sich zu wehren. Es war Philipp von Hutten. Der Hauptmann setzte sich dicht neben ihn und fragte: «Ansorg, was treibt Euch am frühen Morgen hierher an den Fluss? Warum schlaft Ihr nicht?»

Burckhardt räusperte sich verlegen, überlegte eine Weile und antwortete: «Mein Vater ist krank wie viele meiner Landsleute auch. Ich denke darüber nach, ob es nicht besser ist, zurückzukehren.»

«Zurückkehren? Das meint Ihr doch nicht ernst? So kurz vor dem Ziel?»

«Welches Ziel meint Ihr, Hauptmann?»

«Das Glück, Ansorg.»

«El Dorado? Die Stadt voller Reichtümer, von der die Landsknechte erzählen?»

Hutten lachte leise und antwortete:

«Nein, Ansorg. Das kann nicht das Glück sein. Seht, wir alle zweifeln oft, ob wir den richtigen Weg gewählt haben. Wir wissen nicht, wo wir sind, selbst Estéban Martín nicht. Noch nie hat ein Christ seinen Fuß auf diesen Boden gesetzt. Vielleicht liegt El Dorado dort hinter den Bergen, und wir können morgen dorthin aufbrechen. Vielleicht müssen wir noch einige Monate nach Süden ziehen? Wer weiß, wie groß diese Insel ist? Ist nicht auch Pizarro wochenlang über steile Gebirge gezogen, durch unbekannte Gefilde, inmitten feindlicher Indios? Und dennoch hat ihn Gott zu seinem Ziel geführt. Ich werde nicht zaudern. Ich kann nicht in meine Heimat zurück.»

«Ihr könnt nicht zurück, Hauptmann? Warum?»

Hutten sah nachdenklich in die Nacht. Dann antwortete er: «Habt Ihr jemanden, der Euch liebt? Nein, ich will es gar nicht wissen. Ich liebe eine Frau, Magdalena heißt sie. Sie ist ein Hoffräulein des Kaisers. Ihr Vater ist ein Graf aus der Krain, sehr reich und waffengewaltig. Er hat mit seinen Truppen die Türken vor Wien zurückgeschlagen. Ich kann nicht um die Hand seiner Tochter anhalten, er würde mich auslachen. Mein Vater ist nur ein Amtmann, der in seiner Jugend reiche Kaufleute ausraubte und den der alte Kaiser Maximilian in Acht und Bann tat. Nur weil er die richtigen Freunde hatte, wurde ihm verziehen. Mein Vater hat sich sein ganzes Leben redlich gemüht, seinen Söhnen eine Ausbildung angedeihen zu lassen, die unserem Stand gemäß ist. Ich weiß, wie schwer es ihm gefallen ist, meinem Bruder Moritz Geld nach Padua zu schicken, wo er studierte. Und mir hat er mein Pferd bezahlt und die Kleider, die ich mir in Sevilla kaufen musste. Als ich Magdalena kennen lernte, wusste ich sofort, dass meine Liebe zu ihr unglücklich werden würde. Aber das kümmerte sie nicht. Ihr Vater wollte, dass sie einen Ritter aus der Pfalz heiratete. Doch sie weigerte sich. Dann schrieb sie mir einen Brief, sie würde das Glück, dass andere ihr zugedacht hatten, um meiner willen ausschlagen. Sie werde auf mich warten. Sie sei gewiss, dass ich bald mit großen Reichtümern und mit Ehren überhäuft zurückkehren würde.»

Burckhardt sagte: «Ich habe niemanden, der auf mich wartet.»

Hutten sah ihn ernst an und antwortete:

«Ich rate Euch, Ansorg: Gott hat es zugelassen, dass es Euch bis hierher in die Einöde verschlagen hat. Ihr müsst das Glück ergreifen, es fällt Euch nicht von allein zu. Ihr werdet nie mehr in Eurem Leben so nah am Ziel Eurer Wünsche sein. Ihr dürft nicht aufgeben. Es nützt Eurem kranken Vater mehr, wenn Ihr mit uns reitet und dann, wenn wir das Land unserer Hoffnung gefunden haben, mit Gold und Edelsteinen beladen in Eure Heimat zurückkehrt.»

Er verfiel in Schweigen. Zu ihrer rechten Hand, im Osten, über den Zacken der Bergspitzen, glomm ein rötlicher Schimmer, das erste Zeichen des nahenden Morgens. Burckhardt fühlte sich entsetzlich müde. Er gähnte und wollte sich gerade erheben, da sah er einen Mann gebückt zwischen den Hütten laufen, in höchster Eile und als ob er sich vor jemandem verstecken müsse. Der Mann erblickte sie, stutzte und kam auf sie zugerannt. Sie erkannten Hauptmann Martín. Er atmete schwer, sah aber erleichtert aus.

«Dios, ich bin froh, Euch endlich gefunden zu haben, Felipe de Urre! Und auch Euch, Joven! Welch ein Glück! Kommt schnell, es gilt! Habt Ihr Euer Schwert, Burcardo?»

Burckhardt verstand nicht, was in den Spanier gefahren war. Tharobeia lag still und ruhig da, niemand rief oder gab Alarm. Es konnte ihnen doch kein Überfall der Indios drohen? Er zog seinen Katzbalger aus der Scheide und fuhr mit der Fingerspitze am kühlen Eisen entlang. Auch Hutten ergriff sein Rapier. Martín hatte sich schon umgedreht und eilte voraus, offenbar zum Quartier Hohermuths. Hutten nickte Burckhardt kurz zu und stieß zwischen den Zähnen hervor: «Schnell! Sie wollen Hohermuth gefangen nehmen! Ich erkläre Euch später alles!»

Sie liefen mit gezogenen Klingen die Hütten entlang, bis sie das Versammlungshaus erreichten. Niemand war zu sehen. Estéban Martín winkte sie herein. Drinnen flackerte nur ein Froschgeleucht. Hohermuth saß reglos auf einem Stuhl am Ende des Raumes, neben dem Eingang zu einem der hinteren Räume. Er trug Helm und Kettenhemd und hatte die Arme vor der Brust gekreuzt. Es war zu dunkel, als dass man sein Gesicht hätte sehen können.

Hutten schob Burckhardt an Hohermuth vorbei nach hinten. Dort warteten schon mehrere Männer, es musste ein halbes Dutzend sein, deutsche und spanische Landsknechte, alle in eisernem Koller und mit dem gezücktem Schwert in der Hand. Sie verbargen sich hinter der Wand aus Rohr, sodass niemand, der mit Hohermuth redete, sie sehen konnte. Burckhardt spürte, dass direkt neben ihm jemand stand, der weder Wehr noch Waffen trug, sondern nur eine Schaube. Es war Eduvigis. Sie schlang die Arme um ihren Körper, als suche sie Schutz vor einer unbekannten Gefahr. Im Dunkeln sah er das Weiße in ihren Augen leuchten. Sie blickte ihn an, regte sich aber nicht.

Hauptmann Martín postierte sich mitten im Eingang und flüsterte: «Schweigt! Wer sich bewegt oder auch nur einen Ton von sich gibt, dem drehe ich persönlich den Hals um!»

Burckhardt wagte nicht zu fragen, was der Anlass für das merkwürdige Gebaren der Hauptleute war und wer Hohermuth in Ketten legen wollte. Eine Weile geschah gar nichts. Dann hörten sie eilige Schritte. Von draußen kamen Männer in das Gebäude, an ihrer Spitze Hauptmann Francisco de Velasco, wie Burckhardt durch eine Ritze zwischen dem Rohr ausmachen konnte. Es dämmerte schon, aber es war noch nicht hell genug, um die

Übrigen zu erkennen. Velasco schien erstaunt, dass ihn Hohermuth erwartete. Er trug den Toledaner Degen in der Rechten und eine kleine Tartsche in der Linken. Spöttisch fragte der Gobernator: «Was führt Euch zu mir, Hauptmann Velasco, schon vor Sonnenaufgang? Und warum begleitet Euch Juan de Villegas nicht?»

Velasco runzelte die Stirn. Man sah, dass er überlegte. Die anderen Landsknechte, es waren mehr als zwanzig, drängten sich vor und bildeten einen Halbkreis, in dessen Mittelpunkt der Gobernator auf seinem Stuhl saß. Keiner von ihnen wagte es, sich Hohermuth auf Armeslänge zu nähern. Dann antwortete Velasco: «Gobernator, wir verlangen, dass Ihr uns anhört!»

Hohermuth lächelte höhnisch: «Nur zu, Capitán. Ich habe immer ein offenes Ohr für Euch.»

«Jorge de Espira, die Mehrheit der Soldaten meint, dass Ihr nicht der Richtige seid, um uns zum El Dorado zu führen.»

«Und wer ist der Richtige? Ihr etwa?»

Velasco wurde unsicher. Er schüttelte den Kopf. Hohermuth hakte nach: «Ihr meint, Juan de Villegas sei ein besserer Gobernator?»

Der Spanier schwieg trotzig. Zwei deutsche Landsknechte drängten sich vor, es waren der mit dem Korsarenhut und ein hünenhafter Blonder, ein Pikenier. Der Blonde rief: «Nichts für ungut, Hohermuth! Aber die Sache ist so, dass Ihr der Entrada nur Unglück bringt. Ihr vertändelt Eure Zeit mit dem heidnischen Weib, und wir verrecken vor Hunger. Warum ziehen wir nicht weiter, zum Fluss Arauca? Dort, sagen die Indier, gibt es Gold!»

Der andere schlug mit der Schneide seines Schwertes auf seine flache Hand und rief: «Recht hast du, Kamerad! Wir setzen Euch ab, Gobernator!»

Die anderen murmelten zustimmend. Hohermuth antwortete nicht, sondern blickte starr Velasco an. Burckhardt sah durch den Spalt, dass der Spanier aus den Augenwinkeln beobachtete, ob die Soldaten es wagten, auf den Gobernator loszugehen. Irgendetwas hinderte ihn daran, den Befehl zu geben, Hohermuth in Arrest zu nehmen. Offenbar verunsicherte ihn, dass der Gobernator so gelassen blieb. Die Menge wurde immer lauter, Rufe ertönten, jetzt drängten sich mehr als ein halbes Hundert Männer im Raum. Einige schlugen mit ihren Fäusten auf die Tartschen, als müssten sie sich Mut machen.

Plötzlich stand Hohermuth auf und zog seinen langen Zweihänder. Er stach die Spitze des Schwertes in den Lehmboden und stützte sich scheinbar träge darauf. Er sah lächelnd über die Soldaten hinweg zum Eingang. Velasco hatte sein Rapier gehoben, als wolle er auf Hohermuth einstechen. Doch er bewegte sich nicht.

Die kräftige Stimme Andreas Gundelfingers ertönte: «Wer sich bewegt, ist des Todes! Gott und die Heilige Jungfrau!»

Jemand stieß Burckhardt heftig mit dem Ellenbogen in die Seite. Die Bewaffneten, die sich im hinteren Raum verborgen hatten, drängten jetzt hervor und bildeten eine schützende Kette vor dem Gobernator. Philipp von Hutten und Estéban Martín führten sie an. Burckhardt reihte sich, ohne groß nachzudenken, ein. Die lärmende Meute um Hauptmann Velasco verstummte. Das Tageslicht brach durch die Ritzen des Daches und der Wände. Eine Reihe von Armbrustschützen stand draußen. Sie hatten die Pfeile aufgelegt und zielten auf die Soldaten im Innern. Dahinter warteten mehrere Dutzend Landsknechte in voller Rüstung und mit gezogenen Schwertern.

Es war jedoch nicht Gundelfinger, der nun eintrat, sondern Hauptmann Juan de Villegas. Burckhardt sah, dass Francisco de Velasco erbleichte. Er ließ das Rapier sinken und stammelte: «Was tut Ihr, Juan de Villegas! Ich dachte ...»

Das Wort blieb ihm im Munde stecken. Villegas lächelte kalt. Er trug kein Kettenhemd, sondern nur den ledernen Koller, als kümmere ihn die Gefahr nicht, durch ein Schwert oder eine Pike getroffen zu werden. Er zog sein Schwert, hob es hoch in die Luft und sagte leise, aber so, dass es jeder im ganzen Haus verstand: «Wer mit dem Gobernator Jorge de Espira ist, der geht nach draußen.»

Er machte eine kurze Pause und sagte dann schneidend: «Aber schnell!»

Er ließ das Rapier sinken, drehte sich um und verließ das Haus. Die Soldaten sahen sich untereinander an, dann folgten zwei Spanier dem Hauptmann, mehrere Deutsche schlossen sich an. Am Ende drängten sich immer mehr durch den Eingang, als seien sie froh, allem zu entrinnen. Francisco de Velasco blieb allein übrig, er stand immer noch mitten im Raum, als begreife er nicht, was geschehen war. Philipp von Hutten trat auf ihn zu und sagte ruhig: «Gebt mir Euer Schwert, Capitán!»

Velasco ließ die Tartsche fallen, überreichte Hutten sein Rapier und reckte das Kinn in die Höhe. Er sagte mit erstickter Stimme: «Obedezco, pero no cumplo!»

Hohermuth schaute ihn verächtlich an: «Er gehorcht, aber er beugt sich nicht! Legt ihn in Ketten, wegen Aufruhrs und Meuterei, und führt ihn ab!»

So geschah es. Als Burckhardt mit den anderen hinausgehen wollte, rief ihn Hohermuth zurück in den hinteren Raum. Er nahm seinen Helm ab und wischte sich den Schweiß von der Stirn. Neben der Tür hockte Eduvigis, die immer noch die Arme um ihren Körper geschlungen hatte, als ob sie friere. Der Gugel war zurückgeschlagen, und ihre Haare hingen hinunter und bedeckten den staubigen Boden wie ein schwarzer Schleier.

Hohermuth trat so dicht an Burckhardt heran, dass ihre Gesichter sich beinahe berührten. Der Gobernator sagte:

«Ich bin enttäuscht von Euch. Ihr haltet Euch unter Leuten auf, die aufrührerische Reden halten!»

Burckhardt wollte etwas erwidern, aber Hohermuth schnitt ihm unwirsch das Wort ab.

«Schweigt! Lügt mich nicht an! Josef Langer, den ihr Bergknappen den Prediger nennt, hat öffentlich den Heiligen Vater geschmäht! Er hat dazu aufgerufen, die Gebote der Kirche zu missachten, und den Soldaten befohlen, die Obrigkeit nicht mehr anzuerkennen. Das ist ebenfalls Meuterei! Und Ihr habt Euch nicht dagegen empört! Vielleicht wart Ihr sogar insgeheim einverstanden mit diesen ketzerischen Reden?»

Burckhardt ballte die Fäuste. Hohermuth fuhr fort:

«Ich will nicht ungerecht gegen Euch sein, Ansorg. Aber Ihr gebt ein schlechtes Beispiel ab für die anderen Soldaten. Ich habe den Verdacht, dass ich mich auf Eure Treue nicht unbedingt verlassen kann. Andreas Gundelfinger wird mit den Kranken und dem gefangenen Velasco hier in Tharobeia bleiben, so lange, bis sie sich erholt haben und uns in den Süden folgen können. Diejenigen, die zurückkehren wollen, gehen mit Hauptmann Lope Montalvo de Lugo nach Coro. Er wird dort Männer sammeln, die uns nachfolgen und uns verstärken, so Gott will. Ihr geht mit nach Coro. De Lugo ist mir persönlich verantwortlich dafür, dass Ihr mit Eurer Familie sicher die Küste erreicht.»

Burckhardt fühlte, wie ihm die Tränen in die Augen schossen. Er senkte den Kopf, entschloss sich dann aber, Hohermuth in die Augen zu sehen: «Nein, Gobernator, ich bitte Euch: Lasst mich mit Euch ziehen!»

Hohermuths Adern an den Schläfen schwollen. Er holte tief Luft und brüllte: «Ihr wagt es, mir zu widersprechen, Ansorg? Was glaubt Ihr, wer Ihr seid? Ein armer Schlucker, der es nur durch meine Gunst so weit gebracht hat! Ein Wort von mir, und Ihr baumelt am nächsten Baum! Ich werde ...»

Hohermuth stutzte und drehte den Kopf. Eduvigis war aufgestanden und hatte ihre Hand auf seine linke Schulter gelegt. Sie sah ihm fest in die Augen, blickte dann Burckhardt an und sagte: «No, Jorge. Por favor.»

Hohermuth überlegte kurz und antwortete dann lächelnd: «Ihr habt einflussreiche Fürsprecher, Ansorg. Ich will noch einmal Gnade vor Recht ergehen lassen. So sei es drum. Gut. Ihr zieht mit uns zum El Dorado. Und nun geht, bevor ich meinen Entschluss überdenke.»

Burckhardt stürzte hinaus, ohne sich bei Eduvigis zu bedanken. Als er die Hütte betrat, in der seine Familie Unterschlupf gefunden hatte, fand er seinen Vater aufrecht sitzend in der Hängematte. Anna Kestlin kniete vor ihm und hielt seine Hände. Josef Langer lag auf dem Fußboden, hatte die Augen geschlossen und warf den Kopf hin und her, als schüttele ihn das Fieber. Christian hockte mit hochgezogenen Schultern auf dem Fußboden.

Burckhardt sah alle der Reihe nach an. Er fühlte sich plötzlich, als wäre eine zentnerschwere Last von ihm gefallen. Fast war ihm, als müsse er laut schreien. Er schnallte seinen Katzbalger ab und warf ihn samt dem Gehänge achtlos zu Boden. Die anderen starrten ihn schweigend an. Dann sagte er mit fester Stimme: «Ich habe mich entschieden. Ihr werdet allein nach Coro zurückkehren. Ich ziehe mit Hohermuth nach Süden, in das unbekannte Land, zum El Dorado.»

TEIL 3

1. KAPITEL

Hunger

Das Knurren kam näher. Hatte sich ein Hund losgerissen? Burckhardt lauschte in die Nacht. Da war es wieder: Ein Tier grollte in verhaltenem Zorn. Ringsumher war alles verstummt; selbst die Frösche schwiegen. Burckhardt fühlte, wie sich seine Haare sträubten. Ein kalter Schauer lief ihm über den Rücken. Er setzte sich vorsichtig in der Hängematte auf, deren Geflecht schmerzhaft den Schorf auf seinem linken Arm streifte. Er biss die Zähne zusammen, glitt auf den Boden, in die Hocke, und tastete nach dem Katzbalger. Das kühle Eisen in seiner Hand beruhigte ihn. Bei den Bäumen hörte er die Pferde unruhig werden. Sie schnaubten und tänzelten nervös hin und her. Welch ein Tier konnte das sein? Jetzt war es wieder totenstill.

Er schüttelte Nikolaus Taig, der neben ihm schlief. Der Kempnitzer rieb sich schlaftrunken die Augen. Burckhardt hielt ihm die Hand vor den Mund und flüsterte: «Horch, Nikolaus, da ist irgendetwas im Dunkeln! Wie ein großer Hund. Die Pferde wittern es.»

Taig lauschte. Da war nichts. Aber selbst die Grillen waren verstummt.

«Du bildest dir das ein, Ansorg. Einer der Landsknechte hat geschnarcht. Oder im Schlaf geplappert.»

«Nein. Ich habe etwas gehört. Sieh doch, Villegas' Rappe!»

Das Pferd des Spaniers zerrte unruhig an seinen Zügeln und schlug immer wieder mit den Hinterbeinen aus, als erwarte es, dass ein unsichtbarer Feind sich von hinten anschleiche.

Taig roch ekelhaft süßlich aus dem Mund. Burckhardt wusste, das sein Kamerad an der Breune litt. Er griff sich immer wieder in den Nacken, der so steif war, dass er den Kopf kaum bewegen konnte. Ein Husten quälte ihn, manchmal konnte er nicht mehr sprechen, und überall am Körper hatte er eiternden Schorf. Auch jetzt bewegte er sich langsam und stöhnte leise.

«Lass mich schlafen», sagte er. «Du hast schlecht geträumt. Und die Pferde erschrecken sich ohnehin vor jeder Maus.»

Er legte sich wieder in die Matte. Doch jetzt war das Grollen ganz nah zu hören. Taig hielt sich die Hand vor den Mund. Er versuchte den Husten zu unterdrücken, aber es schüttelte ihn heftig. Dann griff er nach seiner Axt. Er flüsterte: «Recht hast du. Da ist irgendetwas. Und sei es ein Dämon aus der Hölle: Ich werde ihm die Barte zwischen die Augen donnern.»

Jetzt erwachten auch andere Schläfer. Burckhardt sah Schatten zu den Pferden laufen. Die Soldaten redeten beruhigend auf die Tiere ein. Aus dem Dunkel trat Estéban Martín. Er trug nur eine Armbrust und hatte schon einen Pfeil aufgelegt. Er nickte Burckhardt und Nikolaus Taig zu und sagte nur: «Un tigre! Cuidado! Es muy peligroso!»

Taig antwortete leise:

«Ein Tiger? Haltet Ihr eine große Katze für so gefährlich? Ich bin doch kein Karnickel, das sich selbst vor einem Frosch fürchtet.»

Martín lauschte und antwortete dann: «Habt ihr nicht gehört, was die Indier am Fluss Arauca gesagt haben? Das Land südwärts sei wüst und leer und niemand wohne dort, weil die Tiger dort Menschen und Tiere rissen. Habt ihr noch nie einen Tiger gesehen?»

Taig und auch Burckhardt schüttelten den Kopf. Der Tiger hatte inzwischen offenbar das Lager umrundet. Man hörte ihn nicht mehr, nur die Pferde drängten sich weiterhin unruhig aneinander und richteten ihre Hinterbeine jetzt zur andern Seite. Nun bellten auch die Hunde und waren kaum an der Leine zu halten. Burckhardt hörte Ebonfie und seine Knechte brüllen und fluchen.

Hauptmann Martín biss die Lippen aufeinander und brummte: «Das gefällt mir nicht. Er ist sehr hungrig und lässt sich durch den Lärm nicht verscheuchen. Aber kommt mit mir! Wir werden nachsehen.»

Er sah auf Taigs Barte: «Eine Axt ist wohl nur die richtige Waffe gegen einen Tiger, wenn man sehr mutig ist.»

Taig grunzte nur kurz. Jetzt entzündete jemand ein Feuer. Die Flammen züngelten über die Äste und wurden allmählich größer und kräftiger. Die drei tasteten sich zwischen den Bäumen hindurch, dorthin, wo der Tross lagerte. Plötzlich fauchte der Tiger ganz nah, und ein Schrei erscholl, der Burckhardt das Blut in den Adern gefrieren ließ. Wieder grollte das Tier, aus tiefer Kehle, als habe es gerade zugebissen. Jetzt brüllten in höchster Angst Dutzende von Menschen durcheinander, dort, wo die indianischen Träger schliefen.

Hauptmann Villegas kam mit einer Fackel gerannt, hinter ihm mehrere Spanier mit Piken und Tartschen.

«Wo ist er?», rief er.

Sie rannten in die Richtung, aus der die Schreie kamen. Die Indios klammerten sich aneinander, einige versuchten, in das Gebüsch zu kriechen. Aber sie konnten sich nicht von den Ketten befreien, mit denen sie aneinander gefesselt waren. Burckhardt sah im Schein der Fackel, wie Martín und Villegas mit gezogenem Rapier den Tiger suchten. Martín fragte die Indios, wo das Tier sei. Aber sie waren so in Panik geraten, dass sie keine Antwort gaben, aus der man hätte klug werden können.

Burckhardt hatte sich gerade umgewandt, um zurückzukehren, als sein Fuß sich in einer Wurzel verfing und er lang hinschlug. Neben sich hörte er ein schabendes Geräusch, als zerre jemand eine schwere Last über den Boden. Ein beißender Geruch stieg ihm in die Nase. Hastig sprang er auf und griff nach seinem Schwert, das ihm entfallen war. In diesem Moment sah er zwischen den Blättern eines Busches zwei funkelnde Augen. Der Tiger fauchte so laut, dass Burckhardt vor Entsetzen erstarrte. Das

Tier hatte sein Opfer auf den Boden geworfen, bereit, seine Beute zu verteidigen. Jetzt schob sich eine Pranke mit großen Krallen durch den Strauch, eine zweite, und der Kopf des Tigers erschien, gelb mit schwarzen Flecken. Lange Reißzähne waren im Maul zu sehen. Das Tier fauchte wieder und riss das Maul weit auf. Blut troff von seinen Barthaaren.

Neben Burckhardt huschten Schatten vorbei, etwas sprang den Tiger von der Seite an. Ein wütendes Gekläff ertönte hinter ihm, und weitere Hunde tauchten auf, die sich sofort in das Fell des Gegners verbissen. Die Katze schlug mehrere Male mit der Pranke und schleuderte zwei Hunde klafterweit von sich. Sie bluteten stark; einem waren beide Ohren abgerissen worden, und er wand sich winselnd auf dem Boden. Aber jetzt hatten sich schon drei andere so in den Tiger verbissen, dass er sie nicht abschütteln konnte. Die Tiere wälzten sich durch das Gebüsch, das Fauchen des Tigers mischte sich mit dem zornigen Knurren und Bellen der Hunde. Die Armbrustschützen warteten darauf, dass sich ihnen ein klares Ziel bot, aber es war noch stockdunkel, und niemand konnte erkennen, ob der Tiger oder die Hunde die Oberhand behielten.

Endlich verstummte der Lärm. Vorsichtig tasteten sich die Soldaten in das Gebüsch. Villegas hielt die brennende Fackel hoch, und Ebonfie kam mit einer zweiten. Der Tiger war noch nicht tot, er lag auf der Seite und versuchte die Pranken zu heben. Er blutete aus unzähligen Wunden, das Fell hing ihm in Fetzen herunter. Er hatte sechs Hunde gerissen und drei so schwer verwundet, dass sie sich heulend auf dem Boden krümmten und nicht mehr laufen konnten. Die unverletzten Doggen zerrten wütend an ihm; er war so schwach, dass er sich nicht mehr wehrte. Martín zielte mit der Armbrust und schoss dem Raubtier einen Pfeil durch die Kehle. Die eiserne Spitze kam auf der anderen Seite des Halses wieder heraus, und das Tier sank leblos zu Boden.

Ein Landsknecht rief plötzlich, ganz in der Nähe, und seine Stimme zitterte. Burckhardt und die anderen rannten zu ihm. Er kniete auf dem Boden und übergab sich. Vor ihm lag der Mensch, den der Tiger gerissen hatte. Es war ein Indio. Sein Gesicht war so zerfetzt, dass man ihn nicht erkennen konnte, der Bauch aufgerissen, die Gedärme quollen heraus und vermischten sich mit dem Blut, das im Gras versickerte. Burckhardt fühlte ein Würgen in seinem Hals emporsteigen. Der Tote trug eine Schaube, die unverwechselbar war. Sie gehörte Cara Vanicero, dem Dolmetscher aus Coro.

Burckhardt schossen die Tränen in die Augen. Er ließ sich fallen, rollte sich zusammen und weinte hemmungslos. Von fern hörte er die Stimmen von Villegas und Ebonfie. Beide brüllten sich an. Villegas hatte offenbar die verwundeten Hunde erstochen und wollte die Kadaver den Soldaten überlassen. Seit einem Monat hatten sie kaum etwas zu essen gehabt, und jeder war begierig nach einem Stück Fleisch, mochte es auch von Tieren sein, deren Verzehr widernatürlich war. Schlangen, Eidechsen und Ottern, ja sogar Kröten landeten in den Töpfen, und ein Hund oder ein totes Pferd galten als Leckerbissen im Vergleich zu Würmern oder gekochtem Wurzelwerk. Ebonfie verlangte hundert Goldpesos für jedes seiner Tiere. Jetzt mischte sich auch Philipp von Hutten ein. Er werde Ebonfie einen toten Hund abkaufen, zusammen mit anderen Soldaten, und Villegas sollte sich an Recht und Gesetz halten und sich nicht am Eigentum anderer vergreifen.

Hinter Burckhardt schrie eine Frau, schrill und stoßweise. Er schaute auf und erblickte das junge Weib Caras. Sie war völlig nackt und von oben bis unten voller Schmutz. Sie kniete vor ihrem toten Mann und schlug verzweifelt mit den Händen auf den Boden. Villegas brüllte: «Schweig endlich! Dein Gekreisch ist unerträglich! Du wirst eine gute Puta abgeben, jetzt, wo du allein bist. Die anderen Weiber sind ja so schwach, dass sie den Hintern nicht mehr hochkriegen.»

Einige Soldaten lachten. El Cuchillito, der Deutsche mit dem Narbengesicht, stand neben dem Hauptmann. Er machte ein paar schnelle Schritte auf die Frau zu, packte sie an den Haaren und schleuderte sie in die dornigen Büsche, die überall im Lager wuchsen. Sie schrie gellend auf und sank dann wimmernd in sich zusammen.

Burckhardt sprang taumelnd auf die Füße. Ein roter Schleier legte sich vor seine Augen. Er schrie auf, stürzte auf den Narbigen zu und rammte ihm den Kopf in den Bauch. Sie fielen übereinander, rollten über das Gras, und Burckhardt kam über dem Landsknecht zu liegen. El Cuchillito war überrascht von Burckhardts Angriff und begriff nicht, wie ernst es dem anderen war. Burckhardt hob beide Fäuste und schlug wie ein Rasender auf den Narbigen ein. Jemand zerrte an seinem Wams, ein Schlag traf das Leder seiner Hose, aber er hörte nicht auf. Er spürte die Nasenknochen unter seinen Fäusten brechen, der erstickte Schrei des Narbigen ließ ihn innehalten. Plötzlich spürte er ein kaltes Eisen an seiner Kehle, jemand zog ihn am Bart und sagte: «Tranquillo, Chapeton! Ganz ruhig!»

Es war Juan de Villegas. Der Spanier zog ihn an den Haaren hoch, bis sein Gesicht ganz nah bei ihm war. Seine Augen funkelten. Er knirschte mit den Zähnen und stieß zwischen den Lippen hervor: «Verfluchter Hundsfott! Wie kannst du es wagen, auf einen Tercio einzuschlagen! Ich werde dich zerquetschen wie einen Moskito!»

Burckhardt sah aus dem Augenwinkel, wie El Cuchillito taumelnd auf die Beine kam und sich die blutende Nase hielt. Etwas blitzte in seiner Hand. Burckhardt war immer noch außer sich vor Wut, doch fürchtete er jetzt, es ginge an sein Leben. Er stieß Villegas die Stirn mit voller Wucht gegen den Kopf. Der Spanier machte ein paar Schritte zurück, brüllte vor Zorn und hob sein Rapier. Direkt neben Burckhardt zischte ein Schwert, er spürte den Luftzug an seinem Ohr, und jemand heulte vor Schmerz auf. An seiner Seite stand Philipp von Hutten, nur in Beinkleidern und Kettenhemd. Er hatte El Cuchillito mit dem Rapier durch den Arm gestochen, und der Landsknecht musste das Messer fallen lassen. Jetzt kam auch Hauptmann Estéban Martín. Er hielt sein Rapier gesenkt vor sich, mit der Spitze auf den Boden gerichtet, aber so, dass ihm jedermann ansah, dass er ohne Zögern auf Juan de Villegas eingeschlagen hätte, falls der weiter auf Burckhardt eingedrungen wäre.

Villegas schnaubte vor Wut. Einige der Reiter stellten sich mit hoch erhobenen Fackeln neben ihn, als wollten sie zeigen, dass sie zu ihm hielten. Alle brüllten und fuchtelten mit den Schwertern, Piken und Tartschen. El Cuchillito hielt sich den Arm und schrie, geifernd vor Hass, Villegas solle auf Hutten einstechen. Hutten jedoch schlug blitzschnell und geschmeidig mit seinem Rapier einen Kreis in der Luft. Seine Klinge zischte nur einen Daumenbreit am Kinn des Landsknechts vorbei, der erschrocken einen Schritt zurücktrat.

Hutten sagte ruhig: «Legt Euch nicht mit mir an, El Cuchillito, es würde böse für Euch ausgehen. Unser Ansorg ist zu Recht zornig, dass Ihr die Frau des Dolmetschers behandelt, als wäre sie ein Stück Vieh. Cara Vanicero hat uns immer gute und treue Dienste geleistet. Sein Tod ist für die Entrada ein herber Verlust.»

Villegas war noch immer auf das Äußerste erregt. Er sprang auf Hutten zu, das Rapier in der Hand, und rief: «Ich habe Euer törichtes Geschwätz satt! Zieht Euch zurück, und ich lehre den Minero, was Respekt gegenüber einem Capitán heißt!»

Jetzt ließ sich Estéban Martín vernehmen, der das Geschehen scheinbar gelangweilt verfolgt hatte: «Ich bewundere Euren Mut, Villegas, Ihr seid ein wahrer Caballero. Aber wäre es nicht unklug, das Schwert gegen Felipe de Urre und gegen mich zu erheben? Ich kenne keinen besseren Fechter als ihn. Meine Fertigkeiten kommen bei weitem nicht den Euren gleich. Aber auch ich kann mich zur Not ein wenig verteidigen.»

Die Landsknechte verstummten. Hauptmann Martín achteten sie beinahe noch mehr als den Gobernator. Der Spanier war der Einzige, sagten die Soldaten, der es mit der Fechtkunst Huttens aufnehmen konnte, auch wenn er einer der ältesten Konquistadoren war. Und wenn Martín sich auf die Seite Burckhardts schlug, waren sie gut beraten, sich dem nicht entgegenzustellen. Villegas spuckte aus und steckte sein Rapier in die Scheide. Dann brüllte er die Soldaten an, die neben ihm standen: «Was glotzt ihr so? Schafft mir die Leiche des Dolmetschers fort! Und die Kadaver der Hunde! Und vergesst den Tiger nicht! Rapido! Wir sind alle hungrig.»

Die Soldaten zerstreuten sich murmelnd. Hauptmann Hutten wandte sich stumm ab, und Estéban Martín legte Burckhardt die Hand auf die Schulter.

«Ich weiß, Joven, der Indier war Euer Freund. Aber Gott hat es so gewollt. Nehmt Euch in Zukunft vor Juan de Villegas in Acht. Ihr habt ihn in seiner Ehre gekränkt, und das wird er nicht vergessen.»

Martín schüttelte ihn sanft an der Schulter und ging schweigend zu den Pferden. Burckhardt trottete zu seiner Hängematte. Sein Arm schmerzte. Er hatte sich Tage zuvor die Haut an den Dornen einer Pflanze aufgerissen, jetzt war der Wundbrand gekommen und fraß sich über den Arm. Einer der Dominikaner hatte einen Segen gesprochen, der Wunden angeblich in drei Tagen heilen konnte und auf den viele schworen. Aber Burckhardt sah bis jetzt nichts davon.

Er setzte sich in die Hängematte. Nikolaus Taig war noch nicht aufgetaucht. Das zerfleischte Gesicht des Dolmetschers ging ihm nicht aus dem Kopf. Er hielt sich die Hände vors Gesicht und presste die Lider zusammen. Er wünschte sich, sein Bruder wäre da oder sein Vater. Ihnen hätte er erzählen können, was geschehen war. Wo mochte seine Familie jetzt sein? In Acarigua? Unter einem schattigen Dach aus Palmwedeln, bei Hirschfleisch und gebratenem Fisch? Oder waren sie schon in Coro angelangt? Burckhardt lehnte sich zurück und schloss die Augen.

Die letzten Tage in Tharobeia waren wie in einem flüchtigen Traum vergangen. Die Soldaten diskutierten nur darüber, dass Hauptmann Francisco de Velasco versucht hatte, sich gegen den Gobernator aufzulehnen. Hohermuth zeigte sich gnädig und belangte niemanden, der sich an der Meuterei beteiligt hatte, nur den Anführer. Man munkelte, in Wahrheit sei es Juan de Villegas gewesen, der Velasco aufgehetzt habe. Villegas habe sich dann, als Velasco glaubte, die Mehrheit der Landsknechte werde ihm folgen, auf die Seite des Gobernators gestellt. Alle wussten, aber niemand sprach es offen aus, dass Hohermuth dem Spanier jetzt zu Dank verpflichtet war. Wenn Villegas sich empört hätte, zusammen mit Velasco, dann wäre es der Partei des Gobernators nur schwer gelungen, die Leute auf ihre Seite zu ziehen.

Der Abschied von seinem Vater, seinem Bruder und von Anna war knapp gewesen. Nur Christian hatte hemmungslos geweint. Gunther Ansorg umarmte seinen Sohn stumm, aber er schaute ihn nicht an. Anna weinte. Sie schlang ihre Arme um seinen Hals und flüsterte, sie würde für ihn beten, bis er nach Coro zurückkomme. Burckhardt schob sie sanft von sich und antwortete, dass sie sich bestimmt wieder sehen würden. Sie drückte ihm ein verschnürtes Bündel in die Hand und lief davon. Neugierig wickelte er das Geschenk aus und sah, dass es ein Hemd war. Anna hatte es aus seinem Rutschleder gefertigt, das er nicht mehr benötigte. Das lederne Hemd war beinahe so gut wie ein Koller und hielt sogar Pfeile ab. Er bekam keine Gelegenheit mehr, sich bei Anna zu bedanken, denn die Trompete gab das Zeichen zum Abmarsch.

Neben Nikolaus Taig war Burckhardt der Einzige der Bergknappen, der sich entschlossen hatte, mit Hohermuth El Dorado zu suchen. Alle anderen zogen es vor, mit Hauptmann Montalvo de Lugo nach Acarigua und dann nach Coro zurückzuziehen: Hanns Wilder aus Zwickau, auch der Zimmerer Hans Yleis und der Schneeberger Jordan Fleck. Josef Langer, der Prediger, war einen Tag vor dem Aufbruch sanft entschlafen. Man fand ihn am Morgen leblos auf dem Boden. Niemand wusste, woran er gestorben war. Gunther Ansorg sprach seitdem kaum noch ein Wort, und Burckhardt war insgeheim froh, dass sein Vater unter der Obhut Annas zurückkehrte. Sie würde seine Schwermut lindern können. Die Tortur des Marsches hätte der Vater ohnehin nicht ertragen. Das Fieber suchte ihn immer wieder heim.

Seit Monaten brannte die Sonne unbarmherzig, und jeder Schritt wurde zur Qual. Südlich von Tharobeia war das Land flach wie ein Brett. Nur im Westen versperrten die zerklüfteten Berge den Weg. Alle Flüsse strebten gen Osten, aber wo sie endeten, blieb ihnen verborgen. Die trüben, schmutzig braunen Wasser flossen träge und breit dahin. Die Konquistadoren mussten mit großer Mühe ein Dutzend Flüsse überqueren, und die Ebene war so sumpfig, dass sie oft nicht wussten, ob sie sich auf festem Land befanden oder in einem seichten Flusslauf.

Der letzte Fluss, den sie passiert hatten, hieß Upia. Seit zwei Wochen war ihnen keine Menschenseele begegnet. Am Vortag jedoch hatte Hauptmann Martín, zusammen mit einigen Reitern, in einem Gehölz einige Indios aufgespürt, klein gewachsene Menschen, halb verhungert. Es waren drei oder vier Familien samt Kindern, die sich ängstlich zusammendrängten. Sie wurden unter die Soldaten aufgeteilt. Die Indios liefen nackt und trugen nur Pfeil und Bogen. Sie waren offenbar selbst lange erfolglos auf der Jagd gewesen, denn zwei der Kinder starben, noch bevor sie das Lager der Christen erreichten.

Burckhardt konnte nicht einschlafen, obwohl Mitternacht gerade vorbei war. Er war nicht der Einzige, der wach blieb, weil ihn die Geschehnisse aufgewühlt hatten. Durch die verkrüppelten Bäume sah er den Schein mehrerer kleiner Lagerfeuer. Burckhardt gähnte, setzte sich auf, schnallte sein Schwert um und wanderte zwischen den Büschen umher. Er verspürte keine Lust, El Cuchillito oder gar Villegas zu begegnen. Allmählich geriet er außer Sichtweite der Feuer. Das Kreuz des Südens stand jetzt waagrecht über ihm. Vergeblich suchte er den Nordstern. Er war hinter dem Horizont verschwunden. So weit im Süden waren sie schon!

Plötzlich tauchte eine schlanke Gestalt neben ihm auf. Er erschrak und griff mit der Hand an den Katzbalger. Es war Eduvigis. Sie trug nur ein Hemd, das von Hohermuth stammte und das ihre Blöße knapp bedeckte. Leise fragte er: «Was macht Ihr hier, mitten in der Nacht?»

«Ich suche Medizin. Blätter von Pflanzen. Und du, Burcardo, was suchst du? Dein Freund ist tot, sagt Estéban. Bist du traurig?»

Er nickte und musste schlucken. Nur um etwas zu sagen, fragte er: «Welche Medizin? Seid Ihr krank?»

Eduvigis schüttelte den Kopf, dass ihre Haare sein Gesicht streiften. Um ihre Hüften hatte sie mit einer Schnur eine Tscherbertasche gebunden, die wahrscheinlich einem der Bergknappen gehört hatte, der gestorben war. Sie öffnete den Mund, um etwas zu sagen, hielt aber inne, als habe sie ein Geräusch gehört. Dann drehte sie sich um, hielt die Nase hoch und sog die Luft hörbar ein, wie ein Hund, der eine Fährte schnuppert. Burckhardt wollte sie fragen, was sie gerochen habe, doch Eduvigis legte ihm schnell ihre Hand auf den Mund. Sie war ihm ganz nah, und er roch den Schweiß auf ihrem Körper. Dann nahm sie ihn an die Hand und zog ihn mit sich.

Am Rand des Lagers erblickten sie ein kleines Feuer, an dem ein einzelner Landsknecht saß. Er hatte einen Topf an einem eisernen Dreibein aufgehängt und kochte irgendetwas. Burckhardt wunderte sich, warum ein Soldat sich mitten in der Nacht eine Mahlzeit zubereitete. Eduvigis drückte seinen Kopf hinunter. Gebückt schlichen sie so nahe wie möglich an den Landsknecht heran. Sie legte den Arm um Burckhardts Schulter und flüsterte ihm ins Ohr: «Das ist nicht gut. Das darf Jorge nicht wissen, sonst wird er sehr zornig.»

Burckhardt saß in der Hocke und legte seine Hand auf ihren Oberschenkel, um sich abzustützen. Er fühlte, wie seine Finger ihre nackte Haut streiften. Sie ließ es geschehen und sah ihn nur ernst und nachdenklich an. Burckhardt hatte sie in den letzten Wochen immer nur von fern beobachtet und bemerkte erst jetzt, wie mager sie geworden war. Die Knochen traten überall unter ihrer dunkelbraunen Haut hervor, und ihre Augen lagen tief und verschattet in den Höhlen. Er fragte mit gedämpfter Stimme:

«Was ist nicht gut? Niemand hat verboten, in der Nacht zu essen.»

Eduvigis antwortete so leise, dass er sie kaum verstand: «In dem Topf ist Fleisch eines Menschen. Ich rieche das.»

Burckhardt wusste nicht, worüber er mehr erschrak: darüber, dass einer der Soldaten vielleicht Menschenfleisch aß, oder darüber, dass Eduvigis wusste, wie gekochtes Menschenfleisch roch. Er starrte sie an.

Eduvigis zog ihn mit ihrem Arm noch näher an sich, sodass ihre Gesichter sich beinahe berührten, zupfte an seinem Bart und flüsterte: «Was du denkst, sehe ich in deinen Augen. Die Bärtigen sind dumm. Die Yabarana essen nicht das Fleisch der Oquili. Aber die Christen, dort siehst du es.»

Burckhardt dachte daran, wie die gefangene Eduvigis sich in Acarigua, im Quartier Hohermuths, mit dem Messer auf einen der Obersten der Cariben gestürzt und ihn erstochen hatte. Er wurde nicht klug aus der Indianerin. Man wusste nie, was sie tun würde oder was sie dachte. Er nahm ihren Arm von seiner Schulter und flüsterte: «Wer, zum Teufel, sind die Yabarana?»

Sie schürzte ihre Lippen, strich mit den Fingern leicht über sein ledernes Knie, als wolle sie prüfen, aus welchem Stoff sein Beinkleid gefertigt worden war, und antwortete: «Keine Teufel. Die Yabarana sind mein Volk. Aber sieh, der Soldat isst.»

Burckhardt blickte zu dem Landsknecht, der durch den Frühnebel kaum zu erkennen war. Noch war die Sonne nicht aufgegangen, aber ein zartes Rot spannte sich schon über den östlichen Himmel. Der Soldat saß neben einem Busch, hatte ein Stück Fleisch auf sein Messer gespießt und kaute darauf herum. Ansorg verspürte wenig Lust nachzusehen, ob Eduvigis Recht hatte. Es gefiel ihm, dicht neben ihr im hohen Gras zu sitzen, ungestört vom Treiben des Lagers, ihre Haut zu riechen und sich von ihren schwarzen Augen neugierig betrachten zu lassen. Er hätte gern die feinen Linien auf ihren Brüsten mit dem Finger nachgezogen. Was mochten sie bedeuten? Sie erschienen ihm, als seien sie eingeritzt, nicht aufgemalt. Eine Frau wie Eduvigis hatte er noch nie gesehen, und seit Acarigua war er ihr nie wieder so nahe gekommen. Sie war anders als die kleinen Weiber der Indios mit ihren rundlichen Gesichtern und breiten Hüften, die immer lächelten oder vor Furcht vergingen, wenn man ihnen etwas befahl.

Eduvigis stand ungeduldig auf und ging auf den Landsknecht zu, der sich gerade mühte, ein besonders zähes Stück vom Knochen zu nagen. Burckhardt folgte ihr. Als sie sich dem Soldaten näherten, sprang der auf und warf das Fleisch in hohem Bogen von sich. Burckhardt sah, dass der Mann auch den Topf umwerfen wollte. Der Dreifuß kippte um, und ein Schwall übel riechender Brühe ergoss sich über das Gras. Burckhardt starrte auf die Fleischstücke: Es waren Knochen wie von einem kleinen Menschen im Topf gewesen. Jetzt kamen zwei Spanier und schauten neugierig. Burckhardt rief ihnen zu, sie sollten nach Estéban Martín rufen. Der Soldat stand mit hängenden Schultern da und stierte Burckhardt mit glasigen, blutunterlaufenen Augen an. Es sah aus, als schaute er durch Ansorg hindurch, irgendwo in weite Ferne. Dann setzte er sich wieder, kicherte und klaubte das Fleisch und die Knochen auf, die er verstreut hatte.

Jetzt kam Hauptmann Martín. Er sah Burckhardt fragend an, dann Eduvigis und den Soldaten, der im Gras umherkroch wie ein Tier. Burckhardt schwindelte. Er griff nach Eduvigis' Arm, um sich zu halten. Die Bäume, die Büsche, die Menschen, alles drehte sich um ihn. Dann sackte er zusammen. Lichter tanzten vor seinen Augen, und er fühlte, wie jemand ihn vorsichtig auf den Boden gleiten ließ.

Stimmen murmelten erregt um ihn herum. Burckhardt öffnete die Augen und sah die Landsknechte, wie sie sich um den Soldaten scharten, der sich immer noch wie eine Eidechse auf dem Boden wand und kichernd Fleischstücke und Wurzelwerk in seinen Mund stopfte. Sie wichen furchtsam zurück, wenn er sich ihren Füßen näherte, als wäre er ein Fabelwesen oder ein Ungeheuer. Einer murmelte, der Arme sei vom Teufel besessen und man solle ihm besser nicht zu nahe treten. Endlich sprach Martín ein Machtwort und befahl, den Landsknecht vom Boden aufzuheben und in Ketten zu legen. Kopfschüttelnd wandte er sich Burckhardt zu: «So etwas Abscheuliches habe ich noch nicht gesehen. Der Soldat ist einer der Reiter, die gestern die Indier aufgespürt haben. Er hat sich heimlich eines der kleinen Kinder gegriffen, das auf dem Weg ins Lager gestorben ist, und dessen Fleisch gekocht.»

Martín strich sich mit der Hand über die Stirn.

«Es ist hohe Zeit, dass wir wieder auf ein Dorf der Indier treffen. Ich werde die Indier befragen, die wir aufgegriffen haben. Leider verstehe ich ihre Sprache überhaupt nicht.»

Martín schaute zu Eduvigis und zu Burckhardt, auf dessen Schulter ihre Hand ruhte. Burckhardt wurde unter dem prüfenden Blick des Spaniers unbehaglich. Der Hauptmann bleckte die Zähne, aber man konnte nicht erkennen, ob er zornig war oder lächeln wollte. Er sagte: «Eduvigis, Ihr solltet zu Jorge de Espira gehen. Er wartet sicher schon auf Euch. Wir werden bald aufbrechen.»

Die Indianerin zögerte, ging dann aber mit schnellen Schritten dorthin, wo der Gobernator lagerte.

Das Gepäck war in den letzten Wochen geschrumpft. Während des Winters hatte der Regen den Fässern und Kisten arg zugesetzt, und viel Pulver für die Büchsen war unbrauchbar geworden. Die Pferde verloren ihre Hufeisen, und neue konnte man nicht beschaffen. Die Knechte des Trosses richteten zwar eine kleine Feldschmiede her, aber es gab nicht genug Eisen. Die Armbrustschützen mussten mit hölzernen Pfeilen vorlieb nehmen, und einige der Landsknechte hatten begonnen, sich auch der Waffen der besiegten Indios zu bedienen, Pfeil und Bogen, Lanzen, Keulen.

Calliustus, der Zinnoberbrenner und unumstrittene Herrscher über die Vorräte, hortete immer noch ein Fass Wein, das alle Fährnisse ihrer Reise unbeschadet überstanden hatte. Der Flame hatte schon öfter erklärt, er würde ihn erst ausschenken, wenn er mit dem Goldenen Mann darauf anstoßen könnte, dass sie ihn gefunden hatten.

George Ebonfie blieben nach dem nächtlichen Angriff des Tigers nur noch zwei Hunde. Die Tiere waren noch immer angriffslustig, und die Indios machten einen großen Bogen um sie, sie glichen aber mehr wandelnden Knochengerüsten als jagdeifrigen englischen Doggen.

Burckhardt schleppte seine Habseligkeiten in einem Sack auf den Schultern: ein ledernes Hemd, das Geschenk Annas, das in der Gluthitze des Tages aber nicht zu gebrauchen war, zwei Ölfroschleuchten und einen kleinen Vorrat vom Öl des Lebensbaumes in einer hölzernen Flasche, Feuerstein und Zunder, eine Hängematte und Seile, um sie zu befestigen, eine zerlöcherte Decke aus Baumwolle, eine kleine hölzerne Schachtel mit den wenigen Reales und Maravedis, die ihm noch geblieben waren, ein Barett und den eisernen Helm eines getöteten Landsknechts, einen Löffel und die zerlumpte Schaube Cara Vaniceros, die er sich ausbedungen hatte. Der Katzbalger und die Barte hingen im Gürtel, seine Stiefel trug er beim Laufen immer, weil sie ihm Schutz vor dem Biss der Schlangen boten.

Die Sonne hatte den Nebel des Morgens vertrieben. Der Himmel wölbte sich hoch und weit über dem lichtüberfluteten Land. In der Ebene gab es keinen feuchtschwülen Urwald mit moosigen Bäumen und Lianen, über die sich Affen schwangen, nur Palmenwäldchen, einzelne Baumriesen, auf denen Scharen von Vögeln nisteten, mannshohes, oft undurchdringliches Gebüsch mit vielen Dornen und Stacheln und strauchlose Llanos, über denen die Luft flirrte und wo selbst die Vögel erschöpft Schutz vor der glutheißen Sonne suchten. Nur eine oder zwei Meilen im Westen türmten sich die Berge himmelhoch, die sie seit Acarigua begleiteten. Jeder hoffte, dass sich irgendwann ein Einschnitt zeigen würde, ein Tal, das ein Durchkommen auch für die Pferde zuließ – aber diese Hoffnung trog. Seit Wochen bot sich immer das gleiche Bild: lotrechte Felswände, undurchdringliches Dickicht am Fuß der Schluchten, als hätte ein Teufel eine Mauer aus Stein gebaut, um sie daran zu hindern, auf die jenseitige Seite vorzudringen.

Dort irgendwo hinter den schneebedeckten zackigen Gipfeln verbarg sich ein Geheimnis: Hatte nicht Hauptmann Estéban Martín während des Zuges mit Ambrosius Dalfinger nach unsäglichen Strapazen eine Hochebene erreicht, wo ihnen die Indios Kugeln aus Gold anboten? Immer wieder fragten die Soldaten den Spanier aus. Doch der schüttelte unwillig den Kopf. Sie hätten den Goldenen Mann nicht gefunden, sagte er, aber ihre Pferde mit Haut und Haar essen müssen, so hungrig waren sie, sogar das Fell, die Hufe und die Eingeweide. Und das Hochland jenseits der Gipfel sei leer gewesen, baumlos, nur von Grasbüscheln bewachsen und vom Sturm gepeitscht.

Die Hitze hing wie eine Glocke über den marschierenden Landsknechten, als wenn sie die gesamte Entrada zu Boden pressen und sie so am Fortkommen hindern wollte. Die Träger ächzten und stöhnten unter ihrer Last, und alle beneideten die Reiter. Einige der Fieberkranken waren wie Säcke quer über die Pferderücken gebunden. Sie hatten die Augen geschlossen und ließen die Arme baumeln, als wären sie tot.

Hohermuth ließ zwei Männer der gefangenen Indios an der Spitze marschieren, getrennt von ihren Frauen und Kindern. Er wollte gewiss sein, dass sie nicht fliehen würden. Nach vier weiteren Tagen überquerten sie mit großer Mühe einen weiteren seichten und schlammigen Fluss. Die Indios deuteten aber immer noch in Richtung der mittäglichen Sonne, ohne dass sich eine Menschenseele gezeigt hätte. Sie marschierten nur am frühen Morgen, bevor die Sonne ihre Kraft entfaltete, und vom Nachmittag bis in die Nacht.

Burckhardts Wundbrand am Arm war verheilt. Am Abend nach dem Tod Cara Vaniceros war er im Lager umhergestreunt, ohne zu wissen, wonach er suchte. Er geriet in die Nähe des Gobernators.

Hohermuth saß missmutig auf einem grob gezimmerten Schemel aus Holz und schaute nicht auf, als Burckhardt sich näherte. Eduvigis hantierte mit einem kleinen Topf, in dem sie ihre Kräuter ziehen ließ. Pater Frutos de Tudela hatte sich mehrere Male bei Hohermuth beschwert, dass dessen Geliebte offenbar heidnisches Zauberwerk anrichtete, und einige der Landsknechte fürchteten, sie würde sie mit ihren Kräutern verhexen. Doch der Gobernator winkte ab: Es sei Medizin, er habe selbst erfahren, dass sie wirke. Wogegen, das verriet er nicht. Die Soldaten munkelten, Hohermuth leide am Englischen Schweiß wie viele der Konquistadoren. Deshalb müsse ihm Eduvigis ein Elixier aus Guajak brauen. Burckhardt zweifelte daran, hatte er doch mit eigenen Augen gesehen, dass Eduvigis Blätter und Gräser sammelte, und der Guajakbaum kam nur an der Küste vor.

Doch an diesem Abend, es war schon fast ganz dunkel, winkte sie ihn zu sich, legte den Finger auf den Mund und zeigte auf das Wasser im Topf. Dann nahm sie seinen Arm, fischte mit spitzen Fingern einige der fleischigen Blätter, hielt sie gegen seine Wunde und presste sie darauf aus. Burckhardt unterdrückte einen Schmerzensschrei, denn es brannte wie Feuer. Doch nach mehreren Stunden sah er erstaunt, dass sich die offenen Wunden geschlossen hatten und der Eiter versiegt war. Am nächsten Tag schmerzte ihn der Wundbrand schon nicht mehr.

Quälend langsam ging es durch die ausgedörrte Ebene. Wenn sie zwei Meilen am Tag zurücklegten, war der Gobernator schon zufrieden. Der Soldat, der das Kind gekocht und gegessen hatte, war gleich am nächsten Tag gestorben. Er fiel um, bekam Schaum vor dem Mund, zuckte ein paar Mal und blieb tot liegen. Hastig befahl Martín, ihn zu verscharren. Einer der Padres sprach ein kurzes Gebet, die Landsknechte murmelten ein Misericordia, und der Landsknecht war vergessen. Burckhardt sah, dass eine seiner Hände aus dem Erdreich hervorragte, als bäte sie um Hilfe. Niemand hatte mehr genug Kraft und Ausdauer, in dem harten Boden ein ordentliches Grab zu schaufeln. Die schwarzen Aasvögel kreisten über ihnen, als wüssten sie, dass an Nahrung kein Mangel sein würde.

Endlich, nach mehr als drei Wochen zermürbenden Marsches, begegnete ihnen ein Indio. Philipp von Hutten, der Chronist der Entrada, hatte am Vortag als Datum den zehnten Juni 1536 notiert. Der Indio marschierte ganz allein durch die Ebene. Die Reiter sahen ihn von fern zwischen den Bäumen und berichteten es dem Gobernator. Doch da der Indio nicht zu fliehen versuchte, sondern ihnen schnurstracks entgegenging, verzichtete Hohermuth darauf, ihn mit den Pferden einfangen zu lassen. Am Ufer eines verschlammten Baches wartete er auf die Konquistadoren. Das grün schillernde Wasser sah nicht so aus, als könne man es trinken, aber die meisten Soldaten waren so ausgedörrt, dass sie sich trotz der Warnungen der Hauptleute in die faulige Brühe warfen.

Hohermuth gab ein Zeichen, in Sichtweite des Indios anzuhalten, und Estéban Martín sprang ab und durchschritt den Bach zu Fuß. Dann hob er die Hand zum Gruß, und der Indio tat es ihm nach. Er war klein gewachsen und trug nur einen Bogen und Pfeile im Köcher, so viele, als hätte er noch keinen verschossen. Seine Wangen und Brust waren erdfarben bemalt und mit weißen Punkten gesprenkelt. Er trug einen schmalen Stab aus Holz quer durch die Nase, drei andere standen aus Löchern in seinem Kinn hervor.

Der Indio schien demselben Volk anzugehören, zu dem auch die indianischen Familien zählten, die sie vor einigen Tagen aufgegriffen hatten. Die Männer zeigten aufgeregt auf den einsamen Indio, als wenn sie ihn kennten, und riefen ihm etwas zu. Er antwortete jedoch nicht, sondern achtete nur auf den Hauptmann. Der versuchte, sich ihm verständlich zu machen. Martín winkte einem der Trossknechte, und der beeilte sich, ein paar bunte Prager Glasperlen, eine Axt und zwei Messer heranzuschaffen. Der Indio betrachtete die Dinge sorgfältig, fuhr mit der Spitze des Fingers prüfend über die Schneiden der Messer, nahm die Glasperlen, hielt sie gegen das Licht der Sonne, biss hinein und nickte dann.

Burckhardt beobachtete ihn von der anderen Seite des Baches. Er hatte sich erschöpft neben der Wurzel eines Baumes niedergelassen und fühlte sich, als könne er keinen Schritt mehr gehen. Auch die anderen Soldaten warfen sich dort zu Boden, wo die Bäume ein wenig Schatten spendeten. Der Indio drüben griff Martín an die Schultern und redete auf ihn ein. Er zeigte auf die Soldaten, die Reiter, dann hinter sich, dort, wo sich in der Ferne mächtige Bäume dem Himmel entgegenreckten. Er rief immer wieder: Garpon! Garpon! Niemand verstand, was das bedeutete. Aber Martín meinte, der Indio wolle sie wohl auffordern, ihm zu folgen.

Der kleine Mann drehte sich abrupt um, eilte ein Stück des Wegs voran und wandte sich dann noch einmal winkend um. Hohermuth befahl, sofort aufzubrechen. Es schien ein Flecken der Indios in der Nähe zu sein. Das bedeutete Nahrung und Wasser. Der Gedanke daran beflügelte alle. Die Trossknechte schwangen die Peitsche, um die Träger zu bewegen, ihre Last zu schultern.

Als die Fußsoldaten mühsam durch den Bach wateten, verspürte Burckhardt ein sonderbares Gefühl, als müsse er sich dafür schämen, wie zerlumpt und erschöpft die Konquistadoren aussahen. Was war geblieben von den tapferen Deutschen, den edlen und kühnen Spaniern, wie der Gobernator beim Abmarsch in Coro ihnen zugerufen hatte? Eine jämmerliche Schar, nur noch ein Drittel derjenigen, die Coro verlassen hatten in der Hoffnung, in wenigen Wochen oder nur Tagen ein Reich mit Gold, Silber und edlen Steinen erobern zu können.

Sie mussten noch mehrere Stunden marschieren. Endlich, die Sonne stand schon rot am Firmament, gelangten sie zum Ziel: einem klaren, schnell fließenden Bach, einem Wald aus schattigen Kapokbäumen, Mimosen und Tamarisken. Doch nirgendwo war eine Hütte zu sehen. Überall lagerten Indios, hatten Hängematten zwischen den Bäumen gespannt oder brieten Fische und Vögel, als hätten sie nur auf die Konquistadoren gewartet, um ihnen ein Mahl zu bereiten. Hohermuth ließ die Umgebung absuchen, doch es gab nicht einmal einen Schutz aus Rohr und Palmwedeln. Es schien, als lebten die Indios nur im Freien.

Estéban Martín kratzte sich am Kinn. Villegas, Hohermuth und einige Soldaten umringten ihn ratlos. Die meisten der Landsknechte tranken gierig so viel Wasser, wie ihr Bauch fasste, und schlangen alles in sich hinein, was die Indios ihnen anboten. Einige von ihnen erbrachen sich sofort wieder, weil sie mehrere Wochen kaum feste Nahrung zu sich genommen hatten.

Martín winkte dem Indio, der sie zu diesem Ort geführt hatte, und redete leise auf ihn ein. Der antwortete heftig gestikulierend, und Martín wandte sich seinem Reisegefährten zu:

«Dieses Volk nennt sich Guahibo. Sie besitzen keine Hütten. Ich habe etwas Ähnliches schon einmal gesehen, in den Ebenen südlich von Maracaibo. Dort gibt es ein Volk, das umherzieht wie die Zigeuner. Sie haben keine feste Bleibe, nur Orte, wo sie sich ein paar Monate niederlassen, auf die Jagd gehen und fischen. Sie sagen, das Land vertrüge nicht, dass sie sich allzu lange an einem Flecken niederließen. Irgendwann ziehen sie weiter. So scheinen es die Guahibos auch zu tun. Der Wald hier ist ihr Haus. Wir sind ihrem Kaziken begegnet. Wenn ich ihn recht verstehe, gibt es weiter im Süden eine große Stadt mit sehr vielen Indiern, mit Mais und Patatas in Hülle und Fülle. Wir sollten nicht säumen, vielleicht sind wir bald am Ziel.»

Das Gerücht ging wie ein Lauffeuer durch das Lager. Selbst die, die auf die Pferde gebunden worden waren und sich kaum noch bewegen konnten, richteten sich auf und murmelten mit glasigen Augen: Eine Stadt! El Dorado! Der Goldene Mann! Martín versicherte, dass die Guahibos einige Männer abstellen würden, die sie zu dieser Stadt führen sollten. Sie müssten aber noch eine Woche marschieren, bis zu einem großen Fluss, der Ariari heiße.

Eine Woche! Die Soldaten stöhnten und fluchten. Und Burckhardt schwand der Mut. Er hatte zwei kleine Fische gegessen und seine Hängematte, zusammen mit Nikolaus Taig, fernab von den anderen aufgespannt. Seine Beine waren so schwer, als trüge er einen Mehlsack. Und wenn er sein Schwert aus der Scheide zog, musste er sich so anstrengen, als spanne er die Sehne einer Armbrust mit der Hand.

Als Burckhardt schon die Augen geschlossen hatte, rüttelte ihn jemand an der Schulter. Es war Diego Romero, ein spanischer Landsknecht in Burckhardts Alter, der Diener Philipp von Huttens. Er forderte ihn auf, mit ihm zu kommen, Hauptmann Martín rufe nach ihm. Burckhardt tat, wie ihm befohlen, obwohl er sich so matt fühlte wie noch nie zuvor. Am Rande des Lagers, zwischen einem dichten Gestrüpp, das vor den Blicken Neugieriger schützte, saßen mehrere Leute um ein Feuer. Erstaunt sah Burckhardt, dass es Philipp von Hutten, Estéban Martín und Eduvigis waren. Romero setzte sich zu ihnen, und Hutten winkte ihm stumm, dasselbe zu tun. Über dem Feuer hing ein Rost aus Ästen, und auf diesem Gestell lagen einige kleine Kuchen, die Eduvigis vom Feuer hart brennen ließ. Sie schob die Kuchen mit einem Stock hin und her, damit sie nicht schwarz wurden.

Burckhardt fragte, was hier geschehe. Eduvigis achtete nicht auf ihn, aber Hauptmann Martín antwortete leise, als wolle er sie nicht stören: «Das Weib macht Niopopulver, wenn ich mich nicht irre. Ihr werdet Augen machen, wenn Ihr dessen Wirkung verspürt. Erinnert Ihr Euch an den Zauberer aus Tamalameque, von dem ich Euch damals berichtet habe, als wir beim Giftmeister aus Acarigua waren? Der hat mir auch von diesem Pulver erzählt, das noch besser wirke als Tobacco. Ich habe Eduvigis beobachtet. Sie wollte es mir nicht sagen, aber ich wusste gleich, worum es ging. Ich hatte nur vergessen, welche Pflanzen man benötigt. Ich hoffe nur, dass die Padres uns nicht bemerken. Sie würden uns wegen Hexerei auf dem Scheiterhaufen rösten wie Eduvigis ihre Kuchen.»

Philipp von Hutten lachte halblaut vor sich hin, und Martín fuhr fort: «Die Indier sammeln die Schoten von einem Mimosenbaum. Dann reißen sie sie in kleine Stücke, feuchten sie an und lassen sie einige Stunden liegen. Sie werden fast schwarz, und die Indier kneten sie, wie ein Bäcker den Teig knetet. Dann mischen sie noch Maniok und Kalk hinein, den sie aus den Muscheln des Meeres gewonnen haben, und rösten die Kuchen.»

Eduvigis presste zwei der Kuchen auf einen flachen und hohlen Stein und rieb sie mit einem Kiesel so lange, bis sie pulvrig wie Maismehl waren. Hauptmann Martín sah aufmerksam zu und zeigte stumm auf die helle Masse. Eduvigis griff nach ihrer Tscherbertasche und zog etwas heraus, was wie ein schmaler Knochen aussah. Hutten bat sie, ihn anschauen zu dürfen. Es war der Fußknochen eines Vogels, eine halbe Elle lang und innen hohl. Eduvigis nahm ihn wieder an sich und verstreute das Pulver über den Stein. Dann beugte sie sich darüber, steckte den Knochen in ein Nasenloch, hielt dessen andere Seite über das Pulver und sog es heftig in ihre Nase. Jetzt reichte sie Martín den Knochen, der es ihr gleichtat. Der Spanier musste heftig niesen und schaute sich immer wieder vorsichtig um. Auch Hutten und Romero versuchten, das Pulver in die Nase zu ziehen, stellten sich aber noch ungeschickter an. Doch nach einer Weile schien es ihnen zu gelingen.

Eduvigis zerrieb noch mehr Kuchen und löschte dann das Feuer. Dann hielt sie den Knochen Burckhardt hin. Der sträubte sich, doch die anderen verspotteten ihn. Martín sagte, wer ihn aus einem reißenden Fluss gerettet habe, solle sich vor einem weißen Pulver nicht fürchten. Endlich fasste Burckhardt sich ein Herz. Das Pulver brannte, als hätte man ihm die Nase verätzt, er hustete und nieste. Martín flüsterte, er müsse es mehrere Male versuchen und eine Weile warten, dann geschehe etwas mit ihm. Doch er bemerkte nichts.

Die Geräusche der Nacht übertönten allmählich das Schnauben der Pferde und die halblauten Stimmen des Lagers. Burckhardt sah, dass Philipp von Hutten und Romero sich nacheinander erhoben und durch die Büsche zu ihren Lagern wankten. Martín saß mit gesenktem Kopf, wie eine Statue aus Stein, und regte sich nicht. Er suchte Eduvigis, sie war verschwunden. Doch dann fühlte er eine Hand auf seiner Schulter. Die Frau saß neben ihm, mit dem Kopf an einen Baumstamm gelehnt. Ihre Haare hingen ihr wirr vor dem Gesicht. Burckhardt sah, dass sie die Augen geschlossen hatte. Ihr Gesicht flimmerte und schwankte, Burckhardt war es, als wäre sie ihm abwechselnd nah und fern. Er griff mit seiner Hand nach der ihren. Er hatte das Gefühl, auf einer schwankenden Brücke zu stehen und sich festhalten zu müssen. Das Feuer glomm auf und kam näher. Er wollte die Hand heben, sie bewegte sich nicht. Jetzt züngelte die Glut auf, leckte nach seinen Zehen und verlosch. Er fühlte Eduvigis' Hand wie ein Gewicht auf seinen Schultern, das ihn niederdrückte. Er sank zur Seite. Das Gewicht glitt von ihm ab, und er fiel mit dem Kopf auf das nackte Bein der Indianerin. Er versuchte vergebens, sich wieder zu erheben. Ihre schweißnasse Haut klebte an seiner Wange. Speichel rann ihm aus dem Mund. Er sah die Tropfen an ihrem hochgezogenen Knie entlanglaufen und auf den Boden fallen, unendlich langsam, als dauerte es die ganze Nacht, bis er im Gras verschwand.

Ich bin ganz leicht, wie eine Feder, dachte er. Ihm war, als verzöge sich sein Mund zu einem breiten Grinsen. Ihm schwindelte nicht, aber Farben tanzten vor seinem Gesicht, eine Schar Elfen im Wald. Er lag immer noch mit einer Wange auf Eduvigis' Bein und beobachtete die Elfen, wie sie auf und ab hüpften und winkten wie fröhliche Kinder. Dann wurden sie durchsichtig und verschwanden wie Wolken vor der Sonne. Er begann zu fliegen. Es rauschte in seinem Kopf wie ein mächtiger Wasserfall. Weit unter sich sah er die grüne Ebene. Die Palmen bogen sich ihm entgegen. Dort unten ritten die Konquistadoren. Er sah die Fahnen im Wind flattern. Dann verblasste das Bild. Burckhardt sank in sich zusammen und krümmte sich wie eine schlafende Katze. Ein gleißendes Licht erschien vor seinen Augen. Er fühlte sich erleichtert. Er sprang dem Licht entgegen.

«Joven», sagte eine harte Stimme zu ihm, «steht auf, es geht weiter.»

Über sich sah er den schwarzen Bart und die Augen Martíns. Er tastete mit der Hand neben sich, aber Eduvigis war nicht mehr da. Die aufgehende Sonne schien ihm direkt in die Augen und blendete ihn.

«Ich komme schon», sagte Burckhardt.

2. KAPITEL

Die Stadt der Geister

«Zwei Grad und drei viertel von der Linie äquinoctial. Noch fünfundvierzig Leguas bis zum Äquator. Das ist weniger als von San German nach Santo Domingo auf Hispaniola.»

Diego de Montes blinzelte in die Sonne und legte das Astrolabium vorsichtig auf den Tisch. Der Gobernator, die anderen Hauptleute und viele Landsknechte hatten sich um den Spanier versammelt und staunten. Das Astrolabium war unversehrt und hatte die lange Reise, mit einem Leinentuch umhüllt, in einer von Hohermuths Kisten gut überstanden. Burckhardt beugte sich über die Schulter Philipp von Huttens, um das goldglänzende Ding anzuschauen: Es sah aus wie ein Rad mit einem Kreuz darin, in der Mitte war ein Zeiger, der sich drehen lassen konnte wie der einer Uhr.

Hutten räusperte sich und fuhr fort: «Fünfundvierzig Leguas, das sind dreiunddreißig Meilen. Die Insel Venezuela scheint größer zu sein, als wir dachten.»

Burckhardt verstand zwar nicht, wie Montes sehen konnte, wo sie waren, wenn er mit dem Astrolabium die Sonne betrachtete, aber der Spanier war Navigator gewesen und wusste auch, wie man mit einem Schiff sein Ziel erreichte, ohne jemals einen Feuerturm an Land gesehen zu haben.

Hohermuth sagte feierlich: «Das ist eine gute Nachricht. Ihr müsst wissen, dass der große Seefahrer Magellan vor fünfzehn Jahren die Gewürzinseln erreichte, genau auf diesem Breitengrad, kurz vor der Linie der Tagundnachtgleiche. Wir sind fast am Ziel. Unweit von uns, im Süden der Insel, muss das Indische Meer sein. Und Sebastian Cabot ist noch viel weiter gen Süden gekommen vor fünfunddreißig Jahren, aber er hat El Dorado nicht gefunden, weil er nicht auch im Westen gesucht hat wie wir. Danken wir Gott, dass er uns bis hierher geleitet hat.»

Die Soldaten redeten aufgeregt durcheinander. Der Gobernator schlug auf den Tisch, als wolle er das Gesagte noch einmal bekräftigen: «Estéban Martín und ich haben gestern den Kaziken Waichyri noch einmal streng befragt. Er bestätigte das, was er uns schon erzählt hat: Drüben, jenseits der Berge, ist El Dorado. Und alle anderen Indier bestätigen das. Waichyri weiß das nicht nur vom Hörensagen. Sein Vater und sein Großvater sind dort gewesen. Sie berichteten, dass es oben die Schafe von Peru gebe. Die hat auch Francisco Pizarro beim Groß-Inka Atahualpa gesehen. Und wenn Waychiris Vater nicht auf dem Rückweg überfallen worden wäre von den wilden Tschocos, dann besäße er jetzt viel Gold.»

Juan de Villegas kreuzte die Arme vor der Brust. Der Spanier hatte sich seinen Bart und die Haare von Calliustus stutzen lassen, was ihn völlig veränderte.

«Wilde Tschocos?», fragte er spöttisch. «Wir werden ja sehen, wie wild diese Indier wirklich sind. Es war also falsch, nur immer nach Süden zu ziehen. El Dorado liegt im Westen. Warum warten wir noch? Dort oben ist unser Ziel! Auf zum Goldenen Mann!»

Die Soldaten jubelten. Hohermuth antwortete: «Villegas hat Recht. Wir werden jedoch auf Hauptmann de Santa Cruz warten, welche Nachricht er uns bringt. Sobald er hier nach Nuestra Señora zurückkehrt, brechen wir auf. Waichyri sagt, es seien zwanzig oder dreißig Tagesmärsche: nur wenige Tage bis zum Fluss Papamena gen Südwesten, dann zehn Tage durch das Gebiet der Tschocos und noch einmal so viel bis zum El Dorado.»

Burckhardt schaute auf das riesige Kreuz, das der Gobernator auf dem Platz in Sichtweite des Flussufers hatte errichten lassen. Sie waren erst seit einer Woche am Ariari, aber der Flecken erschien ihm wie ein Paradies, wenn er an die vergangene Zeit dachte, an den Hunger und den Durst, den sie in den Ebenen hatten erleiden müssen. Hier gab es Mais, Patatas, Yucca, Cassave im Überfluss, sogar Hirsche, die sich leicht jagen ließen. Die Indios nannten den Ort Tabachara, Hohermuth taufte ihn jedoch Nuestra Señora. Viele Indios von nah und fern trieben hier Handel, jeden Tag kamen Dutzende von Canoas mit frischem Fisch und Früchten.

Der Kazike Waychiri vom Volk der Huitoto, das hier lebte, war ihnen freundlich gesinnt und ließ sie mit allem Nötigen versorgen. Der Flecken war nicht so groß wie Acarigua. Hauptmann Martín, der die Umgebung erkundete, meinte, es gebe viele Zeichen dafür, dass das ganze Land früher viel dichter besiedelt war. Die Hütten schmiegten sich an die Biegungen des Flusses und zogen sich die Hügel hoch, die das Tal von den schroffen Felsen der Berge trennten. Auch im Osten ragte ein Gebirge empor. Der Gobernator schätzte, dass das Tal sich über sieben oder acht Leguas ausdehnte, also gut sechs Meilen breit war.

Die Führer der Guahibo hatten sie sicher geleitet. Die Konquistadoren waren so erschöpft und litten so sehr an Durst und Hunger, dass sie den Kriegern der Huitoto oder denen der anderen Völker kaum hätten ernsten Widerstand leisten können. Deshalb drang Estéban Martín darauf, den Indios sofort Frieden und Geschenke anzubieten.

Hauptmann de Santa Cruz war mit zwanzig Mann gen Süden aufgebrochen, bis zum Fluss Guaviare. Die Flecken dort gehörten zur Herrschaft Waichyris, und der Gobernator wollte sichergehen, dass ihr Entschluss, sich nun nach Westen zu wenden, richtig war. Der Gobernator erwartete ihn jeden Tag.

Auch von den Guahibo, die noch nicht zu ihrem Volk zurückgekehrt waren, hörten sie Nachrichten, die sie aufhorchen ließen. Martín gelang es, ihre Sprache ein wenig zu lernen, und mit Hilfe eines Huitoto, der sich besonders gelehrig anstellte, fragte er sie aus. Häufig saß Eduvigis bei ihnen. Auch jetzt, nachdem Diego de Montes die Höhe der Sonne gemessen hatte und sich die Neugierigen wieder zerstreuten, winkte der Hauptmann Burckhardt zu sich und ging mit ihm in eine Hütte in der Mitte des Ortes, wo sich der sprachkundige Huitoto und die indianischen Führer aufhielten.

Die Guahibo schaukelten in ihren Hängematten und aßen von der gelben, köstlichen Frucht, die die Indios Ananas nannten. Sie erzählten von einem Volk, das weit in den Bergen lebte, hinter den Gipfeln, dort, wo die Götter wohnten. Niemand außer ihnen kenne den Weg. Die tapfersten ihrer Krieger seien dorthin aufgebrochen, aber eisige Winde und furchtbare Dämonen, die in den Schluchten hausten, hätten sie zurückgetrieben. Einmal im Jahr kämen jedoch Boten dieses Volkes zu ihnen in die Ebene, wenn die Tage am längsten seien und die Wasser der Flüsse sich weit zurückgezogen hätten. Das sei schon seit den Zeiten ihrer Vorväter so gewesen. Sie seien anders als sie, trügen Tücher aus Baumwolle um die Hüften und brächten Salz und manchmal auch grüne Steine. Die Indios aus den Bergen seien auf der Suche nach Kindern, die sie gegen kleine Götter aus Gold und andere Dinge tauschten, die es in den Llanos nicht gebe. Was mit den Kindern geschehe, wüssten sie nicht. Sie nähmen sie mit sich.

Burckhardt schaute die Guahibo ungläubig an. Hauptmann Martín jedoch beobachtete den Huitoto. Der nickte, als könne er die Geschichte bestätigen. Der Indio war ein kräftiger, mittelgroßer Mann, der die Guahibo um einen Kopf überragte und auch die meisten der anderen seines Volkes. Der Kazike Waichyri hatte ihn als einen seiner Obersten vorgestellt, aber nicht seinen Namen genannt. Erst als Hauptmann Martín ihn darum bat, antwortete der Huitoto, er heiße Somondoco.

Burckhardt saß neben Somondoco auf dem Boden. Der Huitoto erschien ihm ein wenig unheimlich. Er trug weder einen Nasenpflock noch Stäbe im Kinn und war auch nicht bemalt. Wenn Martín und Burckhardt sich darüber austauschten, was sie von den Guahibo erfahren hatten oder was ihnen in Nuestra Señora aufgefallen war, lauschte er, als verstünde er, was die beiden in spanischer Sprache miteinander redeten. Jetzt wandte er sich

Martín zu und zeigte auf sich, dann nach draußen. Dabei nickte er immer wieder heftig. Mit den Fingern trippelte er auf dem Boden, zeigte mit der flachen Hand nach oben und malte dann eine Figur in den Lehm. Martín betrachtete sie lange und sagte zu Burckhardt:

«Das ist ein großes Schaf, wie es sie in Peru gibt. Ich glaube, der Indier will uns sagen, dass er den Weg hinauf in die Berge kennt.»

Der Spanier setzte sich in die Hocke, dicht vor Somondoco, griff unter sein Hemd, nahm eine winzige goldene Figur heraus, die sie in Itabana erbeutet hatten, und zeigte sie dem Indio. Somondoco betrachtete sie aufmerksam, verzog aber keine Miene. Dann nickte er und wies wieder mit der Hand dorthin, wo sie den Pass über die Berge vermuteten.

Martín war zufrieden. Er schlug Burckhardt auf die Schulter, als habe er einen Grund, fröhlich zu sein. Er rief: «Das ist es, Joven! Das ist El Dorado! Und unser Somondoco wird uns dorthin führen! Wir sind am Ziel! Endlich! Die Mühen waren nicht umsonst. Ich werde Hohermuth sofort davon berichten.»

Draußen erhob sich großer Lärm, Stimmen riefen durcheinander, und Pferdegetrappel war zu hören. Das musste Hauptmann Francisco de Santa Cruz sein. Sie eilten hinaus, zum Platz mit dem Kreuz, wo sich schon die Landsknechte versammelten. Somondoco folgte ihnen. Die Guahibo aber blieben in der Hütte in ihren Hängematten liegen, als fänden sie das Gerede um den Goldenen Mann wenig aufregend.

Die Neugier der Soldaten aber wurde nicht sofort gestillt. Der Gobernator ließ den Hauptmann in sein Quartier rufen, um zu beratschlagen, was geschehen solle. Juan de Villegas wartete schon dort, und Estéban Martín befahl Burckhardt, ihn zu begleiten. Schließlich sei er immer noch der Sprecher der Bergknappen, obwohl außer ihm und Nikolaus Taig keiner den Mut aufgebracht habe, mit Hohermuth gen Süden zu ziehen. Deshalb habe er auch das Recht, zuzuhören, wenn die Hauptleute berieten.

Hohermuth lag in einer Hängematte und litt offenbar am

Schüttelfieber. Schweiß stand ihm auf der Stirn, er zitterte und keuchte, während er sprach. Burckhardt hatte erwartet, Eduvigis bei ihm zu finden, sie war aber nicht zu sehen. An ihrer Stelle wrang eine der jungen Frauen des Kaziken ein feuchtes Tuch, tauchte es immer wieder in ein irdenes Gefäß und wischte die Stirn des Gobernators.

Somondoco kauerte sich bescheiden auf den Boden, in der äußersten Ecke der Hütte, und Burckhardt hockte sich neben ihn. Martín und Villegas setzten sich auf zwei Schemel, die noch Hanns Yleis in Tharobeia gezimmert hatte, und lauschten dem Bericht des Hauptmanns. Francisco de Santa Cruz schob sich die blonden Haare aus dem Gesicht. Er wirkte erschöpft und missgelaunt und überlegte lange, bis Juan de Villegas ungeduldig mahnte, er solle endlich berichten, was ihm widerfahren sei. Santa Cruz sagte: «Das Gebirge im Osten scheint nicht sehr ausgedehnt zu sein. Wir umgingen es im Norden und hielten uns eng an seiner östlichen Flanke. Schon nach vier Tagen erreichten wir einen Fluss, der so breit ist, dass wir ihn nicht überqueren konnten. Wir zogen nach zwei Tagen an seinem Ufer entlang und fanden allerlei kleine Flecken der Indios mit Mais und Yucca. Dann jedoch mussten wir umkehren, weil sich ein anderer Fluss von Norden her in den Strom ergoss. Die Indios nannten ihn Ariari. Vielleicht ist es der, an dem Nuestra Señora liegt?»

Martín nickte und antwortete: «Der Ariari macht einen Bogen nach Norden. Ihr seid in dieselbe Richtung geritten wie der Fluss, nur weiter westlich, am Rand des Gebirges entlang.»

Santa Cruz fuhr fort: «Dort hörten wir, dass vor vier Jahren Christen dort gewesen seien. Wir verstanden die Indier nicht, aber sie zeigten auf unsere Bärte und machten sich irgendwie verständlich. Einige zeigten rostige Nägel her, Hufeisen und sogar einen Helm mit einem großen Loch und die silberne Pfeife eines Hauptmanns. Diese Christen müssen die Soldaten von Alfonso de Herrera gewesen sein.»

Der Gobernator hustete und meinte: «Herrera kam von Cubagua. Sie sind den Marañon aufwärts gezogen, den die Indier dort Uriñoco nennen. Die Indier waren sehr feindselig und töteten neunzig Mann. Er musste unverrichteter Dinge wieder umkehren. Ich habe in Coro einige der Überlebenden getroffen. Sie sagten, Herrera plane, noch einmal loszuziehen. Ich würde mich nicht wundern, wenn wir auf ihn träfen.»

Villegas widersprach heftig: «Capitán Herrera wäre auf dem falschen Weg. El Dorado liegt nicht in der Ebene im Osten, sondern im Westen, in den Bergen. Wir sollten uns beeilen, ihm zuvorzukommen. Das ist meine Meinung.»

Dann erzählte Martín, dass der Huitoto offenbar den Weg hinauf in das Gebirge kannte. Wie Burckhardt bemerkte, erregte diese Nachricht Juan de Villegas aufs Äußerste. Hohermuth richtete sich mühsam auf und sagte: «Ihr, Estéban Martín, und Ihr, Juan de Villegas, nehmt Euch die Soldaten, die marschieren und kämpfen können, und sucht den Pass in die Berge. Vierzig Landsknechte und ein Dutzend Reiter sollten genügen. Der Huitoto wird Euer Führer sein. Der Kazike Waichyri soll Euch ebenfalls begleiten, auch wenn er das nicht will. Das gibt uns hier die Sicherheit, dass die Indier nichts gegen uns unternehmen. Santa Cruz und Philipp von Hutten werden mit mir hier auf eine Nachricht von Euch warten. Wenn Ihr auf die Tschocos stoßt, versucht, Frieden mit ihnen zu machen. Ich gebe Euch freie Hand. Wenn das Land sicher ist, folgen wir Euch so schnell wie möglich nach. Es ist ein zu großes Wagnis, mit dem Tross und den Kranken auf einem schmalen Gebirgspfad gegen die Indier kämpfen zu wollen. Ich vermute, dass auch die Reiter dort nicht viel ausrichten können.»

Der Gobernator stöhnte leise, als habe ihn das Reden sehr angestrengt, und sagte dann, ohne sich zu Burckhardt umzudrehen: «Auch Ihr, Ansorg, werdet mitziehen. Ihr seid mir verantwortlich für Eduvigis. Sie versteht die Sprache der Huitoto ein wenig und kann Hauptmann Martín helfen, den Führer und den Kaziken zu dolmetschen.»

Juan de Villegas zeigte keinerlei Regung, aber Estéban Martín zog die Augenbrauen hoch. Warum wollte der Gobernator seine Geliebte an einem so gefährlichen Unternehmen teilhaben lassen? Was mochte ihn dazu bewogen haben? Auch Burckhardt war überrascht. Martín winkte Somondoco und ließ ihn noch einmal Hohermuth und den anderen beiden Hauptleuten vorführen, dass im Westen das Volk wohnte, von dem die Guahibo erzählt hatten und bei dem der Vater des Kaziken gewesen war. Der Gobernator entschied, dass der Voraustrupp schon am nächsten Morgen, noch vor Sonnenaufgang, aufbrechen sollte.

Villegas stimmte unwirsch zu, dass Nikolaus Taig sich ihnen anschloss. Es schien, als interessiere sich der Spanier nicht recht dafür, wer zu den ausgewählten Soldaten gehörte, die den Pass durch das Gebiet der Tschocos suchen sollten. Der Kempnitzer litt immer noch an seinem eiternden Ausschlag. Aber nicht nur er: Die meisten Soldaten quälte der Wundbrand, selbst dort, wo nur die winzigen Jejen zugestochen hatten. Nikolaus konnte zudem den Kopf nicht mehr richtig drehen, als sei sein Hals steif geworden. Er behauptete aber mit Nachdruck, das hindere ihn nicht daran, zu marschieren und mit der Barte dreinzuschlagen. Burckhardt vermutete, Nikolaus wolle nur nicht allein unter den Landsknechten sein, sondern sich zu ihm gesellen, dem Einzigen, mit dem er über seine Heimat reden konnte und der auch Bergknappe war.

Burckhardt schien es noch tiefe Nacht zu sein, als die rostige Trompete sie weckte. Hastig band er die Hängematte zusammen und stopfte sie in seinen Sack. Er würde seine Habseligkeiten in Nuestra Señora lassen. Der Gobernator hatte angekündigt, sobald er Nachricht von ihnen erhalte, würde er ihnen folgen, samt den indianischen Trägern, dem Tross und dem Gepäck. Burckhardt band sich nur die Schaube Caras um die Hüfte und setzte den Helm auf wie ein Landsknecht. In den Bergen würde es kalt werden. Das hatte Hauptmann Martín angekündigt. Sein ledernes Hemd, das er jetzt trug als Schutz vor den Pfeilen der Indios, würde ihn des Nachts nicht genug wärmen.

Zwölf Reiter und achtunddreißig Fußsoldaten waren angetreten. Dazu kamen der Kazike Waichyri, der sich zwar anfangs sträubte, sein Dorf zu verlassen, dem Hohermuth aber reiche Geschenke versprach, wenn er den Voraustrupp begleitete. Dann Somondoco, der nur ein Tuch um die Hüften gebunden hatte und ein großes verschnürtes Bündel wie ein Felleisen auf dem Rücken trug, sowie den Bogen und einen Köcher mit Pfeilen. Eduvigis, die barfuß lief wie alle Indios, trug Hohermuths Hemd und die abgetragene Schaube über den Schultern. Burckhardt sah im Zwielicht des Morgens, dass sie auch ihre Tscherbertasche um den Bauch geschnürt hatte.

Ihn überkam ein Gefühl, als müsse er sich von denen, die in Nuestra Señora blieben, auf ewig verabschieden. Der Gobernator schwang sich auf sein Pferd, obwohl sein Kopf vor Fieber glühte, und Philipp von Hutten hielt die Fahnen des Kaisers und der Welser in den warmen Wind, als wolle er ihnen noch einmal zeigen, in wessen Auftrag sie zogen. Das Licht der aufgehenden Sonne spiegelte sich auf Huttens Helm und blendete Burckhardt. Die Soldaten und die lärmenden Indios, die sie verabschiedeten, wurden kleiner und kleiner und verschwanden schließlich zwischen den Bäumen und den Feldern.

Die Landsknechte marschierten in den staubigen Tag hinein. Ein Spanier sang mit rauer Stimme ein trauriges Lied von Liebe und Abschied. Burckhardt war es wehmütig ums Herz. Immer weiter entfernte er sich von seinem Bruder und seinem Vater. Das Gesicht Annas tauchte vor ihm auf. Seit den Stunden in der Hütte Caras in Coro war so viel geschehen. Ein Kloß steckte in seinem Hals, wenn er daran dachte, dass die Freunde, die er meinte gefunden zu haben, allesamt gestorben waren: Mauricio Butzler, Cara, der Dolmetscher der Caquetios, und auch die, die ihn an die Heimat erinnerten wie der Prediger Langer, Hans Hugelt und Christoph Schutz.

Der Einzige, der Burckhardt noch etwas bedeutete, war Estéban Martín. Der Spanier aber blieb ihm fremd, er konnte sich in dessen Gedanken nicht hineinversetzen. Was der Hauptmann erlebt hatte in der Neuen Welt, während des Marsches mit Dalfinger, als einer der ersten Konquistadoren, der die Sprache der Indios verstand, ließ ihn einsam werden unter den Soldaten. Selbst die Veteranen, die lange in Venezuela gelebt hatten, empfanden einen tiefen Respekt vor den Erfahrungen des Hauptmanns. Aber gerade das hinderte sie daran, sich ihm zu nähern oder gar seine Freundschaft zu suchen.

Nach drei Tagen erreichten sie den Fluss Papamena. Es regnete nicht, und Martín befahl, die Schläuche prall mit Wasser zu füllen. Der Papamena ergoss sich reißend in die Ebene, sie hätten ihn nur mit großer Mühe überqueren können. Somondoco und Waychiri waren sich einig, dass sie an seinem Ufer entlangmarschieren mussten, um an Höhe zu gewinnen. In einem kleinen Flecken ergänzten sie ihre Vorräte an Cassave und Stockfisch. Wenn Waychiri sie nicht begleitet hätte, wären die Bewohner des Ortes vor ihnen geflüchtet oder ihnen feindselig begegnet.

Allmählich ging es aufwärts. Die Ausläufer der Berge schoben sich ihnen entgegen, und der Anstieg wurde immer beschwerlicher. Villegas, der die Reiter anführte, befahl, dass George Ebonfie mit seinen zwei Hunden sich zur Nachhut begeben sollte, um die indianischen Träger an der Flucht zu hindern. Der Gobernator hatte darauf gedrungen, nur Träger vom Volk der Huitoto dem Voraustrupp zuzuteilen, denn die gefangenen Cariben und die anderen Indios waren geschwächt und allesamt krank wie die Soldaten. Außerdem würden sie ohne Ketten besser vorankommen. Aber dazu mussten sie freiwillig marschieren oder auf Befehl ihres Kaziken.

Die Bäume und Gräser verdichteten sich. Lianen kletterten die Stämme empor, wie damals in den Bergen vor Acarigua, und die knorrigen Äste verfilzten sich so sehr, dass sie mit ihren Macheten und Äxten ihre liebe Mühe hatten, den Weg zu bahnen. Überall auf den Bäumen wuchsen Gräser und Blumen mit herb duftenden Blüten. Breit gefächerte Farne spendeten Schatten vor der grellen Sonne. Zu Fuß wäre es einfacher gewesen, denn der Huitoto entdeckte den schmalen Pfad immer wieder, auch wenn er zeitweilig ganz unter den Moosen verborgen war. Aber die Pferde und Reiter konnten nicht so klettern wie die winzigen Affen, die sie im Geäst lärmend begleiteten. Je höher sie kamen, umso weniger der lustigen Geschöpfe sahen sie.

Am dritten Tag stiegen sie in eine Schlucht ein, und der Pfad verschwand vollends unter dem Gesträuch. Sie kamen nur im Gänsemarsch voran, und Martín beobachtete argwöhnisch, ob sich auf den Höhen über ihnen Indios zeigten. Gegen Mittag stockte der Zug, und die Soldaten nahmen die Gelegenheit wahr zu verschnaufen. Burckhardt kletterte vorsichtig an den rastenden Landsknechten vorbei, um zu sehen, warum sie nicht vorwärts kamen. Unter ihm gähnte der Abgrund. Es ging so steil hinab, als stünde er auf dem First eines Hauses. Der Fluss glitzerte durch das satte Grün der Baumriesen, und in der Ferne reihte sich ein Bergkegel an den anderen. Nur wenige Male hatten sie einen Blick auf die Ebene erhaschen können, die sich wie ein Meer tief unten ausbreitete, auf die winzigen Rauchsäulen, die von einem Flecken mit Menschen herrührten, und die gelben Tupfer der Felder.

Jetzt sah er, warum der Zug Halt machte. Ein Unwetter hatte getobt und die Bäume gleich reihenweise gefällt. Ein Verhau aus Holz, ein Gewirr unzähliger abgestorbener Äste und Baumstämme, versperrte ihnen den Weg. Sogar Somondoco stand etwas ratlos vor dem Hindernis. Hier würde ein ganzes Fähnlein von Bergknappen samt ihren Äxten nicht helfen. Villegas tobte, aber davon bewegten sich die Bäume nicht. Umkehren wollte niemand, aber wie sollten sie die Sperre umgehen? Vielleicht hätten die Fußsoldaten den Hang erklettern können, aber den Pferden wäre das unmöglich gewesen.

Hauptmann Martín winkte vier Soldaten und beredete etwas mit ihnen. Dann rief er den anderen zu, sie sollten sich so weit zurückziehen, wie eine Armbrust schießen könnte. Fluchend stiegen die Reiter ab, machten kehrt und stapften vorsichtig wieder zurück. Drunten gab es ein heilloses Durcheinander, weil die Träger mit den Lasten nur schwer kehrtmachen konnten, ohne sich gegenseitig zu behindern. Martín befahl Nikolaus Taig und Burckhardt zu sich. Er musterte sie scharf, als ob er sich vergewissern wolle, dass sie bei Kräften waren, und sagte: «Wir werden ein Feuer anzünden. Das wird uns den Weg frei kämpfen. Ich muss aber gewiss sein, dass es uns nicht schadet. Ihr werdet den Hang so weit nach oben roden, dass es nur vorwärts, aber nicht rückwärts brennen kann. Das muss bald geschehen. Wir können hier weder rasten noch zurückmarschieren. Beeilt euch!»

Sie machten sich sofort an die Arbeit, und Martín und die vier Soldaten begannen damit, trockenes Holz an verschiedenen Stellen aufzuschichten. Burckhardt war froh, dass er sein ledernes Hemd trug, denn das trockene Gesträuch war voller Dornen, die seine Haut arg in Mitleidenschaft gezogen hätten. Er versuchte, Nikolaus zu entlasten, weil er spürte, dass der kaum noch die Kraft hatte, die Barte mit Wucht zu schwingen. Immer wieder stützte Nikolaus sich keuchend auf einen Baumstamm, und Martín, der sie beobachtete, spornte ihn ununterbrochen an.

Endlich war der Spanier zufrieden, und die Soldaten entzündeten das Feuer. Burckhardt und Nikolaus zogen sich ebenfalls ein Stück zurück, denn die Flammen schlugen hoch und hüllten sie schnell in eine Rauchwolke. Das Holz brannte wie Zunder, es knallte und prasselte, und die Funken stoben über ihren Köpfen. Eine Feuerwand erhob sich, fünf oder sechs Klafter hoch, aber sie kam nicht näher, sondern kletterte die Schlucht hinan. Der Lärm wurde so groß, dass sie sich nur noch schreiend verständigen konnten. Ihnen blieb nichts, als zu warten, bis das Feuer von selbst erlöschen würde.

Nach einigen Stunden war von dem Hindernis, das sich ihnen entgegengestellt hatte, nur noch ein qualmender Haufen toten Holzes übrig, den man mit einem Schwertstreich in sich zusammenfallen lassen konnte. Das Feuer hatte den Hang über ihnen völlig abgeräumt. Überall reckten sich verkohlte Baumstümpfe in die Luft, und die schwarzen Grassoden qualmten. Als sich der Rauch verzogen hatte und der Boden nicht mehr glühte, befahl Martín zwei Soldaten, direkt auf den Grat über ihnen zu klettern. Vielleicht gab es oberhalb der Schlucht ein Durchkommen. Die Landsknechte beobachteten, wie die beiden den steilen Hang erkletterten, ihre Piken in den Boden rammten und sich damit aufwärts stemmten.

Der Voraustrupp passierte endlich das Hindernis. Am Nachmittag erweiterte sich die Schlucht. Ein Bach stürzte neben einer saftigen Wiese hinab, und Villegas ließ das Lager für die Nacht aufschlagen. Martín wartete ungeduldig auf die beiden Landsknechte, die immer noch oben auf dem Grat waren. Endlich kam einer von ihnen zurück. Er stolperte den Hang hinab, als sei ein Teufel hinter ihm her, keuchte und konnte kaum sprechen. Es war Diego Romero, der Diener Huttens. Er hustete und stammelte: «Capitán, das müsst Ihr Euch ansehen, drüben, auf der anderen Seite des Berges, am Hang! Es sieht aus, als wenn dort Häuser stünden, aber aus Stein.»

Martín runzelte die Stirn. Der Soldat ergänzte, sein Kamerad warte oben auf sie. Er würde es nicht glauben, wenn er es nicht mit seinen eigenen Augen gesehen hätte. Martín musterte den Himmel, aber bis zur Dämmerung hatten sie noch mehrere Stunden Zeit. Eduvigis stand neben ihm; sie wollte ebenfalls nachsehen, was dort war. Martín schaute Burckhardt an, der wortlos nickte. Romero schien zu ermattet, als dass er den Weg nach oben noch einmal hätte zurücklegen können. Aber jetzt sahen sie auch den anderen Landsknecht, der hoch über ihnen schrie und mit den Armen wedelte.

Martín kletterte voran, Eduvigis folgte ihm, und Burckhardt bildete den Schluss. Sie brauchten beinahe eine Stunde, um den Grat zu erklimmen. Der andere Soldat wartete ungeduldig auf sie. Er zeigte aufgeregt auf die andere Seite. Burckhardt blickte hinunter in die Schlucht. Er sah nichts, nur ein Meer von Bäumen, schäumende Wasserfälle, die über Felsen stürzten, und große schwarze Vögel, die im Talkessel kreisten. Martín kniff die Augen zusammen und musterte die jenseitigen Felsen. Das Tal war nicht sehr breit. An seinem Grund lag ein kleiner See, der in der Abendsonne glitzerte. Aber jetzt bemerkte Burckhardt, dass auf halber Höhe der Felswand gegenüber, fast senkrecht über dem Wasser, steinerne Giebel über die Baumwipfel ragten, ohne ein Dach, als wären die Häuser schon lange verlassen. Alles war überwuchert von Schlingpflanzen, Baumwurzeln und Moosen. Aus der Ferne war eindeutig zu sehen, dass hier Menschen gewohnt hatten. Wenn das Feuer nicht den Bewuchs auf dem Grat vernichtet hätte, wäre niemand auf die Idee gekommen, in diesem gottverlassenen Tal nach etwas zu suchen. Die Flammen hatten sich nach unten gefressen, waren aber auf halbem Wege erstickt, weil sie nicht mehr genug trockene Nahrung gefunden hatten.

Der Hauptmann zögerte nicht lange. Der Landsknecht weigerte sich weiterzugehen, er sei zu erschöpft. Martín schaute ihn belustigt an, als ahne er, dass der Soldat sich fürchtete, aber er ließ ihn gehen. Er zog sein Rapier, nickte Eduvigis und Burckhardt zu und begann sich einen Weg am Hang zu bahnen, um auf die andere Seite zu gelangen.

Zu ihrer Überraschung stießen sie bald auf einen Saumpfad, der sich von oben über einen Pass schlängelte. Er war schwer auszumachen, aber es schien, als würde er manchmal benutzt. Doch wer kam in dieses Tal, und warum? Der Pfad führte nach Westen über den Pass, dorthin, wo die Tschocos lebten, wie die Huitoto berichteten.

Nach einer weiteren Stunde hatten sie die andere Seite erreicht. Der Pfad klebte an einer schwarzen Felswand und war so schmal, dass man kaum zwei Füße nebeneinander stellen konnte. Burckhardt klammerte sich an jede Wurzel, jeden Strauch, der aus den Ritzen zwischen den Steinen wuchs, und traute sich kaum, in den Abgrund zu schauen.

Martín rief ihm zu: «Ich weiß nicht, welches Teufelswerk uns erwartet. Aber ich habe noch nie Häuser aus Stein bei den Indiern gesehen. Ich will wissen, was dort ist. Haltet euch dicht hinter mir. Vielleicht täusche ich mich, doch habe ich das Gefühl, dass wir dort Menschen treffen werden oder irgendetwas Ähnliches.»

Etwas Ähnliches! Burckhardt hätte nicht gewagt, sich über den Hauptmann lustig zu machen, aber er fragte sich, ob das Fieber Martín ergriffen hatte. Eduvigis schaute sich kurz um, Burckhardt wartete dicht hinter ihr. Ihre schwarzen Augen waren unergründlich, sie schien ratlos und doch, als wüsste sie mehr, als sie zugeben wollte. Martín musterte den Himmel und sagte gleichgültig: «Wir werden heute nicht ins Lager zurückkehren können. Und wenn Villegas uns suchen lässt, werden sie uns nicht finden. Niemand kann im Dunkeln über diesen Weg klettern, ohne in die Schlucht zu stürzen. Also vorwärts!»

Der Pfad endete abrupt vor einer Höhle, die ein Bach aus dem Felsen gewaschen hatte. Es passten nur zwei Menschen hinein. Sie war leer. Martín stocherte mit dem Rapier auf dem Boden herum und entdeckte die Reste verkohlten Holzes, als habe jemand vor längerer Zeit ein Feuer entfacht. Sie sahen sich um. Vor ihnen fiel die Felswand senkrecht auf den See hinab. Das, was sie von drüben gesehen hatten, die Giebel aus Stein, waren nur Ruinen, deren Spitzen das Buschwerk überragten. An mehreren Stellen führten Stufen hinauf, aber sie endeten allesamt im Nichts. Oben gab es weder ein Haus noch sonst etwas, was auf Menschen schließen ließ. Die Farne und wild wuchernden Pflanzen erschwerten ihnen die Suche. Das Gestrüpp war fast undurchdringlich. Immer wieder glitten sie auf dem rutschigen Lehmboden aus. Es gab nicht einmal genug Platz, um sich für ein Nachtlager auszustrecken.

Endlich, es begann schon zu dunkeln, entdeckte Burckhardt hoch über ihnen eine Art Wand aus Stein, geschützt durch einen Felsüberhang, der den Regen abhielt. Ein Wasserfall ergoss sich von oben. Er schützte die Wand vor den Blicken Neugieriger, die von der anderen Seite des Tales herüberschauten. In der Wand schien eine Reihe von Höhlen zu sein, deren Eingänge jemand fast vollständig mit gebrochenen Steinen und Schutt geschlossen hatte. Das war sicher kein Zufall. Mit einiger Mühe kletterten sie hinauf. Das Wasser durchnässte sie bis auf die Haut. Martín steckte sein Rapier in die Scheide und begann, die Steine zu entfernen. Der Hang war so steil, dass sie rumpelnd hinabrollten und platschend in den See fielen. Eduvigis rieb Hölzer aneinander und entzündete ein kleines Feuer, damit sie eine Fackel hatten, falls die Höhlen in das Innere des Berges führten.

Jetzt war das Loch groß genug, um einen Menschen hindurchzulassen. Nacheinander kletterten sie hinein. Der Schein der Fackel beleuchtete die schwarzen Felswände, sie mussten sich ducken, so niedrig war die Höhle. Es sah beinahe so aus, als sei sie von Menschenhand geschaffen worden, denn sie war staubtrocken.

Martín ging mit der Fackel voran. Plötzlich stieß er einen Schrei aus. Burckhardt zog sofort sein Schwert. Noch nie hatte er erlebt, dass sich der Spanier erschrocken hatte. Martín rief sie, und seine Stimme klang merkwürdig rau. Eduvigis gab einen erstickten Laut von sich und schlug die Hände vor den Mund. An der Wand der Höhle, am hintersten Ende, lagen Leichen auf einem Holzgerüst, mehr als ein Dutzend, fast vollständig bekleidet mit braunen Gewändern, die bis zu den Füßen reichten. Der Schein der Fackel tanzte auf den Gesichtern. Burckhardts Knie wurden weich, als er sich den Toten näherte. Sie lagen dort, mit angezogenen Knien, aber sie waren nicht verwest: Die dunkelbraune Haut spannte sich über ihren Wangenknochen, die Haare waren lang gewachsen. Drei Frauen trugen ein Kind im Arm. Die Augen gähnten leer, und die Zähne der Toten bleckten wie bei einem Knochenmann. Vor einer der Gestalten lag ein kleines verknöchertes Tier, das einer Katze ähnelte. Es riss die Reißzähne auseinander und hatte einen Holzpflock in der Nase.

«Was ist das?», flüsterte Burckhardt.

Estéban Martín antwortete ebenso leise, und seine Hand mit dem gezogenen Schwert zitterte: «Mumien. Getrocknete Leichen. Ich habe schon davon gehört. Francisco Pizarro hat so etwas in

Peru gesehen. Die Inkas begraben ihre Fürsten nicht, sondern trocknen sie, stopfen sie aus und tragen sie auf Stangen vor sich her, wenn sie Krieg führen.»

Der Hauptmann bekreuzigte sich. Burckhardt war es, als striche ein kühler Wind von draußen herein. Er kniete vor einer der Mumien und strich vorsichtig über das wollene Tuch. Es bröckelte unter seinen Fingern, als bestünde es aus Lehm. Neben den Toten lagen Speere und kleine, geschnitzte Gesichter mit breiten Nasen, am Hals mit einem geschnitzten Stiel, als solle man die Figur wie einen Löffel fassen, mehrere Kalebassen aus Kürbis, mit feinen roten Strichen verziert, Sandalen aus Fasern und geflochtene Taschen. Eduvigis kniete neben Burckhardt. Sie hob eine Flöte auf, die nur eine Elle lang war, und blies hinein. Ein dumpfer Ton kam heraus, noch einer, dieses Mal ein wenig höher.

Jetzt erst bemerkten sie, dass die Wände der Höhle mit roter Farbe bemalt worden waren. Das musste vor langer Zeit geschehen sein, denn sie war vergilbt und an vielen Stellen abgeblättert. Burckhardt fragte, mehr sich selbst: «Wie lange mögen diese Toten schon hier liegen?»

Eduvigis fuhr mit ihrer Hand über die Farbe. Sie meinte: «Sehr lange. Das ist Onoto. Mein Volk benutzt das auch. Unsere Toten legen wir in Körbe, aber vorher schaben wir ihr Fleisch ab, damit sie nicht stinken. Oder wir sammeln die Knochen einer Familie in einem großen Topf aus Ton. Den malen wir rot an und verzieren ihn mit Schlangen.»

Burckhardt schüttelte sich: «Lieber laufe ich um Mitternacht dreimal über den Kirchhof, als neben den Gebeinen meiner Vorfahren zu leben.»

Eduvigis widersprach: «Hier wohnt niemand, das glaube ich nicht. Das ist eine Stadt für die Geister, nicht für die Lebenden.»

Martín legte beiden die Hände auf die Schultern, sah zu Boden, atmete tief ein und flüsterte dann: «Hört, ich nehme euch ein Versprechen ab: Wir verraten niemandem etwas von dieser Stadt. Die Toten sollen in Frieden ruhen. Wenn Juan de Villegas erfährt, dass hier Mumien sind, brennt er die ganze Stadt nieder, nur um die Sicherheit zu haben, dass in den Gewändern und Taschen kein Gold versteckt ist.»

Eduvigis und Burckhardt nickten gleichzeitig. Sie schauten sich ein letztes Mal um und ließen die Mumien in der Finsternis zurück. Der Himmel über dem Grat, über den sie gekommen waren, leuchtete wie Feuer und spiegelte sich im Wasser des Sees tief unten. Martín löschte die Fackel und meinte, an Wasser gebreche es ihnen nicht. Solange noch ein wenig Licht sei, sollten sie sich nach einem Ort umsehen, wo sie schlafen könnten.

Sie kletterten wieder hinab und bahnten sich einen Weg zu den Ruinen. Die Gebäude, falls es welche gewesen waren, waren in sich zusammengestürzt. Nur einzelne Wände standen noch aufrecht. Die Wurzeln der Baumriesen hatten sich unter das Mauerwerk geschoben und es gesprengt. Überall wuchsen Blumen in grellen Farben, und die Abendsonne ließ die Blüten blutrot aufleuchten. Am Rande des Felsenüberhangs fanden sie eine Art Turm. Seine Mauern waren aus Lehm und groben, geschichteten Steinen. Über dem halb zusammengestürzten Eingang liefen Friese in der Form kleiner Kreuze. Martín stieg hinein und schlug mit dem Schwert das Gebüsch klein.

Es raschelte im Gras, und Burckhardt bemerkte eine dünne schwarze Schlange, die sich den Abhang hinunterringelte. Martín rief ihnen zu, zur Not könnten sie im Turm die Nacht verbringen. Eduvigis und Burckhardt folgten ihm: Die beiden Männer legten sich nebeneinander, und die Frau hockte sich an die Wand, als wolle sie im Sitzen schlafen.

Schnell brach die Nacht herein. Burckhardt wusste nicht, wie lange er schon geschlafen hatte, als er unvermittelt aufwachte. Ihm war, als hätte er ein Geräusch gehört. Er verspürte den Drang, sich zu entleeren, stemmte sich hoch, kletterte durch den Eingang nach draußen und schlug sein Wasser ab. Die Frösche lärmten so laut wie ein Hammerwerk. Das Kreuz des Südens hing schräg am Firmament, es war erst kurz nach Mitternacht.

Plötzlich stutzte er. Schien da nicht ein Feuer durch das Gebüsch? Er rieb die Augen und kniff sie dann zusammen. Immer noch sah er Glut leuchten, irgendwo zwischen den Ruinen. Schnell huschte er zurück in den Turm und rüttelte den Hauptmann an der Schulter. Martín fuhr aus dem Schlaf und auch Eduvigis war schon wach.

«Da unten ist jemand! Leise! Ich habe ein Feuer gesehen!», flüsterte Burckhardt.

Der Spanier war mit wenigen Schritten am Eingang und draußen. Dann streckte er seinen Kopf wieder hinein und antwortete so leise, dass er kaum zu hören war: «Ihr habt Recht, Joven, ich sehe es auch. Cuidado! Kommt mit mir, aber vorsichtig! Wir dürfen kein Licht machen.»

Elle für Elle tasteten sie sich abwärts. Burckhardt schien es, als wäre die halbe Nacht vergangen, bis sie sich dem Licht so weit genähert hatten, dass sie Einzelheiten erkennen konnten. Ein kleines Feuer knisterte in einer Höhle, die sie bisher übersehen hatten, weil ihr Eingang fast vollständig überwachsen war. Unendlich langsam zog Martín sein Rapier aus der Scheide, Burckhardt tat desgleichen. Der Hauptmann kam mit seinem Mund so nah an sein Ohr, dass seine Barthaare ihn kitzelten. Er sagte: «Es können nicht viele sein, sonst sähen wir nicht nur ein Feuer. Wir dringen gemeinsam ein. Seht Euch vor!»

Burckhardt nickte. Martín schlich sich zur linken Seite der Höhle vor, Burckhardt zur rechten. Dann hob Martín sein Rapier, und beide stürzten mit hoch erhobenen Waffen in das Innere der Höhle.

«Diablo!», keuchte Martín, und Burckhardt verschlug es vollends die Sprache. Neben dem Feuer saß ein einzelner Mann, in sich versunken und regungslos. Er erschrak nicht, sondern hob nur kurz den Kopf und sah sie müde an. Auch Eduvigis traute sich jetzt in die Höhle. Sie starrten auf den Indio. Der Mann war alt, uralt, und hatte die Beine gekreuzt. Runzeln überzogen sein Gesicht, und an seinem faltigen Kinn hingen weiße Bartfäden.

Über seine Wangen liefen schwarze und rote Streifen bis zu den Mundwinkeln. Als er Burckhardts blonde Haare sah, stutzte er. «Bochica», murmelte er und lächelte. Der Alte hatte eine dicke graue Mütze aus Wolle auf dem Kopf wie eine Kalotte, unter der Strähnen von schütterem, weißem Haar hervorlugten. Um die Hüften trug er eine Art Rock, und die Schultern wärmte eine zerschlissene Decke.

Der Indio sagte etwas, aber Burckhardt verstand kein Wort. Auch Eduvigis schüttelte hilflos den Kopf. Burckhardt bemerkte, dass Hauptmann Martín bleich geworden war, mit zitternden Händen das Rapier in die Scheide steckte und den Atem keuchend ausstieß.

«Ich verstehe ihn», flüsterte er, «das ist unmöglich. Er sagt, er habe uns schon erwartet.»

«Ihr versteht seine Sprache?», fragte Burckhardt erstaunt. «Wie kann das sein? Redet er wie die Huitoto? Aber Eduvigis versteht ihn auch nicht!»

Martín schüttelte den Kopf, beobachtete den Indio und antwortete dann nachdenklich: «Ich werde alt und lasse mich erschrecken. Heute habe ich viel gesehen, was ich nicht erwartete. Verzeiht, wenn ich verwirrt erscheine. Der Indier spricht wie die Gefangenen, die Micer Ambrosius damals gemacht hat, auf der eisigen Hochebene südlich von Tamalameque. Wir zwangen einige von ihnen, unseren Plunder zu tragen. Sie waren zäher als die Indier von der Küste; einige von ihnen sind bis nach Coro gekommen, uns aber wieder entlaufen. Ich habe ein wenig von ihnen gelernt. Ihre Sprache ist aber ganz anders als die der Caquetios.»

Er verstummte. Dann machte der Indio eine einladende Bewegung mit der Hand, und sie setzten sich um das Feuer. Eduvigis fuhr urplötzlich wieder hoch. Sie rutschte auf den Knien neben den Indio. Dort standen zwei tönerne Gefäße. Lange betrachtete sie die Figuren, mit denen sie verziert waren, und fuhr mit ihrem Finger die Linien nach. Dann kroch sie auf Händen und Füßen wieder neben Burckhardt. Sie strich sich ihre Haare aus der Stirn und sah ihn an, als hätte sie ein Gespenst erblickt. Ihr Gesicht glänzte vor Schweiß. Sie stammelte: «Dort, auf dem Krug! Das ist das Zeichen von Amaru!»

Martín zog die Augenbrauen hoch und die Mundwinkel nach unten wie immer, wenn er etwas nicht glaubte, und musterte die Gefäße. Jetzt sah auch Burckhardt, was sie so erregte – das Symbol auf den Krügen! Das war ihnen schon mehrere Male auf den Goldstücken begegnet, die sie von den Indios erbeutet hatten. Er versuchte, sich zu erinnern: in Hittova, dem ersten Ort nach dem Sumpf von Paraguachoa. Der Kazike Wattinarion, der Hohermuth die goldenen Adler geschenkt hatte, besaß auch ein Stück Gold mit dieser Figur: ein kleiner, platt gedrückter Käfer, der die Glieder von sich streckte, oder auch jemand, wenn es ein menschliches Wesen darstellen sollte, der in der Hocke saß wie ein Kaninchen und die Hände nach oben hielt, als bete er zur Sonne.

Eduvigis nestelte an ihrem Hals und hielt Burckhardt das Stück Metall hin, das sie an einer Schnur umgebunden hatte. Er blinzelte, weil er im Halbdunkel kaum erkennen konnte, was darauf zu sehen war. Es war das gleiche Symbol wie auf dem Krug neben dem Indio. Sie flüsterte: «Dzuli. Er ist ein Dzuli.»

Burckhardt fragte: «Welche Sprache ist das? Was ist ein Dzuli?»

«Ein Zauberer. Er ist mächtig. Wenn er dich verflucht, musst du sterben.»

Sie rückte bis zur Wand der Höhle, weit weg von dem Alten, der sie mit leerer Miene anstarrte, als verstünde er nicht, warum sie ihm gegenüber so furchtsam war. Der Hauptmann räusperte sich und sagte einige Worte. Der Alte horchte auf und nickte. Er antwortete langsam und deutlich, als wisse er, dass der Spanier nur wenige Worte seiner Sprache verstand. Es war totenstill, nur das Feuer knisterte leise. Dann sagte Martín: «Ich weiß nicht, ob ich ihn richtig verstehe. Ich fragte ihn, zu welchem Volk er gehört und woher er kommt. Aber er antwortet mir nicht, nur, dass er Popon heißt. Er hat eine merkwürdige Frage gestellt: Er will wissen, ob wir wissen, warum wir hier sind.»

Burckhardt grübelte lange. Der Alte stocherte mit einem Stock im Feuer, und die Glut stob nach oben. Dann antwortete Burckhardt: «Ich weiß es nicht. Ich suchte etwas und dachte, es sei das El Dorado. Aber ich bin mir nicht mehr sicher. Es ist etwas anderes. Ich bin vor denen geflohen, die mich in der Vergangenheit halten, die in der Neuen Welt genauso leben wollten wie in der Heimat. Aber ich weiß nicht, wie ich leben will. Ich weiß noch nicht einmal, wo ich bin.»

Martín schaute ihn verständnislos an, aber Burckhardt bat ihn, er möge übersetzen, so gut es gehe. Dann antwortete der Indio, und Martín dolmetschte fast gleichzeitig: «Ich weiß auch nicht, wo ich bin. Das ist nicht wichtig. Du suchst. Das ist mehr, als andere tun. Frage nicht andere Menschen. Die kennen dein Ziel nicht. Du hast etwas gefunden, weißt es aber noch nicht.»

Der Spanier räusperte sich und fügte hinzu: «Der Indier redet in Rätseln und dunkel wie ein Orakel. Ich verstehe nicht, was er dir sagen will.»

Der Alte griff nach Martíns Arm, zeigte auf Eduvigis, die immer noch an der Wand kauerte, die Knie bis zum Kinn hochgezogen, und fragte ihn etwas, offenbar, wie die Frau heiße. Martín antwortete nur: «Eduvigis», aber der Indio schüttelte den Kopf. Der Spanier blickte ihn fragend an, und der Alte antwortete nach einer Weile, ohne den Arm des Hauptmanns loszulassen, der übersetzte: «Den Namen kenne ich nicht. Das Bild auf ihrer Brust habe ich oft gesehen, dort, wo die Sonne aufgeht, am Uriñoco und am Amacuma. Dorther kamen Bochica und Chia. Sie malten ihre Zeichen auf die Felsen, ganz weit oben, dort, wo unsere Vorväter mit Canoas fuhren und heute die Vögel fliegen. Der Mann mit dem gelben Haar gehört zu der Frau, die das Zeichen Chias trägt. Sie weiß es noch nicht. Sie wird sich ihm hingeben, wenn er durch das Dunkel gegangen ist. Bochica und Chia.»

Der Indio kicherte in sich hinein. Burckhardt verstand nicht, was ihn so belustigte. Martín fragte kopfschüttelnd: «Was redet der da? Ich glaube, er hat zu viel Niopopulver probiert. Was bedeuten die Worte? Sind es Namen? Oder Götter der Heiden?»

Martín sah Eduvigis an. Sie starrte mit weit aufgerissenen Augen auf den Indio. Dann schaute sie zu Burckhardt, der stumm neben dem Feuer saß. Ihre Augen funkelten. Aber sie waren feucht, als würde sie gleich zu weinen beginnen. Der Alte plapperte wie ein kleines Kind, und Martín kam kaum nach, das Gesagte zu übersetzen: «Die Frau wird nicht zu ihrem Volk zurückkehren. Ihr Volk ist verschwunden, wie auch mein Volk verschwinden wird. Der Mann mit dem Maishaar kommt von weit her. Er bleibt hier. Das sehe ich. Chia will den Mann mit dem Maishaar töten. Aber Bochica lässt das nicht zu. Chias Krieger wird getötet, und er erhebt sich nie wieder.»

Plötzlich wandte sich der Alte dem Spanier zu. Seine Augen blitzten, ein Feuer schien von innen zu leuchten. Martín übersetzte atemlos, als läse er dem Indio von den Lippen ab: «Du bist alt, Mann mit den schwarzen Haaren im Gesicht. Du wirst bald zu den Göttern gehen wie ich. Du hast gesehen, was du sehen wolltest. Der Junge mit den Maishaaren sieht auch. Er wird sterben. Dann erwacht er. Er will mehr sehen als du.»

Der Alte flüsterte wieder, und Martín murmelte, als wolle er nicht, dass ihn jemand verstehe. Burckhardt erschrak. Der Hauptmann würde sterben? Und er auch? Estéban Martín murmelte böse, der Alte stehe mit dem Teufel im Bunde. Ihm sei der Indio nicht geheuer. Es sei besser, von hier zu verschwinden.

Abrupt erhob sich der Indio, drückte Martín den Stock in die Hand, mit dem er die Glut zerteilt hatte, und huschte wie ein Schatten hinaus. Martín sprang auf, zog sein Rapier und eilte ihm nach. Burckhardt wollte ihn zurückhalten, aber der Spanier war schneller. Nach einer Weile kehrte er schwer atmend zurück und sagte: «Der Indier ist verschwunden. Das ist Hexerei. Er kann sich nicht in Luft auflösen. Kein Mensch läuft draußen umher, schnell und ohne Licht. Er wird in den See fallen.»

Martín legte sich an die Wand der Höhle, den Rücken dem

Feuer zugewandt, als wolle er nichts mehr hören und sehen. Burckhardt blickte scheu zu Eduvigis. Sie schluchzte lautlos. Er verstand nicht, welchen Grund es dafür gab. War es, weil der Alte ihr prophezeit hatte, sie würde nie mehr zu ihrem Volk zurückkehren?

Das Feuer war fast erloschen. Nur noch ein paar Äste glühten, und ab und zu knackte es leise. Burckhardt legte den Katzbalger griffbereit neben sich und streckte sich aus. Die Müdigkeit übermannte ihn, und er schloss die Augen. Ihm schien, als beuge sich jemand über ihn, und warme Lippen streiften seinen Mund. Aber als er die Augen aufschlug und seine Hand nach oben fasste, griff sie ins Leere.

Eduvigis rüttelte ihn, und er taumelte hoch. Es war schon hell, und die Strahlen der Sonne lugten durch die Büsche in die Höhle. Die Vögel zeterten so laut, als beschwerten sie sich darüber, dass die Fremden noch nicht verschwunden waren. Auch Estéban Martín erwachte. Er fluchte, es sei schon spät. Villegas würde bald jemanden schicken, um sie zu suchen. Eilends machten sie sich auf den Rückweg.

Als sie endlich auf dem Grat standen, schaute Burckhardt zurück, um einen letzten Blick auf die Stadt der Geister zu werfen. Die Nacht kam ihm vor wie ein merkwürdiger Traum, und er konnte sich kaum an das erinnern, was der seltsame Indio ihm prophezeit hatte. Er suchte den Felsen mit den Augen ab, war jedoch zu weit entfernt, um die Eingänge der Höhlen sehen zu können. Aus dem Tal stiegen Nebel auf, als wollten sie die Felswand vor ihren Blicken verbergen. Selbst die Ruinen, auf die die Soldaten zuerst aufmerksam geworden waren, schienen verschwunden. Burckhardt zuckte mit den Achseln und kletterte Eduvigis nach, dorthin, wie die Konquistadoren schon ungeduldig auf sie warteten.

3. KAPITEL

Der Überfall

Sie waren kurz vor Sonnenaufgang aufgebrochen und mehrere Stunden den Saumpfad am Fluss entlangmarschiert. Das war nicht der Papamena, sondern einer seiner Nebenflüsse, der sich weit drunten in die Ebene ergoss. Je mehr sie das Tal hinanstiegen, desto mehr Stromschnellen tauchten auf. Das Donnern der Wasser übertönte alle anderen Geräusche. Der Wald wurde dichter. Auf der anderen Seite des Tals fielen die Felsen steil ab. Ein Bach toste über den Abhang und tauchte in die braunen Fluten. Seitdem sie die Stadt der Geister entdeckt hatten, waren sie drei Tage marschiert. Das Tal nahm kein Ende, und Martín schätzte, dass sie nur weniger als eine Meile täglich vorankamen.

Estéban Martín schaute sich immer wieder um. Es schien, als müsse er sich vergewissern, dass die kleine Schar ihm auch wirklich folgte. Sie bot ein jämmerliches Bild. Die Soldaten waren schmutzig, hohlwangig, das Fieber schüttelte sie, und Schwären und Eiter bedeckten ihre Haut. Sobald die Sonne den Frühnebel aufgelöst hatte, saugten sich Myriaden von Fliegen grimmig an Schorf und Blut fest. Martín hoffte, möglichst schnell an Höhe zu gewinnen. Wenn der Wind von den Höhen ins Tal strich, vertrieb er auch die Plagegeister.

Juan de Villegas saß mit grimmiger Miene auf seinem Braunen und trieb ihn den Berg hinan wie einen störrischen Maulesel. Der Hauptmann ritt auf halbem Weg zwischen der Vorhut und Estéban Martín und dem Haupttrupp. Er trug wie immer sein langes Toledaner Rapier an der Seite und die «Ochsenzunge» am Gürtel. Falls die Vorhut in einen Hinterhalt geriete, würde er die Büchse abfeuern und die Nachrückenden warnen können.

Dem kann nichts etwas anhaben, dachte Burckhardt. Die Strapazen der vergangenen Monate schienen spurlos an ihm vorüberzugehen. Burckhardt war sich sicher, dass Villegas ihn verachtete. Er nahm sie nicht ernst, betrachtete die Bergknappen weder als Soldaten noch als den Konquistadoren ebenbürtig. Für Villegas gehörte niemand in die Neue Welt, der nicht unbeirrbar das Ziel verfolgte, Glück und Reichtum zu erringen, auch wenn er dafür Hunderte von Indios töten musste. Und dennoch: Wenn es zu einem Kampf käme, dachte Burckhardt, dann wäre er froh, Estéban Martín und Juan de Villegas an seiner Seite zu haben.

Es war still geworden, der Fluss rauschte fern in der Tiefe. Nur vereinzelt ließen sich Vögel hören. Die Bäume schrumpften und waren über und über mit Moosen und Flechten bedeckt, die sie wie Waldgeister erscheinen ließen. Ringsum stiegen die Berge lotrecht an. Jetzt sahen sie schneebedeckte Gipfel in der Ferne, weit oben am Ausgang des Tales. Da irgendwo musste der Pass sein, den der Kazike Waichyri überquert hatte und hinter dem die ersten Dörfer des Goldlandes auftauchen würden. Die Soldaten reckten die Hälse, als ob es etwas zu sehen gäbe, den Rauch eines Herdfeuers oder ein anderes Zeichen, dass Menschen dort lebten.

Der Boden wurde immer felsiger, kaum dass sich eine gerade Fläche fand, auf der man festen Tritt fassen konnte. Sie verfolgten mit den Augen den Vortrupp, der hoch und weit vor ihnen mehr kletterte als marschierte. Die drei erschienen ihnen wie Ameisen, die eine Last den Berg hinaufschoben, die größer war als sie selbst. Villegas war abgestiegen, wie auch die Lanzenreiter. Nur die Flüche der Landsknechte waren zu hören, das Knirschen der Trageriemen, metallisches Klirren, wenn die Waffen aneinander schlugen oder die Ketten der Träger an ihre eisernen Halskrausen gerieten.

Am frühen Nachmittag begann der Regen, der immer stärker wurde und sie bald völlig durchnässte. Die Wolken rückten ins Tal vor und umhüllten sie. Als es dunkelte, holten sie die Vorhut ein, zunächst Villegas, der sie im Sattel sitzend erwartete, dann den indianischen Führer sowie Romero und El Cuchillito. Seit ihrem Aufbruch vor zehn Tagen aus Nuestra Señora waren sie keiner Menschenseele begegnet, und von dem Alten in der Stadt der Geister wusste niemand etwas außer Martín und Eduvigis.

«Das gefällt mir nicht», sagte Juan de Villegas. «Der Kazike hat doch erzählt, dass wir auf ihre Feinde, die Tschocos, treffen müssten, auf halbem Weg zur reichen Provinz des Goldenen Mannes. Und wo sind diese Feinde?», fragte er in Richtung der beiden Huitoto. Doch die blickten ihn nur verständnislos an.

«Eduvigis!», rief der Hauptmann schneidend. Die Indianerin war bei den Lanzenreitern geblieben und tauchte hinter einem Pferderücken auf. Er winkte sie neben sein Pferd und zog sie mit einem Ruck an ihrem Oberarm zu sich in den Sattel. Mit seinen kräftigen Händen packte er sie an den Schultern, zog ihren Rücken an seine Brust und drückte mit den Fäusten so zu, dass die Indianerin das Gesicht verzerrte. Einige Soldaten grinsten.

Villegas lächelte höflich.

«Frage die beiden Heiden, du bist doch auch eine von denen», sagte er zu Eduvigis, «wann treffen wir endlich auf die Tschocos, vor denen sie sich so fürchten? Wir wollen uns nach dem Weg erkundigen. Wir wollen auch wissen, wo sie das Gold versteckt haben, das sie den Huitoto, unseren Freunden, geraubt haben.»

Mittlerweile waren alle Pikeniere abgestiegen, banden die Pferde an die niedrigen Bäume und machten sich für das Nachtlager bereit. Die Fußsoldaten scharten sich neugierig um die Hauptleute oder begannen, getrockneten Fisch und Fladenbrot zu essen. Andere schöpften klares Wasser aus dem nahen Gebirgsbach. Hinten beim Tross ertönten grobe Stimmen und Flüche: Die zwei Bluthunde, die George Ebonfie an der Leine führte, waren aneinander geraten.

«Halte deine verfluchten Köter ruhig», rief einer der Soldaten dem Hundeführer zu, «man kann uns ja auf Meilen hören! Sonst verfüttern wir erst die Indier an sie, damit sie schön fett werden, und fressen sie dann selbst auf.» Die Landsknechte grölten. Ihr Lachen klang dünn und ging bei den meisten in ein heiseres Husten über.

Eduvigis sagte ein paar schnelle Worte zu dem Kaziken. Der hörte ihr aufmerksam zu, antwortete kurz angebunden und runzelte die Stirn.

«Was meint er?», fragte Villegas ungeduldig.

«Ich verstehe ihn nicht», antwortete sie zögernd.

«Dann frage ihn noch einmal, Chica!», drängte Villegas und schüttelte Eduvigis. Estéban Martín wiederholte die Frage: «Wie lange brauchen wir noch, um in das Gebiet der Tschocos zu kommen?»

Eduvigis redete schnell auf Waichyri ein. Der warf dem anderen Huitoto einen kurzen Blick zu und antwortete dann stockend, als ob er jedes Wort überlegen müsste.

«Er sagt», übersetzte Eduvigis, «morgen kommt ein kleiner Pass. Dort gibt es keine Bäume mehr. Es ist sehr kalt. Zwei Tage noch bis zu einem Dorf der Tschocos.»

Villegas stieg aus dem Sattel und bedeutete Eduvigis mit der Hand, ebenfalls abzusteigen. Mit der Hand an der Cinquedea sagte er: «Teile dem Kaziken mit, dass ich ihn höchstpersönlich in kleine Stücke schneiden und seine kümmerlichen Überreste einzeln und ganz langsam über einem Feuer rösten werde, falls er uns hintergehen will.»

Waichyri verstand offenbar auch ohne Übersetzung, was Villegas angedroht hatte. Er machte eine abwehrende Geste und trat einen Schritt zurück. Dabei stolperte er über einen kantigen Stein und fiel der Länge nach hin. Die Soldaten lachten schallend. Auch Villegas und Martín, die man sonst nur selten erheitern konnte, stimmten ein. Der Kazike rappelte sich auf, verzog sein Gesicht zu einer Grimasse und rang verlegen die Hände. Villegas winkte einem Landsknecht und machte eine Handbewegung zum Hals. Der antwortete fröhlich «Sí, Capitán», sprang zum Tross und kehrte in wenigen Augenblicken mit einer rasselnden Krause zurück.

Der Kazike protestierte und schrie, aber kräftige Arme packten ihn und legten ihm die eiserne Halsfessel an.

«Das ist nur der Vorgeschmack auf das, was ihm blüht, wenn er uns anlügt», kommentierte Juan de Villegas das Geschehen. «Er soll ruhig herumlaufen, mit seiner eigenen Kette. Dann wissen wir immer: Wo es rasselt und klirrt, ist unser Kazike!»

Die Landsknechte lachten wieder.

Burckhardt hatte sich zu der Gruppe gesellt. Er beobachtete, dass Eduvigis finster zu Boden sah, als Waichyri in Ketten gelegt wurde. Somondoco saß teilnahmslos auf dem Boden, ohne sich um das zu kümmern, was seinem Kaziken geschah. Er hatte den Kopf gesenkt und wandte Burckhardt die Seite zu, der bemerkte, dass der Indio mit den Augen blinzelte und Eduvigis einen schnellen Blick zuwarf. Die reagierte nicht, und Burckhardt fragte sich, ob er sich getäuscht hatte. Er bat Estéban Martín zur Seite.

«Hauptmann», sagte er so leise, dass sonst niemand sie hören konnte, «seid Ihr sicher, dass es gut ist, den Kaziken so schlecht zu behandeln? Er soll uns doch zum Goldenen Mann führen. Jetzt fürchtet oder hasst er uns. Hohermuth hat ihn als ‹unseren lieben Freund› behandelt, und wir legen ihm Ketten an.»

Martín antwortete ebenso flüsternd: «Joven, Ihr mögt Recht haben. Aber wir sollten den Indiern niemals zeigen, dass wir unterschiedlicher Meinung sind. Und wenn Villegas gern die Peitsche schwingt, dann müssen wir das geschehen lassen. Denn nichts haben die Heiden lieber als Zwietracht unter uns Christen.»

Er wischte sich den Schweiß von der Stirn und zwinkerte Burckhardt zu.

«Ihr habt die Chica oft insgeheim beobachtet. Sie gefällt Euch, nicht wahr? Hat der alte Zauberer Euch verhext?»

Burckhardt versuchte seine Verlegenheit zu verbergen, es gelang ihm nicht. Er errötete.

«Schlagt Euch diese Dinge am besten aus dem Kopf, Joven», sagte Martín, «wenn Ihr Eduvigis nur berührtet, wie der Hauptmann es zu tun beliebte, und Hohermuth erführe davon, würde er Euch so in Ketten legen wie den armen Kaziken.»

Martín griff nach Burckhardts Arm und zog ihn zu sich. Er flüsterte, als verrate er ihm ein Geheimnis: «Burcardo, Ihr seid nicht einfältig, obwohl manche das von Euch sagen. Ich habe Euch besser kennen gelernt. Aber Ihr unterschätzt den Gobernator. Was ich Euch jetzt verrate, behaltet für Euch. Warum, sagt mir, hat Euch Espira den Auftrag gegeben, auf Eduvigis zu achten?»

Burckhardt zuckte die Achseln.

«Ich habe mich darüber gewundert und kann es mir nicht erklären.»

Der Spanier grinste. «Aber ich kann es erklären. Der Gobernator weiß, dass Capitán Villegas Euch verabscheut. Villegas weiß nichts mit Euch anzufangen, Ihr bewundert ihn nicht, und Ihr hasst ihn nicht. Damit kommt er nicht zurecht. Hohermuth fürchtet ihn, weil die Soldaten, wenn es gälte, Villegas folgen würden und nicht ihm. Und Villegas weiß das. Aber beide haben die gleiche Schwäche: Hohermuth will Eduvigis nicht verlieren. So ein Weib hat er noch nie gehabt. Und Villegas würde alles daransetzen, sie ihm auszuspannen, mit Gewalt oder mit List. Damit könnte er Jorge de Espira vor allen lächerlich machen. Wenn Villegas beweist, dass Eduvigis mit den Heiden gemeinsame Sache macht, wird er sie, ohne zu zögern, töten. Niemand würde ihr eine Träne nachweinen außer dem Gobernator und Euch, Joven. Das sehe ich Euch an der Nasenspitze an. Die Landsknechte würden froh sein, wenn sie nicht mehr mit ansehen müssten, wie die Indierin ihre Zaubertränke zubereitet. Davor haben sie Angst. Begreift Ihr nun, was der Gobernator plant?»

Burckhardt schüttelte stumm den Kopf. Martín legte ihm den Arm um die Schulter und sagte: «Espira hat gemerkt, dass Eduvigis Euch mag. Sie hat immer ein gutes Wort bei ihm für Euch eingelegt. Und deshalb hat er Euch gebeten, für sie verantwortlich zu sein. Gegen Villegas jedoch kommt Ihr nicht an. Dem Gobernator wäre geholfen, wenn Ihr und Villegas euch gegenseitig mit den Schwertern durchbohrt – wegen Eduvigis. Espira weiß, dass Villegas irgendetwas unternehmen wird, dass er oder einer der Soldaten Eduvigis schänden oder töten kann, und Ihr werdet versuchen, ihn mit allen Mitteln daran zu hindern. Dann muss Villegas Euch auch töten. Das wiederum bringt ihn in eine schwierige Lage: Ihr seid beliebt. Euch wird er nicht vorwerfen können, dass Ihr mit den Huitoto oder gar den Tschocos geheime Pläne gegen die Entrada schmiedet. Wenn Ihr und Villegas wegen Eduvigis aneinander geratet, reibt sich der Gobernator die Hände. Ich sage Euch das, weil ich Villegas ebenso wenig leiden kann wie Ihr. Aber solche Männer wie ihn braucht man hier in diesem gottverlassenen Land, um gegen die Heiden zu bestehen. Und nun überlegt Euch gut, was Ihr in Zukunft tut!»

Martín nahm seinen Arm von Burckhardts Schulter und rieb sich die Hände, als wäre ihm kalt. Er verkniff das Gesicht, schaute ihn an und meinte lächelnd: «Nun schaut nicht wie sieben Tage Regenwetter! Überlegt Euch lieber, was wir tun können, wenn uns ein großer Haufen Wilder hinterrücks überfiele. Ich gehe davon aus, dass das bald geschieht.»

«Warum?», fragte Burckhardt. Er war froh, dass er nicht nachdenken musste über das, was ihm der Hauptmann gerade gesagt hatte. «Wir sind niemandem begegnet, und die Huitoto werden den Teufel tun und uns an die Tschocos verraten. Die würden sie doch gleich mit auffressen.»

«Joven, glaubt mir», sagte Estéban Martín und wiegte den Kopf, «ich bin schon so lange in diesem Teil der Welt, dass ich es fühle, wenn etwas in der Luft liegt, auch wenn ich nur einen kleinen Teil von dem verstehe, was die Indier untereinander erzählen. Und mein Gefühl hat mich bisher noch nie im Stich gelassen.»

Er nickte Burckhardt zu und ging hinüber zum Tross, wo die Soldaten ihm eine Decke ausgebreitet hatten.

Die Nacht brach herein. Sie lagerten am Fuße eines Felsens, dessen Wand senkrecht aus dem nur mannshohen Buschwerk aufragte. Der Kazike und Somondoco mussten inmitten der Soldaten schlafen. Am Fuß des Felsens gab es keinen festen Stein, sondern nur eine Geröllhalde, die schräg nach unten abfiel, mit wenigen bemoosten Flecken. Das Gestein gab bei jedem Schritt knirschend nach. Die Konquistadoren betteten sich so nahe wie möglich an der schroffen Wand. Sie bildete in fünf Klafter Höhe einen natürlichen Überhang, sodass sie ein wenig Schutz vor den Regengüssen in der Nacht bot.

Burckhardt hatte die zweite Wache. Es war Neumond, stockfinster, und es regnete in Strömen. Burckhardt lehnte sich an den Felsen, am oberen Ende des Lagers und hart am Abgrund, um Schutz zu finden. Seine Zähne klapperten. Nur von oben drohte ihnen Gefahr, falls die Tschocos sich heimlich anschleichen würden. Keiner glaubte daran, dass jemand ihnen gefolgt war. Ein frontaler Angriff auf die kleine Schar wäre sinnlos gewesen, denn der enge Weg am Rand der Schlucht ließ sich mit ein paar Fechtern und Musketieren im Hintergrund gut verteidigen. Und eine größere Gruppe Indios hätten sie schon von weitem erblickt. Die verkrüppelten Bäume und Büsche boten kaum Deckung.

Burckhardt schreckte auf. Er meinte, ein Stöhnen und Ächzen gehört zu haben. Angestrengt lauschte er in die Finsternis. Er drückte sich an die Felswand, zog das Rapier vorsichtig aus der Scheide und tastete sich zu den Schläfern. Die Hunde ruhten, und die Pferde gaben keinen Laut von sich. Wenn ein gefährliches Tier in der Nähe gewesen wäre wie der Tiger, der damals mitten im Lager Cara Vanicero getötet und weggeschleppt hatte, wären die Pferde kaum so ruhig geblieben. Plötzlich fielen kleine Steine von oben herab, gleichzeitig löste sich eine Vampirfledermaus unmittelbar über ihm aus dem Felsen und flatterte fort. Er atmete auf. Am Morgen ließ der Regen nach. Als die dritte Wache übernahm, zog er sich die noch feuchte Kleidung nicht aus, sondern fiel sofort in einen tiefen Schlaf.

Er meinte, kaum eingenickt zu sein, als ihn ein wütendes Gebrüll weckte. Ringsum sprangen Männer auf, liefen umher und griffen zu den Waffen. Er hörte Villegas, der jemanden mit überschnappender Stimme beschimpfte, und ein klatschendes Geräusch, als wenn jemand kräftig Ohrfeigen verteilte. Hastig ordnete er seine Kleider. Die Hunde bellten. Er sah Estéban Martín und ein paar Pikeniere zu den Pferden eilen. Diego Romero lief an ihm vorbei. Burckhardt hielt ihn am Ärmel fest.

«Die beiden Huitoto sind weg», rief der Diener, «mitsamt der Halskrause des Kaziken! Sie können noch nicht weit sein!»

Romero stürzte zu seinem Pferd. Hauptmann Villegas' Wut war noch immer nicht verraucht. Er meinte, die Soldaten der dritten Wache wären eingeschlafen und hätten die Flucht des Kaziken und Somondocos deshalb nicht bemerkt. Burckhardt schickte ein erleichtertes Stoßgebet zum Himmel, denn Villegas war am Ende seiner Wache aufgestanden und hatte die Fesseln der Träger noch einmal kontrolliert, bevor er sich wieder zur Ruhe legte. Die beiden mussten also kurz vor Morgengrauen entwischt sein, während der dritten Wache.

Aber wohin? Sie schienen sich in Luft aufgelöst zu haben. Nach zwei Stunden kehrten die Reiter mit leeren Händen zurück. Sie konnten ohnehin nicht viel tun, sie kamen viel zu langsam vorwärts. Auch die Fußsoldaten fanden nicht die geringste Spur. Estéban Martín kam als Letzter zurück und sah noch verkniffener aus als sonst.

«Das grenzt an Zauberei», meinte er und sah nachdenklich zu den indianischen Trägern, die immer noch auf dem Boden saßen und sich nicht regten. Am meisten wunderte ihn, dass die Hunde ziellos schnupperten und keine Fährte aufnehmen konnten. Sonst spürten sie Flüchtige immer binnen kurzer Zeit auf, wenn sich ihre Spur nicht in einem Fluss verlor. Aber der Fluss konnte nicht der Fluchtweg gewesen sein. Der Abstieg war viel zu steil und hätte den sicheren Tod bedeutet. Auch nach oben war ein Entkommen unmöglich: Der Fels war in voller Breite glatt und stieg lotrecht empor. Aber irgendwie mussten die beiden ja geflohen sein.

Diego Romero schlug ein Kreuz und meinte finster, die Indios stünden ohnehin alle mit dem Teufel im Bunde. Einige der Soldaten murmelten zustimmend. Doch Juan de Villegas fiel ihm ins Wort: «Ob Teufel oder nicht, wenn wir ihm begegnen, werden wir ihm schon zeigen, was ein gutes Schwert zu leisten vermag. Capitán Martín, was gedenkt Ihr zu tun?»

Der Hauptmann stand unschlüssig zwischen den Soldaten. Burckhardt hatte ihn noch nie so ratlos gesehen. Die Flucht der Führer war zwar ein schlimmes Missgeschick, aber sie würden auch so den Pass finden. Martín musterte schweigend die Umgebung, ging noch einmal zum Abgrund, beugte sich, soweit es ging, an mehreren Stellen hinunter, befühlte die Felswand und schaute nach oben zum Überhang.

«Es gibt nur eine Möglichkeit», sagte er.

Villegas sah ihn fragend an.

«Hinauf», knurrte Martín kurz.

«Das ist unmöglich», antwortete Villegas, «no, Capitán, das ginge nur mit Hexerei. An diesem Felsen klettert selbst ein Affe nicht empor. Und die Hunde hätten die Spur aufgenommen.»

Martín schüttelte den Kopf: «Man muss nicht immer klettern, um nach oben zu gelangen.»

Villegas lachte höhnisch. «Haben sich die Huitoto vielleicht heimlich Flügel gebastelt und sich in die Lüfte geschwungen wie weiland Ikarus, von dem die Alten erzählen?»

«Eure Gelehrsamkeit in Ehren», antwortete Martín nachdenklich und musterte die Wand noch einmal, «aber wenn mich nicht alles täuscht, wurden sie nach oben gezogen. Wahrscheinlich mit einem Seil. Sie hatten Hilfe, wer auch immer das war. Und das erklärt auch, warum das Rasseln der Kette niemanden geweckt hat und warum die Hunde die Fährte nicht finden.»

Die Landsknechte redeten erregt durcheinander und suchten den Felsen mit ihren Augen ab. Hauptmann Villegas schüttelte erst den Kopf, gab sich dann aber einen Ruck.

«Gut, Capitán, das werden wir gleich herausfinden. Und gnade ihnen Gott, wenn wir ihnen begegnen.»

Burckhardt sah, dass Villegas Eduvigis suchte. Die Indianerin stand inmitten der Landsknechte, hatte Hemd und Schaube übergezogen und schien zu frieren. Sie rieb ihre Arme mit den Händen. Der Spanier ließ seine Blicke über die Soldaten schweifen, um die auszusuchen, die ihm kräftig genug schienen, um den Aufstieg in die Felswand zu wagen. Er zeigte auf Nikolaus Taig, auf El Cuchillito und auf Burckhardt.

Burckhardt hielt den Atem an, aber er wagte nicht, den Hauptmann zu reizen, indem er ihm widersprach. Er nahm seinen Helm ab, der ihn nur behindert hätte. El Cuchillito grinste ihn hämisch an. Einer vom Tross reichte ihnen zwei lange Stricke, die die Indios aus Nuestra Señora aus Agavenfasern angefertigt hatten. Sie waren kaum schlechter als die Hanfseile, die ihnen allesamt verrottet oder abhanden gekommen waren. Damit banden sie ihre Schwerter zusammen und Taig auf den Rücken. Andere Waffen hätten sie beim Klettern zu sehr behindert. Der Hauptmann jedoch mochte sich nicht von seiner Toledaner Klinge trennen und auch nicht von Kettenhemd und Helm. Er nickte Estéban Martín kurz zu.

Plötzlich drängte sich Eduvigis durch die Reihen der Landsknechte nach vorn.

«Nehmt mich mit, Hauptmann», sagte sie leise.

Villegas musterte die Frau misstrauisch. Dann grunzte er und sagte: «Keine schlechte Idee, sie kann bestimmt besser klettern als wir alle zusammen. Wenn du aber zu fliehen versuchst, Chica, ziehe ich dir eigenhändig die Haut ab!»

Eduvigis schüttelte den Kopf und sah zu Boden.

«Adelante, vamos», rief Villegas. «Vorwärts! Gehen wir!», und winkte den dreien und der Indianerin, ihm zu folgen.

Sie marschierten am Rand des Felsens entlang ins Tal hinunter. Es verging eine Stunde, bis sie endlich eine Möglichkeit zum Aufstieg fanden, einen Felskamin, in dessen Rinne ein Wässerchen floss, das knorrigen, aber winzigen Bäumen, Moosen und Schlingpflanzen Nahrung bot. Villegas schaute hinauf und bedeutete Burckhardt mit dem Kinn, voranzuklettern. Noch regnete es nicht. Der Stein war trocken und griffig. El Cuchillito und Nikolaus Taig kletterten ihm nach, dann Eduvigis, zuletzt Villegas. Sie hörten ihn keuchend atmen. Das Gewicht des Panzers und der Waffen machte ihm schwer zu schaffen.

Der Kamin verengte sich. Sie waren ungefähr eine halbe Stunde aufgestiegen. Der Spalt zwischen den beiden Felstürmen war nur eine Elle breit. Burckhardt stützte sich mit beiden Füßen an den schmalen Vorsprüngen ab und zog sich nach oben. Der Boden des Kamins verbreiterte sich, flachte ab, aber schlüpfriges Moos und Gräser erschwerten das Fortkommen. Burckhardt sah, dass ein Klafter über ihm Buschwerk und Flechten über den Rand des Felsens hingen. Sie schienen das Dach des Steinblocks erreicht zu haben. Er wartete, bis die anderen nachgekommen waren, und legte den Finger auf die Lippen. Sie würden gleich oben sein. Niemand wusste, was sie erwartete. Falls dort oben feindliche Indios wachten, würde das den sicheren Tod für sie alle bedeuten. Wenn Estéban Martín aber mit seiner Vermutung Unrecht hatte, war die Kletterei umsonst gewesen, und sie hätten ihre Kräfte für nichts vergeudet.

Kein Laut war zu hören. Villegas stützte sich schwer atmend auf Burckhardt.

«Bueno, Caballeros», keuchte der Hauptmann, «Ihr und El Cuchillito schaut, was oben zu sehen ist. Falls Ihr entdeckt werdet, haben wir anderen noch eine kleine Möglichkeit, nach unten zu entkommen, ohne dass jemand unsere Anwesenheit bemerkt.»

Burckhardt und der Soldat nickten. Widerspruch wäre bei Villegas ohnehin zwecklos gewesen. Als sie sich von der Felswand lösten und sich Schritt für Schritt nach oben stemmten, wollte Eduvigis ihnen folgen. Villegas griff hart nach ihrem Arm, dass sie leise aufschrie. «Puta! Willst du wohl hier bleiben!»

Nun aber geschah etwas, womit Villegas nicht gerechnet hatte: Eduvigis riss sich von ihm los, machte ein paar schnelle Schritte den Abhang hinauf, krallte sich am Wams Burckhardts fest und blickte ihm flehend in die Augen. Der war genauso überrascht wie der Hauptmann. Unschlüssig sah er zu Villegas und zuckte hilflos mit den Schultern. Der Hauptmann runzelte die Stirn, machte dann eine abwiegelnde Bewegung mit der Hand.

«Que se vaya», murmelte er, «also geht in Gottes Namen.»

Burckhardt nickte Eduvigis zu, drehte sich nach vorn und kletterte vorsichtig auf den Rand des Felsens zu. Die Indianerin folgte ihm, dann kam El Cuchillito. Oben angelangt, hielt Burckhardt sich am Wurzelwerk fest, steckte seinen Kopf in ein Gebüsch und versuchte zu erspähen, was sich auf dem Dach des Felsens tat.

Das Gras wuchs eine Elle hoch, nur Kakteen und niedriges Gesträuch lockerten den einförmigen Pflanzenwuchs auf. Die Kakteen waren breit und manche mannshoch. Die kleine Hochebene stürzte nach drei Seiten fast senkrecht ab. Nur an einer gab es einen bewaldeten Grat, der sich langsam hinanzog, bis er in die Flanke eines zerklüfteten Berges überging. An schattigen Stellen lag schmutzig weißer Schnee.

Kein Mensch war zu sehen. Langsam zog sich Ansorg hoch, gab El Cuchillito nach unten ein Zeichen, der wiederum Villegas und Taig winkte. Gebückt, mit schnellen Schritten schob sich Burckhardt in die Richtung, in der der Rest des Zuges lagerte. Irgendwo musste der Überhang sein, von wo aus sie nach unten und Estéban Martín und die anderen sehen konnten. Plötzlich griff Eduvigis hinten in sein Wams und zog ihn nach unten. Er sah ihr erregtes Gesicht, sie hielt die Hand vor den Mund, zog ihn hinter eine mächtige Kaktee und zeigte nach vorn.

«Tschocos!», flüsterte sie.

Burckhardt gab den anderen ein Zeichen, sich zu ducken. Vorsichtig schob er seinen Kopf hervor. Zehn Mannslängen vor ihm sah er zwischen zwei Kakteen einen bunten Fetzen Tuch. Sein Herz klopfte so laut, dass er meinte, man müsse ihn dort hören. Eduvigis presste sich mit der Schulter an ihn. Hinter sich hörte er die anderen schwer atmen. Villegas bewegte sich gar nicht, er fürchtete wohl, das Klirren des Kettenhemds würde ihn verraten.

«Was nun?», flüsterte Nikolaus Taig.

«Ich versuche es», antwortete Burckhardt ebenso leise. Er schob die angewinkelten Arme wechselseitig nach vorn und robbte von einer Kaktee zur anderen, jeden Schutz nutzend, den ihm das hohe Gras bot. Er fühlte, dass Eduvigis ihm auf den Fersen blieb. Sie wand sich wie eine Schlange, kaum, dass die Grashalme sich bewegten.

Auf halber Strecke standen zwei Kakteen so dicht beieinander, dass zwischen ihnen nur ein Spalt frei blieb, durch den Burckhardt zu blicken versuchte. Was er sah, ließ ihn den Atem anhalten. In einiger Entfernung lagerte ein Dutzend Indios. Einer von ihnen, der Kazike Waichyri, nur im Lendenschurz, saß auf dem Boden. Er hatte noch die eiserne Halskrause um.

Die Indios waren bis auf ein Lendentuch fast nackt, hatten aber ihre Körper und auch die Gesichter überall pechschwarz bemalt. Quer über Stirn und Augen lief ein gelber Streifen. Um die Arme und Beine spannten sich Schnüre, an die Federschmuck befestigt war, aber kein Gold. Die meisten trugen schwere hölzerne Keulen. Bögen und Stoffköcher samt den langen und vermutlich giftigen Pfeilen lagen auf dem Boden. Es waren zweifellos Tschocos.

Am Rande des Abgrunds lagen ein paar lange Seile aus Agavenfasern. Vermutlich hatten sie die in der Nacht vorsichtig hinuntergelassen. Die beiden Huitoto hatten die Seile nur ergreifen müssen und sich hochziehen lassen. Sie wussten, dass jemand plante, sie zu befreien, dachte Burckhardt.

Jetzt erinnerte er sich daran, dass Somondoco sie exakt zu dem Platz geführt hatte, unter dem Felsen, und dass es in weitem Umkreis kaum eine bessere Möglichkeit zu lagern gegeben hatte. Der Plan war perfekt gewesen. Doch warum führten ihn die Tschocos aus, die angeblichen Todfeinde der Huitoto? Hatte der Kazike sie von Anfang an belogen? Und waren sie die einzigen Indios? Gab es noch mehr Feinde, die irgendwo lauerten?

Plötzlich stutzte Burckhardt. Etwas abseits der Gruppe saß ein einzelner Indio, der anders gekleidet war als die Tschocos. Er trug ein langes Baumwollgewand mit bunten Ornamenten, darunter eine Art Rock, der bis unter die Knie reichte, und ein Baumwolltuch um die Schultern geknotet. Auf dem Kopf hatte er eine Stoffmütze wie der alte Zauberer aus der Stadt der Geister. An der Nase baumelte ein goldener, scheibenförmiger Anhänger, an den Ohrläppchen hingen goldene Spulen. Burckhardt traute seinen Augen nicht: Es war Somondoco. Er erkannte ihn kaum wieder. Also war er kein Huitoto?

Langsam, mit äußerster Vorsicht, robbte Burckhardt zurück. Neben ihm glitt Eduvigis durch das Gras. Als sie die anderen erreicht hatten, legte er den Finger auf den Mund und bedeutete ihnen stumm, sich noch weiter zurückzuziehen. Sie krochen bis zu der Stelle, an der sie das Dach des Felsens erreicht hatten. Burckhardt berichtete flüsternd, was er gesehen hatte. Nikolaus Taig band die Schwerter und seine Barte von seinem Rücken.

«Cabron», fluchte Juan de Villegas, «diese Missgeburt von Kazike, Ausgeburt der Hölle! Das soll er mir büßen.»

«Was sollen wir tun, Capitán?», fragte Nikolaus. «Wenn wir zurückklettern und die anderen warnen, sind die Tschocos samt dem Kaziken über alle Berge. Und wir vier, nur mit den Schwertern, gegen eine dreifache Übermacht? Sie werden uns schon von weitem hören und uns mit einem Pfeilhagel empfangen. Wir werden tot sein, bevor wir den ersten Schwertstreich geführt haben. Nur ihr nicht, weil ihr den Koller tragt.»

«Das käme auf einen Versuch an», raunte Villegas, der seine unterdrückte Wut kaum zügeln konnte. Jetzt erst blickte er Eduvigis an. «Sie hat uns verraten!», stieß er hervor und zog die Cinquedea aus der Scheide. «Ich habe das immer geahnt. Sie ist eine Spionin der verdammten Heiden.»

Er fasste mit der linken Faust Eduvigis an die Schaube und wollte zustoßen. Burckhardt fiel ihm in den Arm. Der Dolch ritzte ihn an der Hand. Eduvigis blickte Burckhardt an, ihre Augen waren vor Angst weit aufgerissen. Da ertönte ein Schuss.

Sie fuhren auf und lauschten. Noch ein Schuss, gefolgt von einem Geheul, das ihnen das Blut in den Adern stocken ließ. Das waren nicht die Indios auf dem Felsen, es mussten viel mehr sein, Hunderte. Jetzt hörten sie aus weiter Ferne das vielstimmige «Santiago!» und «Dios y la Virgen!» Estéban Martín und der Haupttrupp wurden angegriffen!

«Verdammt», stieß Villegas halblaut hervor, hieb das Messer in die Scheide und zog die lange Toledaner Klinge. «Jetzt gilt es!»

Burckhardt, Nikolaus und El Cuchillito griffen ebenfalls zu ihren Schwertern. Eduvigis lag auf dem Boden und wimmerte. Burckhardt fühlte, wie seine Knie vor Erregung zitterten. Villegas hob das Schwert, hielt einen Augenblick inne und sah die anderen reihum flammenden Auges an. Sein Gesicht war gerötet, der Schweiß troff ihm am Kinn herab.

«Wer jetzt nicht ficht wie der Teufel, stirbt! Santiago y a ellos!»

Er drehte sich abrupt um und lief gebückt und ohne sich umzuschauen, dorthin, wo Burckhardt die Indios beobachtet hatte. Die anderen folgten ihm unmittelbar auf dem Fuß. Niemand kümmerte sich um Eduvigis.

In wenigen Augenblicken erreichten sie den Rand des Felsens. Die meisten der Indios standen oder hockten und sahen in die Tiefe, wo der Kampf tobte, wie sie an dem Lärm hören konnten. Doch mehrere hatten soeben Pfeile aufgelegt und erwarteten die vier Konquistadoren, die sie durch das Gebüsch eilen hörten. Als sie zwischen den Kakteen hervorstürmten, griffen die anderen Tschocos zu ihren Keulen. Der Kazike saß immer noch auf dem Boden, die Krause umschloss seinen Hals. Somondoco stand allein, abseits der anderen. In der rechten Hand hielt er eine lange Lanze und in der Linken einen kleinen runden Schild, der mit dem Fell eines Tieres überzogen worden war. Er bewegte sich nicht und blickte ihnen ruhig entgegen.

Die Tschocos brüllten, und die ersten Pfeile zischten. Burckhardt hörte sich selbst schreien, was, das wusste er nicht. Eine heiße Welle stieg in ihm empor, die alles, was er sah und hörte, seltsam dämpfte. Er beobachtete das Geschehen, als wenn er selbst nicht daran teilnähme. Neben ihm stand El Cuchillito, auf den drei oder vier Indios mit hoch erhobenen Keulen eindrangen. Der Landsknecht stach einem Angreifer in die Brust. Der Tschoco fiel mit ersticktem Schrei, ein anderer traf den Spanier mit einem wuchtigen Schlag auf die Schulter. El Cuchillito schrie in Schmerz und Todesangst und ließ das Schwert fallen. Ein ellenlanger Pfeil durchbohrte seine Kehle von der Seite und trat auf der anderen Seite wieder aus, Blut schoss heraus. Der Spanier knickte ein, drehte sich mit einem Gurgeln zur Seite und fiel auf den Boden.

Zwei Mannslängen vor ihm tobte Hauptmann Villegas wie ein Dämon aus der Hölle. Er brüllte bei jedem Schlag, den er mit seinem Schwert führte. Er musste sich eines halben Dutzends Angreifer erwehren. In wenigen Augenblicken hatte er sie erstochen oder so schwer verwundet, dass sie heulend am Boden lagen. Die hölzernen Keulen trafen ihn, es krachte dumpf, seine Rüstung und der Helm hielten aber die größte Wucht ab. Die Reste seines Beinkleides und seiner Ärmel hingen in Fetzen herab. Er blutete aus mehreren Wunden.

Die Indios rannten wütend gegen ihn an. Der Hauptmann wich ihren Schlägen geschickt aus und verteilte schnelle Streiche nach allen Seiten. Jetzt schreckten die verbliebenen Tschocos vor ihm zurück. Ein Pfeil hatte Villegas' Bein durchbohrt. Er achtete nicht darauf, sondern kämpfte sich bis zum Rand des Felsens vor, wo er den Kaziken der Huitoto sah. Der sank auf die Knie, hielt hilflos die Kette seiner eisernen Halsfessel in der Hand und streckte dem anstürmenden Villegas die geöffnete Handfläche entgegen. Der Hauptmann schlitzte einem Tschoco, der ihn von der Seite bedrängte, den Bauch auf. Der Angreifer krümmte sich mit einem erstickten Schrei, brach zusammen und presste beide Hände vor das herausquellende Gedärm. Der Kazike stieß ein lang gezogenes Geheul aus, als Villegas jetzt sein Schwert mit beiden Händen hob. Er hob die Hände mit flehender Gebärde, den

Mund weit offen und die Augen zum Himmel gerichtet. Die Klinge sauste herab und trennte Waichyris Kopf genau oberhalb der eisernen Halskrause vom Leib. Das Blut schoss aus dem Rumpf hervor, und der Kopf rollte über den Abhang des Felsens in die Tiefe.

Burckhardt stach wie wild um sich und hatte schon zwei Indios getötet. Drüben sah er Nikolaus Taig auf den Knien, mit blutüberströmtem Gesicht und offenem Mund, stumm und mit leerem Blick. Ein Tschoco beugte sich über ihn, holte mit seiner Keule aus und schlug ihm mit fürchterlicher Wucht auf den Schädel. Nikolaus stürzte wie ein gefällter Baum.

Mit zwei, drei schnellen Sätzen sprang Villegas hinzu und bohrte seine Klinge in den Oberkörper des Indios, der tödlich getroffen zu Boden sank. Burckhardt hatte nur noch mit zwei Gegnern zu tun. Er spürte, dass nicht alles verloren war. Er sah ein verzerrtes schwarzes Gesicht vor sich, Augen, deren Weißes hervortrat, ein Mund, der lautlos schrie, ein muskulöser Arm, eine Keule. Er wich dem Hieb aus, schlug sein Schwert nach oben und trennte den Arm des Tschocos hart unter dem Ellenbogen ab, dass der Angreifer schreiend zu Boden ging.

Burckhardt spürte einen harten Schlag. Ein Pfeil war ihm tief in die linke Schulter gedrungen. Ein dumpfer Schmerz durchraste ihn, und ein grauer Schleier senkte sich vor seine Augen. Der Tschoco stand ganz nah, griff hinter sich in seinen Köcher und wollte einen weiteren Pfeil auflegen. Burckhardt brüllte, ein rasselndes Geräusch kam aus seiner Kehle. Er machte mit erhobenem Degen ein paar unsichere Schritte auf den Schützen zu. Der wich zurück, trat zu nahe an den Rand des Felsens, ruderte mit den Armen und stürzte mit einem gellenden Schrei hinunter.

Burckhardt ließ seinen Katzbalger fallen, weil der Schmerz ihm fast die Besinnung raubte. Er drehte sich um, fasste mit der Rechten den Pfeil in seiner Schulter und knickte mit den Knien ein. Während er langsam niedersank, sah er Hauptmann Juan de Villegas hoch aufgerichtet stehen, vor ihm breitbeinig Somondoco.

Villegas hielt noch in der Rechten die Toledaner Klinge, die Linke griff nach dem Speer, den der Indio dem Hauptmann in den Unterleib gerammt hatte. Dann fiel der Spanier.

Burckhardt kniete, seine Augen waren blutunterlaufen, er sah das, was ihn umgab, wie durch einen roten Tränenvorhang. Ohne eine Regung beobachtete er Somondoco, der sich ihm näherte. Er hatte weder den Speer noch den Schild in der Hand. Der Indio trat an ihn heran, griff in Burckhardts Haare, zog seinen Kopf hoch und blickte ihn an.

«Weiße Götter», sagte er ruhig auf Spanisch, «idolos blancos.»

Burckhardt stöhnte, der Atem entwich ihm pfeifend. Er hielt sich immer noch mit beiden Händen an dem Pfeil fest, der in seiner Schulter steckte. Dann wurde ihm ganz leicht, er fühlte sich wie eine Feder im Wind. Die roten und schwarzen Striche im bronzefarbenen Gesicht des Indios verschwommen zu einem wirren Muster und verschwanden. Er spürte, wie er fiel, unendlich weit und langsam. Und dann waren da nur noch ein dumpfes Hämmern in seinem Kopf und eine tiefe Schwärze, die ihn gnädig umfing.

4. KAPITEL

Somondoco

Er schrie, aber kein Laut kam aus seiner Kehle. Sein Hals war wie zugeschnürt. Die Füße wollten sich nicht bewegen und hingen schwer wie zwei Steine an seinem Leib. Kalt war es, sehr kalt. Etwas pochte in seinem Kopf und in seiner Brust, wie ein Hammerwerk. Es dröhnte, als wäre es hinter seiner Stirn und wollte sich den Weg nach draußen bahnen. Er fühlte, dass er mit dem Rücken auf dem Boden lag, und wollte den Oberkörper nach oben drücken. Aber es stach und schmerzte in seiner Schulter, als hätte ihn eine Pike auf sein Lager genagelt.

Da war ein Leuchten. Eine Gestalt wehte undeutlich vorbei. Das Licht wurde heller, es bekam eine Form, eckig wie eine Tür. Burckhardt stöhnte. Der Schmerz biss in sein Gedärm, er konnte sich nicht bewegen, ohne dass das Stechen wiederkam. Er versuchte die Augen weiter zu öffnen, aber es fiel ihm unendlich schwer. Ein Schatten huschte über das Licht, es wurde wieder dunkel. Er spürte einen Hauch über seinem Gesicht, etwas Warmes legte sich auf seine Stirn. Ein Stimme flüsterte leise seinen Namen.

Er atmete vorsichtig und langsam, um nicht den Schmerz zu fühlen. Das Pochen in seinem Kopf wurde schwächer. Jetzt hörte er fern Menschen, wie sie riefen und durcheinander redeten, kehlig und hart, so wie er noch nie jemanden hatte sprechen hören. Endlich gelang es ihm, die Lider zu heben. Über sich sah er Eduvigis. Sie blickte ihn mit ihren dunklen Augen besorgt und ernst an.

«Du bist wach», sagte sie, und ihre Augen waren wieder verschwunden. Er wollte sie bitten, nicht zu gehen, doch er brachte keinen Ton heraus. Er bewegte seine Arme und Beine, aber sie taten nicht, was er wollte. Jetzt erschien Eduvigis' Gesicht wieder. Ihr Mund legte sich auf den seinen. Seine Lippen waren trocken und rau wie Sand. Jetzt merkte er, dass er ungeheuren Durst hatte. Eduvigis benetzte seinen Mund mit eiskaltem Wasser, und er schlürfte es gierig auf. Dann hielt sie ihm ein tönernes Gefäß an die Lippen, und er trank und trank. Burckhardt versuchte sich aufzurichten, aber es stach ihn entsetzlich in der Schulter, und stöhnend vor Schmerz sank er wieder auf den Rücken.

«Beweg dich nicht», flüsterte sie, «mach keinen Lärm.»

Er versuchte etwas zu sagen, doch seine Stimme versagte. Wie ein Rabe krächzte er: «Wo bin ich?» Ein nasses Tuch klatschte auf seine Stirn. Es fühlte sich gut an. Wieder öffnete er die Augen. Eduvigis kauerte neben ihm und beugte sich über sein Gesicht, dass sie ihn fast berührte. Ihre Haare fielen über ihn. Er drehte die Augen nach ihr und sah, dass sie eine gewebte Decke mit bunten Mustern um die Schultern geschlungen hatte. Eine kleine goldene Nadel hielt sie zusammen, in der Form eines Vogels, und sie trug goldene Spulen in den Ohren, wie Somondoco, oben, auf der Hochebene, als er ihn hatte kämpfen sehen. Jetzt erinnerte er sich wieder. Somondoco! Wo waren die anderen, Estéban Martín, die Konquistadoren, wo war Villegas? Warum war es so dunkel und kalt? Eduvigis sagte leise: «Burcardo, wir sind in Gefahr! Hör mir zu: Du warst eine Woche krank und hattest Fieber. Du hast viel Blut verloren. Ich dachte, du stirbst. Dein Körper blieb ganz steif, und deine Augen waren starr, als wärest du zu den Geistern gegangen. Sie haben dich in eine Decke gehüllt und in einer Hängematte getragen bis hierher.»

«Wer hat mich getragen? Die Soldaten?»

«Nein, die Muisca. Die Krieger Somondocos.»

«Die Muisca? Wer ist das?»

«Ich weiß es nicht. Ein Volk, das in den Bergen lebt. Sie haben schrecklich viele Krieger. Aber Somondoco sagt, sie dürften uns nicht sehen, obwohl sie von seinem Volk sind. Ich muss mich wie eine ihrer Frauen kleiden. Somondoco hat mir die Decke und das Tuch für die Hüften und das Gold gegeben. Es sind nur wenige Krieger mit ihm, aber sie sind sehr streng. Sie stehen draußen und halten Wache, bis er wiederkommt.»

Burckhardt blinzelte und versuchte, die Indios an der Tür in den Blick zu bekommen, aber eine Matte aus Bast versperrte ihm die Sicht. Er spürte, dass er noch immer seine lederne Hose trug. Das Wams war an der Schulter blutverschmiert und hatte ein großes Loch mit zerfetzten Rändern. Er lag auf einem Gestell aus Holz, das mit dem Fell eines Tapirs bespannt war. Der Raum war klein, rund und fensterlos. Neben Burckhardt standen zwei große Krüge aus Ton. Über sich sah er Hölzer, die das Dach hielten, und dicke Grasbüschel, mit denen es gedeckt war. An drei Seiten der Hütte stapelten sich mannshohe Körbe aus Bast. Sie waren mit etwas gefüllt, was wie Grießmehl aussah. Er fragte: «Wo sind wir?»

«Das ist ein kleiner Ort. Er heißt Nemocon. Aber wir wollen in der Nacht weiter. Somondoco sagt, unser Ziel sei eine Stadt, die die Muisca Tunja nennen. Die Hütte hier ist ein Lagerhaus für Salz. Ich habe draußen noch viel mehr davon gesehen.»

«Wo ist Estéban Martín?»

«Er ist tot. Ich habe gesehen, wie er starb.»

Burckhardt schossen Tränen in die Augen, aber er konnte nicht weinen. Der Schmerz klopfte in seiner Schulter, seine Finger zuckten, ohne dass er etwas dagegen tun konnte. Er stöhnte und sah Eduvigis hilflos an. Im Flüsterton sprach sie hastig weiter:

«Ich habe mich versteckt, als du mit den anderen Bärtigen gegen die Tschocos gekämpft hast. Als der Pfeil dich traf und Villegas umfiel, schleifte dich Somondoco an den Haaren weg. Ich fürchtete mich sehr. Von unten drang großer Lärm herauf, viele Männer schrien. Ich kroch zum Rand des Felsens und sah hinunter. Dort kämpften die Tschocos, aber auch viele Menschen, wie ich sie noch nie gesehen hatte: Sie trugen Schilde aus Holz, so groß wie ein Mann, mit der Haut von Hirschen überzogen, Mützen auf dem Kopf und Tücher um die Hüften bis zu den Knien. Das sind die Muisca.

Die Tschocos wurden alle getötet, aber die anderen drängten die Christen zurück. Estéban Martín blieb an der Spitze, und viele Pfeile trafen ihn. Er kämpfte immer weiter, obwohl die anderen schon zurückliefen. Dann schossen sie ihm durch den Hals, und er fiel um und bewegte sich nicht mehr. Die Christen stürmten wieder vor, sie brüllten vor Zorn. Jemand fasste mich an der Schulter. Es war Somondoco. Er hatte mich gefunden und zwang mich, ihm zu folgen, weil ich deine Sprache besser verstehe. Sonst hätte er mich getötet.

Es kamen einige seiner Krieger mit einer Hamaca. Sie machten ein Feuer und hielten ein Messer darüber, bis es glühte. Damit brannten sie deine Wunde aus. Sie mussten dich zu dritt festhalten. Dann wickelten sie dich in eine Decke und trugen dich fort. Wir marschierten viele Tage durch die Berge, sehr schmale Pfade, und ich fürchtete mich. Es wurde so kalt, dass ich in der Nacht zitterte und nicht schlafen konnte. Ich verstehe nicht, was geschehen ist.»

«Aber ist Somondoco kein Huitoto?»

«Das hat er mir nicht gesagt. Er hat deine Axt und dein Schwert und sagte, er wird mir den Kopf abschlagen, falls ich ihm nicht gehorche. Wenn ich allein wäre, würde ich fliehen, aber so ...»

Burckhardt sah, dass Eduvigis Tränen in den Augen standen. Er stammelte ihren Namen. Sie legte ihre Wange an sein Gesicht und flüsterte: «Burcardo, du bist ein guter Mann, besser als Jorge. Ich bleibe bei dir. Das wusste ich schon, als dich die Keule getroffen hat und du geweint hast, weil die Christen so viele Menschen getötet haben und dein Freund geschrien hat, als redete er mit den Geistern. Aber Jorge hätte mich töten lassen. Ich durfte dir das nicht sagen.»

Burckhardt wusste nicht, was er darauf antworten sollte. Er fragte: «Als du ‹Amaru› zu mir gesagt hast?»

Sie nickte: «Amaru: Das ist die große Mutter. Sie hat dich beschützt, sonst wärest du jetzt tot. Du bist stark, aber du tötest nicht gern, du bist anders als Villegas.»

Burckhardt fühlte sich nicht stark, eher unendlich schwach. Eduvigis wollte also bei ihm bleiben? Das hatte der Zauberer in der Stadt der Geister ihr prophezeit. Aber ein heidnischer Indier konnte doch nicht in die Zukunft sehen? Er, Burckhardt Ansorg aus Geyer in Sachsen, mit einer Indierin als Frau? Das ist ein Traum, dachte er, ich werde gleich aufwachen. Hauptmann Martín wird mich gleich schütteln und befehlen, dass wir weiterziehen.

Eduvigis sagte: «Deine Wunde an der Schulter ist gut verheilt. Aber du hast viele Tage nichts gegessen, so viele Tage wie an zwei Händen sind.»

In diesem Augenblick verdunkelte eine Gestalt den Eingang. Eduvigis schrak auf, huschte zur Seite und kauerte sich an die Wand. Es war Somondoco. Er kam allein, Burckhardts Schwert und seine Barte hingen an seinem Gürtel. Somondoco stellte sich mit verschränkten Armen vor Burckhardts Lager, beobachtete ihn eine Weile und setzte sich dann mit gekreuzten Beinen neben ihn. Er sagte in spanischer Sprache, langsam und bedächtig, als suche er nach Worten: «Ich bin Somondoco, Kazike der Muisca.»

Der Indio schien zu warten, dass Burckhardt etwas antwortete. Der aber brachte keinen Ton heraus. Somondoco kratzte sich am Gemächte und sagte: «Ich bin kein Huitoto. Wir bringen den Huitoto Salz und Tunjos; sie geben uns Hamacas und andere Dinge, die es in den Bergen nicht gibt. Ich hörte von bärtigen Männern mit heller Haut und ihren Ungeheuern. Ihr seid Götter oder Geister, die aus dem Dunkel der Erde kommen und Verderben bringen. Das meinen die Huitoto. Ich wollte nicht, dass ihr erfahrt, wer ich bin und wo mein Volk lebt. Ich sagte Waichyri, dass ich ihn töte, falls er mich verrät.»

Burckhardt fragte leise: «Wo hast du unsere Sprache gelernt?»

«Die Krieger, die Haare wie Mais haben, verstehe ich nicht. Aber das, was die Bärtigen Spanisch nennen, kann ich sprechen.

Vor vielen Monden hörte mein Herr, der Zaque Quemuenchatocha von Tunja, dass weiße, bärtige Männer weit in Mitternacht aufgetaucht waren, im Land der Zenu, dort, wo die Salzpfade aus den Bergen in die Ebene führen. Ein Bote berichtete, die weißen Männer sind wie die Götter unsterblich, und niemand kann ihnen im Kampf widerstehen. Mein Herr wollte nicht, dass die Bärtigen sich mit unseren Feinden, den Panches, verbünden oder mit dem Zipa von Bacata, seinem schlimmsten Gegner. Deshalb schickte er Männer, die erkunden sollten, wie stark die Bärtigen sind. Ich führte diese Männer an, weil ich einer der besten Krieger Quemuenchatochas war.

Wir gingen bis zum großen Wasser Yuma und dann nach Sonnenaufgang. Wir kannten die Völker nicht, die dort lebten, und verstanden wenig. Sie sagten, die weißen Männer sind in die Berge gegangen, und alle Völker haben sich vereint, um sie zu bekriegen. Wir zogen mit ihren Kriegern.

Dann erreichten wir ein Dorf, das Cachira hieß. Dort trafen wir auf die Bärtigen. Sie kamen über uns wie ein Ungewitter, obwohl wir sehr viele und sie sehr wenige waren. Sie nahmen uns gefangen und zwangen uns, ihre Lasten zu tragen. Ihr Kazike wurde Micer Ambrosio genannt. Ich blieb viele Monde mit ihnen zusammen und lernte ihre Sprache. Wir zogen über die Berge zum Aufgang der Sonne, wo ich noch nie gewesen war, und dann in eine Ebene mit vielen Flüssen. Dort konnte ich mich von meinen Fesseln befreien und fliehen.

Ich wollte meinem Herrn Quemuenchatocha berichten, was ich gesehen hatte, aber er hatte keine Zeit, weil Tisquesusa, der Zipa von Bacata, gegen Tunja vorrückte. Ich hatte mit eigenen Augen gesehen, dass die weißen Männer gefährlicher und mächtiger waren als der Zipa. Aber niemand wollte mich anhören. Und deshalb werde ich dich mitnehmen nach Tunja. Du wirst meinem Herrn erzählen, wer ihr seid und was ihr wollt. Dann werde ich dich zu unserem Tempel in Sogamoso bringen, zu Popon. Der wird sagen, was wir mit dir tun sollen.»

Burckhardt horchte auf. Wo hatte er diesen Namen schon einmal gehört? Hieß nicht der alte Zauberer in der Stadt der Geister so? Sogomoso sah ihn aufmerksam an und fuhr dann fort: «Die Frau dort, deren Namen ich nicht verstehe, hat mir erzählt, dass du die Geheimnisse im Inneren der Berge kennst. In dem Land, wo du geboren bist, hast du nach Gold und Silber gegraben, sagt sie. Ich bin der Kazike eines Ortes, in dem die Muisca Gold bearbeiten und die grünen Steine sammeln, die die Bärtigen Esmeraldas nennen. Ich will lernen, wie ihr die Schätze der Erde hebt und wie ihr die Geister der Berge besänftigt, dass sie euch nicht zürnen.»

Burckhardt konnte keinen klaren Gedanken fassen. Er fragte: «Und deine Krieger? Warum haben sie die Entrada überfallen? Und die Tschocos?»

Somondoco runzelte die Stirn, als müsse er überlegen, was Burckhardt meinte. Dann hellte sich seine Miene auf, er lächelte: «Das waren Muisca, aber nicht meine Krieger. Das war Sagipa, der Bruder des Zipa Tisquesusa. Er suchte die versprengten Krieger der Panches. Er hat sie vernichtend geschlagen. Die Tschocos halfen ihm dabei.»

Burckhardt stöhnte, weil er seinen Arm bewegt hatte. Er antwortete: «Ich verstehe gar nichts.»

«Ich habe einen Boten geschickt, von Tabachara, das ihr Nuestra Señora nennt. Die Tschocos kennen mich, weil die Muisca durch ihr Gebiet müssen, wenn sie mit den Völkern der Ebene Handel treiben wollen. Ich versprach ihnen die Waffen und die Schätze der Bärtigen, wenn sie sie aufhalten, und sagte ihnen, was sie tun sollen. Ich befahl auch meinen vier Kriegern, die bei den Tschocos warteten, sie sollten sich bereithalten. Dann führte ich die Bärtigen zu dem Ort, an dem die Tschocos und meine Männer sich versteckt hatten. Sie zogen mich mit einem Seil in die Höhe, in der Nacht, und niemand bemerkte uns. Ich ließ auch den Kaziken Waichyri retten. Ich wusste aber nichts von den anderen Kriegern der Muisca. Das hat Bochica so gewollt.»

Eduvigis fragte: «Wer ist Bochica?»

Der Indio wandte sich schnell um und sagte scharf: «Die Frauen der Muisca reden nur, wenn man sie etwas fragt.»

Eduvigis antwortete, leise, aber bestimmt: «Die Frauen meines Volkes reden, wann sie wollen.»

Somondoco lachte höhnisch: «Das glaube ich nicht. Das ist gegen das Gesetz. Aber ich will es dir sagen, weil du fremd bist im Land der Muisca. Bochica ist unser Gott, der Sohn Bachues. Er kam vor langer Zeit von weit her, über die Ebenen, und lehrte die Menschen alles, was sie wissen müssen. Bochica hat eine weiße Haut wie die Bärtigen, er ist mächtiger als alle anderen Götter.»

Der Kazike wandte sich wieder Burckhardt zu.

«Hört, was geschah, als ich in Tabachara war. Ich wartete ab, was die Bärtigen tun. Aber ein Bote berichtete Sagipa, dass ich durch das Land der Tschocos gezogen bin. Sagipa ist Feldherr des Zipa Tisquesusa. Er wollte mich gern fangen und auch die Dinge bekommen, die die Bärtigen mit sich führten. Aber als ich und meine Männer hörten, wie die Krieger Sagipas schrien und die Bärtigen angriffen, versteckten wir uns oben auf dem Felsen. Du bist den Felsen hinaufgeklettert und auch die anderen und der Kazike, den ich erstochen habe und der einer der tapfersten Krieger war, die ich kenne. Deshalb bist du jetzt mein Gefangener. Die Tschocos sind dumm und habgierig, sie verstanden nicht, dass Sagipa und ich Feinde sind. Sie wollten nur die weißen Götter töten. Wir besiegten euch und erschlugen dann die Tschocos, die noch am Leben waren.

Aber Sagipa wurde von den Bärtigen zurückgeworfen. Er tötete euren Kaziken, der Martín heißt, aber seine Krieger kamen nicht weiter hinunter. Die Bärtigen versperrten den Weg und schossen mit einem Rohr, aus dem Donner kommt. Bochica war mit uns und nicht mit Sagipa.»

Burckhardt verstand nur die Hälfte von dem, was Somondoco ihm erzählte. Er atmete schwer, seine Augen suchten Eduvigis. Sie hockte immer noch regungslos an der Wand und lächelte ihn warm an. Er fragte Somondoco: «Und warum darf uns hier niemand sehen?»

Somondoco blickte sich um, als müsse er prüfen, ob jemand sie belauschte.

«Wir müssen durch das Land des Kaziken von Guatavita. Der ist mit dem Zipa von Bacata verbündet und der Feind meines Herrn. Seine Krieger würden mich töten und dich auch. Aber jetzt brauchen wir nur noch zwei Tage bis Tunja. Ich will nicht, dass die Leute meines Volkes jetzt schon erfahren, wer du bist. Der Zipa hat überall Kundschafter, sie würden es ihm erzählen. Sugamuxi hat beschlossen, dass kein Krieg zwischen dem Zipa und dem Zaque sein darf für zwanzig Monde. Aber wenn Tisquesusa denkt, dass die weißen Männer unsere Verbündeten sind, dann wird er den Frieden brechen.»

«Sugamuxi? Wer ist das?»

Somondoco lachte leise.

«Die Bärtigen haben auch einen Sugamuxi. Er wohnt in einer Stadt, die viele Tagereisen entfernt ist. Man muss Häuser aus Holz bauen und mit ihnen über das Meer fahren. Die Stadt heißt Roma, aber seinen Namen kenne ich nicht. Seine Krieger tragen weiße Gewänder und ein Kreuz auf der Brust. Und wenn sie den anderen Kriegern befehlen, dann gehen diese auf die Knie.»

Somondoco hob beide Hände und schloss die Augen. Dann murmelte er: «Chi paba guatequyca nzona um hycca achie chiguscua.»

«Was bedeutet das?», fragte Burckhardt.

Der Indio erhob sich und antwortete spöttisch:

«So reden die Bärtigen, wenn sie ihren Gott anrufen. Ich habe in meiner Sprache gesagt: Mein Vater in den Wolken, du bist mächtig, und wir verehren deinen Namen.»

Burckhardt schloss die Augen. Er war zu müde, um zuzuhören. Doch Somondoco griff nach seinem Arm, und Burckhardt schrie vor Schmerz auf. Der Indio langte unter seine Decke und holte einen Beutel aus Wolle hervor. Er nahm eine Hand voll Blätter daraus. Dann wandte er sich um und zischte: «Poporo!» Ein Krieger der Muisca kam herbei. Er sah scheu zu Burckhardt hinüber und überreichte Somondoco ein faustgroßes Gefäß, das goldig schimmerte. Darin war ein weißes Pulver, das aussah wie Holzasche. Der Muisca nahm die Blätter in seine Hand, streute das Pulver darauf und rollte sie zusammen. Dann beugte er sich vor und sagte: «Du wirst diese Blätter kauen. Nicht essen.»

Er steckte seine Zunge hinter die Wange, dass sie von innen eine Beule machte.

«So», erklärte er, «steck sie in deinen Mund, aber schluck sie nicht herunter. Nur kauen, sehr lange.»

Burckhardt zögerte, aber Somondoco drückte ihm die Finger in die Wangen, dass sich sein Mund wie von allein öffnete, und stopfte die Blätter hinein. Dann schlug er ihm leicht unter das Kinn und sagte leise, aber eindringlich: «Tu, was ich befehle, sonst wirst du sterben. Wenn du die Blätter nicht kaust, bleibst du schwach. Der Schmerz peinigt dich, und du kannst nicht laufen. Ich komme bald wieder.»

Somondoco erhob sich und wartete eine Weile. Als er sah, dass Burckhardt die Blätter kaute, nickte er zufrieden, warf Eduvigis einen Blick zu, drehte sich um und verschwand. Die Frau kam wieder an sein Lager und flüsterte: «Kau die Blätter. Somondoco tat das auch, als wir über die Berge marschierten. Sie enthalten einen Zauber, der dich stark macht.»

Das Pulver und die Blätter schmeckten eklig, aber Burckhardt tat, was man ihn geheißen hatte. Nach einer Weile spürte er, wie der Schmerz an seiner Schulter nachließ. Es war ihm, als sei die Luft klarer und reiner geworden und das Licht härter. Seine Zunge war taub und sein Mund trocken, aber er fühlte keinen Durst. Langsam streckte er seinen linken Arm nach oben, doch das Stechen in der Schulter blieb aus. Eduvigis nahm seine Hand und zog behutsam daran, bis er sich in der Hängematte aufrichtete. Dann stellte er sich langsam auf die Füße. Er schwankte wie damals, als er nach der langen Schiffsreise auf den Strand von San

German gesprungen war. Eduvigis legte ihren Arm um ihn. Sie hielten sich umschlungen und schlurften vorsichtig gemeinsam zum Eingang der Hütte.

Burckhardt spähte durch die Ritzen des Bastvorhangs. Die Hütte lag am Hang eines Berges. Ein schmaler Pfad schlängelte sich an ihr vorbei. Unten ging es steil bergab. Er sah gelbe und grüne Felder und einige Dutzend kreisrunde Hütten, die mit Gras gedeckt waren. Rauch stieg aus ihnen empor und mischte sich mit den grauen Nebelfetzen, die durch das Tal jagten. Schwere Wolken umhüllten die Gipfel der Berge ringsum. Die Hänge wirkten fast kahl. Erst als Burckhardt die Augen zusammenkniff, um genauer hinzusehen, bemerkte er die Pflanzen, die sich überall in das Erdreich krallten: Büschel aus fettem Gras in allen Farben des Herbstes, Baumstämme, die aussahen, als hätte ein Axthieb sie in der Mitte durchtrennt, und auf deren Stümpfen sich Kakteen entfalteten, zarte Stängel, die sich unter der Last der Blüten nach unten bogen. Das Land zwischen den Bergen war wild und schön, aber trotzdem abweisend. Es erweckte den Anschein, als könnten die Bauern ihm die Früchte des Feldes nur mühsam abringen.

Plötzlich streckte einer der Wachleute den Kopf zur Tür herein. Er erschrak, als er in das Gesicht Burckhardts blickte, und zuckte zurück. Gleich darauf drängten sich zwei Krieger der Muisca in den Raum. Sie hielten Äxte aus Stein in den Händen. Bunte Schnüre waren stramm um ihre muskulösen Arme und Beine gewickelt. Die Krieger blickten ratlos umher. Eduvigis hielt ihnen die geöffneten Hände hin, und Burckhardt zog sich langsam wieder zur Hängematte zurück. Er zeigte auf seine Augen und dann nach draußen. Die Muisca schienen zu begreifen, dass er nicht fliehen wollte. Sie ließen die Äxte sinken und betrachteten ihn neugierig. Einer von ihnen, er sah jünger aus als Burckhardt, zeigte auf dessen blonden Bart und die Haare und rief erstaunt: «Bochica!» Der andere, ein großer, kräftiger Mann, trug eine Wollmütze mit zwei eckigen Klappen an der Seite, die aussah wie ein Vogel mit hängenden Flügeln. Er schüttelte den Kopf und redete auf den Jüngeren ein. Burckhardt verstand kein Wort. Das war die Sprache, die er gehört hatte, als er aufgewacht war. Sie klang wie die des alten Zauberers in der Stadt der Geister.

Der Ältere zeigte auf die Hängematte und winkte ungeduldig, als Burckhardt zögerte. Er rief: «Kyu! Kyu!» Jetzt schob sich Somondoco wieder durch den Eingang der Hütte. Er sagte einige kurze, harte Worte zu den beiden Kriegern. Drohend traten sie auf Burckhardt zu, der sich schnell zurückzog. Er hatte immer noch die Blätter hinter der Backe und verspürte keine Schmerzen mehr. Zwei weitere Krieger traten herein. Sie legten eine braune Decke über Burckhardt und stopften sie an den Seiten fest.

Somondoco sagte: «Beweg dich nicht. Du darfst nicht gesehen werden. Die Krieger Sagipas werden dich töten und auch die Frau. Wir legen ein Tuch über dich, als wärest du krank. Jeder Muisca würde sich über deine gelben Haare im Gesicht und auf dem Kopf sehr wundern und fragen, zu welchem Volk du gehörst. Meine Männer werden dich tragen. Es ist spät. Wir gehen jetzt nach Tunja. Wir werden es in der Nacht erreichen.»

Auf ein Zeichen Somondocos banden die Krieger die Hängematte los. Der jüngere Muisca legte vorsichtig ein weiches Tuch über Burckhardts Gesicht. Burckhardt drehte den Kopf zur Seite und spürte, wie man ihn hochhob und forttrug.

Der Weg führte steil aufwärts. Burckhardt hörte die Krieger keuchen. Es war still, ganz anders als in der Ebene, wo Vögel und Affen, Frösche und Grillen und anderes Getier ununterbrochen lärmten. Nur der Wind heulte und pfiff. Die Dunkelheit brach schnell herein. Die Kälte kroch durch die Decke und biss in seine Haut. Er konnte nicht schlafen. Seine Zunge war immer noch ohne Gefühl, aber die Wunde an seiner Schulter wurde wärmer und begann wieder zu schmerzen.

Endlich, nach mehreren Stunden, machten sie Halt. Der Wind blies, und ihn fröstelte. Die Muisca setzten ihn unsanft auf den Boden, und jemand hob die Decke von seinem Kopf. Ächzend richtete er sich auf. Somondoco stand wie eine düstere Statue vor ihm und hob den Arm, als wolle er ihm etwas zeigen. Burckhardt entfuhr ein erstaunter Laut: Tief unter ihnen lag ein See. An seinen Ufern brannten Feuer, deren Schein auf dem Wasser flackerte. Ringsum erhoben sich steil die Berge, nur an einer Stelle bot das Tal einen Zugang zum Ufer. Dort standen einige Hütten oder Häuser aus Stein. Sie waren zu weit entfernt, er sah nur ihre Schatten auf den Hängen tanzen.

Somondoco flüsterte, als fürchte er sich: «Das ist der heilige See von Guatavita. Dort wohnt die Göttin Bachue, und die große Schlange schläft auf ihrem Schoß.»

Der Muisca griff in seinen Beutel und steckte sich Blätter in den Mund. Dann fragte er Burckhardt, ob er den Schmerz der Wunde fühle, und steckte ihm neue Blätter und etwas weißes Pulver zu. Burckhardt suchte Eduvigis. Sie hielt sich abseits, sah ihn aber unentwegt an. Es ging weiter, die Krieger wechselten sich mit dem Tragen ab. Das Schaukeln beruhigte Burckhardt. Er schreckte mehrere Male hoch, wagte aber nicht, das Tuch von seinem Gesicht zu entfernten. Ihm war es, als sei es Tag geworden und als umschwirrten ihn Stimmen, doch er musste sich wohl getäuscht haben und schlief bald wieder ein.

Schweißgebadet wachte er auf. Nur ein fahler Schein drang zu ihm, ob es das Morgengrauen oder die Abenddämmerung war, konnte er nicht erkennen. Er lag auf einem Gestell, das mit dicken, weichen Fellen belegt war, Eduvigis neben sich. Sie schmiegte ihren Kopf an seinen Hals. Jetzt erst merkte Burckhardt, dass immer noch die Blätter in seiner Wange steckten, und spuckte sie angewidert aus. Ein fader Geschmack blieb in seinem Mund zurück.

Vorsichtig stand er auf und tastete sich zum hinteren Eingang der Hütte. Die Sterne funkelten vom Nachthimmel und der Wind hatte sich gelegt. Draußen hockte er sich hin und entleerte sich. Er wunderte sich, dass er keine Schmerzen fühlte, ja, er fühlte sich munter, als hätte die Reise in der Hängematte ihn gestärkt.

Einige Klafter entfernt saßen die beiden Krieger, eingehüllt in Decken, und beobachteten ihn. Der Mond beleuchtete ihre Gesichter. Somondoco war nicht zu sehen. Ringsum standen niedriges Buschwerk und Büschel von Gras. Eine mannshohe Palisade aus Holz umgab das ganze Gebäude. Er schaute empor zum Firmament. Dort war es: das Kreuz des Südens, das ihn seit der Ankunft in der Neuen Welt begleitet hatte. Er stellte sich vor, dass auch sein Vater und sein Bruder in diesem Augenblick zum Nachthimmel emporblickten. Über der Palisade glomm ein Feuerschein, als stünde irgendwo in der Nähe ein hohes Haus mit Fackeln, die die Stadt erleuchteten. Still legte er sich neben Eduvigis. Sie erwachte dennoch und flüsterte: «Schlaf, mein Mann. Hier geschieht uns nichts.»

«Wie heißt dieser Ort?», fragte er.

«Tunja. Das ist die größte Stadt der Muisca. Morgen wirst du ihren obersten Kaziken sehen, sagt Somondoco.»

Sie küsste ihn sanft auf den Mund. Burckhardt legte seine Hand auf ihren nackten Bauch und schloss die Augen.

Er wusste nicht, ob er träumte. Die Töne kamen von weit her, leicht, wie die zarten Wolken des Frühlings, unzählige winzige Glocken, die den Morgen grüßten. Ihn fröstelte. Die Musik klang unheimlich, er hatte so etwas noch nie gehört. Eduvigis erwachte ebenfalls, zog die Decke über ihrer Brust zusammen und horchte.

«Hörst du das auch?», fragte sie erstaunt.

Er nickte. Ihn dürstete, und er schöpfte Wasser aus dem Krug neben ihrem Lager. Die Hütte hatte keine Fenster, und der einzige Eingang war mit einer hölzernen Tür verschlossen, doch die Sonne drang schon durch die Ritzen. Sie wussten nicht, was sie draußen erwartete; vorerst geschah nichts. Burckhardt fühlte den Schmerz in seiner Schulter pochen, aber er war weit weniger als am Vortag zu spüren.

Eduvigis lag auf dem Rücken und verschränkte die Arme hinter dem Kopf. Ihre langen Haare breiteten sich über dem Fell aus wie ein Fächer. Unter der Decke lugten ihre Brüste hervor. Sie sah ihn lächelnd an. Burckhardt grinste, drehte sich zu ihr und küsste sie auf den Mund. Eduvigis rührte sich nicht und sagte nur: «Die Yabarana küssen nicht. Aber es gefällt mir.»

Burckhardt drehte sich langsam auf den Bauch und stützte sich vorsichtig auf die Ellenbogen.

«Erzähl mir von dir, Eduvigis. Du bist mir fremd. Ich habe noch nie eine Frau wie dich gesehen.»

Sie zog ihn am Bart und antwortete fröhlich: «Jorge wollte nicht wissen, woher ich komme. Warum willst du es?»

Nachdenklich verzog er das Gesicht. Eduvigis beugte sich schnell vor und biss ihm in die Unterlippe. Es tat weh, und er wich erschrocken zurück. Ihre Augen funkelten ihn belustigt an, und sie sagte: «Du brauchst nicht zu denken. Das strengt dich an, und du musst dich schonen.»

Er strich mit seinem Bart über ihre Brüste. Sie kicherte. Dann machte sie ein ernstes Gesicht, schob ihn von sich und sagte: «Ich werde dir von mir erzählen. Du musst das wissen. Mein Volk lebt zwischen zwei großen Flüssen, sehr weit von hier, auch sehr weit von Acarigua, dort, wo die Sonne aufgeht. Die Berge sind schwarz und die Felsen nicht so steil wie hier. Als ich klein war, habe ich das große Wasser gesehen, das Uriñoco heißt. Die, die ihr Bärtigen Cariben nennt, sind uns sehr ähnlich. Aber es gibt oft Krieg zwischen den Völkern, die unterhalb der großen Wasserfälle des Uriñoco leben, und denen auf der andern Seite.

Die Cariben kamen über uns und haben viele getötet, auch den Mann, mit dem ich zusammenleben wollte, meine Mutter und meinen Vater. Ein Kazike der Cariben nahm mich und die Tochter des Bruders meiner Mutter gefangen. Er führte mich zu seinen Kriegern. Dort musste ich viele Monde leben. Er wollte mich zu seiner Frau machen und zwang mich, ihm zu Willen zu sein. Aber die Frauen der Yabarana wissen, welche Pflanzen man essen muss, damit die Kinder nicht in den Bauch kommen. Oft schlug er mich, weil ich nicht schwanger wurde. Weil ich ihn nicht wollte, misstraute er mir. Er aß nichts, was ich kochte. Er dachte, ich würde etwas hineintun, was ihn töten könnte.

Als die Zeit des Regens noch nicht begonnen hatte, zogen die jungen Krieger aus, um Beute zu machen. Der Dzuli, der mächtigste Zauberer, verbot es ihnen, aber sie hörten nicht auf ihn. Sie eroberten viele Dörfer und schickten Boten mit der Nachricht, dass die anderen ihnen folgen sollten. Doch dann kamen die Bärtigen und griffen sie an. Die Cariben waren sehr erschrocken. Sie dachten, der Dzuli hätte die Geister gegen sie geschickt, um sie zu strafen. Die Bärtigen ritten auf großen Ungeheuern, die so schnell liefen wie die Hirsche, und führten an Stricken kleine Tiere mit sich, die böser waren als der Cuguar. Und sie dachten, die Pferde und die Reiter wären ein Wesen, das unsterblich sei. Trotzdem kämpften sie tapfer. Aber sie wurden geschlagen. Jorge befreite mich und nahm mich mit. In seiner Hütte begegnete ich dem Kaziken wieder, der mich erbeutet hatte. Er war sehr stark und so tapfer wie Villegas. Jetzt stand er gefesselt da. Ich tötete ihn. Es war der Wille Amarus.

Jorge war ein mächtiger Krieger, stärker als alle Männer meines Volkes und der Cariben. Aber er ist nicht klug. Er sorgt nicht für seine Frau. Sie soll ihm nur gehorchen. Aber ich bin die Tochter des Kaziken der Yabarana. Niemand darf befehlen, wohin ich gehe und wann ich spreche. Und kein Mann wird mich besitzen, wenn ich es nicht will. Deshalb trank ich wieder den Saft der Kräuter und aß ihre Blätter und sagte ihm, es sei Medizin gegen eine Krankheit, die nur Frauen bekommen könnten. Er glaubte mir.

Ich beobachtete dich. Du wolltest mich die Sprache der Bärtigen lehren. Ich tat, als wäre ich dumm und verstünde nichts. Du wurdest nicht zornig. Jorge machte sich über dich lustig, wenn er in der Nacht zu mir kam. Aber ich sah, dass du gut zu deinem Bruder und deinem Vater warst. Das gefiel mir, und ich dachte, du würdest auch gut zu mir sein. Ich wusste nicht, wie ich dir das erzählen sollte. Ich fragte die Soldaten, die mich bewachen mussten, ob du ein Weib hättest. Sie berichteten mir, die Leute redeten über dich und eine Frau, die Haare hat wie der Mais auf den Feldern und deren Mann in eine Schlucht gefallen war. Ich war traurig.

Aber Hauptmann Martín sagte mir, als ich ihm von dem Nupa gegeben hatte, er glaube, dass die andere Frau dich wollte, du sie aber nicht. Und er drohte mir an, wenn ich fliehen wollte, würden die Hunde in meine Beine beißen und er mich erstechen. Er sagte, ich müsse warten. Ich solle erst mit dir reden, wenn Jorge mich nicht mehr wollte. Als wir die Stadt der Geister gefunden hatten, sagte der Zauberer Popon, ich gehörte zu dir. Ich erschrak, denn niemand außer mir und Martín kannte meine Gedanken. Doch er hatte Recht. Als du auf den Felsen klettern wolltest, um den Kaziken Waichyri zu suchen, wusste ich, dass die Zeit gekommen war. Ich fühlte, ich würde dich nie wieder sehen, wenn ich dir nicht folgen würde. Ich hätte mich getötet, wenn es Villegas gelungen wäre, das zu verhindern.»

Burckhardt schüttelte den Kopf. Estéban Martín hatte alles gewusst, was zwischen ihm und Anna gewesen war und was Eduvigis über ihn, Burckhardt, gedacht hatte. Er schluckte, als er daran dachte, dass Martín jetzt tot war, elend gestorben irgendwo in den Bergen. Eduvigis strich ihm über das Haar und sagte: «Du mochtest den Capitán. Ich weiß es. Er war sehr klug und ließ es niemanden wissen. Aber er wollte auch nur Carucuri, den gelben Stein, der in der Sonne glänzt und den die Götter in den Flüssen verborgen haben. Für Carucuri hätte auch er getötet. Wie die Cariben, die die Männer der Yabarana erschlugen, weil sie ihre Frauen wollten.»

Burckhardt sah sie nachdenklich an. Carucuri – das bedeutete Gold. Und Gold war der Grund, warum Spanier und Deutsche nach Venezuela gekommen waren – dem Land des Goldenen Mannes, dem El Dorado. Gold war auch der Grund, warum sie, die Bergknappen, nicht in Coro hatten bleiben wollen. Es war schon falsch gewesen, die Heimat zu verlassen. Aber dort hätten sie auch keine Zukunft gehabt. Heinrich Remboldt hatte Recht behalten, als er sie warnte. Sie waren betrogen worden, und sie hatten sich gern betrügen lassen.

Aber was sollte er tun? Er wusste nicht einmal, wo er war und wie lange er im Fieber gelegen hatte. Er war umgeben von Kriegern, die ihn vielleicht töten würden, wenn er ihnen nichts nützen konnte. Eduvigis, die es in die Ferne verschlagen hatte, die den Weg zu ihrem Volk nicht kannte, sie wollte bei ihm bleiben. Er lachte lautlos, als er sich vorstellte, was die Leute in der Heimat gesagt hätten, wäre er mit Eduvigis dort in der Sankt-Annen-Kirche oder gar in Geyer aufgetaucht. Die Frauen hätten die Köpfe zusammengesteckt und die Männer gierige Gesichter gemacht. Ein Weib, das seine Brüste zeigte und dessen Haare offen bis auf den Boden hingen!

Burckhardt blinzelte Eduvigis zu. Sie legte die Arme um seinen Hals und zog ihn auf sich. Er stöhnte, weil es wieder in seiner Wunde stach, aber wenn er sich nicht hastig bewegte, ließ der Schmerz nach. Er betrachtete die feinen Linien auf ihren Wangen, ihre vollen Lippen und ihre Augen, die dunkel und unergründlich tief waren wie ein See in den Bergen. Noch nie hatte er sich ihr so nah gefühlt. Er flüsterte: «Du hast mich mit deinem Niopo verhext, Eduvigis. Sag mir, wie du heißt. Eduvigis ist ein Name, den Hohermuth sich ausgedacht hat.»

Sie küsste ihn und kicherte wieder: «Danach muss ein Mann fragen, bevor er sich auf meine Brüste legt.»

Er glitt vorsichtig von ihr, nestelte die Spange auf, die die Decke über ihrer Brust zusammenhielt und schob sie auseinander. Eduvigis nahm seine Hand, legte sie auf ihre Brust, dorthin, wo ihr Herz pochte, und sagte: «Meine Mutter nannte mich Jajarita. Nur der Mann darf mich so nennen, dem ich gehören will.»

Burckhardt fühlte den Schlag ihres Herzens und ihre warme Haut in seiner Hand. Er flüsterte: «Jajarita. Ich sage Jajarita zu dir.»

Plötzlich schob jemand an der Tür einen Balken zur Seite, und sie knarrte auf. Somondoco kam herein, zwei seiner Krieger folgten ihm auf dem Fuß. Der Muisca war bleich und verschwitzt und sagte harsch: «Steht sofort auf, du und die Frau. Wir müssen zu Quemuenchatocha. Schnell! Kyu! Kyu!»

Burckhardt erhob sich und fragte verwundert: «Was ist geschehen?»

Somondocos Kinn und der goldene Ring in seiner Nase zitterten. Er musste sich offenbar beherrschen, um nicht die Fassung zu verlieren. Seine beiden Männer hielten ihre Äxte aus Stein, als wollten sie jeden Augenblick auf Burckhardt einschlagen. Der Muisca antwortete: «Es sind Boten da vom Zipa Tisquesusa. Sie berichten schreckliche Dinge. Bärtige Männer sind aus den Tälern bei Sonnenuntergang gekommen, mit Pferden und Hunden. Es sind viele, mehr als die von Espira. Sie folgten den Pfaden des Salzes und haben schon Chipata und Zipaquira eingenommen.»

Burckhardt stand wie vom Donner gerührt. Weiße, bärtige Männer? Das konnte doch nicht Hohermuth sein! Bei Sonnenuntergang, im Westen? Der Gobernator und die Entrada mussten im Osten sein, dort, wo die Huitoto lebten und wo sie den Pass gesucht hatten. Er stammelte verwirrt: «Bei Sonnenuntergang? Ich kenne diese Männer nicht. Wer sind sie, und woher kommen sie?»

Somondoco schien überrascht, dass Burckhardt auch nicht wusste, wer diese Soldaten waren. Er antwortete: «Die Boten wissen nicht, welche Sprache die Fremden reden. Sie erzählen nur voller Furcht von den Hirschungeheuern. Der Zipa von Bacata hat eines dieser Tiere heimlich umbringen lassen, um herauszufinden, ob die Männer, die sie reiten, darauf festgewachsen sind. Die Fremden haben Chipata ohne Kampf eingenommen, weil niemand es wagte, ihnen entgegenzutreten. Als sie aber gen Mittag zogen, lieferten die Krieger des Zipa ihnen eine Schlacht, bei Zipaquira, der Stadt des Salzes. Aber die Muisca sind furchtbar geschlagen worden. Selbst die Mumien der Zipas, die sie vor sich hertrugen, wurden vernichtet. Tisquesusa ist geflüchtet und auf dem Weg nach Nemocon, dorthin, wo er eine Festung in den

Bergen hat und wo wir vor drei Tagen rasteten. Wir müssen unserem Herrscher sofort berichten. Folgt mir!»

Jajarita hatte schon die Decke um die Schultern geschlagen. Sie griff Burckhardt an der Hand, und gemeinsam traten sie hinter Somondoco ins Freie. Burckhardt hielt den Atem an: Eine riesige Stadt umgab sie, größer als Acarigua. Lange, gerade Straßen kreuzten sich, Palisaden umgaben die Häuser aus Holz und Flechtwerk, die sorgfältig verputzt und mit Gras gedeckt waren. Und überall waren Menschen, so viele wie in einem Ameisenhaufen. Sie trugen bunte Decken und Mäntel über den Schultern, hatten Sandalen an den Füßen und Wollmützen auf dem Kopf. Wie Somondoco und seine Krieger trugen sie goldene Scheiben in der Nase und goldene Gehänge in den Ohrläppchen. Ihr Haar war geschnitten oder durch ein Haarnetz gebändigt. Viele Frauen hatten sich die Arme mit Achote rot gefärbt wie die Indios in der Ebene. Jetzt erkannte Burckhardt, woher die seltsamen Töne kamen, denen sie in der Hütte gelauscht hatten: Vor jedem Hauseingang hingen goldene Bleche, dünn wie Papier, die im Wind aneinander stießen.

Die Luft war kalt und klar, und kein Ungeziefer schwirrte. Nur hoch oben schwebten schwarze Rabenvögel. Die meisten Menschen trugen etwas mit sich, als wenn Markttag sei, in der Hand oder in großen, geflochtenen Felleisen auf dem Rücken hatten sie Körbe mit Salz, die Früchte des Feldes, Mais, Patatas und Yucca, weiße und rote Bohnen, Tomaten, Papayas, Guayabas, aber auch getrocknetes Fleisch und Stockfisch. Einige Krieger trugen mit finsteren Mienen ihre Waffen umher: Äxte aus Stein, Speere, Pfeil und Bogen. Und alle starrten ihn mit offenem Mund an, zeigten mit dem Finger auf ihn und riefen sich gegenseitig etwas zu.

Somondocos Krieger drängten das neugierige Volk zur Seite und bahnten ihnen mit kräftigen Fausthieben den Weg, aber die aufgeregte Menge umtoste sie wie ein Meer. Hände zerrten an Burckhardts Haaren, am Bart und an seiner Hose, und Hunderte erstaunter Augenpaare hefteten sich auf ihn.

Es ging im Laufschritt weiter, und eine Schar schreiender bronzefarbener Kinder folgte ihnen. Die Gasse stieg an, der Boden wurde felsig. Sie hasteten einen kleinen Hügel hinauf. Jetzt öffnete sich die Straße zu einem Platz, und ein turmhohes Gebäude richtete sich vor ihnen auf. Eine Mauer aus festgefügten Baumstämmen umgab es. Es war ohne Zweifel der Palast des Kaziken.

Burckhardt fand kaum Zeit, ihn genauer anzusehen: Er war nicht aus Stein, sondern aus Holz, aber höher als die Sankt-Annen-Kirche in seiner Heimat, auch breiter als die Bohios in Acarigua und Nuestra Señora. Ringsum liefen mächtige hölzerne Säulen, die das vorstehende Dach trugen. Das Gras, mit dem das Dach gedeckt war, blieb unsichtbar, denn es war mit den Schwingen mächtiger Vögel geschmückt, die größer als Adler gewesen sein mussten. Inmitten des Palastes wuchs ein weiterer empor, der das Dach überragte, und auf diesem noch ein dritter. Überall hingen Goldbleche, so viele, dass von den Wänden kaum noch etwas zu sehen war. Es klang, als ob der Palast eine einzige, große Harfe sei. Die Sonne spiegelte sich auf den Blechen und blendete Burckhardt, der die Hand über die Augen hielt. So viel Gold hatte er noch nie gesehen. War hier El Dorado?

Die Krieger schoben Burckhardt und Jajarita durch die Pforte des Palastes. Somondoco stellte sich vor sie, den Rücken ihnen zugewandt, und streckte die Arme zur Seite aus, als wolle er verhindern, dass sie noch weiter voranschritten. Es dauerte eine Weile, bis Burckhardts Augen sich an das Halbdunkel gewöhnten. Nur von oben, durch zwei Luken im Dach, fiel das Licht und beleuchtete die Mitte des Raumes. Jajarita hatte ihren Arm um ihn gelegt. Sie flüsterte: «Sieh, da an der Wand!»

Jetzt bemerkte er, was dort glitzerte: Es war ein Mann, starr wie eine Statue, über und über mit funkelnden grünen Steinen bedeckt. Das waren die Smaragde, die Esmeraldas, von denen Somondoco gesprochen und von denen die Veteranen in Coro berichtet hatten, dass Ambrosius Dalfinger sie damals in Tamalameque erbeutete. Der Mann trug eine goldene Krone mit bunten

Federn, in der Nase eine goldene Scheibe, größer als ein Handteller, in den Ohren goldene Spulen, die ihm auf die Schultern fielen, einen golddurchwirkten und mit bunten Mustern verzierten Mantel, darunter ein gewickeltes Hüfttuch. Burckhardt starrte die Gestalt an: Sie besaß keine Augen; in den leeren Höhlen glänzten Smaragde. Ihre Haut war dunkelbraun und runzlig und spannte sich über den Knochen. Auch in den Ohren und im Nabel steckten grüne Steine, der am Bauch war so groß wie ein Hühnerei. Sie standen vor einer Mumie, einem Toten, der nicht verwest war, wie die in der Stadt der Geister.

Burckhardt spürte, wie Jajaritas Hände sich an ihn klammerten. Auch ihm war es mulmig zumute. Somondoco regte sich nicht, doch auf der anderen Seite des Raumes, gegenüber der Mumie, bewegten sich schemenhafte Gestalten. Burckhardt kniff die Augen zusammen. An der Wand standen Männer in schwarzen Gewändern, mit einem weißen Kreuz auf der Brust. Sie sahen aus wie Mönche, aber ihre langen Haare fielen ihnen bis zur Hüfte. Die Männer trugen keine Waffen, die meisten hatten die Arme vor der Brust gekreuzt und starrten ihn finster an.

Von draußen klangen immer noch die Goldbleche. Durch die Reihen der schwarzen Männer ging eine Bewegung. In der Dunkelheit des Raumes erschollen dumpf Hörner. Heisere Flöten bliesen, Pauken dröhnten und es rasselte, als schüttele jemand ein tönernes Gefäß voller Fruchtkerne. Somondoco senkte den Kopf. Zwei Männer kamen und hockten sich vor die Muisca. Sie trugen brennende Kienspäne in den Händen und tauchten sie in zwei Schalen mit Harz, die am Boden standen. Es entzündete sich knisternd. Weißer, scharf riechender Rauch stieg empor und verlor sich im Dunkel unter dem Dach.

Das Getöse kam näher. Aus dem Dunkel traten Knaben in roten Gewändern, die Holzstäbe auf den Boden stießen, an denen mit kleinen Steinen gefüllte Kürbisse aufgehängt waren. Es klang aus der Nähe wie prasselnder Hagelschlag. Hinter den Jungen schritten Männer, die gekleidet waren wie Somondoco und seine

Krieger. Sie hielten kindskopfgroße Muscheln vor ihren Mündern, in die sie unentwegt hineinbliesen.

Jetzt erschien ein Mann, der nur der oberste Zaque von Tunja sein konnte. Der Indio schwebte auf einer Sänfte, von acht Männern getragen, und saß auf einem hölzernen Stuhl, der ganz mit Gold und Smaragden beschlagen war. Büschel von Federn wippten auf und ab und hüllten den Körper des Herrschers ein, als säße er in einem Bett voller Daunen. Der Zaque war vom Scheitel bis zur Sohle mit Goldschmuck behängt. In seiner Unterlippe steckte ein goldener Pflock, in seiner Nase baumelte ein fein gehämmerter Ring. Massive goldene Spulen zogen die Ohrläppchen hinunter. Von seinen beiden Ohren spannte sich ein schmales goldenes Band wie ein gezwirbelter Schnurrbart quer über sein Gesicht, und seine nackten Arme und Beine waren mit goldenen Bändern umschnürt. Um den Hals trug er eine Kette aus Goldperlen, auf dem Kopf einen Hut, der entfernt einer Kalotte ähnelte, aber mit drei Ecken am oberen Rand, an die goldene Scheiben gesteckt waren. Die Decke aus Wolle um seine Schultern musste äußerst kostbar sein: Goldene Fäden durchzogen sie, und eine goldene Spange in Form eines Vogels mit ausgebreiteten Schwingen hielt sie zusammen.

Die Träger der Sänfte setzten den Zaque vor Somondoco ab, der immer noch mit gebeugtem Kopf dastand, als wage er es nicht, seinen Herrscher anzusehen. Auch die schwarzen Männer an der Seite sahen zu Boden. Rechts und links des Zaque warteten viele Menschen, die mit ihm aus dem Dämmerlicht der Halle gekommen waren: Krieger hielten Schilde, die mit der Haut von Tapiren bespannt waren, Speere mit Federbüscheln und Äxte, deren Schäfte Smaragde zierten. Burckhardt erblickte eine uralte Frau mit fast weißem Haar und runzligem Gesicht, die zwei junge Männer stützten und die sich ächzend auf einem Stuhl niederließ, den man eilfertig herbeitrug. Neben ihr stand ein junger Krieger mit langem Haar, der eine Krone aus Federn trug und eine Kette aus den blau schimmernden Flügeln großer Käfer.

Der Ton der Muschelhörner verklang. Der Zaque von Tunja war ein alter, fetter Mann, mit hängenden Wangen, einer mächtigen Hakennase und kleinen, listigen Augen, die Burckhardt aus dem Halbdunkel unverwandt anstarrten. Er wusste nicht, ob er dem Herrscher der Muisca in die Augen blicken durfte, ahnte aber, dass sich nun ihr Schicksal entschied. Wenn der Indio beschloss, sie töten zu lassen, dann konnten sie ihrem Los nicht entfliehen. Er blieb aufrecht stehen, hielt aber den Kopf gesenkt und beobachtete den Zaque, der zu lächeln schien. Der Zaque gab ein Zeichen. Zwei Knaben sprangen hervor und boten Burckhardt und Jajarita goldene Schalen dar: Casabe, Mais, kleine, gebratene Vögel, Salz, fingerlange goldene Figuren und eine Hand voll Smaragde. Einer der Jungen reichte ihnen eine Schale mit einer dampfenden, braunen Flüssigkeit. Burckhardt nahm sie vorsichtig in die Hand und setzte sie an die Lippen. Sie schmeckte süß und scharf. Er verneigte sich, und auch Jajarita senkte den Kopf. Alle beobachteten ihn gespannt, als wollten sie sich vergewissern, dass Burckhardt aß und trank wie ein Mensch.

Der Herrscher murmelte ein paar Worte und winkte müde mit der Hand. Somondoco begann zu sprechen, er sah den Zaque immer noch nicht an. Er redete lange, so laut, dass seine Stimme bis in den hintersten Winkel der Halle drang. Als er geendet hatte, verneigte er sich tief. Es herrschte atemlose Stille. Der Zaque räusperte sich, drehte den Kopf zu dem Krieger mit dem Federbusch und sprach leise zu ihm. Der kniete sich neben den Stuhl des Herrschers und lauschte. Der Zaque nickte. Er murmelte wieder, als sei er zu erschöpft, um laut zu reden, und Burckhardt hätte auch dann kein Wort verstanden, wenn ihm die Sprache bekannt gewesen wäre. Der Krieger mit dem Federbusch flüsterte jetzt Somondoco etwas zu, der sich daraufhin umdrehte und in feierlichem Ton Burckhardt und Jajarita ansprach: «Höre, was der Zaque von Tunja dir mitzuteilen hat: Ich, Quemuenchatocha, habe erfahren, dass die bärtigen Männer Tisquesusa, den Zipa von Bacata, vernichtend geschlagen haben. Tisquesusa war ein Feigling, wie sein Onkel, der Zipa Nemequene, den ich vor einem Menschenalter in der Schlacht zum Zweikampf herausforderte und besiegte.»

Somondoco zeigte auf die Männer in den schwarzen Gewändern: «Unsere Chiquis behaupten, die Bärtigen seien Kinder Chias, die die Nacht regiert und alles zuschanden macht, was Bochica Gutes tut. Andere behaupten, Chibchacun habe euch ausgeschickt als Zeichen, dass die Flüsse die Ebenen überfluten werden und der Regen unsere Felder fortschwemmen wird. Sie sagen, wir sollen euch der Sonne opfern, Xue, die den Tag erleuchtet und den Mais reifen lässt.

Du hast die Frau berührt, sagen die Chiquis, und deshalb wird Xue das Opfer nicht annehmen, weil ihr nur Jünglinge genehm sind, die noch unschuldig sind. Das Gesetz der Muisca befiehlt, dass einmal im Jahr ein Kind sterben muss, damit die Gestirne auf ihrer Bahn ziehen und die Felder bestellt werden können. Wenn die Zeit des Regens anbricht, ziehen die Chiquis ihm ein Seil durch die Nase und führen es in den Tempel Xues in Sogomoso. Dort schinden sie es, bis es stirbt und sein Blut über die heiligen Felsen vergossen werden kann.

Die Chiquis sind sich nicht einig, was mit dir und der Frau aus der Ebene geschehen soll. Die Frau ist nichts wert, sagen sie. Sie schlagen vor, ihr Haar abzuschneiden und es einem vornehmen Kaziken zu schenken. Ein Krieger soll sie bekommen, oder sie soll getötet werden, weil sie zu nichts nutze ist und nichts von dem versteht, was die Frauen der Muisca gelernt haben.

Den Chiquis gefällt auch dein Haar auf dem Kopf. So hat Bochica ausgesehen, sagen sie, als er aus den Ebenen kam, von Sonnenaufgang, und die Muisca lehrte, wie sie die Äcker bebauen und wie sie ihre Kleider weben sollen und dass der Geist der Menschen unsterblich ist und die Toten wieder auferstehen, wenn die Zeit dafür gekommen ist. Einige der Chiquis warnen davor, dich zu opfern, bevor sie nicht Popon gefragt haben, den Obersten aller Chiquis. Es ist schwierig, seinen Rat zu bekommen, denn er will nicht mehr mit den Menschen reden, sondern nur noch mit den Geistern, sagen sie.

Quemuenchatocha hat entschieden, dass ich euch zu Popon bringe, nach Sogomoso, und dass er sagen soll, was wir mit euch tun sollen. Der Zaque von Tunja sorgt sich nicht um die bärtigen Männer, mit denen der Zipa Krieg führt. Quemuenchatocha wird seine Krieger aussenden und jeden der Schritte, die sie tun, beobachten lassen. Wer den Bärtigen verrät, wo der Weg nach Tunja ist, wer auch nur ein Wort mit ihnen wechselt, wer ihnen die Früchte des Feldes überlässt oder zeigt, wo Wasser aus den Bergen kommt, der soll sterben. Niemand wird Quemuenchatocha finden, wenn er es nicht will.»

Der junge Krieger mit der Federhaube löste sich aus der Menge und ging gemessenen Schrittes auf sie zu. Somondoco raunte Burckhardt zu: «Das ist Aquiminzaque, der Sohn des Bruders von Quemuenchatocha. Er wird Zaque von Tunja werden, wenn Bachue den Herrscher zu sich in ihr Reich ruft.»

Der Neffe des Zaque hielt ein winziges Messer in der Hand, es sah aus, als sei es aus einem Holzsplitter gefertigt. Er blickte Burckhardt prüfend und ein wenig ängstlich an, als wisse er nicht, ob der ihm gefährlich werden könnte. Burckhardt blieb regungslos stehen. Er fürchtete, einer der Muisca könnte den Entschluss des Herrschers, sie vorerst am Leben zu lassen, missachten. Aquiminzaque griff in Burckhardts Haare und schnitt eine lange Strähne ab. Er betrachtete sie neugierig, rollte sie dann um einen Finger und kehrte an die Seite der Greisin zurück.

Die Knaben setzten die Muschelhörner an die Lippen, und der Saal erdröhnte. Die Träger schulterten die Sänfte, ohne dass Quemuenchatocha wankte, und der Herrscher entschwand mit seinem gesamten Hofstaat im hinteren Teil des Palastes. Auch die Chiquis in den schwarzen Gewändern verließen eilig den Raum, als müssten sie das Geschehene so schnell wie möglich weitererzählen.

Somondoco sah Burckhardt kühl an: «Ihr werdet heute in der

Nacht sicher sein. Der Zaque hat befohlen, euch eine angenehme Herberge zu bereiten. Ich werde mit euch kommen, und meine Männer wachen, dass ihr nicht flieht. Es wird euch noch jemand aufsuchen, der mit euch reden will. Und nachdem Popon euch gesehen hat, werde ich dich fragen, wie die Bärtigen edle Steine aus dem Berg schaffen und wie ihr Tunjos aus ihnen macht.»

Burckhardt spürte, wie der Druck von ihm wich. Sein Körper hatte sich die ganze Zeit angespannt, als erwarte er einen Hieb aus dem Hinterhalt. Der Nacken schmerzte, und er hörte sein Herz laut schlagen. Er musste seinen Arm um Jajarita legen, um sich auf sie zu stützen. Auch die Wunde in der Schulter stach und juckte. Ihm war, als müsse er in Tränen ausbrechen. Eng umschlungen gingen die beiden hinaus, umringt von den axtbewehrten Kriegern.

Die Sonne glühte schon rot am Horizont. Somondoco führte sie wieder in das Haus, in dem sie die Nacht verbracht hatten, und Burckhardt legte sich erschöpft auf das weiche Lager. Auch Jajarita sah matt und bleich aus, als sie sich neben ihn legte. Kurz darauf kamen einige Frauen und boten ihnen Früchte an, ein Gefäß dampfender Caza, wie Burckhardt sogleich roch, und eine Schale mit heißen Patatas und roten Bohnen.

Als es dunkelte, kam der ältere Krieger Somondocos und brachte ihnen brennende Kienspäne. Dann trug er einen hölzernen Stuhl herein und stellte ihn vor ihre Lagerstatt. Sie sahen ihn fragend an, aber er zeigte zur Tür und ging wieder hinaus. Ein Mann betrat leise und wortlos die Hütte und setzte sich auf den Stuhl. Burckhardt richtete sich auf. Er war überrascht, denn der Indio sah völlig anders aus als die Einwohner Tunjas, die sie bisher gesehen hatten. Er war etwas älter als Burckhardt und hatte ein hart geschnittenes Gesicht. Seine Gesichtszüge verrieten nichts von dem, was er dachte, und er sah aus, als sei er gewohnt, Befehle zu geben. Er trug einen knielangen Überwurf, der auf beiden Seiten zusammengenäht und mit bunten Mustern verziert war. Bänder mit Fransen waren unter die Knie und um die Knöchel geflochten. Auf der Brust leuchtete eine Sonne, größer als eine Hand, sie musste aus purem Gold sein. Seine Nase war nicht durchbohrt, aber schwere goldene Ringe baumelten an seinen Ohren. Ein dreifach geflochtenes, mit goldenen Fäden durchwirktes Band hielt die langen Haare zurück, von der Mitte, über der Stirn, hing eine rote Quaste herab.

Und noch mehr erstaunte Burckhardt, als der Mann jetzt leise, aber klar und deutlich in spanischer Sprache sagte: «Ihr seid Christ. Ich sehe es an Eurer Kleidung. Seid Ihr Spanier?»

Burckhardt schüttelte den Kopf. Er war noch immer sprachlos. «Wer seid Ihr?», stammelte er schließlich.

«Ihr braucht meinen Namen nicht zu wissen. Nennt mich Taita. Ich komme von weit her aus einem Land, das wir Tahuantinsuyu nennen. Ihr seht aus, als gehörtet Ihr zu den Soldaten der Spanier!»

«Ich habe von Eurem Land noch nie etwas gehört. Ich komme aus einem Land, das die Spanier Sajonia nennen. Dort spricht man deutsch. Die Herren der Welser haben uns angeworben.»

Taita strich sich über das Kinn und runzelte die Stirn, als müsse er neu überdenken, was er sagen wollte. Er warf einen schnellen Blick auf Jajarita und sagte dann: «Ihr seid anders als die Spanier, die ich kenne. Ich hoffte zu erfahren, welche Pläne Ihr habt. Somondoco glaubt, dass Ihr nichts mit den Bärtigen zu tun habt, die mit dem Zipa von Bacata Krieg führen. Ich verstehe das nicht.»

Verblüfft sah Burckhardt, dass der Indio den Kopf in die Hände stützte und grübelte. Nach einer Weile murmelte er: «Die Welt ist erschüttert. Die Ordnung gerät aus den Fugen. Die Götter stürzen, und mein Volk lebt unter fremden Herren. Von überall her kommen die Viracochas, aber die Sterne antworten nicht, wenn wir sie fragen. Das ist das Ende der Zeit.»

Der Indio erhob sich und sagte mit harter Stimme: «Mein Herr Manco Inka hat mich nach Norden gesandt, um Hilfe zu erbitten im Krieg gegen die Spanier. Noch vor wenigen Monden hatte er alle Völker Tahuantinsuyus versammelt und die Viracochas überrannt. Aber das Kriegsglück wendete sich, und wir mussten viele Tote beklagen. Die Götter waren mit den Spaniern. Aber Manco Inka wird nicht unterliegen. Seine Zeit wird kommen!»

Schwer atmend endete Taita seine Rede und ging mit schnellen Schritten hinaus.

Burckhardt fragte Jajarita: «Ich habe nicht verstanden, woher dieser Mann kam und was er von uns wollte. Er schien keiner der Muisca zu sein.»

Sie nestelte an den Schnüren, die sein Wams zusammenhielten, und zog es ihm vorsichtig aus. Sie schaute die Wunde an – dicker Schorf bedeckte sie, aber sie eiterte nicht. Es juckte unerträglich, aber er wusste, dass das ein Zeichen der Heilung war.

Die Tür ihrer Hütte war nur angelehnt. Er stand auf und schloss sie. Es war schon Nacht. Die Kienspäne glommen nur noch, bald würden sie erlöschen. Er legte sich zu Jajarita, fühlte ihre nackte Haut. Sie hatte sich alle Tücher ausgezogen und flüsterte: «Werden die Muisca uns töten? Und werden die bärtigen Männer, von denen sie erzählten, uns finden?»

«Ich weiß nicht. Die Muisca können uns verbrennen oder ihren Göttern opfern, aber sie können nicht verhindern, dass ich dich jetzt zur Frau will, Jajarita.»

Sie zog ihn so heftig auf sich, dass er vor Schmerz stöhnte, und küsste ihn wild auf den Mund.

Burckhardt rollte sich auf den Rücken. Er wollte nicht darüber nachdenken, ob der morgige Tag ihnen den Tod bringen würde. Jajarita schlang ihre Beine um seine Hüften und setzte sich auf ihn. Ihre Haare bedeckten ihn, sodass er nur noch ihr Gesicht sehen konnte. Er flüsterte: «Ich habe etwas gefunden, Jajarita!»

Sie küsste ihn wieder und fragte: «Du bist ein Konquistador. Hast du Carucuri gefunden?»

Er lachte leise und antwortete: «Etwas Besseres: eine Frau mit goldener Haut. Und alle Schätze dieser Welt in ihrem Schoß.»

5. KAPITEL
El Dorado

Der Pfad hielt sich hart am Hang der wild zerklüfteten Berge. Zweimal überquerten sie einen Fluss und eine schwankende Brücke aus geflochtenen Seilen. Somondoco ließ gemächlich marschieren, als sei er gar nicht erpicht darauf, schnell dort anzukommen, wo sich das Schicksal Burckhardts und Jajaritas entscheiden sollte. Die Indios schleppten ihn wieder in einer Hängematte. Er fühlte sich matt, aber nicht zu krank, um laufen zu können, doch der Muisca bestand darauf, dass er sich tragen lasse. Vielleicht fürchtete er, dass sein Gefangener fliehen würde. Aber ohne Jajarita? Burckhardt war sich sicher, dass sie sich beide nicht im Stich lassen würden. An eine Flucht war nicht zu denken: Die Krieger, die sie begleiteten, hielten lange Speere in den Händen und hätten sie leicht verfolgen und töten können, zumal ihnen die niedrigen Bäume kaum erlaubt hätten, sich vor ihren Verfolgern zu verstecken. Der Kazike der Muisca trug immer noch den Katzbalger und die Axt. Burckhardt hatte sich damit abgefunden, dass seine Waffen verloren waren.

Es schien ihm, als machten sie einen Umweg und gingen nicht direkt nach Nordosten, wo die Stadt des Chiquis Popon und des Sonnentempels sein sollte. Burckhardt grübelte und grübelte, aber er konnte sich keinen Reim darauf machen, wo sie waren. Dem Stand der Sonne nach zu urteilen, war die Vorhut der Entrada mit Hauptmann Martín und Villegas damals nach Nordwesten aufgebrochen, um den Pass über die schneebedeckten Berge zu finden. Nach dem Überfall waren sie, das meinte Jajarita, in dieselbe Richtung weitergezogen. Er hatte davon nichts mitbekommen, weil er im Fieberwahn in der Hängematte lag. Irgendwann waren sie nach Norden abgebogen und dem Fluss gefolgt, an dem Nemocon lag, wo Burckhardt in der Hütte mit den Salzkörben aufgewacht war. Von dort nach Tunja ging es wieder nach Nordosten, und Sogamoso lag ebenfalls im Nordosten von Tunja. Wenn ihn nicht alles täuschte, war er in den Wochen nach dem Tod Martíns und Villegas' und seiner Verwundung in einem großen Kreis geführt worden. Aber warum berichteten die Boten der Muisca dem Zaque, die bärtigen Männer seien im Nordwesten aufgetaucht, also dort, wo Hohermuth und die Entrada auf keinen Fall sein konnten? Das wäre nur möglich gewesen, wenn der Gobernator ihnen über den Pass gefolgt und in Eilmärschen an ihnen vorbeigezogen wäre, ohne dass die Krieger der Muisca es gemerkt hätten, und jetzt, aber viel weiter aus dem Norden, zurückkehrte.

Er litt unter der Kälte und dem schneidenden Wind, der ihnen auf der Höhe entgegenwehte. Auch Jajarita quälte sich, doch sie klagte nicht. Er kannte Schnee, Eis und stürmische, regnerische Herbsttage aus seiner Heimat, und in der Grube war es ohnehin immer kalt und feucht gewesen. Aber Jajarita hatte so etwas noch nie erlebt. Dort, wo die Yabarana wohnten, war es heiß wie in Coro, erzählte sie, und nur die Feuchte während der Zeit des Regens linderte die Hitze.

Sie bekamen nur süße Papatas zu essen. Am Abend des zweiten Tages tauchten zur linken Hand, entlang einem kleinen Fluss auf dem Grund des Tales, Hütten auf. Auf der anderen Seite erhoben sich die Felsen in Schwindel erregende Höhen. Somondoco zeigte hinab und sagte, das seien die ersten Häuser von Sogamoso. Zur Rechten stieg der Hang nur noch wenig bis zum Grat an. Dort wuchsen Kakteen, die sich zwischen das Gestein und die Grasbüschel krallten. Der Muisca ließ Burckhardt aus der Hängematte steigen, befahl seinen Männern, sie sollten warten und auf Jajarita Acht geben, und bedeutete Burckhardt, ihm zu folgen.

Er stapfte den Hang hinauf, und Burckhardt kletterte ihm keuchend nach. Sie brauchten länger, als er gedacht hatte, um den

Grat zu erreichen, weil sich ihnen immer wieder wuchtige Felsen in den Weg stellten. Doch dann waren sie oben, und Burckhardt begriff, was Somondoco ihm hatte zeigen wollen. Er ließ sich vor Überraschung auf den Boden sinken und schnappte nach Luft: Vor ihm in der Tiefe erstreckte sich ein grünes Meer bis in unendliche Ferne, eine flache, dunstige Ebene, in der Flüsse im Sonnenlicht blitzten. Die Berge stürzten sich so steil in die Tiefe, dass ihm schwarz vor Augen wurde, wenn er hinuntersah. Sollte das die Ebene sein, die er mit Hohermuth und der Entrada vor Monaten durchquert hatte?

Somondoco schien zu ahnen, was Burckhardt dachte. Er legte die Hand über die Augen, zeigte nach Südosten und sagte: «Dort wohnen die Guahibos. Und dorther kam Bochica, ein Gott mit einer hellen Haut und Haaren im Gesicht wie du und auch wie der Chiqui Popon, als er jung war.»

Doch Burckhardt dachte an etwas anderes: an seinen Bruder, seinen Vater, die irgendwo dort unten sich nach Norden durchschlugen, nach Coro. Weit im Osten war auch Jajaritas Heimat, von der er nichts wusste und die er nie kennenlernen würde. Er war insgeheim froh, dass sie die Ebene nicht gesehen hatte. Jetzt fürchtete er sich davor, sie könnte ohne ihn versuchen, zu ihrem Volk zurückzukehren. Sein Herz krampfte sich zusammen, und Tränen stiegen ihm in die Augen. Dort unten war der Weg nach Coro. Aber er würde ihn niemals finden.

Jemand griff ihn harsch um die Schultern und riss ihn hoch. Er schrie auf, weil der Schmerz der Wunde ihn durchzuckte. Somondocos Gesicht war dicht vor seinen Augen. Der Indio sah nicht zornig aus, eher besorgt. Leise fragte er: «Höre, Mann mit dem Maishaar, ihr habt Popon getroffen!»

Burckhardt blickte ihn verwirrt an. Somondoco hielt ihn immer noch an den Schultern fest, als hänge viel von dem ab, was er antworten würde. Burckhardt wischte sich die Tränen aus dem Gesicht und antwortete: «Ich habe einen alten Mann gesehen, in einer Stadt, in der nur zerfallene Mauern und Trümmer waren und in der wir Tote gefunden haben, die nicht verwesen. Aber woher weißt du das, Somondoco?»

Der Indio atmete tief aus. Er schien unendlich erleichtert, senkte den Kopf und sagte dann, mehr zu sich selbst als zu Burckhardt: «Ich war einmal in dieser Stadt, als ich jung war und böse Wetter den Pfad nach Tabachara und zu den Guahibos zerstört hatten. Meine Krieger hatten sich verlaufen, und ich musste einen neuen Weg suchen. Die Chiquis aus Tunja kennen diese Stadt nicht, und ich habe niemandem davon erzählt. Aber in Sogamoso wissen die Muisca, dass der oberste Priester Popon manchmal eine lange Zeit verschwindet. Die Bauern meinen, er steige hinab, dorthin, woher Bochica kam, um mit den Geistern zu reden. Und mit Chibcacum, der die Flüsse über die Ufer treten lässt. Sie haben große Angst vor Popon.»

Somondoco setzte sich, und Burckhardt tat es ihm gleich. Er sah den Muisca gespannt an. Der Indio fuhr fort: «Du musst wissen, dass mein Herr Quemuenchatocha nicht der Herr Popons ist. Popon hat keinen Herrn. Er stammt aus einem Dorf in der Nähe von Bacata, von dort, wo der Zipa Tisquesusa herrscht, der ärgste Feind des Zaque. Die Leute dort erzählen, dass Popon dem Zipa vor einem halben Menschenalter etwas vorhergesagt hat, und der war so zornig, dass er drohte, Popon den Geiern zum Fraß vorwerfen zu lassen. Deshalb ging Popon nach Sogamoso, wo der größte Tempel Bachues und Bochicas steht. Und der Zaque von Tunja, mein Herr, gibt nicht viel auf die Prophezeiungen der Chiquis.»

«Was hat er ihm prophezeit?»

«Popon sagte, es kämen Fremde von weit her. Sie würden den Zipa ergreifen und ihm die Säfte des Körpers aussaugen. Er würde sterben, schwimmend in seinem eigenen Blut.»

«Aber du hast mir nicht geantwortet, woher du weißt, dass ich euren obersten Priester gesehen habe!»

Somondoco lächelte: «Ich habe euch beobachtet, als ihr zurückkehrtet am Morgen, nachdem ihr auf der anderen Seite des

Tales gewesen wart. Der Hauptmann Martín erschien mir verändert nach der Nacht. Er schwieg nur noch. Und auch du schienst etwas erlebt zu haben, was du nicht erwartet hattest. Was hat Popon gesagt?»

Burckhardt musste überlegen. Er konnte sich kaum daran erinnern, als hätte sich ein Schleier zwischen den heutigen Tag und die Stadt der Geister gelegt. Er antwortete: «Popon sagte, dass die Frau, Jajarita, zu mir gehöre. Und dass ich durch ein Dunkel gehen würde. Bochica werde mich schützen vor irgendwem, der mich töten wolle. Und er sagte, Hauptmann Martín würde bald zu den Göttern gehen wie er.»

Somondoco blickte ihn erschrocken an.

«Ist das wahr?»

Burckhardt nickte. Der Indio legte ihm die Hand auf die Schulter und antwortete hastig: «Dann verstehe ich. Du und die Frau, ihr werdet nicht sterben. Popon will, dass du lebst, weil Bochica mit dir ist. Du bist durch das Dunkel gegangen, als das Fieber über dich gekommen ist und wir alle dachten, du würdest in das Reich der Geister eingehen. Aber wir müssen zu ihm. Irgendetwas wird geschehen, etwas Furchtbares.»

Er stand entschlossen auf und schritt eilig den Hang hinunter. Als sie die wartenden Krieger erreichten, gab Somondoco einige kurze Befehle. Sie rollten die Hängematte ein, als sei ihr Gefangener jetzt stark genug, um marschieren zu können. Der Kazike ging mit schnellen Schritten voran. Jajarita fasste Burckhardt an die Hand und fragte besorgt, was geschehen sei, er sehe verstört aus. Er brachte es nicht übers Herz, ihr zu verschweigen, was er gesehen und gehört hatte, und erzählte ihr alles. Sie blickte ihn glücklich an: «Wir werden leben», stammelte sie immer wieder, «du wirst es sehen: Amaru ist mit uns.»

Er schüttelte den Kopf. Sie vertraute immer noch ihren heidnischen Göttern. Amaru, Bochica, Bachue und wie sie alle hießen. Und da war noch sein Gott, der der Christen: Es wurden immer mehr, die für das verantwortlich sein sollten, was ihnen zustieß. Und was hatte der geheimnisvolle Fremde in Tunja gesagt: Viracocha? War das dessen Gott gewesen?

Sogamoso war nur halb so groß wie Tunja: Es gab aber auch hier gepflegte Straßen, die im rechten Winkel aufeinander stießen, Palisaden um die grasgedeckten Hütten und klingende Goldbleche vor den Eingängen. Sie eilten durch die Gassen und gelangten zu einem kleinen Platz, der fast ganz gefüllt war mit Indios. Schon von weitem erblickten sie den Sonnentempel. Er war rund gebaut, anders als der Palast des Zaque, besaß aber auch drei Stockwerke und war ebenso hoch. Seine hölzernen Säulen, die das kühn geschwungene Vordach trugen, hatten die Muisca bunt bemalt und die Wände mit gehämmerten Goldblechen behängt.

Somondoco winkte ihnen, ihm auf dem Fuße zu folgen. Rote Balken, dicker als der Körper eines Mannes, überspannten das Tor. In der Eingangshalle saßen ringsum düstere Mumien, die der ähnelten, die er im Palast des Zaque gesehen hatte. Die Toten schreckten ihn nicht mehr. Im dritten Raum hieß Somondoco sie warten. Seine Männer sicherten den Ausgang, sodass sie nicht fliehen konnten. Ein Chiqui in einem roten Gewand ließ den Kaziken eintreten. Burckhardt und Jajarita hockten sich Hand in Hand an die Wand. Der Chiqui starrte sie an, bewegte sich aber nicht. Auch Somondocos Krieger verharrten wie Statuen.

Es dauerte sehr lange, bis sie endlich Schritte hörten. Somondoco schob den Chiqui beiseite und winkte ihnen. Sie folgten ihm. Drinnen brannten ein paar Kienspäne, und von ganz oben fiel Licht. Der Raum war erfüllt von schwer duftendem Rauch, der über ihren Köpfen waberte. Burckhardt meinte, im hinteren Teil des Tempels eine große Figur zu sehen, aus deren verschattetem Gesicht Smaragde leuchteten. Popon saß mit gebeugtem Kopf mitten in der Halle auf dem vergoldeten Stuhl einer Sänfte. Er war immer noch so gekleidet wie damals in der Stadt der Geister, mit einer zerschlissenen Decke um die mageren Schultern und einem Tuch um die Hüften. Auch die roten und blauen Streifen im Gesicht schienen noch dieselben zu sein. Nur trug er jetzt eine Mütze mit abstehenden Flügeln wie der ältere Krieger der Muisca, der sie seit Nemocon begleitet und bewacht hatte. Popon winkte Burckhardt und Jajarita, sie sollten sich vor ihm auf den Boden setzen, und Somondoco hockte sich neben ihn, um das, was der Alte sagte, zu übersetzen, so gut es ging.

Popon schwieg, räusperte sich dann und sagte: «Du, Mann mit dem Maishaar, bist durch das Dunkel gegangen, wie die Sterne es verkündeten. Und die Frau, die das Zeichen Chias trägt, hat sich dir ergeben. Ich sah es. Somondoco sagte mir, dass du sie Jajarita nennst. Ich habe dieses Wort schon einmal gehört. Aber ich habe vergessen, was es bedeutet. Ich will es auch nicht mehr wissen.

Ihr seid hier, weil der Zaque Quemuenchatocha es so wünscht. Er fürchtet sich vor euch. Ihr seid etwas, was er nicht kennt. Die Chiquis haben nicht viel gelernt. Sie schauen nur auf den Tag und nicht auf das Morgen. Ich bin müde, sie zu lehren, was wichtig ist. Ich werde nicht befehlen, euch Bachue zu opfern. Xue, die Leben spendende Sonne, weiß, dass wir auf unser Bestes verzichten, um sie gnädig zu stimmen. Xue lässt den Mais wachsen und reifen, sie hält die Wasser zurück, damit sie nicht das Erdreich mit sich führen und die Äcker verderben. Sie züchtigt die Berge, damit sie nicht erzittern und alle Hütten der Muisca zu Staub werden lassen. Somondoco berichtet, dass die Bärtigen sogar den Sohn ihres höchsten Gottes opferten und sein Blut vergossen, wie wir das tun. Und die Bärtigen wissen, dass deshalb unsere Seelen für immer in der Nähe Bachues bleiben werden.

Somondoco hat mir berichtet, was er erlebt hat mit den weißen Männern, damals, als sie ihn zwangen, ihnen zu dienen und er die Welt jenseits des großen Flusses Yuma kennen lernte. Er hat mir erzählt, wie er vor wenigen Monden ihren Kaziken tötete und euch gefangen nahm. Ich weiß: Du suchtest etwas, wie alle Bärtigen, die einem großen Zauber erlegen sind. Du suchtest den Goldenen Mann. Aber jetzt, da du ihn gefunden hast, brauchst du ihn nicht. Das ist gut. Und nur deshalb wirst du seine Geschichte hören.»

Burckhardt hielt den Atem an. Wen meinte Popon? Er, Burckhardt Ansorg, hatte El Dorado gefunden? Er verstand kein Wort von dem, was der Chiqui sagte. Der Alte fuhr fort: «Es gab eine Zeit, so erzählen die Alten, in der führten der Zipa und der Zaque noch nicht gegeneinander Krieg. Damals war der Zipa von Guatavita der mächtigste und angesehenste, den es im Land der Muisca gab. Eine der Frauen des Kaziken war so schön, dass sie alle anderen übertraf.»

Popon hustete. Aus dem Dunkel huschte ein Junge herbei, der genauso in rotes Tuch gekleidet war wie der Alte, und reichte ihm eine Schale mit Wasser. Dann entfernte er sich lautlos. Popon trank, hustete wieder und kicherte heiser: «Die Frau des Kaziken war so schön wie deine Jajarita, Jüngling mit dem Maishaar. Höre, was ihrem Mann widerfuhr! Der Zipa achtete und verehrte sie nicht so, wie es ihrer würdig gewesen wäre. Deshalb nahm sie sich einen Krieger, der sie, wie sie sich es wünschte, mit seinem ganzen Herzen liebte. Doch ihre geheimen Treffen wurden verraten. Der Zipa beschloss, sich grausam zu rächen. Er ließ dem Liebsten seiner Frau das abschneiden, was ihn zum Mann machte. Dann wurde er gepfählt. Seine Frau zwang er, das zu verzehren, was vorher die Quelle ihrer Lust gewesen war. Überall im Land ließ er Lieder singen, die von ihrem Vergehen und der folgenden Strafe berichteten.

Die Frau beschloss sich zu töten. Sie verließ heimlich den Palast des Zipa und nahm nur ihre kleine Tochter mit, die sie kurz zuvor dem Zipa geboren hatte. Sie eilte in der Nacht zum See von Guatavita, in dem eine große Schlange wohnt. So berichtet die Legende, die uns von den Vorfahren überliefert ist. Unsere Ahnen verehrten die Schlange wie Bachue, die Mutter aller Wesen.

Als die Frau des Zipa das Ufer erreichte, wurde sie von den Chiquis entdeckt, den Priestern der Muisca, die in Hütten um das Wasser wohnten. Sie warf das kleine Kind in den See, sprang hinterher und verschwand in den Fluten, ohne dass jemand sie daran hätte hindern können.

Einer der Chiquis eilte zum Zipa und berichtete ihm, was vorgefallen war. Der war außer sich vor Angst und Trauer. Er ließ sich zum See von Guatavita bringen und befahl dem Mächtigsten der Zauberer, sofort etwas zu unternehmen, um seine Frau wiederzuholen. Der Chiqui ließ in gleicher Höhe mit dem Wasser ein großes Feuer entzünden und glatte Kieselsteine hineinlegen, so lange, bis sie glühten wie feurige Kohlen. Dann entkleidete er sich bis auf seinen Schurz, ließ die Steine in das Wasser werfen, sprang ihnen nach und tauchte bis auf den Grund des Sees.

Als er nach langer Zeit wieder nach oben kam, berichtete er dem Zipa, er habe dessen Frau erblickt: Sie wohne in einem Palast, der noch größer und schöner sei als der von Guatavita. Eine große Schlange ringele sich auf ihrem Schoß. Er habe die Frau aufgefordert zurückzukommen, doch sie habe geantwortet, sie wolle nicht von Vergangenem reden, sie sei von ihren Leiden erlöst worden. Er aber, der Zipa, sei an ihren Qualen schuld. Sie werde ihm ihre Tochter nicht zurückgeben, sondern sie in ihrem Palast auf dem Grund des Sees aufziehen, damit sie eine Gefährtin habe.

Der Zipa wollte sich damit nicht zufrieden geben und auch nicht auf sein Kind verzichten. Er hieß einen der Chiquis noch einmal in den See tauchen. Als der zurückkehrte, trug er den toten Körper des Mädchens auf seinen Armen. Das Kind hatte keine Augen mehr, und der Zauberer sagte, die Schlange habe sie ihm ausgestochen: Da ein Mensch ohne Augen nichts wert sei, würde man das Mädchen wieder zu seiner Mutter gehen lassen. Der Zipa sah ein, dass er gegen den Willen der Schlange nichts ausrichten konnte, und ließ den Leichnam des Kindes wieder in den See werfen. Er blieb ohne Trost zurück und verbrachte den Rest seiner Tage in Trauer.

Die Muisca aber verehren seitdem die Kazikin im See von

Guatavita. Manche sagen, dass die Frau im See von Guatavita in Wahrheit Bachue ist, die Mutter aller Menschen. Manchmal, in der Nacht und bei Vollmond, erscheint sie über den Wassern, mit nackter Brust und nur mit einem roten Rock aus Baumwolle bekleidet. Sie spricht von Dingen, die in der Zukunft liegen, von Hungersnöten, von Feuersbrunst, von Trockenzeiten und von Krankheiten. Die Muisca kommen aus allen Gegenden des Landes und werfen Opfergaben in den See, um Bachue und ihre Schlange milde zu stimmen und günstige Voraussagen für die Zukunft zu bekommen.»

Burckhardt hatte Popon atemlos zugehört. Nicht alles hatte er verstehen können, und viele Sätze musste Somondoco wiederholen.

«Aber wer ist der Goldene Mann?», fragte Burckhardt heiser.

Der Alte schloss die Augen und fuhr mit leiser Stimme fort: «Wenn ein neuer Zipa in Guatavita eingesetzt wird, reiben sich alle Männer den Körper mit roter Farbe ein. Sie sind so durch das Blut der Frau verbunden mit der großen Schlange. Dann marschieren sie in einer langen Reihe zum See. Andere Männer schmücken sich mit Federn und behängen sich mit Gold und Smaragden, wie die weißen Männer sie nennen. Dann blasen die Chiquis auf den Häusern großer Schnecken, um die Kazikin und die Schlange herbeizurufen. Die mächtigsten Chiquis tragen schwarze Gewänder mit weißen Kreuzen, so wie auch eure Götter es lieben.

Der Zipa wird entkleidet und mit einem klebrigen Harz eingestrichen. Dann nimmt Sugamuxi sein heiliges Rohr und bläst Goldstaub auf seinen Körper, so lange, bis er von oben bis unten glänzt, als wäre er ein Mann aus Gold. Die Chiquis stehen am Ufer und trinken Chicha aus goldenen Gefäßen. Die Zauberer haben zwei Seile gespannt, die von einem Ufer des Sees bis zum anderen reichen und sich in der Mitte kreuzen. Der Zipa besteigt ein Floß, und die drei mächtigsten Chiquis begleiten ihn. Dort, wo die Seile sich kreuzen, werfen die Zauberer die Opfergaben und die Tunjos in den See. Der Zipa lässt sich ins Wasser gleiten, um den Goldstaub abzustreifen. Das ist ein Zeichen dafür, dass er das Liebste und Teuerste, was er besitzt, seine Haut, sein Leben und seinen Reichtum, der Kazikin und der Schlange weiht.»

Burckhardt flüsterte erregt: «Das ist El Dorado!»

Popon öffnete die Augen und nickte: «Du hast Recht. Das ist der Goldene, der Zipa von Guatavita. Und nur der findet ihn, der ihn nicht sucht und dem Sugamuxi das gestattet.»

«Und wer ist Sugamuxi? Seid Ihr das?»

Popon blickte Burckhardt an; ein stilles Feuer glomm in seinen Augen.

«Sugamuxi ist der Herr dieses Tempels. Er duldet mich hier. Er ist der Priester Bachues und Bochicas. Ich bin nur ein einfacher Chiqui, der sich um die unwichtigen Dinge kümmert. Nur wenige haben Sugamuxi gesehen, er lebt im Verborgenen.»

Burckhardt bemerkte, dass Somondoco den Alten verwirrt anstarrte. Popon stützte sich mit den Händen auf die Lehnen des Stuhles und richtete sich langsam auf. Seine Blicke schweiften umher und verloren sich im Rauch, der sie umhüllte wie Nebel am Morgen. Der Chiqui schloss die Augen und hob langsam die Arme, die Handflächen nach oben, als warte er auf etwas, was von oben kommen würde. Lichtstrahlen drangen durch die Luken des Daches und beleuchteten seinen Kopf. Dann sprach er. Burckhardt lief ein Schauer über den Rücken, denn Popons Stimme hörte sich jetzt an, als stamme sie nicht von ihm, sondern von einem ganz anderen, jüngeren Mann. Der Klang rollte durch die Halle und echote an den Wänden zurück.

Somondoco war zurückgezuckt, als Popon sich erhoben hatte. Er rutschte ganz nah an Burckhardt und Jajarita heran und flüsterte nur noch, als er das Gesagte dolmetschte: «Du, Somondoco, Sohn meines Volkes, gehst zum See von Guatavita. Dort übergibst du die Axt des bärtigen Fremden den Chiquis als Zeichen dafür, dass ich dich gesandt habe. Sie werden dich lehren, was deine zukünftigen Pflichten sind. Dann eile dorthin, wo deine Frauen und deine Kinder wohnen und wo du die Ebenen siehst, wenn der Wind die Wolken vertreibt, fern bei Sonnenaufgang, dem Ursprung Bochicas.

Ich sehe weiße Männer die Pfade des Salzes heraufkommen. Sie sitzen auf Tieren, die ihnen gehorchen und denen die Götter die Schnelligkeit des Windes verliehen haben. Niemand wird sie aufhalten. Die Zeit der Muisca vergeht und steht still. Und Bochica zieht sich in die Schattenwelt im Innern der Erde zurück. Er gibt denen Kraft, die wissen, was zu tun ist. Ich muss meinen Weg bis zum Ende gehen und dem, was die mächtige Göttin Bachue mir zugedacht hat, offenen Auges begegnen.

Ihr Fremden kommt von weit her, du Mann mit Haaren wie Bochica, und du Frau, die du an fernen Wassern lebtest und die heilige Kröte zwischen deinen Brüsten trägst, das Zeichen der großen Mutter. Ihr werdet euch zu denen führen lassen, die im Verborgenen leben wie Sugamuxi. Dort wartet ihr, bis sich euer Schicksal erfüllt.»

Popon senkte die Arme und ließ sich auf seinen Stuhl sinken. Er winkte mit der Rechten. Wie von Zauberhand erschienen vier kräftige Muisca, die wie Somondoco gekleidet waren, hoben ihn und die Sänfte empor und trugen ihn fort. Burckhardt erhaschte noch einen letzten Blick des Alten. Ihm war, als hätte Popon Tränen in den Augen gehabt. Somondoco blieb wie erstarrt auf dem Boden sitzen und hatte den Blick gesenkt, als denke er nach. Der Rauch senkte sich und hüllte sie ein. Nach einer Weile stand der Muisca abrupt auf und sagte hart: «Ich kann euch nichts mehr befehlen. Ich werde tun, was mich Popon geheißen hat. Ihr seid frei. Aber ihr sollt zu den Verborgenen gehen, wie der Chiqui euch riet. Ich weiß nicht, warum. Aber irgendetwas wird geschehen. Popon hat es gesehen. Darauf müsst ihr warten. Ich begleite euch und kehre dann um.»

Burckhardt und Jajarita erhoben sich. Jajarita fragte: «Wer sind die Verborgenen?»

«Das sind die Muisca, die Gold schmelzen und die Tunjos machen. Sie leben getrennt von den anderen Menschen in den Bergen über Sogamoso. Nur der Zaque Quemuenchatocha und die Chiquis dürfen bestimmen, wer zu ihnen geht.»

Somondoco sah Burckhardt nachdenklich an. Dann, als habe er einen plötzlichen Entschluss gefasst, griff er an die vielfach geflochtene Schnur, die er um die Hüfte trug. Er schnallte das Gehänge mit Burckhardts Katzbalger ab und überreichte ihm wortlos die Waffe. Burckhardt war zu überrascht, als dass er sofort hätte zugreifen können. Der Muisca nickte und sagte: «Nimm dieses lange Messer. Es gehört dir. Du wirst es nicht gegen mich und mein Volk benutzen, dessen bin ich mir sicher. Das Beil behalte ich. Ich muss es zu den Chiquis von Guatavita bringen. Meine Männer werden dir und der Frau die Taschen aus dem Fell eines Tieres wiedergeben, die ihr bei euch trugt, als wir euch gefangen nahmen. Ich weiß mit den Dingen, die darin sind, nichts anzufangen.»

Burckhardt schnallte das Schwert um. Das hatte er nicht erwartet. Somondoco wandte sich zu Jajarita: «Verzeih, du bist eine Frau, wie die Muisca sie nicht kennen. Nur unsere alten Weiber sind so wie du. Sie ergreifen auch das Wort, wenn die Männer reden. Ich habe viele Dinge gesehen, damals bei den Bärtigen am Yuma, die mich verwunderten. Kein Mann meines Volkes versteht das. Ich habe gelernt, dass es Menschen gibt, die anders sind als wir. Behalte die Kleider, die ich dir gab, damit du für die Leute eine Frau der Muisca bist. Mein Volk will, dass die Gesetze eingehalten werden. Auch die Sterne am Himmel folgen ihrer Bahn. Die Chiquis sagen, wenn sie das nicht tun, kommt das Ende der Welt. Deshalb urteilen sie hart und streng gegen die, die sich nicht nach dem richten, was die Herrscher anordnen.»

Ein kühler Wind wehte durch die Halle und trieb den Rauch des brennenden Harzes hinaus. Somondoco ging mit schnellen Schritten dorthin, wo seine Männer warteten. Burckhardt und Jajarita folgten ihm. Die Sonne stand im Zenit und blendete sie, als sie den Tempel verließen und auf den Vorplatz traten. Burckhardt seufzte. Jetzt waren sie keine Gefangenen mehr. Und doch durften sie nicht gehen, wohin sie wollten. Aber niemand trachtete ihnen mehr nach dem Leben. Eine große Last fiel von ihm ab. Er legte seinen Arm um die Hüfte Jajaritas. Auch sie schien erleichtert zu sein. Die letzten Worte Popons kamen ihm in den Sinn: Man müsse dem, was die Götter einem zugedacht hatten, offenen Auges entgegentreten. Aber was würde jetzt geschehen?

Die Volksmenge draußen war noch angewachsen. Die Menschen standen dicht an dicht, tranken Chicha und aßen Mais oder Casabe. Überall wurden die Früchte des Feldes verkauft. Burckhardt sah gewebte Hängematten, Mützen aus Pflanzenfasern, Tücher in jeder Größe mit bunten Mustern, kleine goldene Figuren mit menschlichem Antlitz, die Tunjos, tönerne Krüge und Schüsseln und Körbe voller grüner Smaragde. Somondoco drängte zur Eile. Es seien noch ein paar Stunden Wegs, und sie wollten noch vor der Dunkelheit bei den Verborgenen ankommen. Die Chiquis würden viele geheime Pfade im Gebirge kennen, und sicher sei schon ein Bote unterwegs, um sie anzukündigen.

Sie waren nur noch zu dritt. Die Krieger des Kaziken blieben in der Stadt, um die notwendigen Dinge für ihren Marsch nach Guatavita zu besorgen. Somondoco marschierte voran, dann Jajarita, und Burckhardt machte den Schluss. Der Pfad krümmte sich hinter den letzten Häusern Sogamosos den Berg hinan. Er lief oberhalb eines schäumenden Baches entlang, der der Stadt eilig entgegenstrebte. Bald verengte sich die Schlucht. Der Weg zwängte sich durch ein Felsentor, dessen Pfeiler himmelhoch aufragten. Es ging wieder abwärts, und der Wind legte sich. Die Sonne verschwand hinter den Bergen und Jajarita zog fröstelnd ihre Decke um die Schultern.

Später kam ihnen eine Reihe schwer beladener Indios entgegen. Sie schleppten große Felleisen auf ihren Rücken. Die Männer starrten sie keuchend an. Burckhardt und Jajarita lehnten sich an die Felswand, weil der Pfad so schmal war, dass kaum zwei Menschen nebeneinander Platz fanden. Somondoco rief den Trägern etwas zu, wohl um ihnen zu erklären, warum sein Begleiter so fremd aussah.

Viele der Indios trugen im Gesicht andere Farben, keinen Goldschmuck und einfache Kleider. Sie kauten die Blätter, die Burckhardt schon kannte und die bewirkten, dass man keinen Hunger bekam und keine Schmerzen spürte. Ganz am Schluss der Reihe erblickte er Tiere, die er noch nie gesehen hatte: Sie sahen aus wie die Kamele, die den Bergknappen zuerst auf den Islas Canarias begegnet waren, wo die Schiffe der Entrada Wasser und Vorräte ergänzt hatten. Dort dienten sie den Berbern als Lasttiere. Aber diese hatten keine Höcker, sondern sahen aus wie kleine Pferde, mit dem wolligen Fell eines Schafes und dem hochmütigen Kopf eines Kamels. Jajarita wich ängstlich vor ihnen zurück. Sie hatte ihre Scheu noch nicht abgelegt, ob es die Pferde der Konquistadoren oder diese mit schaukelnden Lasten bepackten Tiere waren. Burckhardt dachte an den Kaziken Waichyri aus Nuestra Señora, der ihnen von den Schafen von Peru erzählt hatte. Als die Reihe staubbedeckter Träger an ihnen vorübergezogen war, fragte er Somondoco. Der Indio sagte: «Diese Schafe gibt es nicht in den Bergen der Muisca. Sie kommen von dort, wo die Sonne am Mittag steht. Der Krieger, der euch aufgesucht hat in Tunja, führt sie mit sich. Sie tragen Smaragde und Tunjos, die Geschenke des Zaque an seinen Herrscher. Sie haben eine weite Reise vor sich. Sie werden mehrere Wochen unterwegs sein. Die anderen Männer sind vom Fluss Yuma. Die Völker dort kaufen unser Salz aus Nemocon und Zipaquira und die grünen Steine, die es dort nicht gibt, und wir tauschen dafür Gold. Im Land der Muisca gibt es davon nur wenig in den Flüssen.»

«Aber woher kommt das viele Gold im Palast des Zaque und im Tempel von Sogamoso?»

«Das stammt aus der Ebene am Yuma und von den Hängen der Berge, wo die Panches wohnen und andere Völker. Auch das Gold, mit dem die Muisca die Kinder der Guahibos kaufen, um sie der Sonne zu opfern, stammt von dort. Die Menschen, die es gegen die Smaragde und das Salz tauschen, wissen nicht, wie man das Gold formt und bearbeitet. Das können nur die Muisca. Du wirst es sehen. Popon will, dass du die Künste der Verborgenen kennen lernst, weil auch du dort, wo du geboren bist, die Erze aus dem Innern der Erde geholt hast.»

Der Himmel überzog sich mit der zarten Röte des Abends. Das Tal weitete sich. Überall verstreut standen grasgedeckte Hütten aus Holz. Sie erinnerten Burckhardt an die Kauen in seiner Heimat, als gebe es hier Stollen, die in den Berg führten. Er hörte Hämmern wie in einer Saigerhütte und sah Somondoco fragend an. Der wies auf eine der Hütten am Eingang des Tales, vor der eine Indianerin auf sie wartete.

«Ihr könnt euch frei bewegen. Verlasst dieses Tal nicht, bevor nicht ein Bote Popons euch aufsucht. Die Frauen der Goldarbeiter werden euch mit Wasser und Nahrung versorgen. Ihr werdet in der kleinen Hütte dort wohnen. Niemand lebt darin, sie dient als Lager für die Salzkörbe. Ihr sprecht die Sprache der Muisca nicht, und die Arbeiter verstehen euch nicht. Ich muss fort, wie der Chiqui es befohlen hat. Wenn Bochica es will, sehen wir uns wieder.»

Somondoco drehte sich abrupt um und strebte im Laufschritt dem Ausgang des Tales zu. Burckhardt und Jajarita sahen sich verwundert an. Dann fassten sie sich an den Händen und gingen auf die Hütte zu. Die Indianerin war eine alte Frau, die ihnen mit Händen und Füßen bedeutete einzutreten. Als Burckhardt sich ihr näherte, wich sie scheu zurück und streckte abwehrend die Hände aus. Drinnen stand ein Krug mit Wasser, auf einem Brett lagen Früchte und Brote aus Casabe. Ein einfaches Gestell aus Holz diente als Bett. Die Hütte war winzig, und an den Wänden stapelten sich die Salzkörbe. Sie fanden kaum Platz, sich umzudrehen.

Die Dämmerung brach schnell herein, und kühle Schatten bedeckten das Tal. Sie fanden Hölzer und Zunder, waren aber zu erschöpft, um sie zu benutzen und ein Licht anzuzünden. Niemand kümmerte sich um sie. Burckhardt ließ sich auf die Lagerstatt sinken. Jajarita legte sich neben ihn und umklammerte seinen Arm. Er hatte das Gefühl, dass sie sich immer weiter von der bekannten Welt entfernten. Und wenn kein Bote kam, der sie aufforderte, das Tal wieder zu verlassen und in eine der Städte der Muisca zurückzukehren? Würde Hohermuth, würden die bärtigen Männer, die im Westen gesehen worden waren, von ihnen erfahren? Oder würden sie verschwinden wie ein Irrlicht und sie in der Fremde zurücklassen, ohne Hoffnung auf Rückkehr? Er wusste nicht, welcher Tag es war, welcher Monat, nur, dass es in der Heimat auf den Herbst zugehen musste, Anno Domini 1537. Und dass er irgendwann Geburtstag gehabt hatte. Er musste jetzt einundzwanzig Jahre alt sein. Und Jajarita? Er hatte sie gefragt, aber sie wusste es nicht. Die Yabarana zählten die Jahre nicht.

Sie wachten gleichzeitig auf. Es war bitter kalt, und seine Glieder schmerzten. Die Sonne war noch nicht hinter den Bergen zu sehen, und der Frühnebel waberte über das niedrige Strauchwerk. Nachdem sie ein wenig gegessen hatten, gingen sie hinunter in das Tal, wo sie den Schein eines Feuers erblickten. Burckhardt sah, dass sich in den Hütten Werkstätten verbargen, in denen die Muisca Kupfer und Gold bearbeiteten. Die Männer sprachen sie nicht an, schauten aber verstohlen hinter ihnen her, als habe ihnen jemand befohlen, sich um die Fremden nicht zu kümmern.

Burckhardt war froh, dass es etwas zu sehen gab, was ihn von seinen Grübeleien ablenkte. Als er mehrere der Hütten besichtigt hatte, einige davon waren recht geräumig, fühlte er sich in seinem Element und verlor schnell die Scheu. Mit diesen Dingen kannte er sich aus. Die Muisca formten Figuren aus Wachs, ummantelten sie mit Tonerde und stellten die Formen in Öfen aus Stein. Durch eine winzige Öffnung des Tons floss das erhitzte Wachs heraus, und die Arbeiter konnten flüssiges Gold hineingießen. Die Hütten standen zumeist an den Hängen des Tals und waren nur dazu da, den Wind so zu leiten, dass er die Feuer der Öfen anfachte. Es gab keine Meiler und keine Kohlen, nur Holz, um die notwendige Hitze zu erzeugen.

Die Indios benutzten keine Karren mit Rädern, sondern schleppten die schweren Brocken Kupfererz auf den Schultern oder stemmten die Last in hölzernen Kiepen auf den Kopf. Burckhardt schüttelte immer wieder den Kopf. Zu gern hätte er hier und dort Ratschläge erteilt: Er wusste, was ein Blasebalg war, wie man die Hämmer hätte mit Antriebsrädern antreiben können, um das Erz zu zerkleinern, wie ein ordentlicher Saigerherd arbeiten musste. Die Muisca benutzten auch keine metallenen Werkzeuge. Selbst die Schlägel, mit denen sie die klingenden Bleche aus Gold glätteten, waren aus Stein. Aber er konnte sich nicht verständlich machen.

Nur einmal staunte er: Die Indios gossen die Tunjos, die kleinen goldenen Statuen ihrer Götter, offenbar nicht aus purem Gold, sondern aus einer Mischung, die zu einem großen Teil minderwertiges Kupfer enthielt. Dünne Drähte formten die Figur und hielten sie zusammen. War sie erkaltet, legten die Indios sie in ein Bad, das irgendeine Säure enthielt. Sie ließen sie lange dort liegen. Das Kupfer an der Oberfläche löste sich ab, und die Figur sah aus, als wäre sie aus purem Gold. Er pfiff anerkennend, als er das Vorgehen verstanden hatte. Damit konnte man jemanden, der Gold kaufen wollte, gut in die Irre führen.

Schon am ersten Tag spürte er, dass sie nicht gern gesehen, sondern nur geduldet waren. Jajarita durfte nicht in das Innere der Hütten sehen, als sei es Frauen nicht erlaubt, den Goldarbeitern zuzuschauen. Und Burckhardt wollte nicht allein das Tal erkunden. An den Nachmittagen regnete es, und sie froren erbärmlich. Die alte Frau kam jeden Tag und brachte ihnen Casabe, Bohnen und Mais. Bald saßen sie nur noch vor ihrer Hütte und warteten, dass etwas geschah.

Burckhardts Wunde verheilte, und zum ersten Mal nach langer Zeit fühlte er sich kräftig und gesund. Jajarita suchte keine Kräuter mehr, und er neckte sie oft deswegen. Sobald die Sonne unterging, legten sie sich zusammen auf das Lager. Sie liebten sich oft, und Burckhardt begehrte sie umso mehr, je weniger er verstand, was sie dachte. Nur so konnte er ertragen, dass sie wie Gefangene im Tal der Goldarbeiter ausharren mussten.

Jajarita erzählte ihm von ihrem Volk, wie sie aufgewachsen war, von ihrer Mutter, die die Cariben ermordet hatten, von ihrem Vater, einem Kaziken der Yabarana, der einen Kopf größer als er, Burckhardt, gewesen sei. Aber, sagte sie und zog ihn jedes Mal am Bart, ihr Vater habe sehr viel weniger Haare am Kinn gehabt. Er versuchte ihr begreiflich zu machen, wie die Menschen in seiner Heimat, dem Erzgebirge, lebten und mit wie viel Mühe sie dem Berg die Erze entrissen. Er beschrieb ihr den Bergaltar in Annaberg, wie sein Vater, sein Bruder und er nach Zinn gegraben hatten in Geyer, aber sie schaute ihn nur verständnislos an. Nur als er schilderte, wie seine Mutter in Coro gestorben war, schien sie äußerst gespannt zuzuhören. Dann sagte sie: «Burckhardt, ich glaube, damals ist etwas Schlimmes geschehen mit deiner Mutter. Die Heilerin auf der Insel hat ihr die Kräuter gegeben, die ich auch kenne. Die sind dazu da, dass die Kinder nicht in den Bauch kommen. Wenn deine Mutter ein totes Kind geboren hat, dann hat die Medizin sie erst recht krank gemacht. Sie ist an dem gestorben, was ihr die alte Frau auf der Insel gegeben hat.»

Burckhardt brauchte lange, um zu begreifen, was Jajarita sagte. Insgeheim zürnte er Anna Kestlin, denn die hatte die Kräuter besorgt. Aber Anna hatte nur getan, was sie konnte. Er würde nie mit Gewissheit erfahren, ob Jajarita Recht hatte mit dem, was sie vermutete.

Dann überstürzten sich die Ereignisse. Es war gegen Mittag. Sie waren schon zwei Wochen unter den Goldarbeitern. Irgendetwas war anders, sie spürten es beide. Es war still geworden, das Hämmern und die Rufe der Indios verstummten. Burckhardt war beunruhigt und schnallte seinen Katzbalger um. Sie warteten vor der Hütte und spähten angestrengt in das Tal, ob sich dort irgendetwas regte.

Aus dem Nebel tauchten Gestalten auf, Krieger der Muisca, die rannten, als gelte es ihr Leben. Sie trugen Speere und Äxte und kamen direkt auf sie zu. An ihrer Spitze lief Somondoco. Burckhardt fiel ein Stein vom Herzen. Aber als er das Gesicht des Muisca erkennen konnte, erschrak er. Schwarze Streifen liefen ihm über die Stirn und rote über die Wangen bis zum Hals. Das bedeutete Krieg.

Keuchend ließ sich der Kazike vor der Hütte zu Boden fallen. Seine Männer, mehr als ein Dutzend, waren bis an die Zähne bewaffnet. Sie wagten es nicht, sich ihrem Anführer und Burckhardt zu nähern, sondern warteten achtungsvoll in einigem Abstand. Somondoco forderte Burckhardt auf, sich neben ihn zu setzen.

«Es ist etwas Schreckliches geschehen. Der Chiqui Popon hat es prophezeit. Vor wenigen Monden sind bärtige Männer nach Tunja gekommen. Es waren nur fünfzig auf Pferden. Mein Volk hat sie nicht angegriffen, sie kamen zu plötzlich. Ich weiß nicht, wer ihnen den Weg nach Tunja gewiesen hat, denn mein Herr Quemuenchatocha droht jedem den Tod an, der Verrat übt. Meine Krieger vermuten, dass es ein Muisca aus Bacata war.

Zwei der Bärtigen, ihre Kaziken, haben ohne ihre Tiere den Palast des Zaque betreten. Die Wachen waren überrascht, dass die Fremden das wagten. Sie haben sie nicht zurückgehalten. Der Oberste der Bärtigen ist dem Zaque mit seinem langen Messer entgegengetreten. Er rief, sie seien Abgesandte eines mächtigen Herrn, der uns, die Muisca, beschützen wollte. Wenn wir nicht ihren Gott anbeten wollten, würden sie uns mit Krieg überziehen.

Mein Herr Quemuenchatocha war nicht beeindruckt, denn die fremden Männer wussten nicht, was sich für jemanden ziemt, der sich dem Herrscher der Muisca nähert. Sie wussten auch nicht, dass der Zaque nur die Hand auszustrecken braucht, und das Tal von Tunja füllt sich mit den tapferen Kriegern, die den Zipa damals vernichtend geschlagen haben. Er sagte den Bärtigen, er werde sich mit seinen Kaziken beraten, sie sollten einstweilen seine Gäste sein.

Doch die Bärtigen ergriffen den Zaque. Sie waren nur zu zweit, und fünfzig Krieger, die Wachen, standen gegen sie. Aber das schreckte sie nicht. Die Reiter hörten den Lärm des Kampfes, warfen die Palisade um und stürmten den Palast. Sie rissen die goldenen Vorhänge herab, schändeten die Mumien unserer Vorfahren, klaubten die Smaragde heraus, zerstörten das Dach mit den Schwingen des Kondors und setzten den Palast in Brand. Sie erbeuteten alles Gold, das mein Volk seit den Zeiten Bachues und Bochicas gesammelt hatte. Sie haben meinen Herrn Quemuenchatocha mit sich genommen. Wir wissen nicht, wohin. Wir fürchten, dass sie auch nach Sogamoso kommen.

Auch der Zipa Tisquesusa soll tot sein, hörten wir. Die Bärtigen haben seine Festung in Nemocon in der Nacht angegriffen und erobert. Der Zipa ist verschwunden. Sagipa, der Feldherr Tisquesusas, marschierte mit seinem Heer auf Bacata. Aber er und der Kazike von Chia verbündeten sich mit den Spaniern, weil die versprachen, ihnen Hilfe zu leisten im Kampf gegen die Panches. Sagipa ist ein Verräter.»

Somondoco atmete schwer. Burckhardt schwieg bestürzt. Auch Jajarita sah ihn mit schreckgeweiteten Augen an. Was bedeutete das? Die Spanier? Also nicht Hohermuth? Wer dann? Und drohte ihnen Gefahr? Oder waren die Christen diejenigen, die ihnen bei der Rückkehr helfen würden? Burckhardt fragte, mehr sich selbst als den Muisca: «Was sollen wir tun?»

Somondoco erhob sich und wischte sich den Schweiß von der Stirn. Er war aschfahl, und sein Kinn zitterte. Er sagte: «Geht mit mir! Du musst die Bärtigen daran hindern, nach Sogamoso zu kommen und den Tempel Bochicas zerstören! Rede mit ihrem Kaziken! Auf dich werden sie hören. Mich und die Männer halten sie für ihre Feinde. Ich führe euch zurück auf den Weg nach Tunja. Kommt schnell!»

Plötzlich trat Jajarita vor Burckhardt. Sie strich sich die Haare aus dem Gesicht, ergriff seine Wangen mit den Händen und küsste ihn heftig auf den Mund. Somondoco sah verlegen zur Seite. Jajaritas Augen funkelten. Stolz sagte sie: «Du bist mein Mann. Wir werden gehen.»

Burckhardt verstand nicht, was sie damit meinte. Aber er fand keine Zeit, klare Gedanken zu fassen. Er fürchtete sich davor, Somondoco eröffnen zu müssen, dass es sinnlos war, spanische Konquistadoren davon abhalten zu wollen, nach Gold zu suchen. Er wusste das, zählte er sich doch noch vor wenigen Wochen selbst zu denen, die El Dorado finden wollten.

Die Krieger Somondocos umringten sie, und sie machten sich auf den Weg. Jetzt waren sie keine Gefangenen mehr. Im Gegenteil: Die Indios hofften, dass Burckhardt und Jajarita etwas für sie und ihr Volk tun konnten. Er spürte, dass sie ahnte, worüber er grübelte. Sie wusste, dass kein Heer der Indios eine entschlossene Schar von Landsknechten aufhalten konnte.

So schnell sie konnten, hasteten sie über den Saumpfad. Es ging zum Felsentor hinauf. Sie passierten es und marschierten dann hinab nach Sogamoso. Plötzlich hob Somondoco die Hand. Das Gesicht des Muisca war zu einer Grimasse verzerrt. Seine ausgestreckte Hand wies auf einen Fleck zwischen den Bergen, von wo eine rabenschwarze Wolke hervorquoll, die sich am Himmel verlor. Somondoco flüsterte mit erstickter Stimme: «Der Sonnentempel brennt. Die Bärtigen haben Sogamoso gefunden. Wir kommen zu spät.»

Er schaute sich zu seinen Kriegern um. Tränen liefen ihm über die Wangen. Er rief ihnen etwas zu, sie hoben ihre Speere und Äxte und antworteten ihm. Jajarita hatte sich neben Burckhardt gestellt und ihren Arm unter den seinen gelegt. Dann wandte der Muisca sich zu ihnen: «Geht! Du bist nicht wie die anderen Bärtigen. Aber die Frau muss das Gold an den Ohren hier lassen. Und die Nadel, die die Decke zusammenhält. Sonst werden die Spanier sie töten.»

Jajarita nickte. Sie nestelte die Spulen aus ihren Ohren und gab dem Kaziken den Goldschmuck. Dann trat sie auf ihn zu, legte die Hand auf seine Brust und sagte etwas in einer Sprache, die Burckhardt nicht verstand. Somondoco blickte erstaunt, lächelte aber, während ihm immer noch Tränen über das Gesicht rannen. Dann raffte Jajarita die Decke über ihren Schultern zusammen und nickte Burckhardt zu. Somondoco hob die Hand: «Ihr wart Gefangene. Ihr dürft nichts verraten vom Tal des Goldes. Bis die Spanier es gefunden haben, wird niemand mehr dort sein.»

Burckhardt nickte.

Der Muisca sagte: «Wir gehen in die Berge, nach Mittag! Wir werden das Volk der Muisca sammeln und gegen die Bärtigen kämpfen! Lebt wohl!»

Die Krieger machten kehrt und eilten den Pfad hinauf. Somondoco folgte ihnen, ohne sich auch nur einmal umzusehen.

Burckhardt fragte: «Was hast du zu Somondoco gesagt?»

Jajarita lächelte und antwortete: «Ich habe in den Worten der Huitoto mit ihm gesprochen. Ich habe gesagt, ich danke ihm. Er sei ein guter Mann, so wie du, Burckhardt.»

Er umarmte und küsste sie. Sie streichelte sein Gesicht und sagte: «Komm! Lass uns gehen!»

Am Eingang der Schlucht begegneten ihnen Frauen, Greise und Kinder auf der Flucht. Die Weiber der Indios trugen Lasten auf den Schultern, die Kinder schrien und weinten. Die Menschen wichen ängstlich vor ihnen zurück, und Burckhardt winkte ihnen, um sie zu beruhigen. Jetzt sahen sie, dass der riesige Tempel aus Holz lichterloh in Flammen stand. Auch einige der Nachbargebäude hatten Feuer gefangen. Burckhardt begann zu laufen, und Jajarita hielt sich dicht hinter ihm. Er zog sein Schwert; die Spanier würden ihn auf den ersten Blick für einen der Ihren halten und, so hoffte er, Jajarita nicht behelligen.

Vor dem Sonnentempel war niemand. Beißende Rauchschwaden vertrieben die Menschen, die durch die Gassen hasteten. Burckhardt und Jajarita eilten bergab. Endlich, die Straße mündete auf einem runden, mit mageren Bäumen umstandenen Platz, sahen sie die Konquistadoren. Mehrere Dutzend Pferde waren an der Seite angepflockt oder angebunden, und schwer bewaffnete spanische Landsknechte wühlten mit bloßen Händen in ihrer

Beute: goldene Bleche, fast mannshoch gestapelt, Säcke mit Smaragden, Körbe voller Goldpulver, Haufen voller Tunjos, von denen viele schon zerbrochen waren. Aus den Häusern ringsum hörten sie das Wimmern und Kreischen von Frauen.

Einer der Spanier erblickte sie. Er rief den anderen etwas zu und zeigte auf ihn. Burckhardt hob sein Schwert, legte den Arm um Jajaritas Schulter und ging gemessenen Schrittes auf die Soldaten zu. Jetzt schauten alle zu ihm. Es waren mehr als fünfzig Landsknechte und Reiter. Einer der Konquistadoren kam heran. Er trug einen prächtigen und sorgfältig gestutzten Bart, einen eisernen Koller und hatte sein Toledaner Rapier blankgezogen. Hinter ihm wartete ein anderer Soldat mit der Fahne Kaiser Karls und der Habsburger. Burckhardt verbeugte sich, steckte sein Schwert in die Scheide und sagte in seinem besten Spanisch: «Ich grüße Euch, Caballeros! Ich heiße Burckhardt Ansorg. Im Namen Jorge de Espiras, des Gobernators der Inseln von Venezuela: Wer seid Ihr?»

Die Spanier sahen sich verblüfft an und begannen, wild durcheinander zu reden. Dann kamen sie auf ihn zu, umringten ihn und musterten misstrauisch sein zerfetztes Wams und seine arg gebeutelten Hosen. Der mit dem eisernen Koller verbeugte sich und antwortete: «Ich bin Capitán Jiménez de Quesada, im Auftrag des Gobernators von Santa Marta auf der Suche nach El Dorado. Das sind meine Hauptleute Lazaro Fonte, Juan San Martín und Pedro Valenzuela.»

Die Genannten traten höflich vor und verbeugten sich ebenfalls, als Quesada ihre Namen nannte. Burckhardt sah die Spanier neugierig an. Lazaro Fonte war in seinem Alter, nicht sehr groß, er hatte einen herausfordernden Gesichtsausdruck und grinste Jajarita an. Er sah aus, als fürchte er selbst den Teufel nicht. San Martín blickte finster wie Villegas. Er trug eine Tartsche, einen langen Dolch als Pariermesser und einen Katzbalger und schien nicht sonderlich erfreut, auf Burckhardt gestoßen zu sein. Valenzuela war ein großer, hagerer Mann und sein ganzes Gesicht war mit

Narben bedeckt. Alle trugen eiserne Helme in bestem Zustand. Quesada fragte: «Ihr seid Deutscher, wie ich höre. Wo sind Eure Männer?»

«Ich bin allein. Wir waren Gefangene der Muisca. Man hielt uns gefesselt in einem der Häuser. Wir hörten einen großen Lärm, dann kam einer der Krieger und befreite uns. Wahrscheinlich dachten die Indier, Ihr würdet sie fürchterlich bestrafen, wenn sie einen gefangenen Christen nicht sofort freiließen.»

Quesada runzelte ungläubig die Stirn.

«Und wer ist die Indierin neben Euch?»

«Sie ist meine Frau, schon seit langer Zeit.»

Burckhardt zögerte, sah Jajarita an und fuhr fort: «Sie ist eine Christin aus Acarigua, der Stadt, die Nikolaus Federmann im Auftrag der Welser zuerst betreten hat, im Süden von Coro. Ihr werdet von Capitán Barba Roja gehört haben. Wir sind mit Jorge de Espira zwei Jahre nach Süden gezogen, ins Land jenseits der Berge, aus dem gleichen Grund wir Ihr.»

Quesadas Miene hellte sich auf, und auch seine Hauptleute nickten. Er sagte: «Von Capitán Barba Roja habe ich gehört, von Jorge de Espira auch. Aber wir sind ihnen zuvorgekommen. Das hier ist ein neues Peru. Wir haben reiche Beute gemacht. Seid meine Gäste!»

Quesada hatte sein Quartier in einem großen Gebäude an der Ecke des Platzes aufgeschlagen. Der Spanier bat ihn und Jajarita, sich zu ihm zu setzen. Burckhardt erzählte ihm in groben Zügen, warum die Muisca ihn gefangen genommen hatten, verschwieg aber Somondoco und Popon. Das Tal der Goldarbeiter erwähnte er nicht. Quesada nickte nachdenklich und meinte beiläufig, nachdem Burckhardt geendet hatte: «Wir haben eine Leiche gefunden in dem großen Tempel der Heiden, einen alten Mann. Das war vermutlich der oberste Zauberer der Indier. Es sah aus, als sei er eines natürlichen Todes gestorben oder als ob er sich vergiftet habe.»

Burckhardt zuckte innerlich zusammen, ließ sich aber nichts

anmerken. Dann hatte Popon die Wahrheit gesagt und sich seinem Schicksal offenen Auges ergeben.

Quesada sagte: «Niemand hat von Espira etwas gehört. Wir sind im April von Santa Marta aufgebrochen, mit fast eintausend Mann. Wir hatten schreckliche Verluste. Hauptmann Lazaro Fonte hat in der Schlacht gegen den Herrscher von Bacata einen Zweikampf gegen dessen besten Krieger gewonnen; danach hatten wir leichtes Spiel.»

Plötzlich fiel Burckhardt etwas ein, was er schon eine ganze Weile hatte fragen wollen: «Hauptmann Quesada, welcher Tag ist heute?»

Der Spanier sah ihn verdutzt an, dann lachte er: «Wir schreiben den dreiundzwanzigsten August im Jahr des Herrn 1537. Ihr habt es offenbar eilig, wieder in Eure Heimat zu kommen?»

Burckhardt blickte den Spanier an.

«Wie sollte das möglich sein?»

«Ich schicke morgen eine Abteilung meiner Soldaten an den Fluss Magdalena. Sie fahren mit einer Brigantine, die dort wartet, nach Tamalameque und dann nach Santa Marta. Wir wollen einen Teil der Smaragde und des Goldes in Sicherheit bringen. Pater Reginaldo de Pedraza wird ebenfalls nach Santa Marta zurückkehren. Dort gibt es eine Faktorei Eurer Herren, der Welser. Sie werden Euch weiterhelfen können.»

Erregt sprang Burckhardt auf.

«Capitán, Ihr seid unser Retter! Wir müssen nach Coro! Dort sind mein Vater und mein Bruder. Sie brauchen Hilfe.»

«Dann verliert keine Zeit. Die Soldaten brechen morgen sehr früh auf. Ich werde sie anweisen, auf Euch und Eure Gemahlin zu achten.»

Der Hauptmann grinste und deutete eine Verbeugung vor Jajarita an.

Burckhardt und Jajarita betteten sich auf dem Lehmboden zur Nacht, umringt von schnarchenden Landsknechten. Sie waren beide aufgeregt und überwältigt vom Geschehen der letzten Wochen und flüsterten bis spät in die Nacht miteinander. Erst früh am Morgen fielen sie in einen unruhigen Schlaf.

Die Spanier hatten ihre Pferde hoch bepackt, mit Säcken voller Gold und Smaragden. Der Pater war ein älterer Dominikaner mit schmutziger Tunika, einem zerfetzten Skapulier, das nur noch der Mantel zusammenhielt, den er über die Schultern geworfen hatte. Er begrüßte Burckhardt ausgesucht höflich, bedachte aber Jajarita mit einem abschätzigen Blick. Seine Augen huschten umher wie die einer ängstlichen Ratte. Burckhardt stellte sich ihm vor und flocht beiläufig ein, dass er mit Bischof Rodrigo de Bastidas bekannt sei. Erstaunt zog der Pater die Augenbrauen hoch und verbeugte sich tief.

Der Abschied von Hauptmann Quesada fiel knapp aus. Burckhardt sah sich nicht veranlasst, dem Spanier herzliche Gefühle entgegenzubringen. Ihm verdankten sie es, zurückkehren zu können, aber Burckhardt konnte den Gedanken an den brennenden Tempel und den toten Popon nicht beiseite schieben.

Die zehn Soldaten kamen schnell voran. Der Weg war breit und offenbar häufig benutzt. Einmal war es Burckhardt, als sähe er auf der anderen Seite, oben in den Bergen, eine Reihe von Kriegern der Muisca. Aber er musste sich getäuscht haben. Sie brauchten drei Tage bis zu einem Ort, der Chipata hieß. Pater de Pedraza berichtete, hier seien sie zum ersten Mal auf die Muisca gestoßen. Burckhardt wollte schon antworten, dass er schon davon erfahren habe, aber dann fiel ihm noch rechtzeitig ein, dass Somondoco das berichtet hatte. Davon durfte der Spanier nichts wissen.

Die Berge des Hochlands fielen im Westen sanft ab, nicht so schroff wie im Osten, wo sie monatelang vergeblich einen Pass gesucht hatten. Es wurde wieder heißer, je tiefer sie kamen. Endlich erblickten sie den großen Fluss Magdalena, der sich träge seinen Weg durch die Ebene bahnte. Er war ungeheuer breit, breiter als alle Flüsse in den Llanos, die die Entrada Hohermuths hatte überqueren müssen. Nach einer weiteren Tagereise trafen sie auf ein Dutzend spanischer Landsknechte, die gelangweilt in einem indianischen Fischerdorf warteten.

Jajarita sah scheu auf die Brigantine, die in den Wellen schaukelte. Die Segel wurden gerade aufgezogen und knatterten fröhlich im Wind. Jajarita hatte noch nie ein Haus auf dem Wasser gesehen, wie sie es nannte, und schien ähnlich misstrauisch zu sein wie den Pferden gegenüber. Arm in Arm traten sie über die ausgelegten Planken und setzten sich an den Bug. Die Landsknechte brauchten eine ganze Weile, bis sie ihre Beute verladen hatten, und die Reling des Schiffes sank bedenklich tief. Endlich legten sie ab, und die Brigantine machte gute Fahrt.

Jajarita beobachtete wie erstarrt die Wellen. Ihre Stirn glühte, als hätte das Fieber sie ergriffen. Burckhardt fragte sie besorgt, was ihr fehle, doch sie schüttelte nur den Kopf. Sie sprach wenig, aß kaum etwas und schlief, als müsse sie sich von einer ungeheuren Anstrengung erholen. Sie ruhten an Deck. Die Soldaten kümmerten sich nicht um sie. In der Nacht hörte er ihren leichten Atem. Er beugte sich über sie und küsste sie sanft auf den Mund. Jajarita schlug die Augen auf und flüsterte: «Du musst bei mir bleiben, mein Mann. Ich habe niemanden. Ich fürchte mich unter den Menschen deines Volkes.»

Er fand keine Worte und strich ihr lächelnd über die Wangen. Anna Kestlin, dachte er, war ihm fremd geblieben. Aber diese Indianerin, die so anders war als er und alle Menschen, die er gekannt hatte, sie war ihm so nahe gekommen wie niemand sonst. Burckhardt küsste sie noch einmal. Dann sagte er: «Ich werde immer bei dir bleiben, Jajarita. Ich werde dich nie verlassen.»

Sie fuhren fast eine ganze Woche auf dem mächtigen Fluss. Jajarita schien sich zu erholen. Dann sahen sie das Meer. Eine kräftige, salzige Brise blies ihnen entgegen, und Burckhardt sog die kühle Luft ein, als müsse er die Schwüle des Landes aus seiner Brust vertreiben. Der Hafen von Santa Marta tauchte auf, umrahmt von himmelhohen Bergen mit schneeigen Gipfeln und dunkelgrünen, vor Saft strotzenden Wäldern. Hier gab es sogar

Häuser aus Stein und eine Kirche mit zwei Türmen. Die Brigantine scheuerte auf den Sand, und Burckhardt sah viele Menschen zusammenlaufen.

Er griff nach Jajaritas Hand, sie sprangen ins Wasser und wateten an den Strand. Als sie die Reihe der winkenden Menschen erreichten, stutzte er. Mitten zwischen ihnen stand ein wuchtig aussehender, älterer Mann in einfacher Kleidung mit gestutztem, eisgrauem Bart und einer braunen Haube. Er sah Burckhardt genauso verdutzt an wie der ihn. Es war Heinrich Remboldt.

6. KAPITEL

Die Macht der Liebe

«Du darfst nicht zu ihr, Burckhardt! Die Frauen schicken mich weg. Sie haben mich mit Steinen beworfen.»

Christian schaute ängstlich, als fürchte er, dass sein Bruder ihn schelten würde. Burckhardt legte ihm die Hand auf die Schulter und seufzte.

«Ich habe es auch schon einmal versucht. Jajarita schrie so laut, dass ich dachte, sie würde sterben. Aber die alte Frau, die am Eingang wacht, hat mich nicht in die Hütte gelassen. Sie drohte mir, sie werde mir die Augen auskratzen.»

Sie setzten sich auf die grob gezimmerte Bank vor dem Haus. Seit Stunden wartete Burckhardt darauf, dass ihr Kind geboren würde. Als Jajarita spürte, dass ihre Zeit gekommen war, war sie zu den anderen indianischen Weibern gegangen. Die würden ihr beistehen. Kein Mann durfte bei der Geburt zuschauen. Sie mussten sich in Geduld üben.

Zwischen den spitzen Dächern der Hütten lugte der Turm der Kathedrale von Coro hervor. Die Bauleute arbeiteten seit Jahren an ihm und wurden nicht fertig; und das Erdbeben vor drei Jahren hatte das fast vollendete Werk arg zugerichtet. In jener Nacht war die Mutter gestorben. Burckhardt konnte sich kaum noch daran erinnern, wie ihm damals zumute gewesen war. Die Ereignisse vor dem Abmarsch der Entrada blieben seltsam entrückt, als sei er damals ein anderer Mensch gewesen. Verstohlen beobachtete er seinen jüngeren Bruder, der in das Licht der Morgensonne blinzelte. Christian war mit seinen neunzehn Jahren kein Kind mehr, auf das er hätte Acht geben müssen.

Noch vor einem Jahr schien das anders zu sein. Der jüngste

Ansorg war ganz allein gewesen, als der Vater starb, kurz bevor sie Coro erreichten, die Soldaten und Kranken der Entrada unter Hauptmann Lope Montalvo de Lugo. Anna Kestlin hatte Gunther Ansorg bis zu seinem Tod gepflegt. Sie duldete Christian bei sich, gab ihm aber nicht das Gefühl, bei ihr geborgen zu sein. Christian glaubte damals, dass sein älterer Bruder Burckhardt ebenfalls gestorben war, irgendwo inmitten kriegerischer Indios, verschollen wie all die anderen. Von Hohermuth und denen, die von Tharobeia aus nach Süden gezogen waren, hatte niemand wieder etwas gehört.

Als Burckhardt und Jajarita im Januar 1538 mit der Brigantine Remboldts Coro erreichten, war die ganze Stadt zusammengelaufen. Er konnte sich noch gut daran erinnern, wie sein Bruder ihn laut schluchzend umarmt hatte und nicht mehr zu weinen hatte aufhören wollen. Burckhardt kam sich fremd vor unter den wenigen verbliebenen Deutschen und den spanischen Kolonisten. Sie bestaunten ihn und seine indianische Frau wie Fabelwesen. Die Freude, seinen Bruder Christian wieder zu sehen, linderte aber den Schmerz über den Tod des Vaters.

Heinrich Remboldt war jetzt Faktor der Welser und oberster Richter in Coro. Vor acht Jahren hatte der Gobernator von Santa Marta, wo Burckhardt und Jajarita dem Kaufmann überraschend begegnet waren, einen Vertrag mit den Welsern geschlossen. Die sollten Schiffe und Soldaten stellen, um den Ort zu befrieden und die dortige Goldschmelze zu überwachen. Dazu war es nicht mehr gekommen. Der Gobernator wurde wegen Untreue abgesetzt, und ein großes Kontingent spanischer Landsknechte aus Cartagena traf ein. Die Welser wurden nicht mehr benötigt. Trotzdem reiste Remboldt oft zwischen den Faktoreien in Coro, in Santo Domingo auf Hispaniola und in Santa Marta hin und her, um sich seinen Geschäften und denen seiner Herren zu widmen und die Schulden der Spanier bei den Welsern einzutreiben.

Während der Überfahrt nach Coro erzählte der Augsburger, dass Nikolaus Federmann und Pedro de Limpias in den ersten

Tagen des Jahres mit mehr als zweihundert Mann von Coro aufgebrochen waren. Federmann ließ verkünden, er werde nach dem verschwundenen Hohermuth forschen. In Coro munkelte man jedoch, der Ulmer wolle selbst nach El Dorado suchen und würde sich um das Schicksal der Verschollenen wenig kümmern. Und Pedro de Limpias hielt ohnehin von Hohermuth und den Welsern nicht viel. Federmann respektierte er als einzigen deutschen Hauptmann.

Als sie damals nach ihrer Ankunft über die Plaza von Coro geschritten waren, den weinenden Christian in ihrer Mitte, umringt von gaffenden Kolonisten und Caquetios, hatte Burckhardt diesem Land gezürnt, das ihm Vater und Mutter genommen hatte. Aber in Tierra firme hatte er auch Jajarita gefunden, die Frau, die er liebte. Und die Macht dieser Liebe hielt ihn davon ab, der Neuen Welt wieder den Rücken zu kehren.

Als Remboldt sie in die Faktorei gegenüber der Kathedrale gebeten hatte, stand Anna Kestlin in der Tür und schaute mit großen Augen auf Burckhardt und die Indianerin, die er umarmt hielt. Vor zwei Jahren, in Tharobeia, als Hauptmann Velasco sich gegen den Gobernator auflehnte, hatten sie sich zum letzten Mal gesehen. Sie war älter geworden. Um ihre Lippen war ein harter Zug getreten, ihre blauen Augen blickten streng und beherrscht. Sie trug keine Bundhaube mehr und flocht ihre weißblonden Haare zu dicken Zöpfen. Burckhardt staunte, als Remboldt zu Anna trat und ihr einen Kuss auf die Stirn gab. Dann begriff er: Anna Kestlin war die Frau Heinrich Remboldts geworden. Er hätte ihr Vater sein können, aber das schien sie nicht zu stören. Jetzt war sie eine der geachtetsten Frauen in Coro, und was sie sagte, galt etwas unter den Leuten.

Anna schaute Burckhardt kühl an. Ihr Blick wanderte hin und her zwischen ihm und Jajarita, die ihren Arm um Burckhardts Schulter gelegt hatte. Burckhardt verbeugte sich knapp vor Anna Kestlin und ging mit Christian und Jajarita an ihr vorbei in die Faktorei, wo Remboldt schon auftischen ließ.

Burckhardt erfuhr nie, ob Anna ihrem zweiten Mann erzählt hatte, was in den ersten Monaten der Entrada zwischen ihnen beiden geschehen war. Anna hatte Remboldt nach einem Jahr einen Sohn geboren, den sie Jakob nannten, nach einem Bruder Remboldts. Der Mann der Welser machte Burckhardt das Angebot, gegen einen angemessenen Lohn für ihn zu arbeiten, die Warenlieferungen aus Santo Domingo zu überwachen und darauf zu achten, ob die Kolonisten gegen Recht und Gesetz verstießen. Damit hatte er genug zu tun und bekam nie Gelegenheit, mit Anna allein zu reden. Machmal fragte er sich, warum Remboldt sich ihm verpflichtet fühlte. Der Grund war aber wohl weniger, dass sein Vater dem Kaufmann damals, während der Unruhen in Böhmen, die Gesundheit, wenn nicht das Leben gerettet hatte, sondern, dass der Bevollmächtigte der Augsburger Gesellschaft nur wenige Leute in Coro kannte, denen er vertraute. Es kam immer wieder zu Spannungen mit den Spaniern, die sich die Meinung des Bischofs Bastidas zu Eigen gemacht hatten, die Welser seien allesamt Ketzer. Bastidas hielt sich jedoch nur selten in Coro auf: Er residierte zumeist in Santo Domingo, und Burckhardt war froh darüber. Er ließ sich mit Jajarita in einem Haus unweit der Plaza nieder; das geräumige Gebäude hatte einem Spanier gehört, der mit Federmann aufgebrochen war nach El Dorado. Christian wohnte bei ihnen.

Dass Jajarita schwanger war, hatte sie ihm schon verraten, als der Strand von Coro in Sicht war. Als es so weit war, überkamen ihn traurige Erinnerungen an die Zeit, als seine Mutter auf dem Schiff das Kind geboren hatte, das tot war. Bei dem Gedanken, Jajarita könne am Kindbettfieber sterben oder lange leiden müssen wie seine Mutter, krampfte sich sein Herz zusammen. Ohne Jajarita hätte er nicht gewusst, wo seine Heimat war. Und Jajarita hatte sich entschieden, mit ihm zusammen zu sein, ganz gleich, ob in den Bergen der Muisca, in den Ebenen von Acarigua oder in Coro. Nur eines beredeten sie nicht: Jajarita sprach nie davon, zurückzukehren zu ihrem Volk am großen Fluss Uriñoco, und

Burckhardt schlug auch nie vor, mit einem Schiff in seine frühere Heimat zu fahren, nach Geyer oder Annaberg in Sachsen. Sie waren sich einig, ohne es aussprechen zu müssen: Burckhardt hätte nicht unter den Indios leben können, irgendwo im Innern der Insel Venezuela, und Jajarita nicht unter Christen in der Fremde.

Plötzlich bewegte sich etwas zwischen den Häusern. Ein kleines, nacktes Mädchen lief auf die beiden Männer zu und winkte heftig. Sie schrie irgendetwas, und Burckhardt verstand sofort, dass er gemeint war. Er sprang hastig auf und rannte hinter dem Kind her zu der Hütte, in der Jajarita war. Sein Bruder folgte ihm auf dem Fuße. Burckhardt stürzte durch den Eingang, als gelte es sein Leben. Seine Frau lag in einer Hängematte. Der Schweiß rann ihr über das Gesicht, aber sie lächelte voller Glück. In ihren Armen hielt sie ein winziges, braunes Kind, dessen Augen geschlossen waren und das mit den Lippen die Brust der Mutter suchte. Burckhardt fiel auf die Knie, er brachte kein Wort heraus. Seine Augen füllten sich mit Tränen. Schluchzend beugte er sich über Jajarita und küsste sie. Er scheute sich davor, das Neugeborene zu streicheln. Es sah so zerbrechlich aus, und er fürchtete, er könne ihm wehtun.

Jajarita sagte leise: «Das ist unser Kind, Burckhardt. Es ist ein Mädchen. Gefällt es dir?»

Er nickte und wischte sich die Tränen aus dem Gesicht. Christian blickte ihm über die Schulter und meinte, das Kind sei so winzig, es gleiche offenbar mehr dem Vater als der Mutter. Burckhardt drehte sich um und gab ihm einen scherzhaften Klaps. Sie mussten alle drei lachen. Vorsichtig beugte sich Burckhardt zu seiner Tochter und küsste sie zärtlich auf die Stirn. Sein Bart streifte ihre Haut, und sie begann zu schreien.

Die anderen Frauen hatten sich im Hintergrund gehalten. Jetzt aber kam ein uraltes Weib, das die Schaube eines Landsknechts übergeworfen hatte, und sagte, es sei genug geredet worden, die junge Mutter müsse sich ausruhen. Sie drängte die beiden Männer hinaus.

Vor der Hütte legte Burckhardt seinem Bruder den Arm um die Schulter. Er sah ihn nachdenklich an und sagte nach einer Weile: «Christian, ich glaube, ich habe nie nach El Dorado gesucht. Ich suchte das Glück. Mit Jajarita habe ich es gefunden. Heute bin ich immer noch arm, aber der glücklichste Mensch auf der Welt. Ich bin glücklicher als Jimenez de Quesada mit den Smaragden der Muisca und glücklicher als Nikolaus Federmann, auch wenn er ein neues El Dorado findet. Damals, in der Stadt der Geister, sagte Popon, ich müsse selbst entscheiden, wonach ich suche und was mein Ziel sei. Er hatte Recht. Ich weiß es jetzt. Mein Glück liegt nicht in der Ferne, irgendwo da draußen. Es ist hier. Ich werde es nie mehr loslassen.»

Plötzlich hörten sie beide eine Trompete. Der Ton schwebte dünn über den Hütten. Dann schrien Stimmen, und die Menschen eilten zur Plaza. Auch die Ansorg-Brüder beschleunigten ihre Schritte. Burckhardt beschlich eine dumpfe Ahnung. Er fasste an seinen Katzbalger, den er aus irgendeinem Grund am Morgen umgeschnallt hatte. Da kam Hanns Yleis gelaufen, der einzige Bergknappe, der außer ihnen noch in Coro ansässig war. Er rief atemlos: «Schnell! Kommt zur Plaza! Hohermuth ist zurück!»

Burckhardt stockte das Blut in den Adern. Hohermuth! Das klang, als sei jemand von den Toten auferstanden. Es war der siebenundzwanzigste Mai 1538. Vor mehr als drei Jahren, am dreizehnten Mai, war die Entrada von Coro aufgebrochen. Damals waren sie vierhundert Mann und ein vielköpfiger Tross gewesen. Und in Tharobeia, als er mit den Soldaten Martíns aufgebrochen war, um einen Pass zu suchen, waren schon fast drei Viertel aller Landsknechte tot.

Es schien unendlich lange zu dauern, bis sie das Geviert vor der Kathedrale erreichten. Der Platz war voller Menschen. Inmitten der Menge hielten zwei Dutzend Reiter, und um sie herum hatten sich viele Landsknechte einfach auf den Boden fallen lassen. Die meisten waren fast nackt wie die Indios oder trugen nur noch Fetzen am Leib. Burckhardt sah nur wenige, die noch ein

Schwert oder eine Pike mit eiserner Spitze trugen. Bei den Reitern flatterten die Fahnen des Kaisers und der Welser.

Er hielt Christian am Arm zurück. Sein Bruder sah ihn fragend an. Burckhardt hörte sein Herz laut klopfen. Dort, der Mann mit der zerrissenen braunen Schaube, das war Georg Hohermuth von Speyer. Neben ihm stützte sich Philipp von Hutten mit den Händen auf die Kruppe seines Pferdes. Und auf der anderen Seite des Gobernators wartete Juan de Villegas auf einem Braunen. Burckhardt kniff die Augen zusammen. Villegas war tot! Er hatte mit eigenen Augen gesehen, wie Somondoco ihm den Speer in den Unterleib gerammt hatte!

Die Hauptleute hatten ihn noch nicht erblickt. Sie schauten zu Heinrich Remboldt, der soeben aus der Faktorei kam und grüßend die Hand hob. Langsam näherte Burckhardt sich den Anführern der Entrada. Er achtete nicht mehr darauf, ob Christian an seiner Seite blieb. Erst als er direkt vor Hohermuth stand, erkannte der ihn. Der Gobernator war bis auf die Knochen abgemagert, seine fieberglänzenden Augen lagen in den schwarz geränderten Höhlen. Auch Villegas schien todkrank zu sein, er hielt sich nur mühsam aufrecht auf seinem Pferd. Nur Philipp von Hutten blickte so gesund und munter, als hätte er erst vor einigen Tagen Coro verlassen. Er lächelte Burckhardt überrascht an. Villegas schaute ungläubig und mit Zornesfalten auf der Stirn. Hohermuth beugte sich hinunter und flüsterte heiser: «Seid Ihr das, Ansorg? Wie kommt Ihr nach Coro?»

Burckhardt nickte.

«Das könnte ich Euch auch fragen, Gobernator! Ihr seht aus, als wäret Ihr der Hölle nur knapp entronnen.»

Hohermuth blickte ihn müde an: «So war es. Aber Gott war mit uns und hat uns Coro wieder erreichen lassen. Wir sind nur noch achtzig Mann und dreißig Reiter. Andreas Gundelfinger und Franscisco de Velasco sind tot. Wir haben keine Waffen mehr und sind nicht besser gekleidet als die Indier. Wir haben El Dorado nicht gefunden, genauso wenig wie Ihr, vermute ich.»

Burckhardt verspürte keine Lust, den Gobernator eines Besseren zu belehren. Er spürte die funkelnden Augen Villegas' auf sich ruhen, sah ihn an und sagte: «Capitán, ich sah Euch fallen, damals auf dem Felsen. Ich dachte, der Indier hätte Euch getötet.»

Villegas ließ sich vom Pferd gleiten, musste sich aber am Zügel festhalten, so ermattet war er. Er antwortete krächzend: «Ich war so gut wie tot. Aber der Indier hat den Rand meines Kettenhemdes getroffen und mich nur schwer verletzt. Die Soldaten haben die Indier zurückgeschlagen. Hauptmann Martín war von vielen Pfeilen getroffen worden. Er ist bald gestorben. Dann suchten unsere Leute uns. Sie fanden nur mich und die anderen Toten. Ich hatte viel Blut verloren. Sie trugen mich hinunter und zurück bis nach Nuestra Señora. Ihr und die Frau wart verschwunden. Sie dachten, Eduvigis sei eine Verräterin und habe uns in eine Falle gelockt. Wo ist sie jetzt?»

Auch Hohermuth horchte auf.

«Eduvigis! Sagt mir, was ist mit ihr geschehen?»

Burckhardt schluckte. Er räusperte sich und antwortete: «Sie ist hier in Coro. Ich werde Euch später alles erzählen. Und Ihr müsst mir berichten, wie es Euch ergangen ist.»

Dann drehte er sich um. Christian stand hinter ihm. Er fasste ihn am Arm und zog ihn mit sich. Am Rand der Plaza flüsterte er ihm zu: «Lauf zu Jajarita und dem Kind! Sag ihr, Hohermuth und Villegas seien zurückgekehrt! Die Frauen sollen sie verstecken! Wenn jemand nach ihr sucht, darf niemand Auskunft geben. Sage das den Weibern der Indier! Achte auf Jajarita, bis ich wiederkomme!»

Christian nickte und lief davon. Burckhardt ging langsam wieder zur Faktorei. Remboldt hieß die Hauptleute mit Wein, Fleisch, Früchten und Patatas bewirten und befahl den schwarzen Sklaven, dafür zu sorgen, dass die ausgehungerten Konquistadoren bald wieder zu Kräften kamen. Hohermuth, Hutten, Villegas, Remboldt und Burckhardt setzten sich um den großen Tisch, den der Augsburger sich hatte zimmern lassen. Draußen lärmten die

Soldaten, die ihre Rückkehr feierten. Alle blickten erwartungsvoll Burckhardt an.

Er erzählte die Geschichte, die er schon Heinrich Remboldt und Jiménez de Quesada aufgetischt hatte: Sie seien Gefangene eines Volkes in den Bergen gewesen, in Sogamoso, und als die Spanier unter Jiménez de Quesada den Ort überrannt hatten, waren sie befreit worden. Villegas schaute ihn misstrauisch an. Remboldt nickte nur, als sei es ihm gleichgültig, was Burckhardt berichtete.

«Das kann ich bestätigen. Quesada ist von Santa Marta aufgebrochen mit mehr als tausend Mann. Er wollte den Yuma hinauf, nachdem Dalfinger gehört hatte, er müsse nach dem Salz suchen, denn dort gebe es auch Gold. Mir scheint, Quesada hat etwas gefunden. Und unser gütiger Herrgott fügte es, dass er unseren Ansorg aus den Händen der Indier befreite. Auch ich dachte, ich sähe Gespenster, als er und die Frau am Strand von Santa Marta aus der Brigantine Quesadas sprangen.»

Hohermuth jedoch ließ sich nicht zufrieden stellen. Er fragte ungeduldig: «Und wo ist Eduvigis jetzt, Ansorg? Warum zögert Ihr? Ich befehle Euch: Antwortet mir!»

Burckhardt sah dem Gobernator fest in die Augen.

«Sie ist meine Frau, Hohermuth.»

Juan de Villegas brach in schallendes Gelächter aus. Der Gobernator blickte Burckhardt fassungslos an. Nur Philipp von Hutten schien verstanden zu haben, dass es Burckhardt ernst war. Er strich sich seinen wild zerzausten Bart und sagte bedächtig: «Dann will ich Euch jetzt erzählen, wie es uns ergangen ist.»

Hohermuth hustete und keuchte, bekam aber kein Wort heraus. Er fuchtelte in der Luft herum, als wollte er Hutten unterbrechen, doch der ließ sich nicht beirren: «Als die Soldaten nach Nuestra Señora zurückkehrten, war Hauptmann Villegas immer noch so schwach, dass er weder gehen noch stehen konnte. Er litt zwei Wochen am Wundfieber, und alle dachten, er stürbe. Ein großer Schrecken kam über das ganze Lager, als wir vom Tod Estéban

Martíns erfuhren. Martín war der, den die Soldaten gleich nach dem Gobernator achteten.»

Er sah spöttisch zu Villegas hinüber. Der Spanier lehnte auf seinem Stuhl, verzog verächtlich das Gesicht und schwieg. Hutten fuhr fort: «Hohermuth befahl, dass zukünftig kein Christ zu Fuß und ohne Pferd sich fremden Indiern nähern sollte. Der Proviant in Nuestra Señora ging bald zur Neige. Es kamen immer weniger Indier, um uns mit Fischen und Früchten zu versorgen, es war, als hätte sich die ganze Gegend gegen uns verschworen. Als Villegas wiederhergestellt war, brach die gesamte Entrada auf, um noch einmal den Pass zu suchen, an dem Martín umgekommen war. Alle Dörfer waren wüst und leer, wir fanden keine Indier mehr, die das Gepäck hätten tragen können.

Wir gelangten nicht hinauf in die Berge. Es regnete oft, und die Wege waren unpassierbar. Endlich verlangten die Soldaten, der Gobernator möge umkehren. Hohermuth versuchte noch einmal, mit zwölf Pferden und vierzig Männern zu Fuß einen Pfad zu suchen. Er kam in einen Flecken im Tal, ließ die Pferde dort und suchte den Pass zu Fuß. Es war umsonst, der Fluss dort ist zu gewaltig, niemand kommt hinüber. Auch war die Hälfte aller Landsknechte krank. Wir besaßen keine Armbrüste und keine Musketen mehr. Viele Pferde starben am Schelm, und wir aßen sie auf, weil wir sonst Hungers gestorben wären.

Am Weihnachtstag im Jahr des Herrn 1537 gelangten wir wieder zum Upia und fanden auch dort die Dörfer der Indier verheert und verwüstet. Proviant hatten wir keinen mehr. Am Apure jedoch berichteten uns Indier, Nikolaus Federmann sei uns nachgezogen, um uns zu suchen und zu helfen. Ich zog mit zwanzig Pferden los, um ihn zu finden, aber vergeblich. Wir kamen nicht über den Fluss, denn der Winter und die Zeit des Regens hatten begonnen, und alle Wasser sind reißend und tief. Federmann, so sagten die Indier, sei vor drei Monaten über den Apure und vor drei Wochen über den Casanare weiter im Süden gekommen.

Wir berichteten Hohermuth und beschlossen, nach Coro zurückzukehren. Heinrich Remboldt sagt, dass in den nächsten Tagen vier Schiffe aus Hispaniola kommen sollen, um uns zu versorgen. Wir werden uns hier erholen und unsere Wunden heilen lassen.»

Hohermuth erhob sich und sagte streng: «Wir bedürfen alle der Ruhe. Das Fieber schüttelt mich. Morgen früh, Ansorg, kommt zu mir und bringt Eduvigis mit. Ich schlage mein Quartier im Cabildo auf. Dann werden wir weitersehen.»

Die Hauptleute schoben ihre Stühle und Schemel zurück und verließen die Faktorei. Burckhardt blieb sitzen und grübelte. Dann fragte er Remboldt, der stumm ihm gegenübersaß: «Herr Remboldt, was wird jetzt geschehen?»

Der Augsburger schob seine Kalotte in die Stirn, verschränkte die Hände vor dem Bauch, als sei ihm behaglich zumute, und antwortete: «Das kann ich Euch sagen, Ansorg. Hohermuth hat kein Gold gefunden. Er hat sechstausend Goldpesos Schulden bei meinen Herren, den Welsern, und bei mir. Er hat keine Wahl. Entweder er fährt zurück nach Spanien und wird dort in den Schuldturm geworfen, oder er bereitet so bald wie möglich eine neue Entrada vor. Hutten und Villegas sind in einer ähnlichen Lage. Wenn wir Eure Erfahrungen berücksichtigen, sollte es möglich sein, beim nächsten Versuch den Pass zu den Indiern in den Bergen zu finden oder noch weiter im Süden nach El Dorado zu suchen. Jiménez de Quesada hat viele Smaragde gefunden. Er ist jetzt ein reicher Mann. Das sagte mir der Dominikaner, mit dem Ihr nach Santa Marta gelangt seid. Aber Gold gab es bei den Indiern in den Bergen nur wenig. Dort, bei den Muisca, wie Ihr sie nennt, ist El Dorado nicht gewesen. Ich werde Hohermuth raten, dass Ihr wieder mitzieht, aber jetzt als Hauptmann. Niemand wird es wagen, meinem Vorschlag zu widersprechen. Denn wenn jemand damit nicht zufrieden ist, werde ich mich weigern, die Entrada mit dem Nötigsten auszustatten. Und ohne die Pferde aus Hispaniola kommt niemand auch nur über die Berge der Xidehara im Süden von Coro.»

Burckhardt schüttelte den Kopf. Er sah Remboldt in die Augen und antwortete: «Ich werde nicht mitziehen auf der Suche nach El Dorado. Ich werde meine Frau und mein Kind nicht im Stich lassen.»

Remboldt knurrte unwillig.

«Das wird sich zeigen. Wenn ich Geld in eine Unternehmung stecke, will ich, dass erfahrene Männer daran teilnehmen. Und Ihr seid derjenige, der El Dorado am nächsten gekommen ist. Auf Euch kann ich nicht verzichten. Aber darüber reden wir morgen.»

Wortlos stand Burckhardt auf und verließ eilig die Faktorei. Auf halbem Weg zu seiner Hütte begegnete ihm Diego Romero, der Freund Philipp von Huttens. Romero hingen die Reste des Kollers um die Schultern, und sein Beinkleid bestand mehr aus Löchern als aus Stoff. Der Spanier winkte, aber Burckhardt wollte schnell zu seinem Kind und seiner Frau. Romero aber ließ sich nicht abschütteln. Er hielt ihn am Arm und sagte: «Hört mir zu, ich muss Euch etwas berichten. Ihr werdet mir dafür dankbar sein!»

Unwillig fragte Burckhardt, was es denn Wichtiges sei. Romero stellte sich dicht neben ihn und flüsterte, als verrate er ein Geheimnis: «Die Leute hier haben mir erzählt, dass Eduvigis Eure Frau geworden ist. Das wird weder Capitán Villegas noch Jorge de Espira gefallen. Nehmt Euch in Acht! Aber wisst Ihr, was mit Capitán Lope Montalvo de Lugo geschehen ist?»

Burckhardt schüttelte den Kopf. Er konnte sich kaum mehr an den Spanier erinnern. War das nicht der Hauptmann gewesen, den Hohermuth von Tharobeia aus nach Coro schicken wollte? Montalvo de Lugo? Jetzt fiel es ihm wieder ein. Den sollten damals er und seine Familie begleiten, wenn es nach dem Willen Hohermuths gegangen wäre. Aber Jajarita hatte dem Gobernator widersprochen und ein gutes Wort für ihn, Burckhardt, eingelegt.

Romero sagte: «Hat Hohermuth Euch davon nicht berichtet? Montalvo de Lugo ist bis nach Acarigua gekommen, mit Eurem Vater, der blonden Frau und allen, die zurückkehren wollten.

Dann aber hat er die Kranken und Siechen im Stich gelassen und sich nach Westen geschlagen, über die Berge, mit mehr als dreißig Landsknechten. Es waren nur wenige Spanier, die meisten Deutsche, die aber den Versprechungen der Welser keinen Glauben mehr schenkten. Er ist verschollen, so glaubt Hohermuth, von den Indiern erschlagen. Meine Kameraden aber sagen, er sei in das Tal der Frauen gezogen und habe sich dort niedergelassen. Er habe einen Ort gegründet, der Buenavista de Cuara heißt. Von dort könne man weit ins Land schauen und jeden Feind von weitem sehen. Die Landsknechte hätten sich indianische Frauen genommen und lebten wie Bauern. Sie wollten nicht, dass der Gobernator oder Villegas das erführen, denn sie fürchteten, die würden sie wegen Meuterei anklagen. Es sollen auch einige der Mineros aus Sajonia dort wohnen, von denen Hohermuth denkt, sie seien ebenfalls umgekommen. Und heute Abend werden einige Caquetios aus Coro und zwei meiner Kameraden aufbrechen, um nach Cuara zu gehen. Man muss zwei Wochen marschieren. Aber die Indier sind unsere Freunde und versprechen, die Christen, die sie begleiten, bei ihren Verwandten unterzubringen. Davon haben sie in jedem Flecken welche; die Indier sind alle untereinander verwandt. Meine Kameraden werden bei Sonnenuntergang am südlichen Ende Coros warten, zusammen mit den Indiern. Versteht Ihr jetzt, was ich Euch sagen will?»

Burckhardt legte Romero die Hände auf die Schultern.

«Habt Dank für diese Nachricht! Ihr seid ein wahrer Freund, Romero. Weiß Philipp von Hutten davon?»

Romero zwinkerte nur mit den Augen.

«Lebt wohl, Ansorg! Wir werden uns irgendwann wieder sehen. Und wenn ich El Dorado gefunden habe, besuche ich Euch und schenke Euch eine Axt aus purem Gold.»

Der Spanier blinzelte in die Sonne, drehte sich um, winkte mit der Hand und verschwand hinter der Ecke eines Hauses. Burckhardt rannte zu seiner Hütte. Christian saß auf der Bank und schaute besorgt auf seinen Bruder, der ihm hastig berichtete, was sich ereignet und was er von Romero erfahren hatte. Sie rafften ihre wenigen Habseligkeiten zusammen, schnürten sie in Bündel und liefen zu der Hütte am Rand Coros, wo sich Jajarita verborgen hatte.

Seine Frau sah ihn ängstlich an, als die beiden Männer keuchend durch den Eingang traten. Burckhardt kniete vor Jajarita, die in einer Hamaca lag und ihre friedlich schlafende Tochter im Arm wiegte. Er küsste beide und fragte: «Jajarita, kannst du laufen?»

Sie lächelte und antwortete: «Ich bin die Tochter eines Kaziken und nicht so schwach wie die Frauen der Christen, wenn sie ein Kind gebären. Wenn eine Frau meines Volkes niederkommt, dann arbeitet sie am nächsten Tag wieder auf dem Feld. Warum? Willst du mit mir El Dorado suchen?»

Burckhardt umarmte sie und legte seine Wange an die ihre. Er flüsterte, um das Kind nicht zu wecken, und erzählte ihr alles. Dann fragte er sie: «Meine Frau, gehst du mit mir?»

Ihre dunklen Augen blickten ihn an, und er sah ein stilles Feuer in ihnen glimmen. Sie sagte nur ruhig: «Ich gehe mit dir.»

Sie brachen auf, als es schon dunkelte. Christian ging vor ihnen her, um dafür Sorge zu tragen, dass niemand sie erblickte. Sie kamen an der Stelle vorbei, wo einige windschiefe Kreuze aus dem Boden ragten. Dort war seine Mutter begraben worden, aber der Regen hatte ihr Kreuz schon vor langer Zeit umgespült und es verdorben.

Die Indios, drei Familien samt ihren Kindern, und die beiden Landsknechte warteten an dem kleinen Bach, der durch Coro floss und sich dann im Norden seinen Weg zum Meer suchte. Burckhardt kannte sie nicht, sie waren wohl neu in Tierra firme. Der eine, ein vierschrötiger Bursche mit rotem Haar und Bart wie Nikolaus Federmann, schüttelte Burckhardt die Hand und sagte: «Ich habe gehört, Ansorg, dass Ihr einer der erfahrensten Veteranen hier seid. Es ist uns eine Ehre, Euch zu begleiten. Wenn alle Frauen so schön sind wie die Eure, werden wir uns bald auch mit einer Indierin verheiraten. Erzählt uns von der Entrada Hohermuths, während wir marschieren. Wir werden Eure Frau in der Hängematte tragen zum Dank für die kurzweilige Geschichte.»

Burckhardt grinste. Jajarita lächelte den Soldaten an und sagte, das sei noch nicht nötig. Sie werde jedoch das Angebot annehmen, falls sie sich schwach fühle. Die Frauen in Venezuela, wie die Christen dieses Land nannten, seien aber zäher als die Männer, wenn es darum gehe, schwere Lasten zu tragen. Die Landsknechte lachten beide und schüttelten ungläubig die Köpfe. Burckhardt blickte sich noch einmal um. Der Mond war über den Hütten Coros aufgegangen. Das Kreuz des Südens leuchtete über ihnen. Er legte seinen Arm um Jajarita und küsste sie und dann seine kleine Tochter. Ihm war, als würden sie erwartet, jenseits der Dunkelheit, jenseits des Sternengefunkels. Eine tiefe Freude erfüllte ihn.

Als die Sonne aufging, hatte das weite helle Herz Americas sie aufgenommen.

ANHANG

PERSONEN

Agricola (Georg Bauer): geb. 1494, gest. 1555. Arzt und Naturforscher, Stadtarzt und Bürgermeister in Chemnitz.
Ampies, Juan de: spanischer Konquistador. Gründete am 26. September 1527 Coro.
Ansorg, Burckhardt: Bergknappe aus Geyer (Sachsen).
Ansorg, Christian: Bergknappe aus Geyer, Bruder des Burckhardt Ansorg.
Ansorg, Gunther: Bergknappe aus Geyer, Vater des Burckhardt Ansorg.
Ansorg, Magdalene*: Ehefrau des Gunther Ansorg.
Aquiminzaque: letzter Zaque der Muisca in Tunja, regierte von 1537 bis 1540. Konvertierte zum Katholizismus. Wurde wegen einer angeblichen Verschwörung von den Spaniern verurteilt und geköpft.
Atacari: Kazike einer gleichnamigen Ethnie im heutigen Südwesten Venezuelas.
Atahualpa: letzter Herrscher des Inka-Reiches in Peru, 1533 durch die spanischen Konquistadoren unter →Pizarro zum Tode verurteilt und erdrosselt.

Bastidas, Rodrigo (der Jüngere): geb. 1498 in Sevilla, gest. 1569 in Santo Domingo. Ab 1531 Bischof von Venezuela mit Sitz in Coro. Gouverneur der Provinz Venezuela 1534–35, 1538 und 1540–42.
Belalcazár, Sebastian de: geb. 1495, gest. 1551. Spanischer Konquistador unter →Pizarro in Peru. Gründete am 29. April 1539 Bogotá, zusammen mit →Federmann und →Quesada.
Butzler, Mauricio: Bergknappe aus Schneeberg.

Caboto, Sebastian: geb. 1472 in Venedig, befuhr die nord- und südamerikanischen Küsten, entwarf 1544 eine Weltkarte.

* ist nicht historisch belegt

Calliustus: Teilnehmer der Entrada Hohermuths, Zinnoberbrenner aus Brüssel.

Cardenas, Pedro de: spanischer Konquistador, Hauptmann unter Hohermuth. Tod während der Entrada.

Ceballos, Antonio de: gest. 1535, spanischer Konquistador und Hauptmann unter Hohermuth. Tod während der Entrada.

Chalicuchima (auch: **Chalcochima**): Feldherr des Inka Atahualpa, von den Spaniern 1533 zum Tod auf dem Scheiterhaufen verurteilt.

Colon: →Kolumbus.

Cortez, Hernan: spanischer Konquistador, eroberte 1519–1522 das Reich der Azteken im heutigen Mexiko.

Crado, Nicklaus: Diener des →Gundelfinger.

Dalfinger, Ambrosius: deutscher Konquistador aus Ulm. Leitete 1526 die Faktorei der Welser in Santo Domingo. Ab März 1529 Gouverneur von Venezuela mit Sitz in Coro. Erste Entrada 1529–1530. Gründete Maracaibo. Zweite Entrada 1531–1533. Starb am 1. Juni 1533 an einem vergifteten Pfeil im Tal des Rio Tachira.

Ebonfie, George: hier: spanischer Teilnehmer der Entrada Hohermuths und Hundeführer.

Eduvigis*: Indianerin (Caribe) vom mittleren Orinoco. Auch: **Jajarita**.

Enderlein, Sixt: Bergknappe aus Pottmas (Sachsen).

Espira, Jorge de: →Hohermuth.

Faustus, Johannes (Georg), Doktor: geb. 1480 in Knittlingen (Württemberg), gest. 1540 in Staufen (Breisgau). Schulmeister in Kreuznach, danach Auftritt als Schwarzkünstler, Magier, Astrologe und Quacksalber.

Federmann, Nikolaus: geb. 1505 in Ulm, gest. 1542 im Gefängnis von Valladolid. Deutscher Konquistador, ab 1530 in Coro. Zunächst Stellvertreter →Dalfingers. Entrada 1538–39 bis in das Hochland von Kolumbien. Gründete zusammen mit →Quesada und →Belalcázar Bogotá, die heutige Hauptstadt Kolumbiens. Schrieb 1532 die «Indianische Historia».

* ist nicht historisch belegt

Fleck, Jordan: Bergknappe aus Schneeberg.
Fonte, Lazaro: spanischer Konquistador. Pikenier und Hauptmann unter →Quesada.
Frundsberg, Georg von: geb. 1473, gest. 1528. Landsknechtsführer, Feldhauptmann Kaiser Karls V. im Krieg gegen Frankreich.
Frutos de Tudela: Mönch des Dominikanerordens. Hier: Teilnehmer an der Entrada Hohermuths.

Göftel, Wolf: Bergknappe aus Buchholz. Anführer diverser Revolten im Erzgebirge und im Vogtland während des Bauernkrieges. Wurde im Juli 1525 gefoltert und hingerichtet.
Gundelfinger, Andreas: geb. ungefähr 1505 in Nürnberg, gest. ungefähr 1536 während der Entrada. Deutscher Konquistador, Hauptmann und Verwalter Hohermuths.

Hamaritarj: hier: Kazike von Acarigua im heutigen Venezuela. In den Briefen Philipp von Huttens ein Ort in der Nähe Acariguas.
Herrera, Alonso de: spanischer Konquistador. Eroberte mit →Cortes Mexico. Zog 1534 oder 1535 mit einer eigenen Entrada bis zum Meta.
Hohermuth von Speyer, Georg, auch: **Jorge de Espira:** gest. 11. Juni 1540 in Coro. Deutscher Konquistador. Studierte wahrscheinlich an der Universität Heidelberg. In Augsburg, Lyon und Sevilla Faktor der Welser. Wurde 1534 zum Gouverneur von Venezuela ernannt. Anführer der Entrada vom 13. Mai 1535 bis 27. Mai 1538.
Hugelt, Hans: Bergknappe aus Bad Salzungen.
Hutten, Philipp von: geb. 18. Dezember 1505, wurde am 17. Mai 1546 in der Nähe von Quibor im heutigen Venezuela ermordet. Diente am Hof Kaiser →Karls V. Reiste als Hauptmann und einer der Stellvertreter Hohermuths nach Venezuela. Leitete 1541–46 eine Entrada, zusammen mit →Bartholomäus Welser, bis zum Vaupes im heutigen Kolumbien.

Ibach, Hartmann: protestantischer Prediger in Buchholz, wurde während des Bauernkrieges entlassen, weil er sich an der Rebellion der Bergknappen im März 1525 beteiligte.
Isabella I. von Kastilien: spanische Königin, geb. 1474, gest. 1504.
Jajarita: →Eduvigis.

Johann Friedrich: protestantischer Kurfürst im ernestinischen Sachsen, gest. 1547, Führer des Schmalkaldischen Bundes gegen Kaiser Karl V.

Karl V.: geb. 1500 in Gent, gest. 1558. Deutscher König und seit dem Tod Maximilians 1519 Römischer Kaiser, Krönung 1530. In seine Regierungszeit fielen die Eroberung Mexikos und Perus, der deutsche Bauernkrieg 1524 und der Schmalkaldische Krieg 1546. Dankte 1555 nach dem Augsburger Religionsfrieden ab.

Kerer, Christoph, Bergknappe, und **Kerer, Anna**: Herkunft unbekannt.

Kestlin, Johannes: Bergknappe aus Annaberg (Sachsen).

Kestlin, Anna: Erzwäscherin aus Annaberg (Sachsen), Ehefrau des →Johannes Kestlin.

Knappe, Daniel: Bauer aus Frohnau im Erzgebirge, dem der Legende nach ein Engel im Traum erschien und den Weg zu einem Zinnvorkommen im Schneckenberg bei Annaberg wies. Nach ihm wurden Bergleute «Bergknappen» genannt.

Kolumbus, Christoph (span.: Cristobal Colon): geb. 1451, gest. 1506. Seefahrer in spanischen Diensten, entdeckte im Oktober 1492 die Watlingsinseln, ein Atoll der Bahamas, und Hispaniola. Gilt als Entdecker Amerikas.

Landthans, Valentin: Bergknappe aus Joachimsthal.

Langer, Josef: Bergknappe aus Schneeberg, hier: Absolvent der Lateinschule in Annaberg und protestantischer Laienprediger.

Lebzelter, Franz: geb. in Ulm, Faktor der Welser, Quartiermeister der Galeone «Santa Trinidad».

Limpias, Pedro de: spanischer Konquistador. Gest. 1554 in Rio de la Hacha im heutigen Kolumbien.

Lope, Dietrich: Bergknappe aus Freiberg.

Manaure: Kazike der Caquetios in Coro.

Manco Inka: Sohn des Huayna Capac, jüngerer Bruder des Huascar, des letzten legitimen Herrschers der Inka. Anführer eines mehrjährigen Aufstands gegen →Pizarro.

Magellan, Fernando de (Fernão de Magelhaes): portugiesischer Seefahrer in spanischen Diensten.

Martín, Estéban: spanischer Konquistador und Hauptmann unter Dalfinger, war der Chronist von dessen erster Entrada und derjenigen unter Hohermuth. Ab 1527 in Venezuela.

Moctezuma: gest. (ermordet) 1520, letzter Herrscher des Azteken-Reiches in Mexiko.

Montalvo de Lugo, Lope: spanischer Konquistador und Hauptmann unter Hohermuth.

Montesino, Anton de: spanischer Dominikaner. Beeinflusste Bartolome de las Casas, den schärfsten Ankläger der spanischen Kolonisation und Verteidiger der Indios.

Müntzer, Thomas: geb. 1498, wurde 1526 enthauptet. Deutscher Prediger und Reformator, Anführer im deutschen Bauernkrieg.

Murga, Sancho de: spanischer Konquistador und Hauptmann unter Hohermuth. Tod während der Entrada.

Nemequene («Knochen des Pumas»): Zipa der Muisca von Bacata (Bogota), regierte zwischen 1490 und 1514.

Nürnberger, Kasimir: deutscher Konquistador. Zusammen mit Ambrosius Dalfinger beteiligt an einem Kaufmanns-Konsortium zur Ausrüstung von Entradas in Venezuela.

Pedraza, Reginaldo de: Mönch des Dominikanerordens, Teilnehmer der Entrada →Quesadas.

Pizarro, Francisco de: geb. 1475 oder 1478, ermordet 1541 in Lima. Spanischer Konquistador. 1529 Statthalter und Generalkapitän. Eroberte 1532–33 das Reich der Inkas in Peru.

Popon: Schamane und Wahrsager der Muisca aus Ubaque.

Quemuenchatocha: Zaque der Muisca (1490 bis ungefähr 1538) mit Sitz in Tunja (Hunza). Quemuenchatocha wurde am 2. Juni 1537 von →Quesada in seinem Palast gefangen genommen. Proklamierte seinen Neffen →Aquiminzaque zu seinem Nachfolger und zog sich in ein Bergdorf zurück.

Quesada, Gonzalo Jiménez de: spanischer Konquistador. Geb. ungefähr 1500, gest. 1579. Gründete 1539 zusammen mit →Federmann und →Belalcazár, Bogotá.

Remboldt: Heinrich: geb. in Augsburg, arbeitete 1533–35, zusammen mit seinem Bruder Jakob, in der Faktorei der Welser in Sevilla. Reiste

am 2. Februar 1535 nach Santo Domingo, um dort als Faktor zu amtieren. In Coro seit 1537, war später dort Oberrichter (Alcalda Mayor). Starb 1544 in Coro.
Ribeiro, Diogo: portugiesischer Kartograph.
Romero, Diego: spanischer Konquistador, nahm an den Entradas Hohermuths und Huttens teil.

Sailer, Hieronymus: Überseekaufmann und Welser-Faktor aus St. Gallen. Gest. 1559.
Sailer, Ulrich: kam mit Hohermuth nach Venezuela. Die Umstände seines Todes sind durch die Briefe des Lindauers Titus Neukomm überliefert.
Sagipa: 1538–39 Kazike der Muisca im heutigen Kolumbien, Feldherr des Zipa Tisquesusa von Bogotá.
Sanchez, Francisco: Kapitän der Galeone «Santa Trinidad».
Schutz, Christoph: Bergknappe aus Geyer.
Serrano, Juan: spanischer Teilnehmer der Entrada Hohermuths.
Somondoco: Kazike der Muisca und Besitzer einer Smaragdmine in dem gleichnamigen Ort am Rio Bata.
Sugamuxi («der Verborgene»): religiöser Herrscher der Muisca mit Sitz in Sogamoso.

Taig, Nikolaus: deutscher Teilnehmer der Entrada Hohermuths.
Tirado, Juan: hier: spanischer Teilnehmer der Entrada Hohermuths.
Tisquesusa: Zipa der Muisca von Bogotá, 1514–38.

Valenzuela, Pedro: spanischer Konquistador. Hauptmann unter →Quesada.
Vanicero, Cara: Dolmetscher der Caquetios, wahrscheinlich ein Mestize aus Coro. Teilnehmer an der ersten Entrada →Federmanns, hier auch an der →Hohermuths.
Vascuña, Iñigo de: spanischer Konquistador, starb während der Entrada →Dalfingers.
Velasco, Francisco de: spanischer Konquistador, Welser-Faktor, Hauptmann und Stellvertreter Hohermuths. Meuterte im Januar 1536 gegen Hohermuth.
Villegas, Juan de: geb. 1509 in Segovia, gest. 1553 in Nueva Segovia de Buria. Spanischer Konquistador und Hauptmann unter Hohermuth.

1538 Alcalde Mayor (Oberrichter). Später Ratsherr in Tocuyo, 1548 Gouverneur Venezuelas.

Waichyri: indianischer Kazike in den westlichen Llanos Kolumbiens.
Walter, Hieronymus der Ältere: Faktor der Welser in Leipzig, dort seit 1508.
Welser, Bartholomäus der Ältere: Augsburger Patrizier (1484–1561); Chef des Konzerns der Welser und Bankier Kaiser Karls V. Welser bekam vom Kaiser 1528 die Statthalterschaft über Venezuela zugesprochen.
Welser, Bartholomäus der Jüngere: (1512–1546): Sohn des Bartholomäus Welser des Älteren. War Hauptmann während der Entrada →Philipp von Huttens 1541–46. Seine Ermordung 1546, in der Nähe des heutigen →Quibor in Venezuela, ließ die Welser beim kaiserlichen Hof intervenieren, um eine offizielle Untersuchung seiner und Huttens Todesumstände zu erreichen. Der Indienrat schickte einen Sonderbevollmächtigten nach Coro. Welsers Mörder wurde angeklagt und zum Tode verurteilt.
Wattinarion: indianischer Kazike in der Region Barquisimeto.
Wilder, Hanns: aus Zwickau, deutscher Teilnehmer der Entrada Hohermuths.

Yleis, Hans: deutscher Teilnehmer der Entrada Hohermuths.

Ziener, Andreas: Bergknappe aus Marienberg im Erzgebirge. 1525 Anführer eines Aufstands von Bauern und Bergknappen in Annaberg. Wurde im Juli 1525 gefoltert und hingerichtet.

GLOSSAR

Bei einigen historischen Orten ist die Lage heute nicht mehr bekannt

Acarigua: Stadt im Westen Venezuelas. Vor der Conquista Siedlung der Aruak-Indianer mit mehr als 20 000 Einwohnern.
Adelantado (spanisch): Statthalter.
Alemán (span.): Deutscher.
Alkalde (span.): Bürgermeister.
Amacuma: «Wasserwolkenlärm», Amazonas.
Amaru (karibisch): oberste weibliche Gottheit der Kariben, «große Mutter».
Amigo (span.:) Freund.
Amo (span.): Herr, Eigentümer.
Annaberg: Stadt im sächsischen Erzgebirge (albertinisch).
Arepa (karib., span.): Maisbrot.
Arara (aruak): Ara (Papageienart).
Arkebuse (ital., frz.): ursprünglich Bezeichnung für Armbrust, seit dem 15. Jahrhundert für →Muskete. **Arkebusier**: mit einer Arkebuse bewaffneter Soldat.
Arschleder: (auch Rutschleder) lederner Schutz des Bergknappen, der an den Gürtel geknöpft wurde.
Aruak: indianische Sprachfamilie in Kolumbien und Venezuela.
Asiento (span.): Eintragung hier: Vertrag, Abkommen.
Astrolabium: astronomisches Gerät, um die geographische Breite zu bestimmen.
Atacari: indianische Ethnie im Westen Venezuelas.
Ayamanes: indianische Ethnie im Westen Venezuelas.
Aythaima: historischer Ort im Westen Venezuelas, am Mospaw (Masparro).

Bachue: weibliche Gottheit der Muisca, Mutter aller anderen Götter.
Balsa (span.): Floß.
Barbacoa (aruak): Lagerhaus.

Barett: volkstümliche Kopfbedeckung im 16. Jahrhundert.
Barquisimeto: Stadt im Nordwesten Venezuelas. Gegründet 1552 durch Juan de Villegas.
Bergbarte: Axt der Bergknappen.
Bergkatz: Im 16. Jahrhundert im Erzgebirge für: Lungentuberkulose.
Bergsucht: Sammelbezeichnung für Krankheiten der Bergknappen im Erzbergbau, die durch Quecksilbervergiftungen und radioaktive Verstrahlung ausgelöst wurden.
Blasphemie: Gotteslästerung.
Bochica (auch Zuhe oder Nemqueteba): Gottheit der Muisca, Schöpferheros.
Bogotá: Hauptstadt von Kolumbien, offizieller Name: Santafe de Bogotá. Gegründet 29. April 1539 durch Nikolaus Federmann, Gonzalo Jiménez de Quesada und Sebastian de Belalcazár als Santa Fe de Bogotá, nach Bacata, einer Siedlung der Muisca.
Bohio (aruak): Gemeinde- oder Versammlungshaus.
Bongo: Einbaum.
Bravo (span.): tapfer.
Breune: Diphterie.
Brigantine: wendiges Segel- und Ruderboot mit einem Haupt- und Fockmast und einem Rahsegel.
Buchholz: Sankt Katharinenberg am Buchenholze, Stadt im sächsischen Erzgebirge.
Burro (span.): Esel.

Caballero (span.): Reiter, Ritter, entspricht als Anrede dem heutigen span. «señor».
Cabildo (span.): Versammlung oder Rat der Gemeinde. Auch: Gemeindehaus.
Cabron (span.): etwa: «Scheißkerl!» oder «Schweinehund!», eigentlich: Ziegenbock.
Cachira: Ort in Kolumbien am gleichnamigen Fluss.
Canoa (karib.: canona): «Baumkahn», Kanu.
Canutos (span.): Abschnitt zwischen zwei Knoten; hier: kleine, auf Fäden aufgezogene Muscheln, dienten als Währung und Geldersatz in der Frühzeit der Conquista in Venezuela.
Capitán (span.): Hauptmann.
Cariben: →Kariben.

Caribito (span.): *(Serrosalmo piraya)*, kleiner Fisch mit rasiermesserscharfen Zähnen, Piranha.
Carucuri (karib.): Gold.
Casa de Contratacion: Zentralstelle für die Registrierung und die Kontrolle aller Handelsbewegungen zwischen Alter und Neuer Welt, 1503 in Sevilla gegründet.
Casaba (aruak, span.): Brot aus dem Mehl der →Cassava.
Cassava (Cassave): tropische Nutzpflanze, deren Wurzelknolle in vielen Ländern ein Grundnahrungsmittel liefert.
Caza: Suppe aus gekochtem Mais.
Ceiba: Kapokbaum *(Ceiba pentandra oder Bombax ceiba)*, auch: Baumwollbaum.
Chapetón (span.): Anfänger, entspricht dem engl. «Greenhorn».
Chia: «Mond», weibliche Gottheit der Muisca.
Chibcha: →Muisca.
Chibchacun: Gottheit der →Muisca, Gott des Wassers und der Erdbeben.
Chica (span.): Mädchen.
Chicha (quechua, span.): Maisbranntwein.
Chipata: Ort in Kolumbien. Hier erreichte Quesada am 11. März 1537 das Gebiet der Muisca.
Chiqui: Schamane der Muisca.
Chonta: Sammelbegriff für verschiedene südamerikanische Palmenarten, «Lebensbaum» (vor allem für *Astrocarpus chonta*).
Choques: indianische Ethnie im heutigen Osten Kolumbiens.
Cinquedea oder «Ochsenzunge»: breiter italienischer Dolch.
Coca: *(Erythroxylum coca)* traditionelle Drogenpflanze im südamerikanischen Hochland.
Coro: (offiziell: Santa Ana de Coro) Stadt im Nordwesten Venezuelas. Gegründet am 26. September 1527 durch Juan de Ampies. Von 1529 bis 1556 Sitz der Welser-Faktorei in Venezuela.
Cuara: (Buenavista de Cuara) Ort im Westen Venezuelas, in der Nähe von Quibor. Die Einwohner Cuaras überlieferten mündlich, dass der Ort von deutschen Landsknechten unter dem spanischen Hauptmann Lope Montalvo de Lugo gegründet worden sei.
Cuguar (aruak): Jaguar.
Cuiaber: indianische Ethnie im Westen Venezuelas.
Cuji (aruak): Duftakazie *(Prosopis iuliflora)*.

Curare: Pfeilgift.
Cuyoner: indianische Ethnie im Westen Venezuelas.

Diablo (span.): Teufel.
Dios y la virgen (span.): Gott und die Jungfrau!
Dominikaner: katholischer Mönchsorden, gegründet 1215.
Dzuli (karib.): oberster Schamane der Kariben.

Elle: historisches Längenmaß, der Abstand zwischen Ellenbogen und Mittelfingerspitze.
Encomienda (span.): Zuteilung von Indios an Kolonisten, die sich um das physische und geistliche Wohl der Schutzbefohlenen kümmern sollten; faktisch bedeutete die E. oft Sklaverei.
Englischer Schweiß: Syphilis.
Entrada (span.): Einmarsch – so wurden die Züge der Konquistadoren genannt.
Esclavo (span.): Sklave.
Escribano publico (span.): öffentlicher Schreiber, Notar.
Esmeralda (span.): Smaragd.

Faktor: leitender Agent, **Faktorei**: Büro, Niederlassung.
Faltrock: in der 1. Hälfte des 16. Jahrhunderts über dem Wams getragener Rock mit in tiefe Falten gelegtem Schoß.
Felleisen: kleiner Rucksack.
Fragua →San Juan de los Llanos.
Frischer: (Beruf im Erzbergbau) Der Frischer bearbeitet das Silber im Schachtofen.
Fuß: historisches Längenmaß. Ungefähr dreißig Zentimeter. Sechs Fuß sind ein →Klafter.

Garpon (guahibo): «großes Haus».
Gemächte: die männlichen Geschlechtsteile.
Geyer: Ort im sächsischen Erzgebirge, schon im 14. Jahrhundert Bergort mit Marktrecht. Im 15. und 16. Jahrhundert Zentrum des Zinn- und Silberbergbaus.
Göpel: (Göpelwerke) Pumpenwerk im Bergwerk.
Guahibo: indianische Ethnie in Kolumbien und im südl. Venezuela.
Guajak: (span.: **Guajaca**) «indisches Holz», Baumart. Aus dem Harz des

Holzes gewannen die Indianer angeblich ein Heilmittel gegen Syphilis.

Guaycaries: indianische Ethnie im Westen Venezuelas.

Guayuco (aruak): indianisches Gewand.

Gugel: kapuzenartige Kopfbedeckung mit Kragen.

Hakenbüchse, halber Haken: →Muskete

Hamaca (aruak, span.): Hängematte.

Haspel: Seilwinde im Bergwerk mit zumeist zwei Kurbeln.

Hermunduren: Im 16. Jahrhundert für die Einwohner der Grafschaft Thüringen und Markgrafschaft Meißen.

Hispaniola: Insel der Großen Antillen.

Huitoto (auch: Witoto): indianische Ethnie im heutigen Osten Kolumbiens

Hunt: kleiner hölzerner Wagen im Bergwerk (eine Art Lore). Wurde oft von Kindern gezogen (Huntstößer).

Indicium (lat.): Indiz.

Jajarita: legendäre Königin der Amazonen in der mündlichen Tradition der Indios Südamerikas.

Jejen (aruak, span.): eine Stechmückenart *(Simulia philippi)*.

Joachimsthal: Stadt im Königreich Böhmen (habsburgisch) im Kreis Elbogen.

Joven (span.): junger Mann.

Kalotte: halbkugelförmige Kopfbedeckung.

Kapokbaum: →Ceiba.

Kariben (auch: Cariben): Bezeichnung für ungefähr ein Dutzend indianische Ethnien in der Karibik, im heutigen Venezuela, im Orinoco-Gebiet sowie in Guyana. Zur Zeit der Conquista waren «Kariben» und «Kannibalen» synonyme Begriffe.

Kathay: alte Bezeichnung für China.

Katzbalger: Landsknechtsschwert.

Kaue: Holzhaus, das den Schachteingang eines Bergwerks bedeckte.

Kazike (aruak, span.: **Cacique**): in mehreren mittel- und südamerikanischen indianischen Sprachen Bezeichnung für (Dorf-)«Häuptling».

Klafter: auch: Armspanne, historisches Längenmaß, regional verschieden. Ungefähr 1,7 Meter. Ein Klafter hat sechs →Fuß.
Kolbe: Haartracht für Männer im 16. Jahrhundert. Das Haar wurde vom Wirbel aus ringsum herabgekämmt und gerade geschnitten. Ohren und Nacken blieben frei.
Koller: im Mittelalter eiserner Brust- und Rückenharnisch, hier meistens in diesem Sinn gebraucht; ab dem 16. Jahrhundert ein Wams aus Leder mit wulstigen Schulterringen, einem Schoß (bei den Landsknechten: Schamkapsel) und Schnürverschluss.
Konquistador (span.: conquistador): «Eroberer», **Conquista**: die Entdeckung und Unterwerfung Amerikas durch die Spanier.
Kyu (muisca): tu es!

Legua: spanisches Längenmaß, ungefähr fünfeinhalb Kilometer.
Linie äquinoctial: Äquator.
Llano (span.): Ebene, Flachland.

Macana (span.): Keule aus sehr hartem und schwerem Holz.
Machete (span.): Busch- oder Hackmesser.
Madre (span.): Mutter.
Maestre de campo (span.): Befehlshaber des Feldlagers.
Maloca (span.): Überfall, um Indianer zu erbeuten.
Maniok: (auch: Mandioca, aruak) →Casaba.
Maracaibo: Stadt im Nordwesten Venezuelas, gegründet 1529 durch Ambrosius Dalfinger.
Maravedi: alte spanische und portugiesische Münze. 4000 Maravedis waren rund zehn Dukaten.
Meile: historisches Längenmaß, ungefähr siebeneinhalb Kilometer, in Sachsen neun Kilometer.
Minero (span.): Bergmann.
Misericordia (lateinisch.): Erbarmen!
Morocoto: Fisch mit farbigen, glänzenden Schuppen.
Mospaw: heute: Masparro, Fluss und Region im Südwesten Venezuelas.
Muisca («die Menschen»): indianische Ethnie der Chibchas im zentralen Hochland Kolumbiens.
Muskete: Luntenschlossflinte.

Nemocon: Ort in Kolumbien.
Niopo (Niopopulver, auch: Curupa, Nupa): «Baumtabak», Schoten der Mimosenart *Acacia niopo*.
Nupa: →Niopo.

Ölfroschlampe: (auch: **Unschlittlampe** oder **Froschgeleucht**) metallene Leuchte des Bergknappen, mit Rüböl oder Rindertalg gefüllt.
Onoto (aruak, karib., span.: **Achote**): roter Farbstoff aus dem Fruchtfleisch des Orleanbaums (*Bixa orellana*), wurde als Schminke benutzt.
Oquili (karib.): «die anderen Menschen».

Paiwa (aruak): berauschendes Getränk aus →Casaba.
Panches: indianische Ethnie in den heutigen Provinzen Santander und Cundinamarca in Kolumbien, Hauptort: Muza. Die Panches führten vor und während der spanischen Conquista Krieg gegen die →Muisca.
Patata (span.): Kartoffel.
Pirarucu: Knochenfisch, der im Süßwasser lebt *(Arapaima gigas)*, bis zu drei Meter lang und drei Zentner schwer.
Pitahaya: Kaktus *(Cereus Schottii)*.
Piroge (karib., span.): durch Planken überhöhter Einbaum.
Poporo (muisca): kleines Tongefäß, um den Kalk aufzubewahren, der beim Kauen von Koka benötigt wird.
Por favor (span.): bitte.
Porto Richa: Puerto Rico, Insel der Großen Antillen.
Puta (span.): Hure.

Que se vaya (span.): man soll gehen.
Quibor: Ort in Venezuela in der Provinz Lara.

Real: alter spanischer und portugiesischer Groschen.
Requerimiento (span.): Gutachten über die Rechtslage des Kriegs gegen die Indianer und deren Versklavung.
Repartimento (span.): vgl. →Encomienda.
Rodellier: Schildträger.

Saigerhütte: Verfahren der Buntmetallverhüttung.
Sajones (span.): Sachsen.
San German: Hauptstadt Puerto Ricos (San Salvador). Gegründet 1512.
San Juan de los Llanos: historischer Ort am Ostabhang der kolumbianischen Anden, südwestlich des heutigen Villavicencio.
Sankt Katharinenberg im Buchenholze →Buchholz.
Santiago: Kriegsruf der Konquistadoren, Santiago ist der Nationalheilige Spaniens.
Santo Domingo: Stadt auf Hispaniola. Die Faktorei der Welser in Santo Domingo war das Verwaltungszentrum für alle anderen Faktoreien im Königreich Neu-Granada.
Schafe von Peru: Lamas.
Schapperon: eine Art Kapuze, beide im 16. Jahrhundert weit verbreitet.
Schaube: Jacke oder kurzer Mantel.
Schelm: Pferdepest. Krankheit nach bakterieller Infektion mit häufig tödlichem Verlauf.
Schlägel: Hammer.
Schneeberger Krankheit: →Bergsucht.
Schüttelfieber: Malaria.
Skapulier: ärmelloses, gerades Oberkleid der →Dominikaner, mit Kapuze, an den Seiten mit Bandstreifen zusammengehalten.
Sodomiten: im Sprachgebrauch des 16. Jahrhunderts: Homosexuelle.
Sogamoso: Stadt im Nordosten Kolumbiens. Im Muisca-Reich Zentrum des Smaragdabbaus.

Tahuantinsuyu (quechua): «die vier Gaue», Name Perus zur Zeit der Inkas.
Taita (quechua): «Onkel», Herr, Anrede wie span. «Señor».
Tamarinde: Tamarindenbaum *(Tamarindus occidentalis),* seine Früchte liefern ein süßes Mus.
Tartsche: Fechtschild.
Tercio (span.; wörtl.: ein Drittel) Elitesoldaten eines spanischen Infanterieregiments im 16. Jahrhundert; auch: Freiwillige für ein militärisches Kommandounternehmen.
Tembladera (span.): Zitterrochen *(Electrophorus electricus).* Fisch, der Stromschläge bis zu 600 Volt austeilt.

Tenochtitlan: Hauptstadt des Azteken-Reiches, heute Mexiko. Am 13. August 1531 von Hernan Cortez erobert.
Tierra firme (span.): «festes Land», andere Bezeichnung für Südamerika im 16. Jahrhundert.
Tigre (span.): Tiger; hier für Leopard oder Puma. Das Wort «Puma», der «Berglöwe», stammt aus dem Quechua.
Tscherbertasche: kleine Handtasche des Bergmanns im Erzgebirge.
Tschocos →Choques.
Tunja: Stadt im Nordosten Kolumbiens. Ehemalige Hauptstadt des Muisca-Reiches und Sitz des Zaque Quemenchatocha.
Tunjos: anthropomorphe Götterfiguren der Muisca aus einer Kupfer-Gold-Legierung.

Unschlittlampe: →Ölfroschlampe.
Uriñoco (karib.): Orinoko, größter Fluss in Venezuela.

Viracocha: oberste Gottheit der Inka, «Schaum des Wassers»; auch der Name des achten Inka und allgemeine Bezeichnung für die spanischen Invasoren.
Volte: das Pferd dreht sich einmal um seine eigene Achse.

Welser: deutscher Konzern, gegründet 1517 als «Bartleme Welser vnnd Geselschafft» in Augsburg.

Xidehara (auch: Jirajara): indianische Ethnie südlich von Coro in der heutigen Sierra de San Luis.
Xue: (muisca) Sonne.

«Y a ellos» (span.): «und auf sie!»
Yabarana: Ethnie der Kariben.
Yuma: Magdalena, größter Fluss in Kolumbien.

Zaque: Titel des Muisca-Herrschers von Tunja im heutigen Kolumbien.
Zenu (auch: Zenues): indianische Ethnie im Nordwesten des heutigen Kolumbien.
Zingulum (lat.): Gürtel, schärpenartiges Band der Soutane, das Zingulum eines Bischofs ist violett.

Zinnober: rötliche Farbe (Quecksilbersulfid), gewonnen aus Zinnobererz.
Zipa: Titel des Muisca-Herrschers von Bacata (Bogotá).

ZEITTAFEL

1492   12. Oktober: Christoph Kolumbus entdeckt die Insel Guanahani (San Salvador).

1517   Gründung des Konzerns «Bartleme Welser vnnd Geselschafft» in Augsburg.

1519   28. Juni: Tod Kaiser Maximilians I.
Karl V. von Burgund wird deutscher König und römischer Kaiser.

1519–1522   Hernan Cortez erobert das Reich der Azteken in Mexiko. Erste Weltumseglung Fernando de Magellans.

1520   12. Juli: Die Schätze des Azteken-Herrschers Moctezuma werden in Brüssel in Anwesenheit Albrecht Dürers ausgestellt.

1524–1525   Deutscher Bauernkrieg.

1525   15. Mai: Schlacht bei Frankenhausen, Niederlage des Bauernheeres. Am 27. Mai wird Thomas Müntzer hingerichtet.

1528   Die Welser erhalten vom Kaiser die Lizenz, afrikanische Sklaven nach Amerika zu exportieren.
28. März: Heinrich Ehinger und Hieronymus Sailer schließen mit der spanischen Krone einen Vertrag über die Statthalterschaft der Provinz Venezuela. Der Konzern der Welser tritt in diesen Vertrag ein. Die Faktorei der Welser in Santo Domingo wird gegründet.
Diogo Ribeiro entwirft eine Weltkarte.

1529   24. Februar: Ambrosius Dalfinger erreicht Coro als «Gouverneur der Inseln von Venezuela».

1529–1530   Erste Entrada Dalfingers, Gründung Maracaibos.

1530–1531   Erste Entrada Nikolaus Federmanns von Coro über Acarigua und durch die westlichen Llanos.

1531–1533   Zweite Entrada Dalfingers bis in die heutige Provinz Santander in Kolumbien. Tod Dalfingers.

1532–1533 Francisco Pizarro erobert das Reich der Inkas in Peru.
1534 Februar: Pizarro übergibt in Toledo Kaiser Karl V. den königlichen Fünften aus dem Goldschatz des Atahualpa.
28. September: Georg Hohermuth von Speyer wird zum Generalkapitän von Venezuela ernannt. Nikolaus Federmann wird sein Stellvertreter.
8. Dezember: Beim fünften Versuch gewinnen die Galeonen «Santa Trinidad» und «Nuestra Señora de Guadelupe» bei Cadiz das offene Meer.
27. Dezember: Ankunft Hohermuths auf den Kanarischen Inseln.
1535 Januar: Ankunft in San German, Puerto Rico.
6. Februar: Ankunft Hohermuths in Vela de Coro.
13. Mai: Abmarsch der Entrada unter Georg Hohermuth aus Coro.
1. Juni: Die Entrada erreicht Acarigua.
September: Ankunft in Masparro.
1536 Januar: Meuterei von Francisco Velasco in Tharobeia.
März bis Juni: Übergang über die Flüsse Apure, Arauca und Casanare.
5. April: Abmarsch Jiménez de Quesadas aus Santa Marta.
28. Juni: Quesada erreicht Tamalameque im heutigen Kolumbien.
April: Hohermuth erreicht den Oberlauf des Upia. Die Entrada verfehlt Sogamoso, das Handelszentrum der Muisca für Smaragde, nur um siebzig Kilometer.
1537 Januar: Gründung von Nuestra Señora in der Nähe der heutigen Serrania de Macarena.
19. Januar: Versuch Estéban Martíns, einen Pass am Papamene zu finden.
11. März: Quesada erreicht das Gebiet der Muisca bei Chipata.
Im Juni erobert er Tunja, im August Sogamoso.
Heinrich Remboldt kommt nach Coro.
Dezember: Hohermuth erreicht die heutigen Sabanas del Yari, Entschluss zur Rückkehr.
1538 Januar: Nikolaus Federmann bricht in Coro zu seiner zweiten Entrada auf, zusammen mit Pedro de Limpias. Er

	erreicht im August das Hochland der Muisca und trifft dort auf Quesada und Belalcazár.
	27. Mai: Ankunft Hohermuths in Coro.
1539	29. April: Jiménez de Quesada, Nikolaus Federmann und Sebastian Belalcazár gründen Santa Fe de Bogotá. Federmann reist über Cartagena und Havanna nach Spanien und wird dort eingekerkert.
1540	11. Juni: Tod Georg Hohermuths in Coro.
	Dezember: Philipp von Hutten wird Generalkapitän von Venezuela.
1541–1546	Entrada Philipp von Huttens bis zum Yari und Caqueta.
1542	Nikolaus Federmann stirbt im Gefängnis von Valladolid.
1544	Tod Heinrich Remboldts in Coro.
1546	Mai: Philipp von Hutten und Bartholomäus Welser werden in der Nähe von Quibor im heutigen Venezuela ermordet.
1552	Juan de Villegas, Gouverneur von Venezuela, gründet Barquisimeto.
1555	Augsburger Religionsfriede.
1556	13. April: Der Indienrat entzieht den Welsern die Statthalterschaft über Venezuela.
	29. September: Kaiser Karl V. dankt ab.
1557	Hans Kiffhaber publiziert in Hagenau die «Indianische Historia» von Nikolaus Federmann.

DANKSAGUNG

Mein besonderer Dank geht an:

Edviges Maria Almeida Salgado, Berlin
Dr. Tarquino Barreto, Quibor, Venezuela
Carlos Gonzalez Batista, Archivo Histórico de Coro, Venezuela
Michael Baumgart, Münster
Wolf Baumgarten, Torgau
Ulrich Dostmann, Erzgebirgsmuseum Annaberg-Buchholz
Dietmar Gust, Berlin
Marta Herrera Angel, Revista Credencial Historia, Bogota, Kolumbien
Jörg Nicklaus, Erzgebirgsmuseum Annaberg-Buchholz
Roberto Parra, Elorza, Venezuela
Lothar C. Poll, Berlin
Dorothee Quenzer, Köln
Bettina Salis, Hamburg
Prof. Dr. Eberhard Schmitt, Universität Bamberg
Christoph Schröer, Heimatmuseum Geyer
Götz Simmer, Universität Bamberg

Alle Personen, bis auf wenige Ausnahmen (vgl. Personenindex), sind historisch belegt. Die hier geschilderten Ereignisse haben zum größten Teil so stattgefunden.

Als Quellen wurden benutzt:

Nikolaus Federmann: Indianische Historia. Ein schöne kurtzweilige Historia Niclaus Federmanns des Jüngern von Ulm erster raise so er von Hispania und Andolosia ausz in Indias des Occeanischen Mörs gethan hat und was ihm allda ist begegnet bis auff sein widerkunfft inn Hispaniam auffs kurtzest beschriben, gantz lustig zu lesen. Getruckt zuo Hagenaw bei Sigmund Bund 1557.

    Eberhard Schmitt und Friedrich Karl von Hutten (Hrsg.): Das Gold der Neuen Welt. Die Papiere des Welser-Konquistadors und Generalkapitäns von Venezuela Philipp von Hutten 1534–1541, Hildburghausen 1996.

Weitere Informationen zum Roman finden sich im Internet unter www.burks.de/conq.html

er Zug der Konquistadoren unter
eorg Hohermuth von Speyer 1535 bis 1538

Karibisches Meer

Aruba

Curaçao

iohacha
egr. 1535 durch
laus Federmann

Golfo de Venezuela

Abmarsch der Entrada
am 13.5.1535

Coro
gegr. durch
Juan de Ampies
am 26.9.1527

La Vela de Coro
Ankunft 6.2.1535

XIDEHARA

Sumpf von
Paraguachoa

Hittova

Maracaibo
gegr. 1529 durch
Ambrosius Dalfinger

Tocuyo

CUYONER

Guarjibo

CUYABER

Barquisimeto
(Tal der Frauen)

[Cojedes]

Quibor — Cuara

Lago de Maracaibo

El Tocuyo

Acarigua
Juni 1535

Trujillo

CARIBEN

Itabana

Mospaw

Guanare

Mérida

Tharobeia (Barinas?)
Januar 1536
Meuterei Velascos

Masparro

Tachira

Cucuta

San Cristóbal

Apure

Arauca

Arauca
Juni 1536

- 🔵 heutige Orte
- ⊘ historische Orte
- ● heutige und historische Orte

Der Zug der Konquistadoren unter Georg Hohermuth von Speyer 1535 bis 1538

- - Weg Jajaritas und Burckhardt Ansorgs
- · Zug der Konquistadoren unter Hohermuth
- ○ heutige Orte
- ⦸ historische Orte
- ● heutige und historische Orte

Karibisches Meer

Riohacha
Santa Martha
Sierra Nevada de Santa Martha
Cartagena
Magdalena
Lago de Zapatosa
Tamalameque
Monteria
Cachira
Cucuta
Arauca
Bucaramanga
Magdalena
Opon
Casanare
Medellin
Chipata — erobert durch G.J. de Quesada am 23.8.1537
Quibdo
Sogamoso
Hunza (Tunja) — erobert durch G.J. de Quesada im Juni 1537
Manizales
Zipaquira
Nemocon
Somondoco
Pereira
Bacata (Santafe de Bogotá) — gegr. am 29.4.1539 durch N. Federmann, G.J. de Quesada und S. de Belalcázar
Laguna de Guatavita
Ubaque
Upia
Fosca
Villavicenco
Meta
April 1536
Tschocos
Estéban Martín (†) 19.1.1537
Ariari
Guahibos
Papamene
Nuestra Señora de los Llanos — Januar 1537
Serrania de la Macarena
Calayadero
Guaviare
15.8.1537 Umkehr
Huitoto — San José del Guaviare

Romane und Erzählungen

D. W. Buffa
Nichts als die Wahrheit
Antonellis erster Fall
(rororo 22771)
«Ein ebenso intelligentes wie spannendes Buch.» FAZ

Michael Crichton
Die Gedanken des Bösen
Roman
(rororo 22798)
«Ein atemberaubend spannendes Buch.» *New York Times Book Review*

Erri De Luca
Die Asche des Lebens
Erzählung
(rororo 22407)
Das Meer der Erinnerung
Roman
(rororo 22743)

Klaus Harpprecht
Die Leute von Port Madeleine
Dorfgeschichten aus der Provence
(rororo 22746)

Jacques Neirynck
Die letzten Tage des Vatikan
Roman
(rororo 22759)
«Der Roman ist vielschichtig, verwickelt und voller Überraschungen ... voller kühner, kluger Gedanken, voller Wärme und hochunterhaltsam.» *Der Spiegel*

Chaim Potok
Novembernächte *Die Geschichte der Familie Slepak*
(rororo 22800)
«Eine ergreifende Familienchronik und eine Nachhilfestunde in russischer Revolution.» *Focus*

Nicholas Shakespeare
Der Obrist und die Tänzerin
Roman
(rororo 22619)
«Ein spannender und poetischer Roman über Gewalt, Ethik und Liebe.» *Süddeutsche Zeitung*

Oliver Stone
Night Dream *Roman*
(rororo 22885)
Hemmungslos provozierend wie in seinen Filmen betritt Oliver Stone jetzt die literarische Szene. In seinem ersten Roman verlässt der neunzehnjährige Held seine Eltern, bricht sein Studium in Yale ab und geht nach Vietnam.

Wei-Wei
Die Farbe des Glücks *Roman*
(rororo 22788)
«Eine wunderbare chinesische Familiengeschichte, rührend, lebensnah und mitreißend.» *Cosmopolitan*

Weitere Informationen in der **Rowohlt Revue**, kostenlos in Ihrer Buchhandlung oder im **Internet: www.rowohlt.de**

rororo Literatur

Burkhard Schröder wurde 1952 in Holzwickede im Ruhrgebiet geboren. Er studierte in Münster und Berlin Philosophie, Geschichte und Germanistik. Seine Examensarbeit schrieb er über das Nibelungenlied. Nach einem Intermezzo als Lehrer an einem humanistischen Gymnasium schlug er sich als Taxiunternehmer in Berlin durch. Seit 1985 arbeitet er als freier Journalist für zahlreiche Tages- und Wochenzeitungen. Schröder ist Dozent für Internet-Recherche an der Berliner Journalisten-Schule. Er hat zwölf Sachbücher geschrieben, fünf davon zum Thema Rechtsextremismus, diverse Buchartikel und Science-Fiction-Storys. Seit 1979 reiste er vier Mal kreuz und quer durch Lateinamerika, insgesamt mehr als zwei Jahre. Seine letzte Reise 1998 führte ihn nach Venezuela und Kolumbien auf den Spuren Georg Hohermuths von Speyer und Alexander von Humboldts. Schröder lebt in Berlin-Kreuzberg. «Die Konquistadoren» ist sein erster Roman.